CINQUIÈME ÉDITION

MÉMOIRES

SUR LE

SECOND EMPIRE

PAR

M. DE MAUPAS

ANCIEN MINISTRE

PARIS

E. DENTU, LIBRAIRE-ÉDITEUR

PALAIS-ROYAL, 15, 17, 19, GALERIE D'ORLÉANS

MÉMOIRES

SUR

LE SECOND EMPIRE

Paris. — Soc. d'imp. PAUL DUPONT, 41, rue J.-J.-Rousseau. (Cl.) 10.1.84.

MÉMOIRES

SUR

LE SECOND EMPIRE

PAR

M. DE MAUPAS

ANCIEN MINISTRE

LA PRÉSIDENCE DE LOUIS-NAPOLÉON

CINQUIÈME ÉDITION

PARIS

E. DENTU, LIBRAIRE-ÉDITEUR

PALAIS-ROYAL, 15-17-19, GALERIE D'ORLÉANS

1884

(Tous droits réservés.)

PRÉFACE

En écrivant cette première partie de nos Mémoires, nous avons eu principalement pour but de retracer les événements du Deux-Décembre ; nous avons voulu montrer quel enchaînement de circonstances en avait fait naître la nécessité et mettre en lumière les conséquences qu'il avait engendrées.

Pourquoi avons-nous appelé mémoires ce qui, plus naturellement, eût dû prendre le titre d'histoire du Deux-Décembre ? Quelques mots suffiront pour le dire.

Dans une œuvre purement historique, l'écrivain a le devoir de se tenir soigneusement en dehors des faits qu'il expose. Or, la part prise par nous aux événements dont nous avions à parler rendait impossible une abstraction complète de notre personnalité. Ce que nous avons vu, ce que nous avons su, ce que nous avons fait, devait, pour conserver tout son intérêt, être présenté, à certains moments, sous la forme particulière aux mémoires. Avec notre titre, nous avons eu plus de liberté pour écrire et pour donner une série de détails que la méthode rigoureusement historique nous eût forcé à présenter sous une forme moins vivante.

En pénétrant, comme nous l'avons fait, dans l'intimité de cette intéressante époque qui commence et finit avec la présidence de Louis-Napoléon, nous nous exposons peut-être encore à réveiller des susceptibilités et à ranimer des colères. Et cependant plus de trente années nous séparent des événements dont on va lire le récit. A semblable distance, les faits ne doivent-ils pas apparaitre déjà sous leur véritable jour? Ne peut-on pas espérer, sur eux, un jugement impartial! C'est pour qu'il en soit ainsi que nous avons, non sans une explicable impatience, attendu jusqu'à ce moment pour publier ces mémoires. A cet ajournement, nous avons trouvé un autre bénéfice. Nous avons pu voir se dérouler une série de publications faisant, par leurs calomnies, un scandaleux outrage à la vérité, et nous avons été amené par l'examen de ces libelles à rétablir, dans leur exactitude, des faits complètement dénaturés.

Peut-être attendait-on plus de nous ; peut-être eût-on voulu la rectification détaillée de toutes les faussetés inventées par nos détracteurs. Nous eussions pu, en effet, nous donner cette satisfaction; mais à quelles interminables digressions n'eût pas entraîné un semblable procédé de réfutation ! N'était-ce pas perdre de sa dignité que de descendre à la justification pour une foule d'invraisemblables impostures ? Une autre voie nous était offerte ; c'était d'exposer simplement les faits authentiques, d'écrire, pièces en main, l'histoire exacte de la Présidence de Louis-Napoléon et spécialement celle du Deux-Décembre. C'est à ce parti que nous nous sommes arrêté.

Nous ne nous sommes pas interdit, cependant, de saisir au passage, et à titre d'exemple, quelques-unes des énormités inventées à plaisir par les pamphlétaires en renom ; mais nous nous sommes attaché à maintenir nos rectifications dans l'exacte mesure de la nécessité.

Quelques-uns de nos amis nous conseillaient de différer encore notre publication. Tout en rendant hommage à la justesse de certaines de leurs observations, deux raisons nous ont déterminé à ne point attendre plus longtemps. Voici la première :

A côté des esprits éclairés qui ont certainement fait justice, à la simple lecture, des inventions de nos insulteurs, il se trouve des natures crédules qui prennent souvent pour vrai, sans défiance, ce que l'impression fait passer sous leurs yeux. Nous avons eu, plus d'une fois, l'occasion de le constater, et il nous eût paru dommageable de laisser plus longtemps s'accréditer l'erreur.

La seconde considération qui nous a conduit à ne point ajourner notre publication a également sa valeur. Nous devons nous attendre, non pas seulement à des critiques, la critique est un droit, mais à des attaques et à des contradictions. Nous avons les mains pleines de pièces probantes, ou, plus exactement, nous savons où les prendre; nous n'avons point voulu renoncer à la force qu'elles nous donneraient au besoin. Nous avons tenu à être là pour répondre et pour montrer, s'il le fallait, que notre œuvre n'est, en aucune sorte, une œuvre de parti.

Louer, en effet, ce qui est digne d'être loué ne saurait s'appeler faire œuvre de parti. Si l'éloge de la politique du Prince se trouve fréquemment sous notre plume, c'est que, fréquemment aussi, l'éloge est mérité. Les faits le démontrent : tout homme de bonne foi, à quelque parti qu'il appartienne, sera forcé de le reconnaître. Par une coïncidence dont nous nous félicitons à plus d'un point de vue, la période du pouvoir de Louis-Napoléon dont nous avons à parler est, sans contredit, celle qui honorera le plus sa mémoire ; en le montrant jusqu'à l'évidence, nous avons fait simplement acte de sincérité. Et, s'il était besoin d'un témoignage pour attester cette sincérité, nous dirions à nos lecteurs : ce témoignage, nous ne tarderons pas à le fournir nous-même. Nous avons, en effet, écrit sur les dernières années de l'Empire un ouvrage qui paraîtra prochainement; ce sera la seconde partie de nos mémoires. Dans cette période douloureuse, les temps sont changés. Nous rencontrerons fatalement les fautes de l'Empire, et nous montrerons alors que nous savons, sans faiblesse, faire la part des responsabilités et répondre aux devoirs qui s'imposent à l'écrivain. Mais, sans qu'il nous soit ainsi besoin de nous servir en quelque sorte de caution à nous-même, nous attendons dès à présent, sans inquiétude, le jugement des hommes de bonne foi; ceux-là diront que nous avons écrit avec conscience et impartialité.

MÉMOIRES

SUR

LE SECOND EMPIRE

CHAPITRE PREMIER

LES ORIGINES DE NOS RÉVOLUTIONS

Les phases diverses de la révolution en France. — 1830 et 1848. — Louis-Napoléon élu représentant du peuple. — Démission et réélection. — Les premières lueurs de l'Empire.

Quand une nation veut rompre avec son passé, se séparer de ses coutumes traditionnelles, de ses lois fondamentales, pour s'engager dans la voie des réformes et se créer des institutions nouvelles, une semblable entreprise n'est point l'œuvre d'un jour. Un long travail des esprits prépare la crise ; un effort suprême la fait aboutir ; il faut de nombreuses années pour en régler les effets. En cherchant dans la vie des peuples, en étudiant l'histoire de leurs transformations politiques et sociales, en suivant attentivement la marche de leur civilisation, on voit, effectivement, combien sont laborieuses ces évolutions qui mènent à la grandeur ou qui conduisent à la décadence.

La France traverse une de ces crises redoutables.

Il faut remonter aux dernières années du siècle de Louis XIV pour trouver les germes du mouvement politique et social qui a causé dans notre malheureux pays un si terrible ébranlement. Sous la régence et durant les longues années du règne de Louis XV, le mal s'aggrave, et déjà s'aperçoivent les premières lueurs de cet immense incendie qui, de la France, devait s'étendre à une partie de l'Europe.

Sous le règne de Louis XVI, l'idée révolutionnaire apparaît à visage découvert ; elle s'affirme, elle se constitue. Les chefs du mouvement ne conspirent plus seulement, ils agissent. Ils négocient d'abord avec le pouvoir, puis lui dictent leurs lois, jusqu'au jour où, se sentant une force suffisante pour livrer le dernier assaut, ils sapent et renversent ce vieil édifice monarchique duquel étaient sortis, pour la France, des siècles de grandeur et de prospérité.

Aucune concession, aucune soumission n'avait réussi à calmer les exigences, à prévenir l'explosion ; tous les efforts que pouvaient inspirer, à un souverain, l'amour du bien, le patriotisme le plus sincère, Louis XVI les avait tentés. Il avait compris que le mouvement qui agitait la France n'était pas de ceux qu'on réprime ; il s'était consacré à la recherche des réformes utiles ; il ne reculait devant aucun sacrifice pour arriver à ce qu'il croyait être l'intérêt du pays.

Si les promoteurs de la révolution n'eussent voulu, comme le Roi, que le triomphe du bien, le mouvement fût resté pacifique ; il eût été fécond en bienfaits au lieu d'être si prodigue en désastres ; il eût ouvert une ère nouvelle de prospérité au lieu d'accumuler les douleurs et les ruines.

Mais ce ne sont point ceux qui déchaînent les passions populaires qui sont maîtres d'en régler le courant. Les chefs de la révolution furent rapidement débordés par elle et ils en devinrent, tour à tour, les victimes. 1793 fut le point culminant de la crise, et l'histoire, en flétrissant cette date funeste, lui a donné son véritable nom, la Terreur.

La Terreur une fois vaincue, la révolution reprenait son œuvre. Si elle cessait d'être sanguinaire, elle ne cessait point d'être, et pour longtemps, désastreuse; pour si longtemps, qu'à l'heure présente nous nous débattons péniblement encore sous les étreintes de ce mal terrible dont la fin reste toujours un problème.

Il fallait que la domination de l'idée révolutionnaire eût une puissance bien profonde pour que les gigantesques et glorieuses diversions de l'Empire n'aient point réussi à terminer la crise. Le 18 Brumaire avait été la première revanche de l'ordre sur l'anarchie et le premier retour à la raison. Du milieu des décombres, le génie de Napoléon avait fait jaillir tout un monde nouveau. Les utopies, les idées aventureuses et subversives avaient été refoulées. Les revendications acceptables de la révolution, celles qu'on eût pu, sans commotions et d'accord avec la royauté, introduire dans notre législation, avaient pris une forme légale. A la chute de l'Empire, le frère de l'infortuné Louis XVI lui-même reconnaissait et développait, en prenant la couronne, ce qu'on appelait les conquêtes de la révolution, et, sous ce monarque habile, la France s'essayait à la pratique de ses institutions nouvelles.

Mais on ne conduit point impunément un peuple à l'état d'effervescence auquel il était arrivé de 1789 à 1793. Les libéraux avancés de 1815 ne se contentèrent plus d'un pouvoir où tous les intérêts étaient garantis, où toutes les libertés compatibles avec l'ordre étaient proclamées par la Charte. La révolution prenait alors le caractère qu'elle n'a plus quitté : on peut dire qu'elle jetait le masque. Ceux qui la dirigeaient, comme ceux qui se traînaient à leur suite, laissaient voir leurs véritables mobiles : satisfaire les appétits d'ambitieux de toutes classes. C'est en effet pour escalader le pouvoir que quelques ambitieux, en 1830, ont renversé le trône et c'est pour le leur arracher que d'autres, en 1848, ont brisé la couronne de Louis-Philippe et ramené notre malheureux pays à des jours d'épreuves et de douleurs.

La révolution de 1830 n'avait fait, aux yeux des masses, que substituer une couronne à une autre ; le froissement de la défaite ne se rencontrait, à vrai dire, que parmi les classes élevées. Le peuple ne se sentait atteint que dans certaines contrées particulièrement dévouées à la famille des Bourbons. La majorité de la nation restait indifférente. Entre la Charte de 1814 et celle de 1830, il n'y avait pas, pour le peuple, de différences appréciables ; c'était pour lui un simple changement de règne ; ce n'était point une perturbation dans ses habitudes. Les lois fondamentales de l'État restaient les mêmes ; on se sentait protégé ; on n'en demandait pas davantage. La foi dynastique était éteinte; la soif du repos, de la paix, de la sécurité avait pris la place des opinions politiques ; les craintes éveillées par les premières nouvelles de la révolution triomphante avaient été dissipées ; la satisfaction d'avoir échappé à des éventualités périlleuses créait presque partout une véritable allégresse.

D'ailleurs, il faut bien reconnaître que la jeune génération subissait l'entraînement irréfléchi de la liberté, et que sa joie était sincère. La presse avait déjà exercé ses ravages. Les principes essentiels de notre état social étaient battus en brèche. 1789 et 1793 avaient légué un héritage de haine contre la noblesse et le clergé ; cette haine trouvait une satisfaction dans les événements qui venaient de s'accomplir. On peut dire que 1830 était le triomphe du mal sur le bien.

En 1848, la secousse était autrement violente qu'elle ne l'avait été en 1830 ; on voyait tout menacé : le mot seul de République jetait une profonde alarme. On n'était pas assez loin de 1793 pour ne pas en craindre le retour. Par excès de maladresse, les gouvernants d'alors étaient allés chercher, dans l'arsenal des mauvais jours, tout ce qui pouvait en faire revivre le souvenir. Tout faisait peur dans cette exhibition du passé, jusqu'à cette affectation plus ridicule que dangereuse de reprendre le vocabulaire suranné de 1793. On croyait ainsi républicaniser le pays ; on s'en aliénait la confiance. Mais on ne s'en tenait pas aux mots ; on voulait reprendre la révolution là où la courageuse initiative du premier consul l'avait forcée de s'arrêter. On avait inondé le pays de commissaires qui jetaient partout la crainte et dont la plupart prêchaient les doctrines les plus subversives. Quelques députés de la gauche de la dernière Chambre et quelques républicains honnêtes avaient accepté ce mandat. Heureux étaient les départements où s'exerçait leur action préservatrice. Mais ce n'était là qu'une faible exception, et, pour la plupart, ces agents improvisés sortaient de quelque échoppe mal famée ; les uns, fruits secs du barreau ou du journalisme ; les autres, simples piliers d'estaminets, orateurs de carrefours, anciens condamnés politiques. De tels hommes donnaient une triste idée du pouvoir qui les accréditait. Le Gouvernement provisoire voulait naturellement inaugurer la République avec des républicains *de la veille*, selon l'expression du temps ; ceux-là qui avaient été à la lutte entendaient avoir part aux dépouilles ; il fallait les subir. Ces gens à figures sinistres, à coutumes vulgaires, n'avaient que la violence et la menace à la bouche ; ils traitaient leurs départements en pays conquis. Où ne devait pas aller le gouvernement avec de pareils auxiliaires ! Telle était la réflexion que l'on se faisait d'un bout à l'autre de la France.

La République de 1848 avait été plutôt une surprise que le triomphe de l'idée poursuivie par les promoteurs du mouvement. La Chambre ne voulait obtenir qu'une réforme ; les chefs de l'opposition n'aspiraient qu'à prendre les places de ceux qui les occupaient ; mais, une fois de plus, apparaissait cette vérité que nous affirmions plus haut : ce ne sont point ceux qui déchaînent les tempêtes populaires qui sont maîtres d'en arrêter ou d'en diriger le courant. La gauche de la Chambre, qui comptait à sa tête MM. Thiers, Odilon Barrot, Duvergier de Hauranne, et autres notabilités parlementaires, était débordée, traitée en suspecte ou en ennemie. C'était la première et juste punition de ses fautes. En quelques heures, l'escamotage était fait au profit des audacieux.

Mais de même que la Monarchie représente et favorise l'ordre et la stabilité dans le pouvoir, de même la République amène avec elle l'effervescence et l'instabilité. La mutabilité est son essence ; c'est sa raison d'être. Sous prétexte de perfectionnement, le remaniement des institutions est continuel ; le changement dans les doctrines les plus essentielles elles-mêmes est incessamment en question et les mutations dans les personnes suivent naturellement ces transformations. Toutes les ambitions, sous ce régime, étant de droit en éveil, une crise est à peine terminée qu'une autre crise commence. Le dogme essentiel de la République, c'est le dogme de l'agitation.

La crise de 1848 donnait, de cette vérité, de nombreux et successifs exemples. A peine l'émeute avait-elle triomphé à Paris, grâce à cet engin révolutionnaire d'invention moderne qu'on appelait la garde nationale, que cette garde nationale elle-même donnait le signal de la réaction. La fameuse manifestation dite des Bonnets à poil, manifestation sans armes et vraiment imposante, était, à l'adresse du Gouvernement provisoire, une sommation de rentrer dans les pratiques d'un gouvernement modéré. Aux emportements de la première heure, succédait alors une modération relative. M. de Lamartine avait le courage de remplacer le drapeau rouge par le drapeau tricolore; mais, peu après, le contre-mouvement s'opérait et les journées de juin, cette immense éclosion de la guerre fratricide, montraient à la France à quels périls elle était exposée, à quels forcenés elle avait affaire, à quels bouleversements les vrais républicains voulaient la conduire. Puis, après la victoire de l'armée sur l'émeute, la réaction reprenait encore le pouvoir; c'était bien le tableau de la République et de ses incessantes vicissitudes qui se déroulait ainsi aux regards attentifs et consternés du pays.

Nous ne dirons rien que d'absolument logique en affirmant que ces révolutionnaires de métier, ces agitateurs par tempérament et par éducation se montraient ainsi, sans le vouloir, les plus utiles promoteurs de l'Empire, les préparateurs inconscients mais efficaces de la grande journée de réaction du Deux-Décembre. Plus, en effet, nous avancerons dans ce récit et plus nous reconnaîtrons que la nomination du prince Louis-Napoléon à la Présidence, le Deux-Décembre et l'Empire lui-même sont la résultante des excès de 1848, des agitations, des émeutes qui en avaient été la conséquence naturelle, des inquiétudes, des angoisses qui s'étaient emparées des esprits, du trouble enfin que la République avait jeté dans le pays. Les faits ne sont-ils pas venus démontrer cette irréfutable vérité ! La loi du monde, celle des nations comme celle des individus, c'est de ne point se résigner à un sort malheureux sans tenter au moins tous les efforts possibles pour en secouer les étreintes. On cherche avec ardeur le remède au mal ; on caresse la moindre lueur d'espérance ; on la poursuit aussi longtemps qu'on croit pouvoir en faire une réalité heureuse. La France, dans sa détresse de 1848, cherchait, avec avidité, la planche de salut qui pouvait encore s'offrir à elle. La République, même humanisée par la sagesse relative du général Cavaignac, ne lui offrait que des horizons troublés ; la masse de la nation voulait, à tout prix, se séparer de cette forme de gouvernement, et elle tournait de tous côtés ses regards pour essayer de découvrir un sauveur.

La préférence marquée du pays était en faveur de l'idée monarchique. Mais quelle monarchie était possible ? Quel prince aurait assez de dévouement pour accepter une situation aussi grosse de périls, assez de popularité, assez de force, assez d'autorité pour triompher des difficultés inséparables d'une restauration ?

La branche aînée des Bourbons était poursuivie, dans le pays, par une série d'abominables calomnies qu'on avait réussi à faire passer dans la croyance populaire. Renverser la République au profit de la légitimité était une irréalisable entreprise. Ce n'était point de ce côté que pouvait venir le salut.

La famille d'Orléans descendait du trône. Les colères qui l'avaient poursuivie étaient encore trop vivaces pour qu'on pût songer au retour de l'un de ses princes. Si capables qu'ils fussent, c'eût été une provocation ; seuls, les enfants perdus du parti caressaient cette espérance; mais l'opinion n'était point avec eux, et, comme on ne voulait qu'une solution pratique, comme on n'entendait agir qu'au profit du pays et nullement dans l'intérêt d'un homme ou même d'une dynastie, on écarta, d'un accord presque unanime, toute combinaison orléaniste.

Il n'était point nécessaire de faire un grand effort d'imagination pour découvrir quelle autre dynastie pouvait donner un souverain au pays. La légende napoléonienne était encore toute vivante dans le peuple. L'éclat des victoires de l'Empire avait eu assez de puissance pour effacer jusqu'aux douleurs de sa défaite ; on ne parlait que des grands jours de Rivoli, de Marengo, d'Austerlitz, d'Iéna, de Friedland, de Wagram. Les acteurs de cette grande épopée remplissaient encore nos campagnes ; ils y contaient leurs souvenirs, et les enfants des générations nouvelles, en apprenant à parler, apprenaient en même temps à admirer et à glorifier Napoléon. Chaque chaumière avait le portrait du grand homme, l'image de ses batailles, les épisodes populaires de sa vie ; c'était, en même temps, et la révélation des sentiments de fierté nationale, de louable patriotisme, et la traduction visible d'une préférence politique ; c'était une profession de foi.

S'il existait un homme qui eût, dans son héritage, la mission de faire revivre l'Empire, celui-là était assuré, à l'avance, d'une immense acclamation populaire. Cet homme existait ; il s'appelait Louis-Napoléon Bonaparte ; il était le neveu de Napoléon et l'héritier de son trône ; il était dans la force de l'âge et pouvait ainsi gouverner de ses propres mains. Le jour où le pays, qui n'avait eu jusque-là aucun intérêt à suivre sa vie, retrouva le souvenir de son existence, ce jour-là, Louis-Napoléon fut le sauveur indiqué, le souverain désigné pour arracher la France aux tourmentes de l'anarchie.

Et en effet, quelle révélation plus significative peut-on trouver du sentiment populaire, que cette manifestation spontanée du suffrage universel au 6 juin 1848. Des élections partielles avaient lieu dans un certain nombre de départements ; quelques chauds partisans avaient jeté en avant le nom de Louis-Napoléon comme candidat à un siège de l'Assemblée constituante, et il suffisait de cette étincelle pour faire jaillir la flamme. Quatre départements, dont celui de la Seine, nommaient pour leur représentant le neveu de Napoléon et l'héritier de sa couronne!

Nous n'avons pas à nous arrêter à cette première période de l'élévation de Louis-Napoléon ; il serait sans intérêt de montrer ici les ombrages qu'éveillait parmi les républicains cette faveur populaire qui allait invinciblement à lui, les attaques, les calomnies, les persécutions qui le conduisaient à se démettre de son mandat de représentant ; nous ne voulons retenir de ces faits que la démonstration des vérités que ce livre veut mettre en lumière. Louis-Napoléon était bien l'homme du pays; le pays le proclamait spontanément. Et quand, plus tard, la volonté de la nation aura mis en ses mains les destinées de la France, à ceux qui tenteraient de méconnaître la sincérité du mandat, nous n'aurions qu'à répondre : reportez-vous à l'élection du 6 juin! Et nous pourrions ajouter encore : reportez-vous à l'élection du 17 septembre. Le 17 septembre 1848, en effet, de nouvelles élections partielles avaient lieu et l'héritier de la couronne impériale était encore élu, sans avoir, plus que la première fois, posé sa candidature. Mais cette fois, c'étaient six départements qui le nommaient représentant.

Ce jour-là, il fallait se rendre à l'évidence. Le pays allait avec entraînement à Louis-Napoléon; la nation violentait les résistances du Prince, et, malgré le pouvoir, malgré la Chambre, elle l'arrachait à l'exil pour marquer, dans la limite permise, sa volonté de lui confier ses destinées et de retrouver l'ordre sous son autorité. Nous prenons ainsi cette révélation à son origine ; nous en suivrons le développement, et quand nous aurons à parler du Deux-Décembre, ce sera le présenter sous son véritable jour que de le montrer comme un acte de soumission à cette même volonté nationale dont les 6 juin et 17 septembre 1848 étaient les premières et éclatantes manifestations.

CHAPITRE II

L'ÉLECTION DU 10 DÉCEMBRE

Vote de la Constitution de 1848. — Les candidats à la présidence de la République. — Le général Cavaignac, MM. de Lamartine, Raspail et Ledru-Rollin, candidats républicains. — Le général Changarnier, M. Thiers, le maréchal Bugeaud, le Prince Louis-Napoléon, candidats contre-révolutionnaires. — Attitude et caractère du Prince. — Les chefs des anciens partis se rallient à sa candidature. — Son manifeste au peuple français. — Efforts stériles du Gouvernement pour faire élire le général Cavaignac. — La France au 10 décembre. Résultat de l'élection. — Quelles conséquences il faut en tirer.

Les hommes de 48 eussent volontiers prolongé leur domination ; mais le pays voulait en finir avec ce provisoire, et, quoique l'élection du Président de la République ne fût cependant que la confirmation de la forme républicaine elle-même, il y entrevoyait une issue pour sortir de l'impasse où il se sentait engagé. C'était l'occasion possible d'une manifestation de ses préférences, de l'affirmation de ses volontés. L'élection était donc attendue avec une réelle impatience. Le Gouvernement et l'Assemblée ne pouvaient se dérober à cette pression de l'opinion; force fut de hâter la préparation de la Constitution. Le 4 novembre 1848, cette Constitution fut votée, et l'élection du Président de la République fut fixée au 10 décembre suivant.

Bien avant la fixation de cette date, le mouvement électoral s'était emparé du pays. Le candidat des républicains n'était pas à chercher, c'était le général Cavaignac. Il avait pour lui la possession d'État; il s'était révélé homme de valeur et homme de gouvernement; il avait su mériter l'estime des honnêtes gens. Un pareil candidat augmentait les chances républicaines, car il attirait à lui beaucoup de conservateurs hésitants qui ne voyaient point de péril à faire, sous la garantie de son autorité, l'expérience de la forme républicaine. Mais la Montagne n'oubliait pas la fermeté qu'il avait montrée dans la répression de l'émeute de juin; elle ne pouvait accepter celui qu'elle appelait « son bourreau »; elle résolut de porter ses suffrages sur un autre candidat, sans attendre toutefois de cette tentative autre chose que la numération de ses adhérents.

Quelques séides de M. de Lamartine avaient bien tenté de mettre son nom en avant; mais l'illustre poète était une grandeur déchue; il n'était pas assez avancé pour réunir les suffrages des intransigeants. Il avait, en février, fait repousser le drapeau rouge, signal de ralliement des républicains fanatiques; il avait personnifié la nuance relativement modérée dans le Gouvernement provisoire, c'était un girondin, et on voulait au moins un jacobin pour enseigne. On écarta M. de Lamartine.

Le vieux Raspail eût été le candidat préféré par la Montagne. Ses états de services, comme conspirateur et révolutionnaire, ne laissaient rien à désirer. Il avait bien été, jadis, élevé pour faire un prêtre ; d'élève au séminaire de Carpentras, il y était devenu professeur, mais ce méfait de jeunesse avait été largement effacé par les gages que, dans l'âge mûr, il avait donné à la démocratie. Héros de juillet d'abord, condamné politique ensuite, il avait subi, sous le gouvernement de 1830, une longue détention. Arrivé, le premier, à l'Hôtel de Ville en 1848, il y avait, le premier aussi, proclamé la République ; enfin Paris l'avait élu député en septembre 1848. C'était un respectable bagage pour les républicains de la veille et il avait toutes leurs préférences.

Mais si on avait trouvé M. de Lamartine trop pâle, on s'aperçut que Raspail était trop coloré et qu'on s'exposerait, avec un pareil nom, à un déplorable échec. C'est alors que surgit la candidature de Ledru-Rollin. Ledru-Rollin avait représenté, dans le gouvernement de février, le parti avancé ; il avait toujours lutté, et avec talent, pour la cause démocratique. Son nom n'était pas une provocation autant que celui de Raspail ; il accentuait, plus que celui de M. de Lamartine la préférence républicaine : Ledru-Rollin devint le candidat de la Montagne.

Le parti conservateur avait eu, lui aussi, ses hésitations. Le nom qui apparaissait comme le préféré du peuple était incontestablement celui de Louis-

Napoléon ; mais ce nom soulevait dans la bourgeoisie, dans celle de Paris surtout, et dans le monde politique, d'assez vives répugnances. Pour les uns, le passé éveillait de sérieuses inquiétudes ; pour les autres, c'était l'avenir qui, sous son autorité, pouvait se dérober à de chères espérances. Et cependant, chaque jour le démontrait, c'était avec le nom de Louis-Napoléon que se trouvaient les plus gros bataillons du suffrage universel.

Les politiciens, qui éprouvaient une répugnance persistante à accepter la candidature du prince, interrogeaient l'opinion ; ils espéraient l'amener à leurs répugnances d'abord et à leurs préférences ensuite. Le nom du général Changarnier avait été essayé le premier. Il avait fait les guerres d'Afrique et s'y était distingué. Il avait le commandement supérieur des gardes nationales de Paris, et, à ce titre, la bourgeoisie lui accordait ses sympathies et sa confiance. Mais quelle était l'opinion de M. le général Changarnier ? On savait qu'il n'était pas républicain ; était-il légitimiste ou orléaniste ? Nul n'avait pu le pressentir ; il se gardait soigneusement d'exprimer une préférence. N'étant point l'homme d'un parti, n'ayant ni les antécédents ni l'étoffe voulue pour être l'homme d'une idée, il ne pouvait faire naître, sur son nom, un courant d'opinions. On écarta sa candidature.

Le général Changarnier écarté, on pensa à M. Thiers, ou plus exactement M. Thiers fit penser à lui. Son nom avait acquis déjà une grande célébrité. Plusieurs fois il avait siégé dans les conseils du roi Louis-Philippe ; ses discours, ses livres avaient eu un grand retentissement ; il était incontestablement l'un des hommes politiques les plus saillants de cette époque. Mais ce que ce nom représentait le plus apparemment, c'était l'idée révolutionnaire. Le souvenir des hauts faits de M. Thiers, en 1830 et en 1848, n'était point effacé par ses actes d'un récent et trop court repentir. Prendre, pour éteindre l'incendie, l'homme qui en avait allumé les premiers feux, c'était là une contradiction qui soulèverait des résistances ; c'était une subtilité qui ne serait pas comprise par la masse électorale. On renonça encore à M. Thiers comme on avait renoncé au général Changarnier.

Ce n'est point par oubli que nous avons omis de placer le maréchal Bugeaud au nombre des candidats du parti conservateur. C'est près du maréchal que furent faites les premières démarches ; mais, avec son sens parfait, il avait jugé, longtemps à l'avance, le sort de l'élection ; il avait décliné toute candidature et déclaré sa volonté d'appuyer celle de Louis-Napoléon. Le maréchal Bugeaud ne fut donc, à aucun moment, candidat à la Présidence.

C'était se méprendre sur les conditions dans lesquelles allait s'engager l'élection que de penser qu'on pourrait peser sur elle, d'une façon décisive, par les moyens ordinaires, par les comités, par les influences locales, par la presse elle-même, si puissante qu'elle fût devenue. L'élection du chef de l'État ne pouvait être que la résultante d'un courant politique. Or les courants ne surgissent que dans des circonstances exceptionnelles. Les grands sentiments, les grands intérêts les font naître ; les agissements et les efforts des partis sont impuissants à les produire. Un courant, c'est l'éclosion d'un même sentiment éprouvé spontanément par tout un peuple, sentiment qui s'empare simultanément des individualités et qui les prend, une à une, pour en former un faisceau. Une idée puissante, un fait considérable, un immense désastre, un succès éclatant, la gloire surtout, dans une nation généreuse, peuvent déterminer un courant. Dans un pays comme la France, où l'imagination et l'entraînement prennent trop souvent la place de la raison, un courant peut rapidement s'établir, et s'établir au profit du mal aussi facilement que pour servir le bien ; s'il existe réellement, il défie la lutte ; aucune force ne l'arrête. Cette vérité, dont nos commotions modernes ont fait un axiome, les chefs des anciens partis l'avaient méconnue en songeant au général Changarnier et à M. Thiers ; tous les agissements, toutes les intrigues, réunis à leur profit, ne pouvaient aboutir qu'à une déplorable défaite. Ni l'un ni l'autre n'avaient, dans leur vie, de ces faits éclatants qui font la gloire ; ni l'un ni l'autre ne symbolisaient une idée qui fût facilement perceptible au pays. Sur aucun de ces deux noms un courant ne pouvait s'établir. Cette faveur ne pouvait appartenir qu'à Louis-Napoléon. L'origine de sa maison, c'était la gloire ; sa signification la plus apparente, c'était la restauration d'un régime monarchique, le retour de l'Empire. L'espérance qu'il portait avec lui se résumait en un mot : c'était le salut.

Mais pour les légitimistes et les orléanistes, que d'objections n'y avait-il pas à faire contre une telle candidature ! Ils ne jugeaient ni prudent ni possible d'engager la lutte à leur profit direct ; ce qu'ils voulaient, c'était, à la fois, empêcher l'affermissement de la République et réserver l'avenir ; c'était par conséquent éviter l'élection du général Cavaignac, et trouver, pour lutter avec avantage contre lui, un candidat qui eût, dans l'opinion, une force suffisante. Le doute n'était plus possible, le Prince était le candidat par excellence. Mais, avec lui, l'avenir que rêvaient ces monarchistes n'était-il pas compromis ?

Si ce nom de Napoléon était une force, il était en même temps un péril ; que serait l'avenir entre les mains du Prince devenu chef de l'État ? Si ces mêmes monarchistes voulaient renverser le général Cavaignac et la République avec lui, ils ne voulaient, à aucun prix, servir de marchepied à un Président qui pût faire souche dynastique, à un prétendant qui pût, par sa valeur, son habileté et l'autorité qu'il prendrait sur le pays, substituer, un jour, une couronne à son pouvoir passager.

Par ses origines et par ses aspirations, Louis-Napoléon était sans doute un prétendant : mais un examen approfondi de l'ensemble de sa situation confirmait-il réellement les appréhensions que son nom pouvait éveiller ? Le pays verrait-il en lui l'étoffe d'un souverain ? Le Prince avait-il les qualités nécessaires pour conquérir le rang suprême ? Le pouvoir, en ses mains, serait-il une condition de force et un levier favorable à ses desseins ? Serait-il au contraire une épreuve funeste, et deviendrait-il la ruine des ambitions qu'on devait lui supposer ? Telles étaient les questions que se posaient les chefs des partis. Les opinions étaient très partagées ; la controverse était des plus vives. L'impression qui domina, et que M. Thiers contribua à faire accepter, fut celle-ci : le Prince est un honnête homme, enclin aux illusions, plus près des rêves que de la réalité. Élevé dans l'exil, étranger aux mœurs, au tempérament du pays, il n'a aucune des conditions qui permettent de prendre de l'autorité. La science du gouvernement lui fait défaut ; il sera contraint, dès lors, de recourir aux lumières des hommes expérimentés. Il paraît accessible aux conseils et l'influence peut ainsi s'acquérir facilement sur son esprit. En résumé, il semble fait pour la subordination plutôt que pour la résistance ; on peut en faire un instrument, et on n'a point à redouter sa prépondérance.

Que le Prince l'ait ou non voulu, que cela ait été le fruit d'un calcul ou la conséquence de sa nature laissée à elle-même, toujours est-il que ses rapports avec les hommes politiques de l'époque entretinrent, au lieu de les dissiper, les illusions qu'ils s'étaient faites sur son compte. Ses allures étaient d'une extrême modestie ; elles dénotaient la timidité. Le plus souvent il écoutait, et toujours avec un sourire encourageant. L'expression de son visage était la mélancolie ; elle autorisait à supposer, en lui, une sorte de naïveté politique, l'indifférence plutôt que la résolution. Il paraissait apprendre au commerce des autres ; la vérité, c'est qu'il observait et s'initiait à un rôle où tout était nouveau pour lui. Quelque Nestor des anciens partis tentait-il d'affecter, vis-à-vis de lui, un air de protection et de supériorité, il ne semblait point s'en apercevoir. Il ne voyait que ce qu'il voulait voir, il ne se soumettait pas, mais il se dérobait. Essayait-on de pénétrer son sentiment, de savoir l'accueil qu'il faisait à un conseil donné, à une opinion émise, on cherchait en vain à rompre son silence s'il tenait à le conserver ; on avait alors de lui une parole aimable au lieu d'une réponse. Sa douceur et sa bienveillance étaient telles qu'elles interdisaient l'insistance. S'il le jugeait opportun, il se replaçait à son rang de prince, de fils de roi, d'héritier d'un grand trône, sans faire, cependant, rien qui fût réellement appréciable pour l'œil le plus exercé. Sa nature, en cela, le servait merveilleusement, et il pouvait ainsi se grandir, quand besoin était, sans qu'on pût jamais lui prêter une pensée hautaine. Les égards qu'il montrait aux hommes considérables qui l'approchaient faisaient croire à chacun d'eux qu'il était, de sa part, l'objet d'une préférence personnelle. On quittait le Prince croyant avoir fait, sur son esprit, une impression décisive et avoir conquis à la fois son amitié et sa confiance. C'est bien cette conviction qu'emportèrent, de leurs entretiens avec Louis-Napoléon, les grands du jour, MM. Thiers, Molé, Changarnier les premiers. Dans leurs rapports ultérieurs avec lui, ce fut, à la fois, et la cause de leur faiblesse et la raison de sa supériorité.

Pour les présomptueux de cette pléiade politique, le Prince fut longtemps un homme de peu de portée. Pour les observateurs plus attentifs, il resta une énigme. Peu de personnes, à coup sûr, oseraient prétendre qu'elles ont, dès le début, pénétré cette impénétrable nature ; beaucoup de ceux-là mêmes qui, plus tard, ont vécu près de lui n'ont réussi à se former qu'une opinion incomplète sur son compte. Le temps, les grandeurs, le mouvement considérable qui se fit autour du Prince, devenu Empereur, ne modifièrent sensiblement ni ses apparences premières, ni sa nature elle-même ; son instruction, déjà solide, se compléta par la pratique des hommes et des choses ; les manifestations de sa pensée prirent un caractère d'élévation qui devint la véritable éloquence ; ses proclamations, ses discours du trône, toujours ses œuvres personnelles, montrent en lui le profond penseur et l'homme d'État philosophe. Son imagination ne subit point l'effet ordinaire de l'âge : elle resta son principal écueil, et c'est à la prédominance trop exclusive de cette faculté, au culte exagéré qu'il avait pour les inspirations qui venaient d'elle qu'on doit attribuer les fautes principales de son règne. Il conserva toujours sa répugnance pour le conseil et le contrôle, et si, malgré sa tendance instinctive à résister à toute domination, il finit par en subir, et des plus pernicieuses, il fallut, à ceux qui surent prendre cet ascendant sur lui, une extrême habileté ou, plus exactement, l'usage exagéré de ces moyens trop souvent infaillibles près des trônes, la louange et l'adulation.

Président ou empereur, Louis-Napoléon ne se départit jamais de sa douceur, de sa bienveillance, ni surtout de sa bonté qui resta le trait saillant de son caractère; il ne se défit pas plus de son indifférence, et l'opiniâtreté qu'on rencontra parfois en lui ne devint point, à vrai dire, cette réelle fermeté qu'on s'est plu à lui croire. On verra plus tard que si ces hautes qualités n'étaient pas dans les habitudes ordinaires de son esprit, il sut les trouver aux heures solennelles. Dans les graves événements, on put admirer son sang-froid et sa complète possession de lui-même. Dans les dangers suprêmes, en face de la mort, on le trouva toujours impassible et courageux jusqu'au dédain du péril. L'histoire ne placera pas cette figure à un rang ordinaire; si elle a, pour certains actes du Prince que nous verrons devenir l'Empereur Napoléon III, des sévérités, sur lesquelles il ne nous conviendrait pas de donner ici l'éveil, elle aura de justes hommages pour les grands côtés de sa nature; elle fera la part des temps, des difficultés inextricables au milieu desquelles Louis-Napoléon a commencé, conduit et terminé son règne, et elle ne pourra méconnaître cette incontestable vérité, que, de 1849 à 1870, la France a trouvé, par lui, plus de vingt ans de prospérité.

Il faut louer la clairvoyance de ceux qui ont su entrevoir cet heureux horizon au milieu des obscurités de cette époque troublée de 1848. Ce sont ces perspectives pressenties qui rallièrent à la candidature du Prince tous les hommes de bonne foi qui plaçaient l'amour du pays, la volonté du salut bien avant tout intérêt de parti. Des calculs divers, des considérations de toutes sortes, mais surtout l'entraînement qui se révéla dans le pays, finirent bientôt par mettre le nom de Louis-Napoléon au-dessus de toute discussion possible. Les chefs des anciens partis monarchiques le comprirent, et, pour éviter d'être traînés à la remorque de cet immense mouvement d'opinion, ils se résolurent, de bonne grâce, à en revendiquer la direction et se placèrent ouvertement à sa tête. Sans eux, l'élection du Prince n'en était pas moins certaine, car les masses acclamaient son nom ; mais il y aurait ingratitude à méconnaître que l'appoint des chefs monarchistes contribua à élever le chiffre de la majorité. A mesure qu'approchait l'élection, ils se montraient plus assidus près du Prince, MM. Berryer, Molé et Thiers surtout. Le moment était venu, pour Louis-Napoléon, de s'adresser au peuple. Un manifeste était nécessaire pour préciser nettement les conditions dans lesquelles se produisait sa candidature.

C'est de ce jour que datent les premiers nuages entre Louis-Napoléon et les chefs de la majorité de l'Assemblée. Sans assez de précautions peut-être, ils s'étaient appliqués à indiquer d'abord au Prince le langage qu'il devait tenir à la Nation ; puis, du conseil donné à titre général, on en était venu à en formuler les termes. Dans ce groupe de hautes notabilités, chacun s'était cru autorisé à remettre au Prince un projet de manifeste. Le Prince acceptait ces communications avec un bienveillant sourire qui le dispensait d'une parole dont on eût pu faire usage. Ce silence de Louis-Napoléon ne laissait pas que d'éveiller quelques préoccupations dans l'esprit de ses nouveaux conseillers. Le moment de la publication du manifeste approchait. Le jour vint enfin où Louis-Napoléon convoqua ces hommes, illustres à des titres divers, qui, depuis quelque temps, se groupaient autour de lui ; parmi eux se trouvaient MM. Thiers, Barrot, Berryer et Molé.

Si peu nombreuse que fût cette réunion, l'importance des questions qui allaient s'y traiter lui donnait un caractère de solennité ; chacun attendait avec anxiété la lecture du Prince. Mais les premiers mots de cette lecture devaient être une déception pour ceux qui avaient pris la peine d'élaborer un projet de manifeste. Bien avant les conseils qu'on avait prodigués au Prince, son manifeste était prêt ; il était son œuvre exclusivement personnelle. Louis-Napoléon y résumait ses pensées et ses tendances ; il y affirmait ses volontés, et on va voir qu'il y donnait déjà, par l'élévation de son langage, la mesure de sa valeur comme politique et comme écrivain.

Le manifeste était ainsi conçu :

Louis-Napoléon Bonaparte à ses concitoyens.

« Pour me rappeler de l'exil, vous m'avez nommé représentant du peuple ; à la veille d'élire le premier magistrat de la République, mon nom se présente à vous comme symbole d'ordre et de sécurité.

« Ces témoignages d'une confiance si honorable s'adressent, je le sais, bien plus à mon nom qu'à moi-même, qui n'ai rien fait encore pour mon pays ; mais plus la mémoire de l'Empereur me protège et inspire vos suffrages, plus je me sens obligé de vous faire connaître mes sentiments et mes principes. Il ne faut pas qu'il y ait d'équivoque entre vous et moi.

« Je ne suis pas un ambitieux qui rêve tantôt l'Empire et la guerre, tantôt l'application de théories subversives. Élevé dans les pays libres, à l'école du malheur, je resterai toujours fidèle aux devoirs que m'imposeront vos suffrages et les volontés de l'Assemblée.

« Si j'étais nommé Président, je ne reculerais devant aucun danger, devant aucun sacrifice pour défendre la société si audacieusement attaquée ; je me dévouerais tout entier, sans arrière-pensée, à l'affermissement d'une république sage par ses lois, honnête par ses intentions, grande et forte par ses actes. Je mettrais mon honneur à laisser, au bout de quatre ans, à mon successeur le pouvoir affermi, la liberté intacte, un progrès réel accompli.

« Quel que soit le résultat de l'élection, je m'inclinerai devant la volonté du peuple, et mon concours est acquis d'avance à tout gouvernement juste et ferme, qui rétablisse l'ordre dans les esprits comme dans les choses; qui protège efficacement la religion, la famille, la propriété, bases éternelles de tout état social; qui provoque les réformes possibles, calme les haines, réconcilie les partis et permette ainsi à la patrie inquiète de compter sur un lendemain.

« Rétablir l'ordre, c'est ramener la confiance, pourvoir par le crédit à l'insuffisance passagère des ressources, restaurer les finances.

« Protéger la religion et la famille, c'est assurer la liberté des cultes et la liberté de l'enseignement.

« Protéger la propriété, c'est maintenir l'inviolabilité des produits de tous les travaux, c'est garantir l'indépendance et la sécurité de la possession, fondements indispensables de la liberté civile.

« Quant aux réformes possibles, voici celles qui me paraissent les plus urgentes.

« Admettre toutes les économies qui, sans désorganiser les services publics, permettent la diminution des impôts les plus onéreux au peuple; encourager les entreprises qui, en développant les richesses de l'agriculture, peuvent en France et en Algérie donner du travail aux bras inoccupés; pourvoir à la vieillesse des travailleurs par des institutions de prévoyance; introduire dans nos lois industrielles les améliorations qui tendent non à ruiner le riche au profit du pauvre, mais à fonder le bien-être de chacun sur la prospérité de tous.

« Restreindre dans de justes limites le nombre des emplois qui dépendent du pouvoir et qui souvent font d'un peuple libre un peuple de solliciteurs; éviter cette tendance funeste qui entraîne l'État à exécuter lui-même ce que les particuliers peuvent faire aussi bien et mieux que lui. La centralisation des intérêts et des entreprises est dans la nature du despotisme. La nature de la République repousse le monopole.

« Enfin préserver la liberté de la presse de deux

excès qui la compromettent toujours : l'arbitraire et sa propre licence.

« Avec la guerre, point de soulagement à nos maux. La paix serait donc le plus cher de nos désirs. La France, lors de sa première Révolution, a été guerrière parce qu'on l'avait forcée de l'être. A l'invasion elle répondit par la conquête. Aujourd'hui qu'elle n'est pas provoquée, elle peut consacrer ses ressources aux améliorations pacifiques, sans renoncer à une politique loyale et résolue. Une grande nation doit se taire ou ne jamais parler en vain.

« Songer à la dignité nationale, c'est songer à l'armée, dont le patriotisme si noble et si désintéressé a été souvent méconnu. Il faut, tout en maintenant les lois fondamentales qui font la force de notre organisation militaire, alléger et non aggraver le fardeau de la conscription. Il faut veiller au présent et à l'avenir, non seulement des officiers, mais aussi des sous-officiers et des soldats, et préparer aux hommes qui ont servi longtemps sous les drapeaux une existence assurée.

« La République doit être généreuse et avoir foi dans son avenir; aussi, moi qui ai connu l'exil et la captivité, j'appelle de tous mes vœux le jour où la patrie pourra sans danger faire cesser toutes les proscriptions et effacer les dernières traces de nos discordes civiles.

« Telles sont, mes chers concitoyens, les idées que j'apporterais dans l'exercice du pouvoir, si vous m'appeliez à la Présidence de la République.

« La tâche est difficile, la mission immense, je le

sais ! mais je ne désespérerais pas de l'accomplir en conviant à l'œuvre, sans distinction de parti, les hommes que recommandent à l'opinion publique leur haute intelligence et leur probité.

« D'ailleurs, quand on a l'honneur d'être à la tête du peuple français, il y a un moyen infaillible de faire le bien : c'est de le vouloir.

« Louis-Napoléon Bonaparte. »

La lecture de ce manifeste avait été écoutée avec un religieux silence ; elle avait éveillé une véritable surprise et découvert des horizons tout nouveaux. Le Prince était un homme, un penseur profond, un politique habile ; nul doute ne pouvait plus exister à cet égard, et les illusions de M. Thiers s'étaient envolées à chacun des mots qu'il venait d'entendre.

Tout convaincu que fût Louis-Napoléon de la valeur de ses doctrines, de l'excellence de son langage, il fut le premier à provoquer la controverse. Il allait au-devant de la critique et des conseils avec la ferme intention d'en faire son profit s'il les jugeait fondés. Le fond ne souleva que de courtes observations et plutôt des réserves que des critiques. Quant à la forme, on fut unanime à en faire l'éloge. Quelques mots tout au plus pouvaient, disait-on timidement, gagner à être remplacés par d'autres qu'on indiquait avec déférence. Le Prince défendait ses expressions avec courtoisie, mais avec insistance ; il en expliquait le sens et la portée, et on finissait par tomber d'accord avec lui.

Un mot pourtant eut, plus qu'il n'en valait la

peine, les honneurs de la discussion. C'était le mot
« d'ailleurs » placé en tête de la dernière phrase.
On conseillait au Prince de retrancher ce mot
« d'ailleurs »; on le jugeait inutile; grammaticalement on le condamnait. Mais le Prince tenait à
son mot; il en expliquait l'opportunité et finalement
il repliait son manifeste, indiquant ainsi que la discussion était close. Les félicitations de convenance
et quelques mots sur des faits généraux terminaient la séance. Le lendemain, le manifeste était
affiché sur tous les murs de Paris; il était bien celui
dont, la veille, Louis-Napoléon avait donné la lecture, et le mot « d'ailleurs » y avait conservé sa
place (1).

Nous trouverons peu de contradicteurs, parmi ceux
qui peuvent reporter leurs souvenirs à cette époque,
en affirmant que l'appel du Prince à la nation produisit sur elle un favorable effet. Il accélérait encore
la marche de cet irrésistible courant qui portait le
Prince au pouvoir.

Le 10 décembre, le peuple français allait aux
urnes. Ce n'était pas une élection, c'était une immense acclamation de Louis-Napoléon. Et cependant
l'armée des fonctionnaires était à son poste; elle soutenait le choc avec intrépidité. Préfets, sous-préfets,
agents de toutes sortes déployaient le zèle le plus
ardent; les instructions écrites et verbales étaient

(1) Tous ces détails, sur la réunion dont nous parlons ici,
sont d'une rigoureuse exactitude; ils nous ont été donnés, il y
a de longues années déjà, par un des personnages qui assistaient à cette réunion.

multipliées. C'était, au profit du général Cavaignac, la candidature officielle dans toute sa vivacité. L'Assemblée elle-même participait à ce mouvement ; la grande majorité de ses membres se livrait, dans les départements, à la propagande la plus active. Les représentants vantaient, à l'envi, les mérites du chef du pouvoir exécutif, et l'éloge en était facile, car il en était digne. Mais, nous l'avons dit, la lutte est impossible contre un véritable courant d'opinion. Le courant était avec Louis-Napoléon. Des communes entières marchaient au scrutin, drapeaux et tambours en tête, aux cris de *Vive Napoléon!* et de *Vive l'Empereur!* des feux de joie étaient préparés en vue d'un succès certain.

Le résultat du vote était celui-ci :

Suffrages exprimés.	7,317,344
Louis-Napoléon Bonaparte.	5,434,226
Le général Cavaignac.	1,448,107
Ledru-Rollin	370,119
Raspail.	36,920
de Lamartine	17,910
Le général Changarnier.	4,790
Voix perdues	12,600

En France et en Europe, ce résultat causait une profonde impression. Les chiffres et les conditions de la lutte y étaient l'objet de naturels commentaires. De quelle imposante et concluante manifestation en effet la France ne donnait-elle pas le spectacle ! En face d'un gouvernement qui voulait imposer au pays et la forme républicaine et l'élection, comme chef de la République, de celui qui était déjà placé à sa tête, la nation, fière de son droit, se levait presque unanime, et, secouant hardiment toutes les contraintes qu'on tentait de faire peser sur elle, elle écartait le candidat dont le nom impliquait la confirmation de la République et elle lui préférait un prince, chef héréditaire d'une dynastie française, comme pour préciser plus énergiquement ses tendances.

Pour voir, dans ce vote, toute sa signification monarchique, il faut reconnaître encore que l'élection n'était nullement engagée comme une question de personnes, mais exclusivement posée, au contraire, comme une question de principes. Il ne faut pas oublier que le général Cavaignac, alors chef du pouvoir exécutif, candidat à la Présidence de la République, écarté par le scrutin du 10 décembre, outre qu'il avait pour lui tous les profits d'influence que donne la possession de l'autorité, se recommandait à la fois à la confiance du pays par sa sagesse, par son honorabilité, par sa haute probité et par les gages qu'il avait donnés au parti de l'ordre dans les terribles journées de juin; tandis que le prince, qui lui était préféré, était, comme homme, inconnu du pays et s'il avait pour lui le souvenir légendaire du chef de sa maison, il avait, en même temps, contre lui les hasardeuses entreprises de Strasbourg et de Boulogne.

Le 10 décembre donc, ce que voulut le pays en élevant au pouvoir le prince Louis-Napoléon, ce fut, à la fois, et condamner la République, dont une année d'expérience avait suffi pour démontrer les périls, et affirmer, dans la mesure ingénieuse de son droit, la volonté d'une restauration monarchique.

CHAPITRE III

LES PREMIERS TEMPS DE LA PRÉSIDENCE

Formation du ministère du 20 décembre. — M. Odilon Barrot et les nouveaux ministres. — Coup d'œil sur la Chambre. — Journée du 29 janvier, ses causes, les avertissements qu'elle donne. — Proposition Rateau. — Attitude de l'armée et de la population vis-à-vis du Prince. — Aspect de l'Élysée. — Assiduités du général Changarnier. — Lettre au général Oudinot. — Dépêche de M. Léon Faucher aux préfets. — Chute du ministre de l'intérieur. — L'Assemblée constituante se sépare.

L'impression considérable produite, dans toute la France, par l'élection du 10 décembre put faire croire un instant à la pacification définitive du pays. C'était l'apaisement sans doute, mais ce n'était pas encore la stabilité complète. Entre les partis qui voulaient, comme dernier mot de la révolution, le triomphe de leur cause, ce n'était point la paix, c'était seulement la trêve.

Pendant les premiers temps de la Présidence, chacun, en effet, sembla s'appliquer à écarter toute question irritante. Le général Cavaignac, sauf un incident regrettable pour sa dignité, supporta noblement sa défaite et ses amis les plus dévoués imitèrent quelque temps sa réserve (1). Nul obstacle sérieux ne semblait se présenter en face du nouveau Président de la République.

L'acte important qu'il avait à faire en prenant possession du pouvoir, c'était la formation de son ministère. Du jour où les premiers résultats connus du scrutin du 10 décembre en avaient fait prévoir le résultat, les négociations s'étaient engagées. Elles se poursuivaient dans des vues différentes. Le Prince avait ses combinaisons. Les chefs des anciens partis avaient les leurs. Le Prince faisait la part des circonstances ; il consentait à prendre quelques-uns de ses ministres parmi les hommes du passé ; mais il voulait que la majorité du cabinet fût sympathique à sa cause et qu'elle consentît à accepter ses idées de gouvernement.

Les politiciens, au contraire, ne songeaient qu'à tirer profit de ce qu'ils avaient l'illusion de considérer comme leur victoire ; ils cherchaient à établir, près du Prince, plutôt un conseil de surveillance qu'un conseil des ministres. Ce premier cabinet n'était pas facile

---

(1) L'incident auquel nous faisons allusion est celui-ci. Le jour où Louis-Napoléon avait, en sa qualité de Président de la République, prêté serment à l'Assemblée, ce Prince en descendant de la tribune s'était dirigé vers le général Cavaignac et lui avait tendu la main. Le général avait refusé sa main. La Chambre, presque entière, avait été aussi péniblement impressionnée d'un tel manque de convenance qu'elle avait su gré au Prince de son acte de haute courtoisie envers le vaincu du scrutin du 10 décembre.

à former. Les chefs des anciens partis, les orléanistes surtout, malgré le rôle important qu'ils avaient joué dans l'Assemblée constituante, malgré l'autorité qu'ils s'y étaient acquise, n'avaient pas réussi à faire oublier leur participation au gouvernement qui venait d'être renversé ; leur appel aux affaires eût été considéré comme inopportun. Le mieux était de prendre leurs doublures, en leur adjoignant quelques hommes nouveaux et en cherchant, pour mettre à leur tête, un nom important qui ne fût pas trop compromis par son passé.

Le Prince fut assez heureusement inspiré en s'adressant à M. Odilon Barrot pour lui confier cette mission. M. Odilon Barrot était resté, en 1848, à égale distance du Gouvernement de juillet, qu'il n'avait pu réussir à sauver après avoir préparé sa chute, et de la Révolution dont il était l'un des promoteurs inconscients. Libéral, avancé pour l'époque, il pouvait ne pas effrayer les républicains modérés de la Chambre. Les anciens partis, ayant de l'estime pour lui, acceptaient son nom avec faveur. Il était d'ailleurs homme de tribune et pouvait soutenir, avec talent, la politique qu'allait inaugurer le Prince. Il avait de l'autorité dans sa personne, un bagage politique suffisant ; c'était un choix indiqué. Le Prince et les siens avaient eu avec la famille de M. Barrot et avec lui-même des rapports antérieurs. M. Odilon Barrot avait dû défendre Louis-Napoléon dans le procès de Strasbourg, et son frère M. Ferdinand Barrot avait été, dans le procès de Boulogne, l'un des trois avocats du prétendant devant la cour des pairs. Le Prince avait de la sympathie pour M. Odilon Barrot, et il lui accorda la mesure de confiance qu'il était susceptible de donner. M. Odilon Barrot réussit à former un cabinet qui fut bien accepté par l'opinion et qui n'éveilla dans l'Assemblée aucune susceptibilité. Le cabinet fut ainsi composé :

MM.

Odilon Barrot, ministre de la justice, président du Conseil en l'absence du Prince,

Drouyn de Lhuys, affaires étrangères,

de Falloux, instruction publique et cultes,

de Malleville, intérieur,

Bixio, agriculture et commerce,

Léon Faucher, travaux publics,

Général Rulhière, guerre,

de Tracy, marine,

Passy, finances.

Toutes les nuances modérées de l'Assemblée étaient représentées dans ce ministère. A quelques jours de sa formation, et sur un incident de peu de valeur, le cabinet avait dû cependant subir une modification. M. Léon Faucher avait été appelé à l'intérieur, M. Lacrosse, aux travaux publics, et M. Buffet au commerce. Mais ces changements de personnes ne modifiaient pas la politique du cabinet, qui restait une politique d'attente et de conciliation.

L'élection du 10 décembre avait dû nécessairement agir sur l'Assemblée et opérer certaines modifications dans l'esprit de ses membres. Le succès de

Louis-Napoléon avait, en effet, rallié à sa cause beaucoup d'hommes de bonne foi qui, tout en ayant cru le choix du général Cavaignac préférable à tout autre, voyaient le bien du pays possible avec Louis-Napoléon et s'inclinaient de bonne grâce devant le verdict de la nation. A ceux-là venaient se joindre la jeune génération ambitieuse qui saluait le soleil levant, et, on peut dire, la plupart des hommes modérés des diverses nuances conservatrices. Ces différents éléments, néanmoins, ne formaient pas, dans l'Assemblée, une majorité compacte. La majorité n'était acquise au Prince que dans les questions offrant, au profit de la cause de l'ordre, un intérêt marqué. Elle se fût exposée, en se séparant du Gouvernement sur un pareil terrain, à se discréditer dans l'opinion. En dehors de ces circonstances majeures, la Chambre faisait sentir au Prince sa volonté de ne point se soumettre à son autorité; elle allait plus loin quelquefois, et se mettait, vis-à-vis de lui, à l'état d'hostilité.

Un incident menaça un jour de compromettre ce chancelant accord. La garde mobile, créée dans un moment de trouble comme un expédient révolutionnaire, devenait un danger pour la sécurité publique. Le Gouvernement avait résolu de faire disparaître cette anomalie toute transitoire et la question avait été portée à l'Assemblée. Une telle mesure avait pour naturel effet de surexciter cette jeune milice; les agitateurs avaient exploité son humeur : il était évident qu'on devait redouter quelques complications.

Et en effet, les rapports qui parvenaient à la Préfecture de police ne tardaient pas à devenir alarmants. Pendant la nuit, les sociétés secrètes s'étaient tenues en permanence ; les meneurs avaient parcouru les faubourgs ; des proclamations avaient été préparées pour appeler aux armes la population remuante de Paris. Tout s'organisait pour la résistance. Averti à temps, le Gouvernement avait pris d'énergiques dispositions. Le général Changarnier avait mis sur pied des forces imposantes. L'émeute était vaincue d'avance; elle le comprit, et, pour cette fois, la sagesse l'emporta sur la violence ; le soulèvement projeté fut ajourné à une occasion plus propice.

Si cette journée, dite du 29 janvier, avait montré à quel point l'organisation insurrectionnelle était encore vivante, elle avait été, pour le Prince, l'occasion d'une véritable ovation. En passant en revue les troupes massées aux environs de la place de la Concorde et des Tuileries, il avait été acclamé avec un immense enthousiasme par l'armée et par la population. Un si chaleureux accueil joint à certains bruits de coup d'État avait inquiété l'Assemblée ; elle se crut un instant menacée dans sa sécurité, et, quelques démêlés avec le général Changarnier venant encore augmenter ses méfiances, elle prit une attitude qui présageait des conflits. Heureusement, le ministère avait un certain crédit près des représentants. On savait qu'il ne se prêterait pas à un coup d'État ; on eut confiance en ses assurances et l'orage fut conjuré. Mais les préoccupations qui avaient dominé l'Assemblée n'en laissèrent pas moins leurs traces ; on ne pouvait s'attendre désormais, entre le Prince et le Parlement, qu'à un accord de raison ;

on ne devait plus espérer une entente sympathique.

Et cependant, combien n'était pas désirable cet accord entre les grands pouvoirs de l'État ! La journée du 29 janvier avait montré que les insurgés de juin 1848 conservaient leurs espérances et leur organisation. Le ministre de l'intérieur avait mis la main sur un vaste complot qui, sous le couvert d'une société dite « la Solidarité républicaine », étendait ses ramifications à toute la France. L'avenir apparaissait de nouveau sous de sombres couleurs. L'opinion se rendait compte de ces périls et elle ne voyait pas sans anxiété l'antagonisme se produire entre le Prince et l'Assemblée ; il était facile de prévoir, aux impressions qui se révélaient, que le temps était proche où le pays manifesterait hautement ses préférences et prendrait parti contre cette Assemblée expirante au profit du chef de l'État qu'il venait d'élire. L'occasion se présenta de le faire.

L'Assemblée, nommée avec pouvoir constituant, avait accompli son œuvre : elle avait fait, et mis en action, une Constitution nouvelle ; elle était évidemment arrivée au terme de son mandat. La question de sa dissolution se posait dans les hautes régions politiques ; le pays ne tarda pas à saisir cette forme qui lui était offerte de lui témoigner son mauvais vouloir, et, en quelques jours, un mouvement d'opinion se produisit sur cette question de la dissolution. De toutes parts arrivèrent bientôt à l'Assemblée les sommations de se dissoudre. Les pétitions se multiplièrent ; les conseils généraux, les conseils municipaux firent également entendre leur voix et le courant prit un tel caractère d'ensemble et d'intensité que la proposition de la dissolution ne tarda pas à être déposée. Ce fut M. Rateau qui prit cette opportune initiative, et, après certaines hésitations, la Chambre se décida à fixer au 13 mai 1849 le terme de son mandat.

Le Prince voyait sans regret l'attitude, réservée d'abord et hostile ensuite, de la majorité ; il sentait que cette résistance à la préférence indiquée du suffrage universel ne ferait qu'augmenter sa popularité dont il avait eu souvent l'occasion de constater l'existence. A la première revue de l'armée de Paris, les cris de *Vive Napoléon!* et de *Vive l'Empereur!* l'avaient salué sur son passage ; la population et l'armée mêlaient ainsi leurs acclamations chaleureuses. Les cris peu nombreux de *Vive la République!* étaient immédiatement étouffés par un redoublement d'enthousiasme. Visiblement, la force était avec le Prince. Quelques jours lui avaient suffi pour dominer la situation, non qu'il eût fait pour cela aucun effort, aucun acte significatif, ou qu'il eût révélé des mérites imprévus : c'était la marche normale des événements, la suite naturelle de ce même mouvement qui avait produit le Dix-Décembre. On voulait un chef, on l'avait trouvé ; on voulait l'ordre, le Prince en était la garantie ; on voulait se défaire de la République et on voyait, dans Louis-Napoléon, la personnification d'un régime monarchique. Jamais situation ne fut plus nette et plus nettement comprise, jamais volonté ne fut plus clairement formulée par l'immense majorité du pays.

Si l'Assemblée marchandait son concours, les hommes importants ne ménageaient pas leurs bons offices auprès du Prince. Quel que fût le sentiment qui les animât, ils se montraient fort assidus à l'Élysée. M. Molé, M. Thiers, M. Berryer, le général Changarnier avaient souvent de longues entrevues avec le Prince. Le haut monde politique se pressait dans les salons du chef de l'État. Insensiblement, le personnel républicain s'était rendu justice en se retirant des réceptions du Prince; il y avait été remplacé par de grands noms du faubourg Saint-Germain, par des hommes qui, depuis 1830, s'étaient tenus éloignés du Gouvernement et qui éprouvaient une satisfaction mêlée de curiosité à se rapprocher du pouvoir. C'était du reste, pour quelque temps, un terrain neutre que l'Élysée : on pouvait y paraître sans rien effacer de ses couleurs. Grâce à ce mélange des individualités considérables de tous les partis, de toutes les origines, de la diplomatie, de l'armée, du clergé, de la magistrature, des grands corps de l'État, de la haute finance, le parfum de la République disparaissait de plus en plus.

L'aspect de l'Élysée était celui d'une cour et le Prince prenait naturellement, à son tour, les allures d'un souverain; on le sentait destiné à le devenir à courte échéance et on affectait involontairement, avec lui, les respectueuses déférences réservées aux têtes couronnées. Le Prince avait, à coup sûr, en lui-même les qualités qui permettent d'occuper dignement le premier rang; il était né près du trône, toute son éducation première s'était ressentie de ses augustes origines. En se trouvant, par les hasards de l'élection, au sommet du pouvoir, il ne faisait qu'occuper une position analogue à celle que lui destinait sa naissance. Et d'ailleurs si, pour les natures ordinaires, une subite et considérable élévation est une redoutable épreuve, elle est, au contraire, pour les natures d'élite, un stimulant profitable, la source certaine de précieux bénéfices. Pour les natures privilégiées, l'horizon s'agrandit à mesure qu'apparaissent les obligations nouvelles, l'intelligence s'élève, l'esprit se complète, l'effort fait pour dominer de passagers obstacles laisse, après lui, une conquête intellectuelle durable et le niveau lui-même qu'on avait à atteindre est rapidement dépassé. Il en était ainsi pour Louis-Napoléon; chaque jour laissait voir en lui ce qu'on pouvait appeler les progrès de son éducation politique; il montrait, dans les pratiques officielles du Gouvernement, une véritable aisance et laissait pressentir déjà ses réelles aptitudes de Chef d'État.

Il n'y a pas de cour sans courtisans, nul axiome n'est, hélas! d'une plus rigoureuse exactitude. Ce cortège ne manquait pas au Prince, et il se recrutait dans les plus hautes situations elles-mêmes. Parmi les assidus près du Président, le général Changarnier se faisait particulièrement remarquer; certaines familiarités de langage que le Prince lui avait laissé prendre dénotaient, de la part du général, son vif désir de plaire. Il était évident, à cette époque, que le premier rang dans l'État était solidement occupé, que le pouvoir était, tout entier, aux mains du Prince, que de lui seul on pouvait attendre une haute situation. Le général Changarnier avait compris ces choses. Dans de semblables conditions, il ne pouvait rêver qu'un accroissement de situation ; sa visée fut bientôt arrêtée. Un grand commandement militaire, réunissant à la fois le commandement de l'armée de Paris et celui de la garde nationale qu'il avait déjà, lui créerait une position considérable, et en ferait, à côté du Prince, le personnage le plus important de l'État. C'est cette position qu'il obtint du Président de la République, sans que ce dernier se rendît assez compte de la force qu'il allait mettre aux mains d'un homme dont il n'avait pas suffisamment pénétré le caractère et pressenti les intentions.

Le général Changarnier redoubla, près du Prince, de témoignages de dévouement, et, dans les conflits qui surgirent entre l'Assemblée et le Président de la République, c'est pour ce dernier qu'il prit ouvertement parti. Déjà l'homme d'autorité et d'audace se faisait sentir dans le général; plus d'une fois il avait traité avec un véritable dédain les résolutions de l'Assemblée. Un incident révèle, à lui seul, l'attitude qu'il entendait prendre, et celle qu'à un jour donné il pouvait avoir.

A l'occasion du siège de Rome par nos troupes et de l'échec qu'avaient un instant subi nos soldats, le Prince avait adressé au général Oudinot une lettre qui était, à la fois, et une réponse à des déclamations hostiles de la Montagne, et une affirmation énergique d'autorité personnelle. Cette lettre était un événement. Le général Changarnier en souligna encore la portée en la faisant afficher dans les casernes comme pour y augmenter les sympathies dont le Prince jouissait dans l'armée.

Cette lettre était ainsi conçue :

« Paris, 8 mai 1849.

« Mon cher général,

« La nouvelle télégraphique qui annonce la résistance imprévue que vous avez rencontrée sous les murs de Rome m'a vivement peiné. J'espérais, vous le savez, que les habitants de Rome ouvrant les yeux à l'évidence recevraient avec empressement une armée qui venait accomplir chez eux une mission bienveillante et désintéressée. Il en a été autrement, nos soldats ont été reçus en ennemis. Notre honneur militaire engagé, je ne souffrirai pas qu'il reçoive une atteinte; les renforts ne vous manqueront pas. Dites à vos soldats que j'apprécie leur bravoure, que je partage leurs peines, et qu'ils pourront toujours compter sur mon appui et sur ma reconnaissance.

« Louis-Napoléon. »

Une semblable lettre et l'usage qu'en avait fait le commandant en chef de l'armée de Paris ne pouvaient manquer de soulever des orages au sein de l'Assemblée. De ces orages, comme de chacun de ceux qui se produisirent dans de semblables conditions, il était résulté la diminution du prestige de l'Assemblée et un accroissement d'importance pour le Prince et pour le général Changarnier, qui semblaient unis pour braver son autorité expirante. Aussi les dernières séances de la Constituante avaient-elles pris un caractère de violente hostilité. Le Président de la République était outragé par la Montagne. M. Ledru-Rollin demandait sa mise en accusation ; il montrait l'Empire menaçant et dénonçait la conjuration de Louis-Napoléon et du général Changarnier pour faire un coup d'État. Les sociétés secrètes se tenaient prêtes à agir à la voix des députés montagnards ; on annonçait tout haut qu'il fallait prendre, les armes à la main, la revanche du scrutin du 10 décembre.

Le 12 mai, à la suite d'un vote de l'Assemblée dans la question romaine, M. Léon Faucher, ministre de l'intérieur, résumait les périls qui menaçaient le pays dans une dépêche ainsi conçue :

« Après une discussion très animée sur les affaires d'Italie, l'Assemblée nationale a repoussé, à la majorité de 329 voix contre 292, la proposition faite par M. Jules Favre, de déclarer que le ministère avait perdu la confiance du pays. Ce vote consolide la paix publique : les agitateurs n'attendaient qu'un vote hostile au ministère pour courir aux barricades et pour renouveler les journées de juin. Paris est tranquille.

« Ont voté contre l'ordre du jour et contre le Gouvernement... (Suivaient les noms des représentants qui avaient voté contre l'ordre du jour.) »

C'étaient déjà les dangers de 1852 qui apparaissaient.

Cette révélation avait ému profondément l'Assemblée et elle se vengeait sur M. Léon Faucher du discrédit qui pesait sur elle. Le renversement du ministre de l'intérieur était le dernier acte important de cette Chambre.

Le 27 mai 1849, elle se séparait, et, le lendemain 28, l'Assemblée législative venait siéger à sa place.

Ainsi finissait sa carrière cette Assemblée née dans un jour de tourmente et enveloppée dans de telles obscurités qu'il eût été difficile, au début, de pressentir exactement ses tendances. Élue sous la pression despotique d'un pouvoir révolutionnaire, elle avait eu le courage de manifester son aversion pour la révolution. Sa majorité était hostile à la République, et cependant elle avait accepté cette forme de gouvernement; elle l'avait fait par sagesse, pour ne pas accuser trop vite ses tendances réactionnaires, et par esprit de conciliation, pour ne pas provoquer, dans son sein, des divisions qui eussent exposé le pays aux plus graves périls. Pour la majorité, la République voulait dire trêve, continuation de l'interrègne. L'avenir restait ouvert aux espérances de tous les partis ; mais cette majorité avait compté sans le pays, et, ce qu'elle n'avait pas osé faire, nous avons vu comment, au Dix-Décembre, la nation le lui avait imposé.

CHAPITRE IV

LE 13 JUIN 1849

Forces des partis au sein de l'Assemblée législative. — Ce que signifiait l'élection de cette Chambre. — Journée du 13 juin 1849. — Les montagnards au Conservatoire des arts et métiers. — L'insurrection réprimée. — Son retentissement dans les départements. — Conséquences que pouvait avoir le 13 juin. — Ce que faisaient, alors, les futurs ennemis de l'Empire.

Les élections de l'Assemblée législative ne donnèrent lieu à aucun incident digne de remarque. Le parti de l'ordre accusa de nouveau sa force, et le pays manifesta, une fois de plus, son antipathie pour la République. Les grands centres, où les clubs et la presse avaient exercé leur mauvaise influence, s'étaient fait remarquer par leurs votes socialistes ; mais la Montagne ne revenait, dans la nouvelle Assemblée, qu'après avoir subi des pertes sensibles.

Au début même de la session, les partis avaient voulu compter leurs forces ; ils l'avaient fait sur la nomination du président de la Chambre. Sur 603 votants, M. Dupin était élu par 345 suffrages. C'était à peu près le chiffre des monarchistes de toutes nuances. Le général de Lamoricière avait obtenu 76 voix : c'étaient celles des républicains modérés, les débris de l'ancien parti Cavaignac. M. Ledru-Rollin avait réuni 182 suffrages : c'étaient ceux de la Montagne, à laquelle s'étaient unis quelques républicains avancés qui ne partageaient pas toutes ses doctrines.

Une telle Assemblée était-elle la confirmation du vote du 10 décembre? L'élection de cette Assemblée révélait-elle, pour le Prince, un accroissement ou une diminution de force dans l'opinion? Ce n'est point en ces termes que la question s'était posée devant le pays et le pays n'avait pas eu à y répondre. Ce qu'on appelait le grand parti de l'ordre réunissait alors toutes les nuances monarchiques, tous les ennemis de la révolution. Ces diverses fractions conservatrices faisaient cause commune contre les républicains sans trop se demander entre elles quel drapeau elles prendraient pour combattre les pernicieuses doctrines de la République. L'Assemblée était le produit de cet accord; la protection de l'ordre social, tel était le mandat de la nouvelle Assemblée.

La croyance générale était, toutefois, que nul plus que le Prince ne se montrait l'énergique défenseur de la société menacée, et la mission tacite donnée à presque tous les députés conservateurs était celle-ci : Soutenir à la fois et les grands principes d'ordre et le Prince-Président, qui en était le naturel défenseur. Quelques élections de Légitimistes avaient seules une signification différente et donnaient à leurs élus mandat exprès de poursuivre la restauration d'Henri V. Mais c'était là une exception ; le plus grand nombre des Légitimistes n'avaient point arboré leur drapeau dans la lutte. Que fallait-il attendre d'une pareille Chambre? Un concours énergique sans doute pour réprimer toute tentative de désordre, toute entreprise morale ou matérielle de la démagogie. Quant aux questions constitutionnelles, elles ne pouvaient être abordées, sous peine de dislocation immédiate de la majorité. La continuation du provisoire pendant toute la durée de son mandat, telle était la pénible et énervante perspective qu'offrait seule au pays la nouvelle Assemblée, si aucun incident imprévu ne venait traverser son existence.

Mais il était aisé de prévoir que les partis ne pourraient se condamner à une aussi longue inaction. Le socialisme surtout brûlait de prendre la revanche de ses défaites successives. La Montagne, qui représentait à la Chambre ses doctrines, ses intérêts et ses passions, était chaque jour sommée, par les sociétés secrètes et par les plus ardents démagogues, de donner le signal d'une prise d'armes. Il ne fallait, pour l'y décider, qu'un prétexte, et ce prétexte, la Montagne crut le trouver dans un incident de la question romaine.

A la suite de négociations regrettables avec les chefs de la révolution romaine, le Gouvernement s'était, enfin, décidé à donner l'ordre de pousser plus activement les opérations militaires et d'attaquer

Rome. Entre les révolutionnaires italiens, qui avaient chassé le Saint-Père de ses États, et les révolutionnaires français, la fraternité et la solidarité étaient complètes. M. Ledru-Rollin avait combattu avec véhémence, à la tribune, la politique du Gouvernement dans cette question, où étaient à la fois engagés et les intérêts de la catholicité et l'honneur du drapeau français. Il avait fait appel aux passions les plus ardentes et menacé le pouvoir de recourir aux armes pour lui arracher les plus honteuses concessions.

Le Gouvernement s'était montré ferme et résolu ; mais la Montagne devait obéir à la pression de ses dangereux auxiliaires du dehors. Le 13 juin, du haut de cette même tribune, M. Ledru-Rollin demandait la mise en accusation du Président et de ses ministres et il donnait, en même temps, le signal de l'insurrection. Les journaux de la démagogie répétaient son appel aux armes, et, à ce double mot d'ordre impatiemment attendu, la masse révolutionnaire s'ébranlait ; elle descendait des faubourgs, se groupait sur les boulevards et marchait, en colonne serrée, sur l'Assemblée pour lui dicter ses lois, ou plus exactement pour substituer le gouvernement de l'émeute au gouvernement régulièrement établi.

En même temps, la Montagne devait, sur d'autres points de Paris, provoquer la révolte et constituer un gouvernement nouveau. L'Hôtel de Ville, ce lieu de rendez-vous consacré pour l'émeute, était trop solidement occupé pour qu'on pût espérer s'en emparer ; on avait pris le Conservatoire des arts et métiers pour centre de ralliement, et c'est là qu'allaient siéger, Ledru-Rollin à leur tête, les députés de la Montagne et les chefs de l'émeute qui entendaient imposer à la France une nouvelle édition de 1848. Comme toujours, la garde nationale avait donné son concours à l'insurrection. Le colonel Guinard, qui commandait l'artillerie de la garde citoyenne, avait fait cortège aux représentants de la Montagne ; des barricades étaient rapidement élevées dans les rues qui entourent le Conservatoire des arts et métiers ; la résistance s'organisait et quelques heures de plus eussent suffi pour la rendre formidable. L'affiche suivante était placardée dans tous les quartiers où on supposait que l'émeute rencontrerait des adherents.

« AU PEUPLE FRANÇAIS, A LA GARDE NATIONALE
ET A L'ARMÉE.

« La Constitution est violée, le peuple se lève pour la défendre. La Montagne est à son poste.

« Vive la République ! vive la Constitution ! »

Cet appel à l'insurrection portait la signature de cent vingt députés montagnards.

Mais le Gouvernement était sur ses gardes. Les mesures avaient été prises. Le général Changarnier avait mis sur pied des forces imposantes. La colonne qui se portait sur l'Assemblée fut mise en déroute ; le

Conservatoire des arts et métiers fut cerné par la troupe, et les barricades qui le protégeaient enlevées à la baïonnette.

Alors commença une véritable déroute. Au moment où le commissaire de police, soutenu par la force armée, pénétra dans la salle où siégeait déjà le gouvernement insurrectionnel, ce fut un sauve-qui-peut général. Les portes étaient gardées, on se précipita par les fenêtres et le chef de cette équipée, Ledru-Rollin lui-même, fut contraint de recourir à ce vulgaire procédé d'évasion. Quelques heures avaient suffi pour triompher de cette audacieuse insurrection; mais si des mesures énergiques n'avaient pas été prises; si l'armée ne s'était pas montrée dévouée à ses devoirs comme elle le fut, Paris et la France entière étaient plongés de nouveau dans les horreurs de la guerre civile.

Sur tous les points de la France, en effet, les sociétés secrètes étaient sur pied; elles attendaient le signal pour prendre les armes à leur tour, et si elles n'eussent appris la défaite de leurs chefs, en même temps que leur levée de boucliers, une abominable jacquerie eût pu désoler le pays.

Dans tous les grands centres, à l'heure même où le mouvement éclatait à Paris, et sans qu'on eût pu en avoir encore aucune nouvelle, des rassemblements étaient formés. Les hôtels de préfecture étaient entourés d'une foule compacte et menaçante. On demandait communication des dépêches de Paris et on se préparait visiblement à prendre les armes. Une note publiée dans la *Patrie*, journal officieux,

donnait le résumé des événements de la province ;
elle était ainsi conçue :

« Il paraît certain que le complot devait éclater le même jour dans les principales villes de France. Les agitateurs connus s'étaient installés en permanence, attendant les nouvelles de Paris ; à Reims, à Dijon, à Lyon, à Toulouse, quelques tentatives d'insurrection ont eu lieu ; les meneurs paraissent obéir à un mot d'ordre venu de Paris. A Bordeaux, le 13, les sections des sociétés secrètes étaient en permanence, les clubs convoqués pour le 14 au matin. A Reims, le président du club s'est rendu le 13 à la sous-préfecture et a signifié au sous-préfet que son mandat était terminé, le triomphe de l'insurrection étant assuré à Paris. D'autres meneurs se rendaient chez le maire pour lui annoncer le renversement du Gouvernement. A Toulouse, même tentative et même insuccès. La nouvelle de la compression instantanée de l'insurrection à Paris a maintenu partout la même tranquillité. »

Quelle leçon recevait rétrospectivement ainsi l'Assemblée constituante ! Elle avait renversé un vigilant ministre, M. Léon Faucher, pour avoir dénoncé le péril ; elle avait voulu venger les représentants qu'il avait montrés du doigt comme les ennemis de la société, comme les chefs de l'émeute. Le péril était devenu une réalité, et les Montagnards signalés étaient à la tête des insurgés !

Cette prise d'armes avait ému, comme elle le devait, l'Assemblée nationale, et, tous les pouvoirs nécessaires, en vue des éventualités qui pouvaient se produire, avaient été donnés au gouvernement. Sur la proposition de M. Dufaure, devenu ministre de l'intérieur, l'Assemblée avait autorisé l'état de siège, et elle se montrait prête aux résolutions les plus énergiques pour la répression, mais pour la répression seulement.

Quant au Prince-Président, il s'était tenu prêt à monter à cheval si cela eût été nécessaire. Il avait sagement agi en n'intervenant pas de sa personne à l'heure de la répression. Sa présence eût provoqué des manifestations d'où pouvaient surgir de sanglantes collisions. Mais une fois les rassemblements dispersés, la circulation rétablie, il voulut se montrer au peuple. Il parcourut la ligne des boulevards et la rue de Rivoli à la tête d'un brillant état-major, et reçut l'accueil le plus enthousiaste. Les cris de *Vive Napoléon! vive l'Empereur!* le saluaient à son passage. S'il l'eût voulu ce jour-là, peut-être l'Empire était-il fait !

Mais ce n'était pas ainsi que Louis-Napoléon entendait arriver à la dignité souveraine. Déjà, en effet, la question de la restauration de l'Empire était partout posée. Dans l'armée, comme dans le peuple, on croyait avoir fait un Empereur, le 10 décembre, en plaçant le prince Louis-Napoléon à la tête du pouvoir. On le saluait, partout où il se montrait en public, des cris persistants de *Vive l'Empereur!* Ce n'étaient pas seulement le peuple et l'armée qui poussaient ouvertement le Prince à prendre la couronne. Parmi les hommes politiques qui l'approchaient, de bons esprits inclinaient à penser que le moment était propice pour en finir avec la République et pour se soumettre au vœu de l'immense majorité du pays. Étant donné que le titre de Président de la République devait inévitablement, à un jour donné, se transformer en celui d'Empereur, on jugeait sage d'éviter les péripéties et les complications parlementaires que la Chambre nouvelle pouvait engendrer. C'était, pensait-on, une économie de temps, d'efforts et peut-être de troubles ; mais la résistance du Prince était absolue ; il se montrait inébranlable. Il se croyait obligé à faire l'épreuve de la forme républicaine ; il savait que, sur son nom, s'étaient faits des compromis entre divers partis ; il voulait les respecter et, sincèrement, tenter de sauver le pays en restant dans les formes légales qui lui étaient imposées. Il ne songeait, éventuellement, à de plus énergiques moyens que pour le cas où ses premiers efforts auraient été absolument impuissants. Mais si, dans cette journée du 13 juin, l'Empire, ou le pouvoir à vie, n'avait pas été donné au Prince, cette question de la consolidation du Gouvernement avait fait un grand pas, et cela en dehors de toute action de sa part et par le seul fait des circonstances. Les ennemis du Prince continuaient à se faire ainsi les plus utiles auxiliaires de son élévation.

Une journée, pour prendre le mot consacré, une journée jette toujours, dans le pays, une profonde émotion ; elle laisse de longues traces dont tous les intérêts ont à souffrir ; elle convie à des réflexions sur les motifs qui ont amené le trouble, sur les moyens d'en prévenir le retour. Si la journée n'est point le triomphe de ceux qui l'ont entreprise, elle porte une grave atteinte à leur cause, car elle engendre inévitablement la réaction. C'est ce phénomène naturel qui se produisait, en France, au lendemain du 13 juin

Le moment n'est-il pas venu déjà de résumer, en quelques mots, les avertissements de ce passé que nous avons rapidement parcouru et les renseignements qu'il donne pour l'avenir? Après la catastrophe de février, qui avait décuplé les forces des révolutionnaires de profession, qui leur avait permis de poursuivre leur organisation avec la complicité du pouvoir d'abord, avec la protection de la loi elle-même ensuite, la France était, d'un bout à l'autre, enserrée dans un réseau de conspiration anarchique. Les clubs, les sociétés secrètes, une presse absolument libre, ces trois puissants éléments de renversement, pour tout gouvernement qui les tolère, avaient poursuivi, avec un menaçant succès, leur œuvre de destruction. De redoutables émeutes avaient permis aux démagogues d'essayer leurs forces, d'entretenir la discipline dans leurs rangs ; on sentait qu'une immense armée anarchique était prête à se ruer sur le pays.

Cette vérité, que les ennemis de l'Empire ont voulu nier plus tard, parce qu'elle était une justification pour lui, on la prend sur le fait dans cette journée du 13 juin, comme on l'avait fait plus d'une fois dans le cours de l'année qui venait de s'écouler. Et cette vérité, qui la proclame à la tribune? Qui la signale au pays? Qui s'en inspire pour demander à la Chambre des pouvoirs exceptionnels? Qui s'en autorise pour provoquer, dans la législation, de salutaires et protectrices réformes? Ces lois d'une sage réaction, qui les appuie dans le Parlement? Qui les défend contre la Montagne? Qui les vote? Qui les donne au pays? Nous l'avons dit : ce sont ces mêmes hommes qui, plus tard, nieront ces mêmes dangers. Et pourquoi cette contradiction? Parce qu'au 13 juin, reconnaître et proclamer le péril, c'était pour eux servir leur cause, et que plus tard, reconnaître ce même péril, décuplé par le temps, c'était excuser un ennemi, absoudre son entreprise et légitimer son succès.

Quand, plus tard, nous écrirons cette grande journée du Deux Décembre, quand nous trouverons en face de nous, unis dans la plus étroite solidarité pour nous combattre, les vainqueurs et les vaincus du 13 juin, nous aurons le droit, et avec des paroles de juste sévérité, de leur demander compte d'une si déplorable alliance et des mobiles d'une telle contradiction!

CHAPITRE V

CHUTE DU MINISTÈRE ODILON BARROT

Les méfiances réciproques. — Ce que voulaient les partis. — Ce que rêvait le général Changarnier. — La politique de MM. Dufaure et Odilon Barrot. — La politique de Louis-Napoléon. — Ses discours à Chartres, Ham, Saumur et Tours. — Voulait-il un coup d'État en 1849 ? — Les lettres du Prince-Président. — Son message du 31 octobre 1849. — Chute du ministère Odilon Barrot.

Si quelques nuages s'étaient déjà produits entre les ministres et le Prince, entre l'Assemblée et le chef de l'État, on eût pu croire que la journée du 13 juin, la crainte de l'ennemi commun effaceraient ou atténueraient au moins cet antagonisme entre les forces diverses qui pouvaient concourir au salut du pays ; ce fut exactement le contraire qui arriva

La Chambre prit ombrage de la popularité considérable qui s'était révélée au profit de Louis-Napoléon ; elle sentit croître la force du Prince et redouta les effets de sa puissance. Les ministres et les chefs des anciens partis constatèrent avec humeur l'esprit d'indépendance croissant de leur élu du 10 décembre; la méfiance devint, pour tous, la règle de conduite; des propos imprudents furent méchamment exploités, et les mauvais procédés ne tardèrent pas à s'ensuivre.

Le Prince avait, lui aussi, ses secrètes irritations, non contre l'Assemblée, qu'il savait profondément divisée et impuissante à rétablir un accord à son détriment; non contre ses ministres, qu'il avait le droit de remplacer le jour où il le trouverait opportun; mais contre les grandes individualités politiques qui n'avaient pas mis assez de ménagements dans leurs tentatives de domination, et surtout contre le général Changarnier qui avait pris, à la suite du 13 juin, une importance exceptionnelle. Le général avait, en effet, conquis la confiance de l'armée, la confiance de la population de Paris, celle de la majorité de l'Assemblée, celle surtout de ses principaux chefs. Il devenait ainsi, et son ambition mal dissimulée se prêtait à cette supposition, pour les uns, l'instrument possible, et à son profit, d'une résistance au Prince-Président; pour les autres, le Monck indiqué d'une restauration monarchique. Ce que voulait précisément chacun à cette heure, le général Changarnier, le Prince, ses ministres, l'Assemblée elle-même, était-il absolument arrêté? Il serait prématuré de le prétendre. Mais si ce n'étaient point encore des résolutions précises, un but fermement déterminé, c'étaient au moins des tendances prononcées; là étaient les précurseurs palpables des orages d'où devait sortir la tempête. Les partis monarchiques songeaient à la restauration de leurs princes; ils pensaient que Louis-Napoléon s'userait au pouvoir, et que, le général Changarnier aidant, une royauté nouvelle pourrait sortir d'une journée de désordre. Attendre, continuer le provisoire, harceler le chef de l'État, telle était leur tactique.

Le général Changarnier rêvait à tout. Il s'appliquait d'abord à augmenter son importance, sa popularité, son ascendant sur l'armée, sur la garde nationale, et surtout à gagner la confiance des chefs des anciens partis, pour se constituer ainsi une base d'opérations solides. De cette force, une fois acquise, que prétendait-il faire à un jour propice? Ce que les circonstances se chargeraient de lui indiquer. Il pouvait, ou restaurer la royauté, et trouver là un titre de connétable avec les honneurs et les profits qu'une telle dignité comporte, ou, plus naturellement, s'emparer de la Dictature pour son compte et rester, sous une forme à trouver, le chef de l'État. Nier ces diverses assertions serait nier l'évidence. Ce que nous disons là se voyait et se savait. Le général n'avait pas toujours, dans son langage, la réserve que commandaient à la fois et sa haute situation et ses plus hautes espérances; il plaçait sa confiance sans assez de précautions et se laissait ainsi trop facilement pénétrer. Pour caresser les uns et les autres, afin de les maintenir avec lui, il se laissait aller à trop dire, et le secret de ses confidences n'était pas toujours gardé.

Quant aux ministres, qui, dans un régime plus parlementaire encore que personnel, constituaient comme une sorte de corps dans l'État, ils avaient, eux aussi, leur visée. M. Odilon Barrot et M. Dufaure croyaient à la possibilité de l'application de la constitution de 1848; ils trouvaient, dans la pratique de ce régime républicain, une sorte de continuation du gouvernement parlementaire auquel ils avaient été mêlés pendant dix-huit ans; ils faisaient volontiers leur deuil de la monarchie tombée, s'ils pouvaient retrouver, sous une autre forme, des institutions donnant satisfaction à leurs préférences libérales. Le titre donné au chef de l'État n'avait, à leurs yeux, qu'une importance secondaire, pourvu qu'à côté de lui il existât une représentation élective avec un ministère dirigeant et gouvernant. A cette condition, et sous cette garantie, ils consentaient même à sacrifier l'hérédité dans le pouvoir suprême; ils devenaient, en un mot, de sincères républicains constitutionnels.

Nous n'offenserons point leur caractère en disant qu'ils subissaient, à leur insu, la domination de leurs aptitudes. Tous deux étaient hommes de talent, hommes de tribune, rompus aux pratiques du parlementarisme, et s'ils réunissaient ainsi les mérites qui permettent de dominer les assemblées, ils ne possédaient peut-être pas au même degré les qualités, également rares, qu'exige un exercice du pouvoir plus spécialement subordonné au chef de l'État. Pour eux, le parlementarisme était en quelque sorte la panacée universelle. En pensant ainsi, ils commettaient une erreur et ne faisaient point la part des temps.

Dans ces combinaisons diverses qui agitaient les

partis et les hautes individualités qui étaient à leur tête, les préoccupations dynastiques, les questions personnelles tenaient la première place; on songeait peu aux volontés du pays; on le considérait comme un patrimoine éventuel; on spéculait sur ses alarmes; et on avait la conviction qu'il accepterait avec gratitude toute solution lui garantissant l'ordre et la stabilité.

Le Prince, dans ses préoccupations, faisait une plus large part au pays. Il s'inspirait avant tout, dans la direction qu'il donnait à sa politique, de la préférence et de l'intérêt de la nation; possédant, à un rare degré, l'instinct, la prescience des vœux du pays, il s'attachait à leur donner les satisfactions qui étaient, à ses yeux, compatibles avec le bien. Or, pour lui, le régime parlementaire était inacceptable en France comme principe de gouvernement, et s'il eût conservé la moindre hésitation à cet égard pour des temps calmes et réguliers, il regardait au moins que, pour sortir la France des agitations de l'heure présente, le régime parlementaire était celui qu'on devait surtout écarter. Si, à titre général, il y avait dans son esprit, sur cette doctrine, des partis pris qui le dominèrent trop exclusivement et qui furent plus tard la cause de fautes considérables, il était au moins dans la vérité pour l'époque de transition dans laquelle il avait à se mouvoir. Il songeait, avant tout, à grandir et à fortifier le principe d'autorité, et peut-être en même temps à affaiblir le pouvoir de l'Assemblée.

Sans doute le Prince était le premier à profiter de

l'application de ce système, puisqu'il était constitutionnellement la plus haute représentation de ce principe d'autorité. Mais si l'ambition, ambition permise, là où sa naissance et la libre volonté du pays l'avaient placé, entrait dans ses calculs, le patriotisme était incontestablement son mobile dominant.

En observant attentivement la situation, il ne voyait que lui qui fût, à l'heure présente, indiqué pour le rang suprême. Nous l'avons dit déjà, la chute de la dynastie d'Orléans était trop récente pour qu'on pût songer un instant à restaurer un de ses princes. M. le comte de Chambord représentait, sans doute, de longs siècles de grandeur, et tout dans ses principes et dans sa personne était digne de sympathie et de respect. Mais son parti, si honorable qu'il fût, ne se recrutait presque exclusivement que dans les hautes sphères de la société. C'était un état-major sans soldats, et d'ailleurs l'opinion avait des exigences démocratiques; M. le comte de Chambord n'eût jamais consenti à se soumettre à elles, tandis que pour Louis-Napoléon elles faisaient partie de son programme de gouvernement.

Les prétendants écartés, y avait-il un homme qui eût l'ampleur voulue pour aspirer au premier rang? Qui donc avait un assez grand éclat dans ses services, une assez retentissante notoriété pour remplacer la naissance princière et pour suppléer à cette force qui, quoi qu'on fasse, s'attache toujours à ces hautes origines?

Étant donné qu'aucun prétendant, aucun compétiteur sérieux ne pouvait disputer le premier rang au Prince, qu'il était par excellence l'homme de la situation, n'était-il donc pas autorisé à se croire investi d'une mission providentielle ? Et s'il avait cette foi, comme en effet cette foi pénétrait son âme, s'il ne voyait, pour sa patrie, de salut que par lui, était-il donc coupable de se préparer à accomplir son œuvre, était-ce un crime que de chercher à grandir son individualité, à la préparer aux destinées de l'avenir, à la faire assez forte, assez puissante, assez populaire pour qu'elle pût, aux jours du péril, dominer les événements ?

Que ce soit l'ambition personnelle, ou, plus exactement, le dévouement au pays qui ait inspiré le Prince, et nous montrerons que les deux intérêts se confondaient alors, on ne saurait méconnaître qu'en s'efforçant de relever le pouvoir dont il était le dépositaire, il faisait acte de politique opportune et prévoyante. Pour atteindre son but, il recherchait l'occasion de parler en public, il la trouvait dans ses messages à l'Assemblée, dans ses communications officielles, dans les inaugurations de monuments, de chemins de fer, dans les banquets où il avait à répondre aux harangues qui lui étaient adressées. Ses discours avaient presque toujours un but de circonstance; plusieurs ont été des programmes; tous étaient empreints d'une incontestable élévation d'esprit; leur forme était littéraire, leur tendance à la fois conservatrice et visiblement démocratique. Leur effet était toujours considérable; plus d'une fois ils firent événement.

On n'a pas oublié le manifeste du Prince au moment de l'élection du 10 décembre : c'était son programme ; tout y était dit. Les questions de politique intérieure et extérieure, les grands principes sociaux, les problèmes économiques, tout ce qui pouvait intéresser la religion, la propriété, l'armée, les finances, était successivement, de sa part, l'objet de déclarations loyales et précises. Il n'avait, dans ses discours ultérieurs, qu'à insister, selon les lieux et les incidents du jour, sur les maximes dont il faisait sa règle de conduite, à montrer de plus en plus sa raison d'être comme chef de l'État, à vulgariser pour ainsi dire ses procédés de gouvernement.

Dans sa proclamation au peuple, au lendemain de l'insurrection du 13 juin, il affirmait sa ferme volonté de dompter l'anarchie et de rendre à la France l'ordre et la sécurité. Il prononçait ces mémorables paroles : « Il est temps que les bons se rassurent et que les méchants tremblent ; » il avertissait les fauteurs de désordres qu'il ne « reculerait devant rien » pour rendre la paix au pays.

A Chartres, le 6 juillet 1849, en rappelant la croisade qu'y avait prêchée saint Bernard, il glorifiait ce grand saint d'avoir « élevé le culte de la foi au-dessus du culte des intérêts matériels ». La religion pouvait voir dans le Prince un défenseur énergique et convaincu.

A Amiens, il évoquait habilement le souvenir du traité d'Amiens pour tendre à l'Angleterre une main amie et pacifique. Il se montrait partisan des alliances utiles à la France.

A Ham, dans un langage d'une rare hardiesse, il prenait texte de la captivité elle-même qu'il y avait subie pour condamner l'esprit de révolte ; il faisait, à la face du pays, une amende honorable pleine de grandeur, pour qu'on sût bien qu'en lui les entraînements de la jeunesse avaient fait place à la maturité et à l'esprit de gouvernement.

A Angers, en se plaçant, là comme en toute circonstance, sous le puissant patronage de son oncle Napoléon Ier, dont les populations aimaient à entendre le nom et à voir revivre en lui le souvenir, il mettait le pays en garde contre les excès de la liberté, et, lui faisant encore une trop large part, il souhaitait l'application d'un système consistant « à implanter en France, non cette liberté sauvage permettant à chacun de faire ce qu'il veut, mais la liberté des peuples civilisés, permettant à chacun de faire ce qui ne peut pas nuire à la communauté. »

A Nantes, il attestait toute sa sollicitude pour le commerce et l'industrie, et faisait comprendre, à ces populations laborieuses, l'essor que reprendraient les affaires arrêtées, si la sagesse des partis permettait le raffermissement de l'ordre et de la paix.

A Saumur, aux portes de cette école célèbre qui nous donne de si vaillants officiers, il trouvait les plus nobles accents pour « glorifier l'esprit militaire, les habitudes de discipline, d'ordre et de hiérarchie qui constituent le bon soldat et aussi le bon citoyen ». Il signalait, à bon droit, ces vertus essentielles comme étant « dans les temps de crises la sauvegarde de la patrie »... « La religion du devoir, la fidélité au drapeau », telle était la devise qu'il recommandait à l'admiration de la jeunesse militaire.

A Tours, il pénétrait avec autant de netteté que de franchise dans le vif des questions pendantes ; il allait droit aux préoccupations que les intrigues des partis cherchaient à répandre.

Le Prince pensait sincèrement, à cette date de 1849, que le pays pouvait être sauvé par le jeu naturel des institutions, par la pratique loyale de la Constitution et par une révision opportune de quelques-unes de ses dispositions imprévoyantes. Nous avons dit comment, après le 10 décembre, comment encore après le 13 juin, il s'était énergiquement refusé à prendre ou, plus exactement, à accepter le pouvoir. Il jugeait le moment venu de livrer sa conduite et ses intentions au grand jour de la publicité, de se défendre d'accusations injustes, de protester contre des projets qu'il n'avait pas.

La France, en effet, n'avait point alors besoin d'un 18 Brumaire pour se soustraire aux périls de la révolution ; les temps n'étaient pas les mêmes ; il le prouvait et faisait appel à la conciliation pour prévenir les complications qui avaient rendu le 18 Brumaire nécessaire. Le Prince était donc de bonne foi, et dans la vérité de cette époque, en disant : « *nos lois peuvent être plus ou moins défectueuses, mais elles sont susceptibles de perfectionnement.* Confiez-vous donc à l'avenir, sans songer aux coups d'État ni aux insurrections ; les coups d'État n'ont aucun prétexte, les insurrections n'ont aucune chance de succès. »

Pour qui voulait lire entre les lignes, le Prince disait ainsi : « je me donne entièrement à vous pour gouverner avec la Constitution; mais à la condition d'une revision qui rende à la France la libre disposition de sa volonté, qui lui permette de choisir son chef, comme elle le voudra, là où elle le voudra, et qui ne violente point ses préférences par une exclusion inique, par un ostracisme prémédité. » C'était un avertissement.

Il faut insister sur cette déclaration de Tours et en préciser encore la valeur, car elle renferme toute la politique de Louis-Napoléon; elle permet de pénétrer absolument sa pensée.

Et pourquoi eût-il donc songé à un coup d'État à cette date de 1849, quand tous les procédés légaux s'ouvraient encore si naturellement devant lui? Mais la Constitution n'était-elle pas revisable? L'article 111 ne stipulait-il pas expressément ce droit? Pouvait-on croire que, sous la pression si manifeste de l'opinion, l'Assemblée oserait jamais se dérober à cette nécessité? Et si la Constitution pouvait être ainsi légalement revisée, si aucune limite n'avait été tracée par le législateur, si toutes ses dispositions pouvaient être remises en question, tout ne pouvait-il pas sortir d'une modification légale du pacte fondamental? Le Président ne pouvait-il pas être déclaré rééligible? Ne pouvait-il pas recevoir un pouvoir prolongé? La présidence à vie n'était-elle pas une forme permise et compatible avec la doctrine républicaine? Et si même le pays, si l'Assemblée l'eussent voulu, où était donc l'obstacle pour aller plus loin, pour rétablir l'Empire sans secousse, sans coup d'État ? La logique était ainsi d'accord avec la vérité.

Pour qui a connu l'Empereur et pénétré, si peu que ce soit, dans sa confiance, il est certain que les moyens légaux avaient toutes les préférences de son esprit. L'orgueil de Louis-Napoléon fut toujours d'être aimé : les manifestations de sympathie caressaient le côté sensible de son cœur ; celles qui venaient du peuple entier éveillaient naturellement ses sensations les plus vives. Devoir la puissance suprême à la volonté de la France légalement consultée, c'était son rêve, et ce rêve était réalisable. Sortir de cette légalité pour y trouver le pouvoir, même avec la complicité et la ratification du pays, c'était un procédé qui blessait ses susceptibilités ; il ne voyait pas là une manifestation suffisante de spontanéité. Sa secrète ambition était plus haute. Louis-Napoléon avait, nous l'avons dit, la foi qu'il remplissait une mission providentielle ; que la nation entière était, comme lui, pénétrée de cette vérité ; et qu'aucune force ne pourrait détourner de leur cours naturel les événements dont devrait sortir son accroissement de pouvoirs. Il voyait si inévitablement, dans l'avenir, la couronne sur sa tête, qu'il se considérait, pour ainsi dire, comme hors de cause dans ce grand débat ; il ne songeait qu'à adoucir la transition entre le régime qui s'écroulait et celui qu'on voyait apparaître ; il était convaincu que rien ne coûterait au pays pour lier ses destinées aux siennes, que le pays triompherait de toutes les résistances pour le maintenir au pouvoir, pour l'y grandir, pour l'y perpétuer. On pouvait, si l'on tenait à médire, l'accuser de présomption ou de fatalisme ; on se trompait en lui prêtant une ambition vulgaire. Nous avons été le confident assez intime de sa pensée, pour affirmer qu'il allait jusqu'à échapper à cette ambition elle-même que les plus grands esprits éprouvent aux approches du pouvoir suprême, et toujours par cette simple cause, que, dans la naïveté de sa croyance, il ne pensait pas avoir à convoiter ce qu'il considérait comme un patrimoine assuré.

Strasbourg et Boulogne ne sont-ils pas les témoignages probants de la foi mystique de Louis-Napoléon ? En s'engageant dans ces folles aventures, il fermait les yeux aux vérités les plus apparentes pour ne se complaire que dans ses espérances aveugles ; il se refusait à reconnaître la témérité de ses entreprises en face d'un gouvernement aussi solidement établi que l'était, à ces deux époques, celui du roi Louis-Philippe, pour ne voir que la chimérique acclamation d'un peuple qui, dans sa pensée, n'attendait que l'occasion de saluer le retour du souverain de ses rêves. S'il est évident, comme les faits l'ont prouvé, que Louis-Napoléon croyait arriver facilement au trône en débarquant à Boulogne et en entrant à Strasbourg, n'est-il pas bien plus admissible encore qu'assis déjà dans le fauteuil présidentiel, chef de l'État, il considérait comme hors de doute son maintien au pouvoir et son élévation même à la dignité impériale.

Nous restons donc dans les termes d'une indéniable vérité en disant que, dans ce manifeste de

Tours le langage du Prince était sincère, loyal, sans arrière-pensée. Ce n'était point une parole hypocrite ayant pour but calculé d'endormir ses ennemis, de faire naître une fausse sécurité ; ce qu'avait dit le Prince, dans ce discours comme dans les autres, il le pensait, il le voulait, il le croyait possible ; c'était la vérité de son cœur, comme ce pouvait être la vérité de l'avenir.

Mais ce voyage lui-même qu'accomplissait le Prince à travers la France, n'était-il pas à lui seul un démenti à la pensée qu'on lui prêtait de vouloir s'emparer violemment du pouvoir ? Que faisait-il, si ce n'est de préparer l'opinion à un vote nouveau qu'il regardait comme inévitable ? Il saluait, dans le pays, le maître souverain de ses destinées ; et si ce n'était, pour un instant, faire descendre le Prince des hauteurs où il était placé, nous dirions que ce qu'il fallait voir en lui dans ces pérégrinations triomphales, c'était le candidat au pouvoir qui voulait éclairer le peuple en vue d'une élection nouvelle, bien plutôt que le maître despotique qui cherchait à préparer à l'avance le pardon d'une entreprise qui pouvait, Dieu merci ! se passer d'un pardon.

Après les discours dans les provinces, où les plus éblouissantes ovations avaient accueilli le Prince, vinrent ses discours à Paris.

Au banquet donné par les exposants de l'industrie nationale, le Prince-Président rappelait, dans les termes les plus compétents, les saines doctrines économiques ; il faisait justice de ces utopies malsaines à l'aide desquelles on cherchait à tromper la classe ouvrière et à soulever ainsi la haine des classes les unes contre les autres. « N'oubliez pas, disait-il aux exposants, de répandre parmi les ouvriers les saines doctrines de l'économie politique. En leur faisant une juste part dans la distribution du travail, prouvez-leur que l'intérêt du riche n'est pas opposé à l'intérêt du pauvre. »

Il faut lire tous ces discours du Prince, peser chacune de ses paroles, car toutes avaient leur valeur, pour se rendre un compte exact, et de ce qu'était l'homme, et de ce qu'étaient à cette époque ses sincères intentions; on y suit avec intérêt les progrès indiscutables de Louis-Napoléon dans l'art de gouverner. Les hautes situations grandissent vite les natures d'élite, nous l'avons dit déjà en parlant du Prince lui-même. Qu'on lise les œuvres de cette première année de sa Présidence, et les esprits les plus prévenus eux-mêmes seront forcés de reconnaître que notre éloge n'est que l'exacte expression de la vérité.

Lisez ces harangues, vous qui prodiguez avec tant d'amertume à la mémoire de Napoléon III les calomnies et les injures, et s'il est encore en vous quelque place pour la justice, vous sentirez votre courroux désarmé, vous serez, malgré le soin que vous mettrez à vous en défendre, éblouis par la lumière du bien, du vrai, du juste, qui apparaît dans toutes ces émanations de sa pensée; vous verrez, à chaque page, percer son amour de la patrie, sa constante sollicitude pour ce peuple que vous prétendez aimer. Découvrez-vous devant cette noble figure au lieu de l'abreuver d'outrages, car il voulut, par des moyens réguliers et pacifiques, assurer au peuple ce bien-être que vous cherchez en vain à lui donner par vos procédés périlleux. Si vous eussiez été sincères, si l'envie du pouvoir n'eût obscurci en vous l'amour de la patrie, vous eussiez reconnu que ce Prince par ses penchants, par ses convictions, par ses écrits, par ses engagements, par ses préférences manifestes, était bien plus près des tendances que vous affectez, qu'il ne l'était des nôtres ; vous auriez salué en lui le chef couronné des principes dont vous parez vos programmes, vous auriez vu, jusque sur son trône, l'amour de la démocratie se montrer sous la pourpre.

Mais quittons ces pardonnables digressions pour retrouver le Prince, pour le suivre pas à pas dans les révélations qu'il donnait de sa nature, de ses tendances, du but qu'il poursuivait. Si ces discours de Louis-Napoléon révélaient ses sentiments personnels et éclairaient le pays sur ses tendances, ce n'était là qu'une participation indirecte au mouvement politique ; il avait à cœur d'y prendre une part plus effective et de faire acte de gouvernement. Il arriva à ce but par des manifestations plus officielles de sa volonté, ses lettres au général Oudinot et au commandant Edgard Ney, lettres qui eurent toutes deux un si grand retentissement, le mettaient personnellement en scène, et attiraient sur lui la faveur des uns, la critique des autres, mais l'attention de tous, ce à quoi il attachait, non sans raison, une réelle importance. Dans chacune de ses lettres on voyait poindre une idée qu'il avait intérêt à mettre en lumière.

Dans sa lettre au général Oudinot, il faisait sentir à l'armée sa sollicitude pour elle et ses patriotiques émotions pour l'honneur du drapeau. Plus tard, et toujours à l'occasion du siège de Rome, il traçait d'une main ferme le véritable but de l'expédition et résumait les conditions dans lesquelles il voulait rétablir le pouvoir temporel du Pape. Il donnait un libre cours aux justes susceptibilités que de maladroites intrigues avaient fait naître. « Si, disait-il, la France ne vend pas ses services, elle exige au moins qu'on lui sache gré de ses sacrifices et de son abnégation. » Il trouvait encore de nobles paroles pour remercier l'armée de sa conduite. Chaque jour ainsi il se solidarisait avec elle, et par les moyens que nul ne pouvait sérieusement critiquer.

Dans toutes ces manifestations de sa pensée, dans ses discours, ses toasts, ses lettres, ses messages, le Prince avait son plan; il le suivait avec persévérance et, on peut dire, avec habileté. Sans doute, il s'écartait ainsi des coutumes traditionnelles et régulières du gouvernement parlementaire. Il ne l'ignorait pas. On l'accusait à ces divers propos de révéler son inexpérience; un tel jugement manquait d'exactitude. Nous avons dit à quels mobiles obéissait le Prince en mettant ainsi sa personnalité en avant. On peut ajouter qu'il exerçait là comme un droit de légitime défense. Que n'avait-on pas dit, écrit, publié sur sa prétendue nullité, sur son incapacité de prendre part à la direction des affaires, sur sa pauvreté d'esprit ? Les hommes les plus importants eux-mêmes, qui avaient intérêt à diminuer son prestige, à ruiner son autorité, M. Thiers en tête, n'avaient-ils pas mis à profit la foi qu'on avait en leur compétence pour accréditer ces préjudiciables calomnies ? Le Prince n'était-il donc pas en droit de poursuivre ainsi lui-même et par les armes les plus loyales, sa réhabilitation intellectuelle, et de rassurer le pays sur la valeur de l'homme auquel il avait confié ses destinées ? Ce n'était point une attaque, c'était une riposte ; les coups portaient et laissaient leurs traces.

Mais en dehors de cette grande tribune populaire qu'il improvisait pour lui et qui avait le pays entier pour assemblée, la Constitution ouvrait à sa parole la tribune de la Chambre elle-même. C'était sous forme de message que sa voix pouvait se faire entendre devant les représentants du pays. Le jour vint où le Prince crut devoir recourir à ce nouveau moyen d'action, et ajouter, à ces manifestations déjà nombreuses de sa pensée, une révélation plus importante encore de sa politique et de ses tendances. Il avait fait voir au pays qu'il était initié à toutes les grandes questions sociales et politiques, qu'il était un penseur profond et un homme d'État ; il voulut montrer qu'il savait joindre les actes aux paroles et qu'il ne reculait devant aucune des responsabilités du pouvoir.

Le ministère du 20 décembre avait, pendant près d'une année, tenu presque exclusivement le gouvernail; le Prince n'était, à vrai dire, sur le navire qui portait les destinées de l'État, qu'un illustre passager auquel, par déférence plus que par devoir, on révélait le secret des manœuvres. Il avait subi, non sans humeur et sans quelques révoltes, cette tutelle gênante pour sa dignité ; il s'était résigné à cet effacement aussi longtemps qu'il l'avait jugé indispensable à la situation, utile à son éducation pratique de Chef d'État. Le 31 octobre, il crut pouvoir voler de ses propres ailes, secouer le joug pour prendre, dans l'État, un rôle dirigeant. Il congédia le ministère qui lui faisait trop sentir sa prépondérance, qui voulait gouverner dans des vues autres que les siennes, autres que celles qu'il croyait profitables aux intérêts de la nation ; il prit un ministère qui devait accepter ses conseils, s'inspirer de sa pensée, faire cause commune avec lui et marcher ainsi résolument vers le but qu'il voulait atteindre : l'affermissement de l'ordre, la pacification des esprits et le développement du bien-être du peuple.

Voici en quels termes Louis-Napoléon annonçait à l'Assemblée et au pays le changement de son ministère et les raisons qui l'avaient conduit à s'en séparer :

« Élysée, 31 octobre 1849.

« Monsieur le Président,

« Dans les circonstances graves où nous nous trouvons, l'accord qui doit régner entre les différents pouvoirs de l'État ne peut se maintenir que si, animés d'une confiance mutuelle, ils s'expliquent franchement l'un vis-à-vis de l'autre. Afin de donner l'exemple de cette sincérité, je viens faire connaître à l'Assemblée quelles sont les raisons qui m'ont déterminé à changer le ministère et à me séparer d'hommes dont je me plais à proclamer les services éminents, et auxquels j'ai voué amitié et reconnaissance.

« Pour raffermir la République menacée de tant de côtés par l'anarchie ; pour assurer l'ordre plus efficacement qu'il ne l'a été jusqu'à ce jour ; pour maintenir à l'extérieur le nom de la France à la hauteur de sa renommée, il faut des hommes qui, animés d'un dévouement patriotique, comprennent la nécessité d'une direction unique et ferme, et d'une politique nettement formulée ; qui ne compromettent le pouvoir par aucune irrésolution, qui soient aussi préoccupés de ma propre responsabilité que de la leur, et de l'action que de la parole.

« Depuis bientôt un an, j'ai donné assez de preuves d'abnégation pour qu'on ne se méprenne pas sur mes véritables intentions. Sans rancune contre aucune individualité, comme contre aucun parti, j'ai laissé arriver aux affaires les hommes d'opinions les plus diverses, mais sans obtenir les heureux résultats que j'attendais de ce rapprochement. Au lieu d'opérer une fusion de nuances, je n'ai obtenu qu'une neutralisation de forces. L'unité de vues et d'intentions a été entravée ; l'esprit de conciliation pris pour de la faiblesse. A peine les dangers de la rue étaient-ils passés, qu'on a vu les anciens partis relever leurs drapeaux, réveiller leurs rivalités et alarmer le pays en semant l'inquiétude.

« Au milieu de cette confusion, la France, inquiète parce qu'elle ne voit pas de direction, cherche la main, la volonté de l'élu du 10 décembre. Or cette volonté ne peut être sentie que s'il y a communauté entière d'idées, de vues, de convictions entre le président et ses ministres, et si l'Assemblée elle-même s'associe à la pensée nationale, dont l'élection du Pouvoir exécutif a été l'expression.

« Tout un système a triomphé au 10 décembre.

« Car le nom de Napoléon est à lui seul tout un programme. Il veut dire : à l'intérieur, ordre, autorité, religion, bien-être du peuple ; à l'extérieur, dignité nationale. C'est cette politique, inaugurée par mon élection, que je veux faire triompher avec l'appui de l'Assemblée et celui du peuple. Je veux être digne de la confiance de la nation en maintenant la Constitution que j'ai jurée, je veux inspirer au pays par ma loyauté, ma persévérance et ma fermeté, une confiance telle, que les affaires reprennent et qu'on ait foi dans l'avenir. La lettre d'une constitution a sans doute une grande influence sur les destinées d'un pays ; mais la manière dont elle est exécutée en exerce peut-être une plus grande encore. Le plus ou moins de durée du pouvoir contribue puissamment à la stabilité des choses, mais c'est aussi par les idées et les principes que le Gouvernement sait faire prévaloir, que la société se rassure.

« Relevons donc l'autorité sans inquiéter la vraie liberté. Calmons les craintes en domptant hardiment les mauvaises passions et en donnant à tous les nobles instincts une direction utile. Affermissons le principe religieux sans rien abandonner des conquêtes de la révolution, et nous sauverons le pays malgré les partis, les ambitions et même les imperfections que nos institutions pourraient renfermer. »

Un pareil message ouvrait des horizons nouveaux. Le Prince quittait ouvertement son rôle de soumission et de docilité relatives pour prendre en main les rênes du pouvoir et devenir le vrai Chef de la Nation. Les voiles étaient déchirés ; l'homme se montrait sous son jour véritable.

CHAPITRE VI

LE MINISTÈRE DU 31 OCTOBRE ET LA LOI DU 31 MAI

Le ministère du 31 octobre. — Quel accueil lui est fait. — Mission du nouveau cabinet. — Les fonctionnaires publics. — Leur rôle dans les départements. — Élections partielles du 10 mars 1850. — De Flotte, Vidal et Carnot. — Effarement des chefs des anciens partis. — Les Burgraves à l'Élysée. — Les hésitations. — La loi du 31 mai.

Le changement soudain du ministère causa une immense surprise. Ce fut une véritable explosion que ce coup d'autorité. Plusieurs jours durant, le monde politique fut tout aux commentaires de cet événement. On lisait et relisait le message du Prince pour se pénétrer de ses intentions et pour y puiser une règle de conduite. Amis et loyaux adversaires étaient unanimes pour rendre hommage à l'élévation de son langage. Dans l'Assemblée, on regrettait, sur plusieurs bancs, le ministère Barrot; il comptait des hommes de valeur qui avaient soutenu avec talent et courage des luttes orageuses; mais comme ils ne personnifiaient d'une manière tranchée aucun des partis, ils n'étaient suivis dans leur retraite que de sympathies personnelles.

Le ministère nouveau était accueilli avec froideur. Dans les coutumes parlementaires en vigueur depuis trente ans, on n'était pas improvisé ministre; on gagnait son élévation par de longues et apparentes manifestations de mérites exceptionnels. Des discours remarqués, des rapports sur les grandes questions d'État, de finances, d'administration, d'économie politique, désignaient au choix du chef du gouvernement les hommes qui pouvaient à la fois, et le mieux servir le pays et le plus sûrement rencontrer la faveur des Chambres. Il se faisait ainsi comme une sorte de pépinière ministérielle. On s'apprenait aux affaires; on augmentait son importance; on était prêt pour son rôle le jour où vous appelaient les événements. Chaque groupe avait ses hommes et, selon les évolutions de la politique, ils prenaient ou quittaient le pouvoir. Leur accession aux affaires était presque toujours indiquée d'une façon si précise, pour les principaux portefeuilles au moins, que l'opinion et la presse les nommaient, pour ainsi dire, avant que le *Moniteur* n'eût parlé. Sous la monarchie de Juillet, le Roi eut souvent à accepter plutôt qu'à choisir ses ministres.

La République n'avait qu'un instant suspendu ces coutumes. On était vite revenu aux anciennes traditions, et le ministère Barrot en était l'image. MM. Barrot, Dufaure, de Tocqueville, de Falloux, avaient toute la notoriété voulue pour arriver aux affaires. Malgré le mérite très réel des ministres du 31 octobre, il faut reconnaître qu'ils n'étaient pas tous dans de semblables conditions. Quelques-uns, cependant, avaient déjà leur place parmi les notabilités du Parlement.

M. Bineau, qui prenait le portefeuille des travaux publics, était un ingénieur en chef d'une haute capacité ; il avait fait, à la Chambre, des rapports très appréciés ; sa parole était facile et il n'avait rien à redouter de la tribune.

M. Ferdinand Barrot entrait à l'intérieur. Avocat distingué, il faisait, depuis longtemps, partie de nos Assemblées ; il avait l'expérience des hommes et des choses, un jugement très sûr, une renommée de droiture et de loyauté ; et il avait dû à ces qualités d'être appelé, près du Prince, aux fonctions de secrétaire général de la Présidence. C'est à la confiance qu'il avait inspirée au Chef de l'État, dans ces délicates fonctions, qu'il dut d'être chargé de cette tâche difficile de renouveler, en grande partie, le personnel administratif.

M. Fould, appelé aux finances, était depuis quelque temps indiqué pour ce poste. Il était à la tête d'une importante maison de banque et inspirait confiance au monde de la spéculation.

M. l'amiral Romain-Desfossés, l'un de nos plus vaillants marins, devenait ministre de la marine.

Quant aux autres ministres, leur choix n'était pas aussi bien compris. Le général de la Hitte prenait les affaires étrangères ; il jouissait, comme militaire, d'une grande et juste estime, mais ce n'était point un diplomate. Le général d'Hautpoul, qui devenait ministre de la guerre, était fort contesté, et non sans raison. On savait qu'il ne devait son portefeuille qu'à ses déférentes assiduités à l'Élysée.

M. Dumas, ministre de l'agriculture et du commerce, était un savant déjà illustre ; mais il n'avait point encore fait preuve, pour les graves questions qu'il avait à résoudre, des aptitudes remarquables qu'il révéla plus tard.

Enfin, M. Rouher, à la justice, et M. de Parieu, à l'instruction publique, étaient deux jeunes députés dont on n'avait pu que pressentir encore la valeur. Celui qui les avait choisis avait fait preuve de discernement. On sait de quelles facultés exceptionnelles était doué M. Rouher, et si certaines lacunes se sont assurément révélées dans cet esprit d'élite, on ne peut nier qu'il n'ait été une des personnalités les plus saillantes du règne de Napoléon III. S'il est devenu, pour des causes diverses, un conseiller fatal au lieu de rester un merveilleux auxiliaire, comme il le fut au ministère des travaux publics et du commerce, c'est qu'on crut pouvoir impunément abuser de sa nature en l'arrachant aux affaires, qui étaient son élément de prédilection, pour le jeter brusquement dans la politique. On voulut en faire un homme d'État ; un tel rôle n'était ni dans son caractère, ni dans son tempérament. Nous verrons plus tard, en étudiant cette figure marquante, comment on ne fit de M. Rouher qu'un splendide avocat de la couronne, ou plus exactement l'avocat de toutes les causes dont il convint au pouvoir de lui imposer la défense. Nous verrons quelle omnipotence lui valut cet excès de soumission, quel fâcheux usage il fit de sa puissance, quels compromis il se résigna à subir pour échapper aux amertumes de la retraite. Nous verrons, enfin, quel irrémédiable échec peuvent faire, aux facultés les plus brillantes, l'absence de caractère et le manque de convictions.

Quant à M. de Parieu, il tint ce qu'il avait promis. Un discours prononcé par lui, le 5 octobre 1848, avait appelé l'attention du Chef de l'État qui, de ce jour, avait songé à l'attirer à lui. La sûreté de son esprit, son talent oratoire, sa grande honorabilité, lui marquèrent sa place dans les hautes sphères de l'État; il sut s'y maintenir, malgré les animosités tenaces de son rival le ministre de la justice. M. de Parieu justifia, par ses services, le jugement que Louis-Napoléon avait porté sur lui ; il fut l'une des lumières du Conseil d'État, l'un des conseillers utiles et indépendants de la couronne ; il reste l'un des hommes comptés de notre temps.

On voit que la surprise avec laquelle on avait accueilli le ministère du 31 octobre était, au moins, une impression fort exagérée. L'avenir a montré que ce ministère renfermait en lui des hommes d'un véritable talent. La froideur qu'il rencontrait tenait plutôt, du reste, aux circonstances qui avaient accompagné son éclosion qu'à sa composition elle-même. L'Assemblée ressentait un secret dépit de n'être pour rien dans ses origines. Aucun vote, en effet, n'avait montré que le ministère congédié eut démérité de la confiance du Parlement. Mais qu'était l'Assemblée dans l'État? Quels services rendait-elle et que pouvait-on attendre d'elle ? N'avait-elle pas déjà montré son impuissance ? Ses divisions profondes ne la condamnaient-elles pas à la stérilité? Elle s'agitait dans le vide ; elle pouvait être un obstacle et ne pouvait devenir un aide ; elle ne pouvait aboutir qu'à la continuation agitée d'un ruineux provisoire au bout duquel se dressait un redoutable problème, et ce problème, elle n'avait, en son sein, aucun des éléments qui pût le résoudre. Au lieu de s'appuyer sur cette Assemblée, qui lui marchandait son concours, le Prince tournait ses regards vers le pays lui-même, et, faisant cause commune avec lui, il se mettait en mesure de l'associer à son œuvre.

Il était, d'ailleurs, grandement temps d'agir, et le Prince l'avait compris. Le ministère Odilon Barrot avait trouvé, à son entrée aux affaires, les préfectures, les parquets, les emplois importants et subalternes, occupés par un personnel dévoué au général Cavaignac et aux idées que représentait l'ancien chef du pouvoir exécutif. Par tempérament, autant que par similitude de tendances, MM. Odilon Barrot et Dufaure avaient maintenu à leur poste le plus grand nombre de ces fonctionnaires, républicains prononcés, dont la plupart encore tenaient leur nomination du gouvernement de 1848. De semblables agents ne pouvaient se résoudre à servir la politique du Prince ; ils ne mettaient quelque mesure dans leur hostilité que pour échapper à une disgrâce et pour tenter d'atteindre 1852, époque à laquelle ils comptaient bien voir revenir, à la Présidence de la

République, un vrai républicain. Tous les sous-ordres de ces fonctionnaires, qui partageaient leurs sentiments, étaient protégés par eux ; il en résultait qu'une partie notable des départements était encore aux mains des ennemis du Chef de l'État.

Le Prince avait souvent demandé à MM. Odilon Barrot et Dufaure l'éloignement de ces fonctionnaires ; son insistance avait été vaine. On justifiait, avec un vrai luxe d'éloges, ceux que l'Élysée voulait atteindre ; on montrait le dévouement dont ils faisaient preuve pour maintenir l'ordre ; on mettait sur le compte de délations injustes et intéressées les mauvais renseignements dont ils avaient été l'objet et, finalement, on les conservait.

Outre les préjudices qu'en éprouvait le Prince, un semblable état de choses offrait, à un point de vue plus général, de sérieux inconvénients. Pour les départements, pour les communes, pour ceux surtout de leurs habitants qui participent, à un degré quelconque, au maniement des affaires locales, le bienfait d'un changement de régime, dans le sens de leurs sympathies, ne devient appréciable que le jour où ceux des dépositaires du pouvoir, qui les avoisinent, sont en conformité de sentiments avec eux et par conséquent avec le Gouvernement. Aussi longtemps que restent en place les agents du régime déchu qu'ils avaient naturellement pour adversaires, rien n'est sensiblement changé dans leur situation. Sans doute, ils ne sont plus des vaincus, mais ils ne sont point encore des vainqueurs, et c'est cependant le rôle auquel ils ont droit. Souvent ils se sont compromis pour leur cause, ils ont fait des sacrifices pour elle, on ne saurait les blâmer d'attendre le prix de leur dévouement ; ils ont aidé au succès, ils entendent en ressentir les effets ; leur revendication est légitime.

Les républicains, les faiseurs de révolutions n'ont garde de manquer à la pratique de cette doctrine. Toujours ils en ont fait une large application, ils ont impitoyablement brisé préfets, sous-préfets, secrétaires-généraux, conseillers de préfecture, magistrats amovibles, maires, adjoints, sans oublier les modestes gardes champêtres.

Le Prince était donc dans la vérité, il était dans son droit en demandant à ses ministres des fonctionnaires dévoués à sa politique, qui ne soient point, dans les départements, les adversaires persistants de ses amis et qui ne combattent pas sourdement, à l'avance, sa réélection éventuelle à la première magistrature du pays, quand, constitutionnellement, il pouvait devenir rééligible.

En mettant M. Ferdinand Barrot au ministère de l'intérieur, le ministère politique par excellence, le Prince avait eu la main heureuse. Il était sûr d'être loyalement servi, et il pouvait compter sur une grande sagesse et sur une parfaite mesure de la part de son ministre, qualités précieuses pour la tâche qu'il avait à accomplir. En quelques semaines, bon nombre de préfets et fonctionnaires de tous ordres furent remerciés ou déplacés, et les choix faits étaient de nature à consoler des souffrances qu'on venait d'endurer. L'administration française devint respectable, et, à part nos adversaires passionnés, on sera forcé de reconnaître que cette administration fut digne d'estime et conquit des droits à la reconnaissance.

Devant la Chambre, le ministère du 31 octobre eut une attitude prudente ; il s'appliquait à éviter les difficultés et ne s'engageait que dans les cas où le silence eût été une désertion. Il préférait les actes aux paroles ; les intérêts du pays et ceux du Prince n'avaient qu'à y gagner. A la faveur de cette sorte de désarmement tacite, le calme reparut dans l'Assemblée, et il eût pu continuer quelque temps si un nouvel incident n'était venu jeter dans le pays une extrême inquiétude.

A la suite de la journée du 13 juin 1849, ceux des membres de l'Assemblée qui avaient été arrêtés, comme chefs de l'insurrection, avaient été traduits devant la haute Cour de justice. Après de longs débats et malgré les efforts éloquents de leurs défenseurs, trente-et-un représentants avaient été condamnés. La Chambre avait naturellement prononcé leur déchéance, et les élections avaient été fixées au 10 mars. La propagande active que faisait le parti socialiste, par ses journaux, par ses émissaires, par les sociétés secrètes surtout, faisait redouter aux conservateurs l'issue de cette élection. L'événement prouva que ses craintes n'étaient que trop fondées. L'élection de Paris, sur laquelle les regards étaient principalement fixés, donna les plus déplorables résultats. Les candidats de l'ordre, MM. le général de la Hitte, Bonjean et Foy furent battus.

Les représentants élus furent de Flotte, l'un des chefs de barricades des journées de juin 1848, condamné pour ce fait; MM. Vidal et Carnot, tous deux choisis par les comités montagnards.

Ce résultat causa, dans le parti conservateur, une véritable panique. Notre malheureux pays, à force d'être remué par les agitations et les surprises, a fini par s'habituer à son mal et par se créer une sorte d'indifférence, comme pour échapper à une fièvre permanente. Au lieu d'une appréciation sage et réfléchie de la situation, on procède le plus souvent par brusques revirements ; on s'endort dans une fausse sécurité et on exagère, au réveil, les périls qu'on n'avait point prévus. Il en fut ainsi au lendemain des élections du 10 mars. Paris prit subitement un aspect de tristesse. La rente subit une baisse considérable; les affaires furent instantanément arrêtées et la majorité de la Chambre, ressentant le contre-coup de ce mouvement, crut l'heure venue de recourir à des mesures énergiques pour combattre les progrès du socialisme.

La situation se dessinait nettement. D'un côté, on voyait cette conspiration révolutionnaire s'avançant à visage découvert et menaçant de tout envahir; elle avait, malgré l'exil ou l'emprisonnement de ses principaux chefs, des chefs nouveaux qui se tenaient prêts au combat et continuaient l'organisation des sociétés secrètes. De l'autre côté, était l'Assemblée, divisée, indécise, soupçonneuse, voulant se défendre contre ce redoutable ennemi; mais ne voulant point prendre, pour le terrasser, le moyen héroïque qui s'offrait à elle. Ce moyen, le pacte constitutionnel l'indiquait : la révision de la Constitution était permise ; le moment était venu de s'adresser à cette suprême ressource.

La République avait été, une fois encore, mise à l'épreuve de la pratique ; elle avait montré son impuissance ; elle n'apparaissait que comme une source de pernicieuses agitations : il devenait chaque jour plus évident qu'il fallait revenir à la forme monarchique. C'était le salut ; mais que d'obstacles ! En face de la conspiration révolutionnaire d'une part, et de l'Assemblée divisée de l'autre ; en face de ces deux adversaires, l'un puissant pour l'attaque, l'autre paralysé pour la résistance, le pays voyait grandir la puissance qui était son œuvre ; il attendait de plus en plus son salut du Prince qu'il avait élu ! Les chefs des partis dynastiques constataient assurément cette tendance manifeste ; mais, au lieu de se résigner à une nécessité qu'ils devaient, tôt ou tard, subir ; au lieu de faire patriotiquement le sacrifice de chimériques espérances, ils se consumaient en périlleux efforts pour continuer le provisoire énervant qui conservait le nom de République. Ils croyaient ainsi réserver l'avenir, et ne faisaient que sacrifier le pays à leurs illusions.

A cet avertissement du scrutin du 10 mars, ils devaient encore répondre par un expédient sans valeur durable. Dans leur affolement, les chefs de la majorité s'étaient rendus à l'Élysée dès le lendemain de l'élection ; ils avaient demandé au Prince de les réunir pour chercher, avec lui, quelles résolutions commandait la situation. A cette réunion, acceptée par le Prince, aucune entente n'avait pu se produire, et toujours par cette même cause. que chacun des chefs des anciens partis ne consentait à rien de ce qui pouvait ou enchaîner son action ou engager l'avenir. L'accord le plus facile en apparence ne put même s'établir; on voulait constituer ce qu'on appelait alors un grand ministère; on ne put y arriver. Après de longues discussions où personne ne donnait le fond de sa pensée, où on s'étudiait à ruser plutôt qu'à éclairer, on en vint à décider que, le suffrage universel étant l'arme dont l'ennemi venait de se servir pour obtenir sa victoire, c'était cette arme qu'il fallait briser, et on se mit, en toute hâte, à préparer un projet de loi pour atténuer les effets de cette disposition essentielle de la Constitution de 1848 (1).

Tel n'était point l'avis du Prince-Président ; mais, malgré ses répugnances, il ne crut pas opportun de se mettre en travers d'une idée que les chefs de la majorité prônaient avec engouement ; il ne voulait pas

---

(1) Une commission avait été nommée par M. Baroche, qui avait remplacé M. Ferdinand Barrot au ministère de l'intérieur, pour préparer un projet de loi modifiant la loi électorale. Cette commission était ainsi composée :

MM. Benoist d'Azy,
　　　Berryer,
　　　Comte Beugnot,
　　　Duc de Broglie,
　　　Buffet,
　　　Marquis de Chasseloup-Laubat,
　　　Léon Faucher,
　　　Jules de Lasteyrie,
　　　Comte Molé,

risquer de rompre, par sa résistance, cette majorité conservatrice ; il laissa faire, et un projet de loi, qui devint la loi du 31 mai, fut soumis à la Chambre.

Pour arriver à leurs fins, les chefs de la majorité avaient en face d'eux une barrière légalement invincible : c'étaient les deux articles 24 et 25 de la Constitution.

L'article 24 disait : « Le suffrage est direct et universel. »

L'article 25 était ainsi conçu : « Sont électeurs, sans condition de cens, tous les Français âgés de vingt-et-un ans et jouissant de leurs droits civils et politiques. »

Mais l'article 27 prêtait à interprétation. Il disait : « La loi électorale déterminera les causes qui peuvent priver un citoyen français du droit d'élire ou d'être élu. »

La loi du 15 mars 1849, qui fixait à six mois la durée du domicile pour acquérir la qualité d'électeur, était susceptible de modifications. De l'examen de ces divers textes, on arriva à conclure que deux modifications importantes pouvaient être apportées

Comte de Montalembert,
Duc de Montebello,
Piscatory,
De Sèze,
De Saint-Priest,
Thiers,
De Vatimesnil.

Ce sont ces honorables membres de l'Assemblée, tous recommandables par leur savoir, leur expérience et leur honorabilité, que les républicains de cette époque baptisèrent du nom de *Burgraves*.

dans la composition du corps électoral sans atteindre la Constitution. On pouvait étendre les indignités, et on pouvait également exiger une durée de domicile plus longue. C'est à ce double parti qu'on s'arrêta, et le domicile fut porté à trois ans au lieu de six mois. La loi nouvelle écartait ainsi du scrutin près de trois millions d'électeurs.

Le Gouvernement n'avait pris qu'une part très effacée dans la discussion. Le Prince échappait ainsi à la responsabilité d'une mesure qu'il jugeait impopulaire et sans efficacité concluante ; la responsabilité pesait tout entière sur l'Assemblée, ses membres les plus éminents étant seuls, à vrai dire, les auteurs de cette loi (1). M. Léon Faucher, rapporteur, en avait soutenu vaillamment les mérites contre les orateurs de la Montagne et de la gauche modérée. Dans ce grand débat, la victoire de tribune était tout entière pour les chefs des anciens partis. Mais c'était, ou jamais, une victoire sans profit, ou plutôt un avantage périlleux. L'avenir devait le montrer.

Tant il est vrai qu'une législation permanente ne saurait s'appliquer à une société où la mobilité des

---

(1) La commission, nommée par les bureaux pour examiner le projet de loi, comprenait effectivement les plus hautes notabilités de l'Assemblée. Elle avait été prise, en partie, dans la commission dite des *Burgraves* dont nous avons parlé plus haut. Elle se composait ainsi : MM. le duc de Broglie, président; Léon Faucher, secrétaire; Baze, Berryer, Bocher, Boinvilliers, Combarel de Leyval, Jules de Lasteyrie, de Laussedat, de l'Espinasse, Léon de Malleville, de Montigny, Piscatory, le général de Saint-Priest, de Vatimesnil.

esprits, encouragée par le principe même du gouvernement, transforme incessamment la situation du pays. Une loi efficace à une heure peut, à l'heure suivante, devenir périlleuse ; et c'est ainsi que nous verrons cette loi du 31 mai, loi bonne et salutaire en elle-même, opportune et protectrice à son origine, devenir, peu de temps après, la source de graves complications.

CHAPITRE VII

LA REVUE DE SATORY

Prorogation de l'Assemblée. — Les Légitimistes à Wiesbaden. — Les Orléanistes à Claremont. — Divers projets des partis. — Nouveau voyage du Prince-Président. — Ses discours à Lyon, à Reims et à Caen. — Les conditions de paix avec l'Assemblée. — La commission de permanence. — La revue de Satory. — L'attitude du général Changarnier, ses ordres du jour, ses secrets desseins. — M. Odilon Barrot et le général Changarnier. — Ce que le général attendait de M. Dupin. — Nouvelles erreurs de la Chambre et leurs origines.

Tous les épisodes relatifs à la loi du 31 mai révélaient, de la part des anciens partis, leur velléité de secouer le joug de l'Élysée, de recouvrer leur indépendance, de marcher, désormais, chacun vers leur but, la restauration de leurs princes. Du 31 mai au 11 août, date à laquelle l'Assemblée avait décidé qu'elle prendrait trois mois de repos, les séances n'offrirent qu'un intérêt secondaire comparativement aux jours tumultueux des grandes discussions. On put, toutefois, constater les progrès d'un mauvais vouloir marqué vis-à-vis du Prince, une demande d'augmentation de sa dotation n'était acceptée qu'après d'assez pénibles tiraillements, et à une faible majorité. Le général Changarnier, en donnant au gouvernement l'appui de sa parole, faisait, en quelque sorte, ses adieux à l'alliance qu'il paraissait avoir formée avec l'Élysée; son attitude, nébuleuse en cette circonstance, devait bientôt devenir plus nette. Celle des partis allait également être significative. Les masques allaient tomber.

A peine, en effet, la Chambre s'était-elle séparée que le parti légitimiste organisait une manifestation qui prenait toutes les proportions d'un événement. M. le comte de Chambord s'était rapproché de la France; il avait, momentanément, fixé sa résidence à Wiesbaden, et ses plus fidèles amis d'abord, puis, après eux, un très grand nombre de ses partisans étaient allés lui porter l'hommage de leur dévouement. Les journaux du parti publiaient soigneusement la liste des visiteurs et encourageaient le zèle de leurs adhérents. On se compta et, dans des réunions choisies, on délibéra.

La question qui s'imposait en première ligne aux entretiens des chefs du parti était naturellement celle de savoir quelle attitude on devait prendre au cas où quelque nouveau mouvement insurrectionnel, provoqué par la Montagne, viendrait à se produire. On pensait qu'en pareille occurrence, tout serait remis en question, on voulait être préparé pour tirer parti des événements. Comme donnée générale, on peut affirmer que les amis de M. le comte de Chambord étaient partagés en deux camps : celui de l'action et celui de la prudence. Les partisans de l'action croyaient pouvoir affirmer qu'ils avaient pour eux une condition de succès, de première valeur à coup sûr, c'était l'appui éventuel, et, pour parler plus exactement, la complicité du général Changarnier.

Le général Changarnier avait donné à l'un au moins des députés légitimistes, particulièrement autorisé, les assurances les plus explicites de son dévouement à la cause de M. le comte de Chambord. Le général ne s'en était pas tenu aux demi-mots, il avait nettement exprimé sa résolution de ne point favoriser les projets supposés du Prince-Président; il avait déclaré que, le cas échéant, il mettrait son épée au service de la légitimité (1). La République était expirante. Dans son esprit, le triomphe de la bonne cause était proche et n'offrait pas autant de difficultés qu'on paraissait le supposer. Il était naturel qu'une semblable confidence eût fait naître, dans le cœur de celui qui l'avait reçue, de chaleureux desseins. Le député légitimiste avait vivement insisté pour qu'on se mît en mesure de prendre part à une action qui pouvait devenir décisive; il voulait une politique plus hardie, plus affirmative, et qui fût de nature à précipiter un dénouement. Ce ne fut pas cette opinion qui l'emporta dans les conseils de M. le comte de Chambord. On décida néanmoins que,

---

(1) Le député dont il est ici parlé est M. le marquis de La Rochejacquelin. C'est de lui-même que nous tenons ce renseignement relatif au général Changarnier. Nous avons eu, à diverses reprises, l'occasion de nous entretenir de ces faits avec lui. Ses souvenirs étaient d'une extrême précision.

sans aller aussi vite que le souhaitait le confident du général Changarnier, on se tiendrait prêt à profiter des événements, et, en tous cas, qu'on ne s'associerait à aucune mesure qui pourrait engager l'avenir et favoriser l'élévation au trône du Prince-Président. Le parti légitimiste devenait, plus que par le passé, un parti militant. Pris dans son ensemble, il ne conspirait pas, mais il observait de plus près qu'il ne l'avait fait jusque-là ; il restait bien encore attaché par quelques liens au parti conservateur, mais par ceux-là seulement qui offraient un profit à sa cause. Le gouvernement de Louis-Napoléon ne pouvait plus attendre de lui qu'un concours limité et essentiellement conditionnel.

Le parti orléaniste avait eu, lui aussi, sa manifestation ; un triste événement en avait été la cause naturelle. Le roi Louis-Philippe était mort à Claremont, et un très grand nombre d'hommes importants s'étaient rendus à ses funérailles. Une telle réunion pouvait difficilement se séparer sans qu'il fût question des événements dont la France était et pouvait encore plus devenir le théâtre. Les princes d'Orléans, un grand nombre d'anciens ministres, des membres de l'Assemblée, se trouvant ainsi groupés, on discuta et on examina le parti qu'on pouvait tirer des circonstances. A Claremont, comme à Wiesbaden, diverses opinions étaient en présence. Les uns proposaient d'unir les forces des deux branches de la maison de Bourbon, de provoquer un rapprochement entre M. le comte de Chambord et les princes ; c'était la fusion qui s'ébauchait ainsi. Les autres regardaient comme périlleux de songer à rétablir la Royauté sous une forme quelconque ; ils considéraient qu'il convenait provisoirement de ne pas renverser la République. Leur plan offrait, en apparence, de moins grandes difficultés que n'en soulevait une Restauration ; on se bornait à rendre impossible la révision légale de la Constitution, et, en 1852, le prince Louis-Napoléon n'étant pas rééligible, on posait la candidature du prince de Joinville à la présidence de la République. Les opinions libérales bien connues du prince de Joinville rallieraient, espérait-on, à sa cause les républicains modérés. Les conservateurs sans nuance prononcée l'accepteraient volontiers, et, les orléanistes aidant, on constituerait ainsi un grand parti, offrant aux hommes d'ordre, de solides garanties, et pouvant lutter avec avantage contre un candidat montagnard. A Claremont, comme à Wiesbaden encore, on croyait avoir avec soi le général Changarnier, sinon pour complice d'un retour par la force, au moins comme adversaire énergique de toute tentative du prince Louis-Napoléon pour s'emparer du pouvoir à titre définitif.

Au point de vue de l'ancien grand parti de l'ordre, de celui qui avait protesté contre les candidatures républicaines du 10 mars et qui avait contribué à l'élection du prince Louis-Napoléon, c'était là encore un des gros bataillons qui abandonnait la colonne.

Le Prince-Président suivait, sans s'en inquiéter, ces manœuvres naturelles des anciens partis cherchant à retrouver une couronne ; il avait conscience de sa force ; mais il ne dédaignait pas cependant les moyens qui pouvaient l'augmenter. En 1849, il avait fait, dans la région de l'Ouest, un voyage triomphal ; il résolut de se mettre une fois encore en communication avec ce peuple qui l'avait élu. C'était Lyon et les provinces de l'Est qu'il allait visiter en 1850.

Il devait encore trouver, dans ses discours, l'occasion d'affirmer ses principes, de répondre aux attaques dont il avait été l'objet comme aux manifestations dirigées contre son pouvoir présent et futur. C'était sa forme de défense, et il n'en pouvait trouver aucune qui produisît dans tout le pays une impression plus profonde.

De l'aveu de tous, la situation devenait intolérable et ne pouvait se prolonger. La Montagne conspirait ouvertement ; le parti légitimiste et le parti orléaniste dressaient leurs batteries. L'Élysée était comme une citadelle assiégée ; on en préparait l'assaut. Le Prince prévenait loyalement ses ennemis qu'il était résolu à se défendre.

A Lyon, le 15 août, en répondant au discours du maire, le Prince disait : « Si des prétentions coupables se ranimaient et menaçaient de compromettre le repos de la France, je saurais les réduire à l'impuissance en invoquant encore la souveraineté du peuple, car je ne reconnais à personne le droit de se dire son représentant plus que moi. »

C'était une réponse directe aux manifestations de Wiesbaden et de Claremont et aux projets qui avaient transpiré. En proclamant ainsi qu'il invoquerait encore la souveraineté du peuple, le Prince ne faisait aucun mystère de ses intentions. Il indiquait clairement son procédé de défense. C'était l'appel à la nation; c'était, sans aucun déguisement, le Deux-Décembre annoncé, si la coalition des partis le forçait à recourir à cette extrémité.

Mais, en même temps qu'il se montrait prêt à accepter la lutte, il laissait voir sa persistante préférence pour une solution pacifique, et, conviant à la conciliation les partis qui menaçaient de rompre le faisceau de l'union conservatrice, il disait à Reims : « Notre pays ne veut que l'ordre, la religion et une sage liberté. Partout, j'ai pu m'en convaincre, le nombre des agitateurs est infiniment petit, et le nombre des bons citoyens infiniment grand. Dieu veuille qu'ils ne se divisent pas! C'est pourquoi, en me retrouvant aujourd'hui dans cette antique cité de Reims, où les rois qui représentaient aussi les grands intérêts de la nation sont venus se faire sacrer, je voudrais que nous pussions y couronner non plus un homme, mais une idée : l'idée d'union et de conciliation, dont le triomphe ramènerait le repos dans notre patrie déjà si grande par ses richesses, ses vertus et sa foi. »

A Caen, le Prince exprimait encore ses vœux pour une solution pacifique et légale des difficultés pendantes, et, comme il l'avait fait ailleurs, il indiquait nettement le procédé de salut, le moyen constitutionnel de prolonger et de fortifier son pouvoir. « Si, disait-il, des jours orageux devaient reparaître et que le peuple voulût imposer un nouveau fardeau au Chef du gouvernement, ce chef serait bien coupable de déserter cette haute mission. »

La révision de la Constitution, la rééligibilité du président de la République, l'appel au peuple, tel était le programme de Louis-Napoléon ; telles étaient expressément ses conditions de paix, celles que, dans les splendides ovations qui le suivaient, il recevait mission de faire triompher. Il appartenait à la Chambre de tenir compte d'un pareil langage, d'accepter ces propositions réitérées, de comprendre la portée de l'insistance du pays. Si elle s'obstinait dans la résistance, si elle continuait à poursuivre le triomphe chimérique de restaurations impossibles, si de la résistance, elle passait à la menace, si elle préparait l'agression, elle savait quelles résolutions elle imposait au Prince. En relisant le discours de Lyon, elle pouvait savoir à l'avance quel sort lui était réservé. Entre le Prince et elle, la nation devait être appelée à prononcer.

En se séparant, le 11 août, la Chambre avait laissé derrière elle comme une définition vivante de ses dispositions à l'égard du Prince. Elle avait réuni dans la commission de permanence les individualités à la fois les plus importantes et les plus ombrageuses de l'Assemblée. Le général Changarnier, le général Lamoricière, le général de Lauriston, MM. Thiers, Berryer, de Lasteyrie, de Saint-Priest, le comte Beugnot, Chambolle, faisaient partie de cette commission. Sa mission se devinait ; elle avait à surveiller attentivement les faits et gestes du Prince, et à convoquer l'Assemblée à la moindre apparence de danger. Le voyage de Louis-Napoléon, ses discours, les manifestations qui l'avaient partout accompagné, cette sorte d'acclamation anticipée d'un pouvoir plus durable, avaient causé à la commission les plus désagréables impressions. Mais que dire? Que faire? Le Prince restait absolument correct dans son langage; il respectait la Constitution; l'interprétation qu'il en donnait n'avait rien de séditieux. Tout au plus pouvait-on lui reprocher de se montrer trop beau joueur, car on peut dire qu'il laissait voir à ses adversaires toutes les cartes de son jeu.

Un jour vint cependant où les susceptibilités de la commission de permanence furent mises plus vivement en éveil. Il faut dire à quelle occasion, car, de l'incident qui émut la commission, date la rupture définitive entre le Prince et le général Changarnier. On comprend quelle influence un semblable choc devait exercer sur l'avenir.

Le Prince devait passer, le 10 octobre à Satory, la revue de quelques régiments. On avait bâti, à ce sujet, tout un échafaudage de suppositions. « C'était, disait-on, le jour de la solution ; les troupes devaient saluer Louis-Napoléon du titre d'Empereur, et ramener triomphalement le nouveau souverain aux Tuileries. » C'était faisable, à coup sûr, et si cette possibilité ne tentait nullement le Prince, elle causait à la commission de cruelles insomnies. Le jour venu, une partie des membres de la commission se rendaient à Satory, accompagnés d'un certain nombre de représentants désireux de soutenir ainsi, par leur présence, l'autorité morale de leurs collègues. C'était une superfétation de surveillance. La revue se passa comme les autres ; le Prince fut salué des cris de *Vive*

Napoléon! et *Vive l'Empereur!* par l'armée et par une immense population, qui se pressait sur le plateau de Satory, attirée moins encore par le coup d'œil des manœuvres militaires que par l'espérance d'assister à une grande transfiguration politique.

Dans le défilé, un contraste auquel on n'était point habitué avait cependant été remarqué entre l'attitude de la cavalerie et celle d'une partie de l'infanterie. La cavalerie avait acclamé le Prince-Président avec un redoublement d'enthousiasme ; plusieurs régiments d'infanterie avaient, au contraire, défilé en observant un rigoureux silence. D'où pouvait venir cette différence, cette nouveauté? On savait que ces régiments restés silencieux étaient précisément ceux qui manifestaient pour le Prince les sympathies les plus vives. Y avait-il un mot d'ordre donné? D'où partait l'ordre? Le Prince voulut naturellement éclaircir ce mystère ; une enquête fut ouverte, mais elle ne fut pas de longue durée. On apprit immédiatement que le général Neumayer, l'*alter ego* du général Changarnier, avait enjoint à plusieurs colonels de donner l'ordre à leur régiment d'observer, lors du défilé, un silence absolu. Cet ordre avait été rigoureusement exécuté ; telle était la cause du silence des régiments d'infanterie.

Le général Neumayer ne pouvait être, en cette circonstance, que l'interprète des volontés de son général en chef dont il était l'ami dévoué. C'était donc au général Changarnier que devait naturellement remonter la responsabilité de l'attitude des régiments silencieux.

Mais pourquoi ce changement dans les procédés du général en chef de l'armée de Paris? A toutes les revues précédentes, et elles avaient été nombreuses, les troupes avaient, en sa présence même, acclamé le Prince-Président; tous les régiments, sans aucune exception, avaient défilé aux cris de *Vive Napoléon* et souvent aux cris de *Vive l'Empereur*. Ne devait-on pas croire que de semblables manifestations avaient au moins l'assentiment du commandant en chef de l'armée? Le doute n'était plus permis après la lecture des ordres du jour du général félicitant ses troupes, à chacune des revues importantes, du bon esprit dont elles avaient fait preuve. Le bon esprit dont il parlait, ce ne pouvait être, et ce n'était, en effet, que le témoignage de dévouement hautement manifesté à Louis-Napoléon. De telles félicitations, dans la bouche du général Changarnier, n'étaient-elles pas l'approbation expresse des acclamations qui avaient salué le Prince-Président? N'étaient-elles pas en même temps un encouragement donné aux troupes pour continuer à faire preuve du même « bon esprit » dans les revues ultérieures? Où était la cause de ce brusque revirement de la part du général Changarnier? Nous le dirons bientôt; il nous le dira lui-même; les faits parleront et feront apparaître la vérité avec la plus éclatante lumière.

Mais si la revue de Satory avait trompé l'attente des populations qui s'y pressaient en foule; si elle avait donné un complet démenti aux journaux hostiles à l'Élysée qui avaient bruyamment annoncé le Coup d'État comme le couronnement certain de cette fête militaire, elle avait eu deux autres résultats graves. D'une part, elle avait définitivement éclairé le Prince sur la réalité des sentiments du général Changarnier, sur l'attitude qu'il entendait prendre, et elle avait dicté au chef de l'État les résolutions qui devaient maintenir son autorité; d'autre part, elle avait jeté dans la commission de permanence une animation si vive, une irritation si profonde, que ce jour devenait, en quelque sorte, la date d'une rupture entre le pouvoir législatif et le pouvoir exécutif.

Les pèlerinages de Wiesbaden et de Claremont portaient leurs fruits. Le général Changarnier avait passé son Rubicon. Il ne devait pas tarder à mettre le pays entier dans la confidence de sa nouvelle attitude. A la suite de la revue de Satory, le général Neumayer avait reçu un changement de destination, il avait été appelé à un commandement en province. Mais, si enviable encore que pût être une semblable situation, le général commandant en chef de l'armée de Paris n'y voulut voir que le blâme de ce qui s'était passé à la revue de Satory, qu'une atteinte portée à son autorité. Il ne fit pas attendre sa riposte. Le 2 novembre 1850, il publiait un ordre du jour rappelant aux troupes placées sous son commandement, qu'elles devaient « s'abstenir de toute manifestation et ne proférer aucun cri sous les armes ». En temps ordinaire, un tel ordre du jour n'eût eu rien que de naturel; à l'heure et dans les conditions où il apparaissait, il devenait un acte politique, une véritable déclaration de guerre.

Au sein de la commission de permanence, l'attitude du général Changarnier n'avait pas été moins hostile au Prince. Dans un échange d'observations entre le général d'Hautpoul, ministre de la guerre, et lui, le général Changarnier avait laissé voir très nettement le rôle qu'il entendait désormais s'attribuer. Il devenait le général de l'Assemblée, l'adversaire armé du Prince-Président, l'exécuteur des ambitions des partis monarchiques, ou, plus exactement, l'exécuteur éventuel de ses desseins personnels.

Un incident, qui est d'une extrême gravité, tant à cause des faits qu'il révèle qu'en raison de la garantie que lui donne une haute et loyale personnalité, nous initie aux secrètes pensées du commandant en chef de l'armée de Paris. Il nous le montre conspirant ouvertement contre le gouvernement et contre la liberté du Prince. Nous aurons plus tard à appeler au secours de nos preuves, irrécusables par elles-mêmes, ce témoignage libre et spontané de l'un des plus tenaces adversaires qu'aient eu l'Empire et l'Empereur, de 1850 à 1870. Laissons parler ce témoin, M. Odilon Barrot. Voici la page instructive que nous empruntons à ses intéressants Mémoires (1) :

« Je me trouvais à Mortefontaine, dit M. Odilon Barrot, lorsque M. de Pontalba, aide de camp du général Changarnier, vint m'y apporter un billet de ce général, dans lequel il me conjurait de venir tout de suite à Paris.

---

(1) *Mémoires* posthumes de M. Odilon Barrot. Charpentier, libraire-éditeur, tome IV, page 60, ligne 15.

« Les conjonctures sont devenues excessivement graves, m'écrivait-il, votre présence est absolument nécessaire. — Je crus que le moment de la crise était arrivé, et je n'hésitai pas : la chaise de poste que M. de Pontalba avait amenée nous conduisit à Paris, nous y arrivâmes vers minuit...

« — Comme d'un moment à l'autre l'action peut commencer, me dit le général, je me suis permis de vous relancer dans votre retraite. C'EST A QUI DE NOUS DEUX, LOUIS-NAPOLÉON ET MOI, PRENDRA L'INITIATIVE...

« — Mais vous êtes-vous assuré du concours du préfet de police ? demandai-je au général.

« — Oh ! je suis sûr de Carlier (le préfet de police), il est tout à moi, dit le général..... Sur la demande que je lui ai carrément adressée, s'il était en mesure d'arrêter le président, il m'a répondu que, QUAND JE LUI EN DONNERAIS L'ORDRE, IL LE METTRAIT DANS UN PANIER A SALADE, ET LE CONDUIRAIT, SANS PLUS DE CÉRÉMONIE, A VINCENNES... »

Et M. Odilon Barrot ajoute :

« — Comme je me récriais, et faisais observer au général que Carlier n'avait sans doute eu rien de plus pressé que d'aller reporter cette conversation à Louis-Napoléon, et peut-être même d'offrir de lui rendre le même service à l'encontre du général : Tant mieux, me répondit son aide de camp, Valazé, nous sommes bien aises qu'on sache à l'Élysée ce que nous pouvons faire. »

Et si l'on veut savoir dans quelles conditions le général Changarnier voulait entreprendre sa révolte contre le chef de l'État ; comment il entendait donner au complot, dont il était l'âme et l'épée, un semblant de légalité, nous l'apprendrons encore de M. Odilon Barrot.

« — Cependant, continue M. Barrot, je fis observer au général que le ressort était tellement tendu que la crise ne pouvait se prolonger plus longtemps. Qu'attendez-vous pour en finir? Oh! me répondit-il, je n'attends qu'une signature de Dupin. »

Quelle lumière nouvelle une telle parole ne jette-t-elle pas sur la situation? Si nous voyons le général Changarnier impatient de s'emparer du pouvoir, nous voyons les hommes ardents de la majorité se grouper autour de lui comme complices. La situation de M. Dupin devenait des plus critiques. Pressé, harcelé par les membres de la commission de permanence, il s'était tenu sur une prudente réserve; il n'avait pas voulu rompre avec ceux qu'il jugeait bien être de dangereux conspirateurs, parce que la rupture les eût conduits à prendre pour président un des leurs qui se fût prêté à leurs desseins. Il s'attachait à gagner du temps, et temporiser était sage. Il n'avait donc ni promis ni refusé, il avait ajourné cette fameuse signature qu'au fond de sa pensée il était bien résolu à ne jamais donner.

Après de si accablants témoignages, ceux que le temps et les événements n'ont pas éclairés, ceux qui sont restés nos irréconciliables adversaires oseront-ils donc encore continuer leurs amères récriminations! Ce Coup d'État, dont le souvenir suffit à les faire rugir d'indignation, comment, disent-ils, a-t-on pu être assez pervers pour en concevoir la pensée, assez criminel pour en oser l'exécution ! Qu'ils ne viennent pas jusqu'à nous pour le savoir. Qu'ils s'arrêtent, au hasard, chez ceux qui restent des puissants de la majorité de ces temps ; qu'ils écoutent surtout celui qu'ils avaient pris pour chef et dont nous venons de citer le langage, ils seront contraints de reconnaître que le Coup d'État, eux aussi l'ont voulu pour eux. Ils l'ont voulu comme nous ; ils l'ont voulu avant nous; s'ils ne l'ont pas tenté, ce ne sont pas les scrupules qui les ont arrêtés, c'est la confiance dans le succès, c'est la résolution qui leur ont fait défaut. Voilà les seules causes vraies de leur respect de circonstance et de nécessité pour la Constitution! Qu'ils ne fassent donc plus parade de leur amour tardif pour une légalité désastreuse dont ils s'efforçaient eux-mêmes de secouer les étreintes. Le jour s'est fait sur la réalité de leurs desseins ; leurs accusations et leurs injures ne sont plus aujourd'hui que les récriminations de vaincus, encore irrités d'avoir été prévenus dans leur attaque, surpris dans leur préparation et terrassés malgré les efforts désespérés de leur résistance. Dans ce grand procès qu'ils cherchent à intenter au Deux-Décembre devant l'histoire, le double et accablant témoignage de M. Odilon Barrot et du général Changarnier suffit, à lui seul, pour assurer leur condamnation.

Mais, dans cette lutte ardente, passionnée, dans ce combat à outrance que livraient au chef de l'État les impatients et les ambitieux de la majorité, de quel aveuglement ne fallait-il pas qu'ils fussent atteints pour rêver, même un instant, au succès de leurs projets! Quelles causes pouvaient entraîner à de semblables erreurs un groupe considérable d'hommes éminents et expérimentés?

Deux fois la même cause avait engendré les mêmes illusions ; deux fois ce même Palais-Bourbon, où siégeait l'Assemblée, avait vu éclore la même erreur d'appréciation de l'état réel du pays. En 1848, l'Assemblée constituante croyait fermement à l'élection du général Cavaignac, et le général subissait une écrasante défaite. En 1850, l'Assemblée législative avait la foi que son autorité dominerait la puissance du Prince-Président, et l'avenir lui réservait encore une amère déception. C'est qu'à ces deux époques, ceux qui entraînaient les Chambres se laissaient trop exclusivement dominer par l'ardeur de leurs espérances. Ils subissaient complaisamment l'influence des apôtres de leur idée, de ces gens de bonne foi qui prennent leurs désirs pour des réalités; ils attachaient plus de valeur qu'il ne convenait de leur en accorder aux dires de la presse, aux bruits quotidiens du monde politique, et, dans leurs réunions intimes, se communiquant leurs impressions, leurs nouvelles, leurs appréciations, ils arrivaient à se créer ainsi une vérité factice, source de toutes leurs erreurs. Au milieu de leurs agitations, ils vivaient ainsi dans une sorte d'isolement relatif.

On peut quelquefois s'isoler impunément pour des études abstraites et découvrir, dans de solitaires méditations, ou dans un commerce intime et choisi, la solution de problèmes philosophiques; encore l'esprit trouve-t-il, au contact du monde, certains stimulants qui aident à la pensée et entr'ouvrent souvent des horizons nouveaux. Un mot fait jaillir une idée ; une contradiction fait évanouir une erreur ; le travail qu'on poursuit incessamment, au milieu même de ceux qui semblent vous en distraire, trouve, dans les échanges intellectuels, les plus précieux bénéfices. Mais quand l'homme prétend participer à la direction politique de l'État, quand il est assez haut placé pour que son conseil, sa parole, son action exercent, sur les destinées du pays, une influence prépondérante, qu'il l'accepte ou qu'il la prenne, une telle mission impose des devoirs différents, une existence plus active. Le recueillement ne suffit plus ; les lumières individuelles ne sont qu'un élément imparfait. La science du passé elle-même, ce flambeau de la politique de tous les âges, ne devient une aide utile qu'à l'expresse condition de faire, des enseignements qu'elle donne, une application judicieuse et mûrement réfléchie. Les leçons de l'histoire, selon qu'on les interprète, peuvent être aussi bien un secours qu'un danger. Les rapprochements éclairent, les imitations trop exclusives deviennent souvent un périlleux écueil. Pour recueillir d'une provision intellectuelle tous les profits qu'on peut en attendre, il faut mêler l'étude du présent aux enseignements de ce passé et chercher ses inspirations, ses guides, sa règle de conduite dans l'examen attentif de l'opinion publique, dans une juste appréciation du mouvement des esprits. Autant la fréquentation de tous aide à la découverte du vrai, autant la concentration de la vie dans une même atmosphère engendre fatalement les partis pris et l'obstination.

Ces chefs de partis, ces théoriciens des régimes déchus ne respiraient que l'air vicié de l'enceinte de la Chambre; ils ne pouvaient ainsi fortifier leur esprit pour le mettre à la hauteur des exigences des temps. Le Prince, au contraire, dans ses pérégrinations à travers la France, respirait, à pleins poumons, cet air vivifiant de nos campagnes; il y puisait sa force et y confirmait ses croyances; il allait ainsi chercher la vérité dans ses plus sûres origines, sans attendre qu'on vienne lui en offrir les reflets dénaturés. Et c'est pour ces causes, c'est pour ces différences dans les conditions de la vie politique que l'erreur était à la Chambre et la vérité avec le Prince!

CHAPITRE VIII

RÉVOCATION DU GÉNÉRAL CHANGARNIER

Message du 12 novembre, l'effet qu'il produit. — L'interpellation du 3 janvier 1851. — Réunion, à l'Élysée, des chefs de la majorité. — La rupture. — Révocation du général Changarnier. — Émotion qu'elle produit dans l'Assemblée. — Mot célèbre de M. Thiers. — Démission des ministres. — Difficulté de constituer un nouveau cabinet. — Ce qu'eût produit l'accord. — Ministère transitoire du 24 janvier. — Interpellation de M. Hovyn-Tranchère. — Présentation d'un supplément de dotation. — Rejet par la Chambre. — Nouvelles tentatives de constituer un ministère parlementaire. — Ni un jour ni un écu. — Opinion de M. Odilon Barrot sur les chefs de la majorité.

L'opinion s'était, à juste titre, émue de l'antagonisme qui existait dans les hautes régions du pouvoir. Les journaux de toutes nuances annonçaient la révocation du général Changarnier comme un fait imminent. Les feuilles dévouées au Prince appelaient cette mesure avec ardeur. L'émotion avait gagné la province et un grand nombre de préfets avaient signalé au gouvernement la nécessité de ne pas tolérer plus longtemps, à la tête de l'armée de Paris, un général qui se posait si ouvertement en adversaire du Chef de l'État.

Pourquoi l'attente générale fut-elle trompée ? Pourquoi le Prince ne profita-t-il pas de l'occasion que lui avait offerte le commandant en chef de l'armée de Paris pour faire cesser une situation que, de part et d'autre, on jugeait intolérable ? Espérer un rapprochement avec le général Changarnier était une illusion inadmissible ; épargner à l'Assemblée le froissement que devait lui causer la disgrâce de celui qu'elle considérait comme son protecteur dévoué ne pouvait être qu'un atermoiement sans profit. Le jour paraissait venu de frapper ; mais le Prince ne le fit pas. De bons esprits pensèrent alors qu'il commettait une faute en laissant inutilement se prolonger et s'aigrir une lutte qui pouvait donner naissance aux complications les plus redoutables pour la paix du pays.

Il faut dire ici, et nous l'avons indiqué déjà en cherchant à définir le caractère du Prince, que son penchant le portait moins qu'on ne l'a toujours supposé, aux résolutions énergiques. Il ne reculait pas devant elles quand la nécessité lui en était démontrée ; mais il convenait à son esprit d'épuiser tous les procédés de conciliation, même lorsqu'il avait peu à en attendre, avant d'en venir aux mesures décisives. Obéissant, en cette circonstance, à ses inspirations personnelles, le Prince, au grand étonnement du pays, de la Chambre, du général Changarnier lui-même, ne brisa pas l'épée du commandant en chef de l'armée de Paris. Il voulut tenter un dernier effort pour ramener la concorde au moins entre l'Assemblée et le pouvoir exécutif.

Le 12 novembre était le terme de la prorogation de la Chambre. A sa rentrée, le Prince-Président lui adressait un message empreint d'un grand esprit de conciliation. Il avait foi dans l'effet de sa parole; il était convaincu que de loyales explications pourraient encore effacer la trace des discordes qui venaient de prendre un caractère si aigu; il se voyait si fort, si puissant, si maître de la situation, appuyé qu'il était par le sentiment presque unanime de la nation, qu'il se refusait à penser que l'Assemblée oserait pousser jusqu'au bout la résistance. Il ne voulait point encore la briser; il voulait la vaincre. Les moyens légaux restaient ouverts pour résoudre les redoutables problèmes d'où dépendait le salut : il voulait opiniâtrement y faire appel. Il persistait à croire que la Chambre, fatiguée d'une lutte inégale, reconnaîtrait, enfin, son impuissance à rien constituer en dehors de lui et que, cédant à la pression du pays, elle voterait la révision de la constitution et ouvrirait ainsi l'ère des solutions pacifiques.

C'est sous l'empire de ces généreuses illusions que le Prince-Président disait à l'Assemblée dans son message du 12 novembre : « Plus les craintes sur le présent disparaissent, plus les esprits se livrent avec entraînement aux préoccupations de l'avenir. Cependant la France veut avant tout le repos. Encore émue des dangers que la société a courus, elle reste étrangère aux querelles de partis ou d'hommes, si mesquines en présence des intérêts qui sont en jeu.

« J'ai souvent déclaré, lorsque l'occasion s'est offerte d'exprimer publiquement ma pensée, que je considérais comme de grands coupables ceux qui, par ambition personnelle, compromettaient le peu de stabilité que nous garantit la Constitution. C'est ma conviction profonde. Elle n'a jamais été ébranlée. Les ennemis seuls de la tranquillité publique ont pu dénaturer les plus simples démarches qui naissent de ma position.

« Comme premier magistrat de la République, j'étais obligé de me mettre en relation avec le clergé, la magistrature, les agriculteurs, les industriels, l'administration, l'armée, et je me suis empressé de saisir toutes les occasions de leur témoigner ma sympathie et ma reconnaissance pour le concours qu'ils me prêtent; et surtout, si mon nom, comme mes efforts, a concouru à raffermir l'esprit de l'armée, de laquelle *je dispose seul* d'après les termes de la Constitution, c'est un service, j'ose le dire, que je crois avoir rendu au pays, car j'ai toujours fait tourner au profit de l'ordre mon influence personnelle. »

Et plus loin, le Prince ajoutait : « Les conseils généraux ont, en grand nombre, émis le vœu de la revision de la Constitution. Ce vœu ne s'adresse qu'au pouvoir législatif. Quant à moi, élu du peuple, ne relevant que de lui, je me conformerai toujours à ses volontés légalement exprimées.

« L'incertitude de l'avenir fait naître, je le sais

bien, des appréhensions, en réveillant bien des espérances. Sachons tous faire à la patrie le sacrifice de ces espérances, et ne nous occupons que de ses intérêts. Si, dans cette session, vous votez la revision de la Constitution, une Constituante viendra refaire nos lois fondamentales et régler le sort du pouvoir exécutif. Si vous ne la votez pas, le peuple, en 1852, manifestera solennellement l'expression de sa volonté nouvelle. Mais quelles que puissent être les solutions de l'avenir, entendons-nous... »

Le Prince terminait son message par ces nobles paroles..... « Je vous ai loyalement ouvert mon cœur, vous répondrez à ma franchise par votre confiance, à mes bonnes intentions par votre concours, et Dieu fera le reste. »

Toutes les questions qui préoccupaient le pays et l'Assemblée étaient loyalement abordées par le Prince. Répondant fièrement à la menace des partis, il indiquait d'un seul mot, par l'affirmation de son droit, la raison de la longanimité dont il avait fait preuve vis-à-vis du général Changarnier; il donnait à ses voyages la juste interprétation qu'ils devaient recevoir et montrait, avec insistance, à la Chambre, la procédure constitutionnelle à suivre pour prévenir toute collision avec le pays; il faisait enfin, en termes chaleureux, appel à la concorde, et donnait à l'Assemblée, dans un langage élevé, une saisissante leçon de patriotisme.

Le message du Prince produisit, dans l'Assemblée, une impression considérable. La détente était manifeste et le Chef de l'État put croire un instant qu'il avait atteint le but qu'il poursuivait : l'entente entre les grands pouvoirs, et la solution par leur accord. Mais les méfiances étaient trop profondes; trop de gens étaient intéressés à les entretenir pour que le désarmement fût de longue durée : un incident devait suffire pour les raviver. Le 3 janvier, cet incident survint. Un journal avait publié divers ordres du jour du général Changarnier semblant établir une sorte de contradiction entre le langage tenu par lui en 1849 et en 1850. Une interpellation avait eu lieu, à ce sujet, à la Chambre et l'Assemblée, mise en quelque sorte en demeure de se prononcer pour ou contre le commandant en chef de l'armée de Paris, avait pris ouvertement parti pour lui. Dans les conditions où se produisait ce témoignage de confiance, l'effet en était double. Du même coup, on louait le général Changarnier et on blâmait indirectement le Prince-Président. C'était la crise.

Le Prince ne pouvait se dispenser de relever le défi que lui jetaient ensemble l'Assemblée et le général Changarnier ; il se résolut à agir et prit un ministère dont la mission expresse était la révocation du commandant en chef de l'armée de Paris. Le nouveau ministère se composait ainsi :

MM.
Regnaud de Saint-Jean d'Angely, guerre,
Drouyn de Lhuys, affaires étrangères,
Baroche, intérieur,
Fould, finances,

MM.
Ducos, marine,
Rouher, justice,
Magne, travaux publics,
Bonjean, commerce.

Mais avant d'accomplir son dessein, le Prince voulait s'en expliquer avec les chefs de la majorité. Le 8 janvier, il convoquait, à l'Élysée, MM. Thiers, Odilon Barrot, le comte Molé, le comte Daru, Berryer, le duc de Broglie, le comte de Montalembert et Dupin; il leur exposait sa résolution et l'ensemble des circonstances qui lui en faisaient une nécessité; il parlait à la fois, et pour ceux qui l'écoutaient, et pour la Chambre où il désirait que ses intentions fussent connues dans toute leur vérité. Mais les choses étaient trop avancées, le Prince ne parvint ni à faire partager à ses auditeurs le sentiment auquel il était forcé d'obéir, ni à obtenir d'eux qu'ils fussent, près de l'Assemblée, les auxiliaires d'une politique de conciliation. On se sépara sans trop d'aigreur; mais on ne se dissimula point que l'heure d'une rupture entre le Prince et l'Assemblée était proche.

Le lendemain 9 janvier, paraissait au *Moniteur*, le décret mettant en disponibilité le général Changarnier et nommant, à sa place, le général Baraguey d'Hilliers. En même temps, il était dit dans le décret : « Le général Carrelet, commandant la première division militaire, conservera les attributions qui lui sont dévolues par la législation en vigueur. »

Le général de division Perrot était nommé commandant supérieur des gardes nationales de la Seine.

Telle devait être fatalement l'issue de cette conspiration audacieuse du général Changarnier contre le Chef de l'État. Le soin qu'avait mis le général à s'attacher les officiers de son armée, à gagner la confiance de la Chambre et celle de la population de Paris lui avait créé une telle situation qu'il pouvait, à un moment donné, s'ériger en arbitre des destinées de la France. Plus d'une fois il fut pressé de le faire, et la tentation ne lui en manqua pas; mais il se trouvait enchaîné dans la trame qu'il avait ourdie. Aussi longtemps qu'il resta conspirateur, il put être à la fois l'homme des trois solutions entre lesquelles il hésitait à choisir, et c'était sa force. Mais le jour où il se fût décidé à sortir de l'obscurité des complots pour agir, il eût fallu faire un choix, mettre à la place du Prince écroué à Vincennes, la légitimité, l'orléanisme, ou lui-même; l'accord qui soutenait sa fragile puissance se fût alors évanoui et le seul résultat possible de son entreprise eût été la guerre civile. Il ne faut pas chercher ailleurs que dans cette vérité la raison des longues hésitations du général Changarnier et de son inaction finale. Si grande qu'elle fût, son ambition n'avait point encore absolument obscurci son esprit. Au danger d'un avortement, il préféra la soumission momentanée, se promettant bien de trouver un jour l'occasion de se venger de sa défaite. Pour n'être plus couvertes par la plume blanche du commandement, ses menées n'en devaient pas être moins périlleuses pour le Chef de l'État. S'il perdait la puissance que lui donnait sa fonction, il retrouvait, dans sa liberté d'allures, de profitables compensations. S'il cessait d'être le général de Louis-Napoléon, il devenait celui de l'Assemblée. Il avait reçu d'elle, le 3 janvier, sa solennelle investiture; il allait trouver, dans l'attitude et les résolutions de la Chambre, une nouvelle et bruyante consécration de son mandat.

Dès le 10 janvier, l'Assemblée, qui se sentait atteinte par le coup qui, la veille, avait frappé le général Changarnier, relevait fièrement le gant; elle livrait ouvertement l'assaut au pouvoir exécutif. Sur un grand nombre de bancs de la majorité, l'attaque prenait, cette fois, les formules les plus directes. On allait droit au but; on conviait la Chambre à une résistance énergique et M. Thiers, l'un des plus passionnés agresseurs, finissait son discours par ce mot devenu célèbre « L'Empire est fait. »

« Il y a, » disait M. Thiers dans un élan de singulière franchise, « des moments où il faut craindre pour le pouvoir. Aujourd'hui le mouvement des esprits est vers le pouvoir : on n'a pas à craindre pour lui. Il n'y a en face de lui que l'Assemblée qui n'a, elle, qu'une force morale. Si elle faiblit, c'en est fait d'elle, elle disparaît; il n'y a plus qu'un pouvoir. Après la chose le mot viendra quand on voudra : l'*Empire est fait!!!...* »

Et quelle raison si puissante conseillait donc au patriotisme de M. Thiers de livrer un si rude combat à un pouvoir vers lequel il voyait clairement se diriger « *le mouvement des esprits!* » Triste spectacle que celui de cette Chambre agonisante, ruinée par ses dissensions intestines. Impuissante à s'unir pour le bien, elle retrouvait son union pour le mal ; elle réunissait les derniers lambeaux de son autorité pour chercher à renverser le seul pouvoir qui pût sauver le pays et la sauver elle-même. Le général Changarnier, au lieu de laisser aux autres le soin de faire l'éloge de ses mérites, ce à quoi ils n'avaient cependant pas manqué, crut devoir apporter lui-même son apologie à la tribune ; il mit son épée au service de la Chambre, et le marché fut de nouveau ratifié par acclamation et par une triple salve d'applaudissements.

Le ministère avait fait son devoir dans cette bataille acharnée qui, pendant trois jours, avait bien inutilement jeté l'agitation dans le pays ; il avait engagé courageusement sa responsabilité pour couvrir le Prince, et il avait reçu, en pleine poitrine, la flèche qu'on destinait à l'Élysée. Le 18 janvier, le ministère donnait sa démission et, en échange de son commandement perdu, le général Changarnier recevait la platonique consolation d'avoir causé la chute d'un cabinet.

L'ordre du jour qui avait renversé le ministère était voté par 417 voix contre 278. Il était ainsi conçu : « L'Assemblée déclare qu'elle n'a pas confiance dans le ministère et passe à l'ordre du jour. » Cette rédaction était celle de la gauche. Un tel laconisme révélait, une fois de plus, combien les divisions de la Chambre limitaient son action. Si elle pouvait constituer encore une majorité pour détruire, il lui était interdit de la trouver pour édifier. Ainsi cette majorité n'avait pu se mettre d'accord sur aucun des ordres du jour qui venaient d'elle, et, pour arriver au renversement du ministère, elle avait dû subir l'humiliation de recevoir de la gauche, comme prix de son concours, l'ordre du jour qu'elle votait. C'était son premier châtiment.

Cette impuissance à constituer une majorité de droite rendait impossible la formation d'un cabinet parlementaire. Toutes les combinaisons ébauchées s'évanouissaient à leur début. Chaque groupe avait sa liste ; mais toutes ces listes étaient des appels à la guerre et personne ne voulait faire la guerre pour son voisin.

Si le Prince eût été, à cette époque, résolu à faire un coup d'État, il ne pouvait trouver, ni aux yeux du pays ni aux yeux de l'histoire, une justification plus complète de son entreprise que ces trois jours de discussion durant lesquels la Chambre s'était livrée, contre lui, aux plus violentes aggressions. Constatons encore une fois, combien il conservait ses préférences pour une solution pacifique ; rarement il en donna une preuve plus éclatante. Pendant que la Chambre se préparait à la bataille, ayant la foi de l'avoir rendue inévitable, pendant que les journaux de toutes nuances annonçaient une prise d'armes imminente, le Prince, seul, était à la paix et à la conciliation. Au milieu des partis qui voulaient, les uns la royauté légitime, les autres une royauté de fantaisie avec un des princes d'Orléans, les autres encore, une dictature Changarnier, et les républicains, enfin, qui voulaient diverses sortes de républiques, il se trouvait un petit nombre d'hommes, plus sensés que les autres, qui, sans être disposés à favoriser tous les projets qu'on prêtait au Prince, jugeaient néanmoins son renversement comme une entreprise impossible ; ils se résignaient à la prolongation de ses pouvoirs, à la seule condition qu'il leur donnât quelque part au Gouvernement du pays et cela comme garantie bien plutôt que comme satisfaction personnelle. M. Odilon Barrot était le chef de cette petite fraction ; c'est lui que fit appeler le Prince-Président pour tenter de former un cabinet de conciliation et, plus expressément, de revision et de solution pacifique.

M. Odilon Barrot était fort près de s'entendre avec le Prince ; il consentait à remanier la loi du 31 mai ; il se faisait fort, par cette concession à la gauche, d'obtenir d'elle l'appoint nécessaire à un vote de revision de la Constitution ; il offrait, enfin, lui-même, au Président, la prolongation de ses pouvoirs, sûr qu'il était de la volonté du pays de la lui accorder. A tout cela, il ne mettait qu'une condition : un peu plus de soumission que par le passé aux doctrines constitutionnelles. On put dire, un instant, que l'accord était fait ; il l'était au moins entre le Prince et M. Barrot ; il dépendait des chefs de la majorité de l'établir entre le Prince et la Chambre. On fût arrivé rapidement ainsi, par les moyens légaux, au résultat que le Prince fut forcé, par l'opiniâtreté et l'aveuglement de quelques meneurs de la Chambre, de demander, plus tard, à un acte d'autorité.

La formation du ministère Barrot ayant été rendue impossible par les résistances des monarchistes, le Prince retrouvait sa liberté ; il pouvait reprendre son ministère qui se composait d'hommes modérés et qui comptait des orateurs de premier ordre. On le lui conseillait ; mais c'était la continuation de la lutte et il voulut, encore une fois, donner à la Chambre la preuve de ses dispositions pacifiques. Toutefois, il ne pouvait aller jusqu'à donner, aux chefs de la majorité ses plus ardents adversaires, la satisfaction qu'ils avaient l'outrecuidance d'attendre de leur victoire ; une déception leur était réservée. Quel ne fut pas, en effet, leur désappointement, quand le *Moniteur* du 24 janvier annonça la formation d'un ministère pris entièrement hors de la Chambre.

Ce ministère, était ainsi composé.

MM.

De Royer, justice,
Le général Randon, guerre,
L'amiral Vaillant, marine,
Vaïsse, intérieur,
De Germiny, finances,
Baron Brenier, affaires étrangères,
Magne, travaux publics,
Schneider, commerce,
Giraud, instruction publique.

En annonçant à la Chambre la formation de ce nouveau ministère, le Prince le montrait comme un gage d'apaisement. Le temps était nécessaire pour ramener le calme dans l'Assemblée ; on n'y pouvait arriver qu'en se consacrant aux affaires au lieu de s'irriter par des luttes stériles. L'Élysée offrait une trêve ; mais la Chambre ne l'acceptait pas.

A peine les nouveaux ministres étaient-ils sur leurs bancs qu'une déclaration de guerre leur était faite. M. Hovyn-Tranchère interpellait le ministère sur les conditions dans lesquelles il avait été formé, et sur sa politique. Après les longs et trop récents débats de l'incident Changarnier, il ne restait plus rien à dire de nouveau : le sujet était épuisé ; aussi la discussion eut-elle une allure languissante, une issue sans signification et ne servit-elle, finalement, qu'à donner, à M. de Royer, l'occasion d'un début heureux. En quelques paroles éloquentes et dignes, le garde des sceaux avait vengé le cabinet des dédains affectés de ses adversaires ; il avait montré qu'il fallait compter avec lui, si transitoire que fût sa présence aux affaires. Mais l'attitude de la Chambre devenait menaçante ; il n'y avait plus aucune illusion à se faire ; elle était résolue à en venir aux extrêmes ; elle ne laisserait plus échapper aucune occasion de faire échec au pouvoir présidentiel.

Dans de semblables conditions, il n'était pas interdit au Prince de faciliter à ses adversaires les fautes qu'ils se montraient si empressés à commettre ; c'était de bonne guerre et, c'était, par des moyens naturels et appréciables pour tous, préparer la solution. Il n'est pas défendu de penser que le chef de l'État, en faisant proposer par ses ministres à la Chambre une demande de supplément de dotation, savait qu'il allait au-devant d'un échec certain. Mais un pareil refus ne pouvait être qu'une cause d'impopularité pour l'Assemblée. Le supplément de dotation était, d'ailleurs, rendu nécessaire par l'épuisement des ressources de l'Élysée ; il fallait donc, et quel que fût le mobile auquel on obéît, s'adresser obligatoirement à l'Assemblée. Rien n'était plus légitime qu'une pareille demande, et l'insuffisance du traitement alloué au Président de la République n'était reconnue nulle part mieux qu'au Palais-Bourbon.

Nous l'avons dit au début de ce livre, on ne change pas, en un jour, les mœurs, les coutumes, les traditions d'un peuple ; de telles métamorphoses ne se font point par décret. On peut abolir la royauté par un édit révolutionnaire ; mais pour en effacer la trace, pour en étouffer le souvenir, pour en faire oublier les bienfaits, il faut de longs et terribles efforts. Et combien ces efforts sont-ils souvent stériles ! Nous assistons, aujourd'hui, à ceux qui sont tentés pour nous séparer du passé ; nous constatons leur impuissance, nos adversaires la reconnaissent comme nous et le redoublement de leurs violences n'est que la traduction de leur dépit. Le 24 février 1848, on avait bien proclamé la République, mais on n'avait point fait la France républicaine. Soumise un instant, par terreur, elle avait repris insensiblement ses coutumes passées, et, le 10 décembre, elle avait cru, de bonne foi, rentrer dans un régime monarchique. Les clients de l'ancienne liste civile surtout, privés subitement, par le puritanisme révolutionnaire, des secours qu'ils trouvaient à leurs infortunes dans la générosité de la couronne, se firent facilement, au 10 décembre, l'illusion que le passé allait revivre pour eux. Le peuple connaissait à peine les dispositions saillantes et fondamentales de la Constitution et des lois nouvelles ; quant à leurs détails il les ignorait absolument, et, à coup sûr, il ne savait pas qu'au lieu des vingt-cinq ou trente millions qui formaient la liste civile des Rois, le souverain qu'elle s'était donné n'avait, pour suffire aux immenses et incessantes exigences de sa haute situation, que la somme relativement modique de 600,000 francs.

On croyait qu'un Napoléon, Chef de l'État, devait disposer de grandes richesses, et on peut dire que chacun des pensionnés des anciennes listes civiles adressait sa supplique au Prince, avec la confiance que la révolution n'avait fait que suspendre, pendant quelques mois, le payement de secours ou de pensions anciennement accordées.

A cette légion de postulants dignes d'un réel intérêt s'ajoutait, pour le Prince, toute une clientèle nouvelle. La Restauration n'avait pas eu, pour les vieux soldats de l'Empire, de bien vives sollicitudes, la monarchie de Juillet n'était venue qu'imparfaitement à leur secours ; le retour de Louis-Napoléon à la tête du gouvernement était, à leurs yeux, le jour de la réparation, et, de tous les points de la France, ceux des vieux débris de l'Empire auxquels manquaient les ressources de la vie, ceux qui n'avaient pu obtenir la récompense méritée de leurs services, s'adressaient au Prince, attendant, comme une sorte de droit, la satisfaction à leur demande. A ceux-là, comme aux fidèles des autres causes, comme à tous ceux qui étaient dans la peine et la souffrance, le Prince-Président ouvrait, sans compter, sa modeste bourse. Un supplément de dotation était devenu nécessaire.

Toutes ces choses, l'Assemblée les savait, et, si elle ne blâmait point le généreux usage que le Prince faisait des deniers qu'elle mettait en ses mains, elle jalousait, sans vouloir l'avouer, la popularité qu'il pouvait trouver dans ses respectables largesses. Si maladroite que fût cette résolution, l'Assemblée repoussa cependant la demande de dotation que lui soumettait le ministère, et se donna ainsi, aux yeux des gens sensés, aux yeux des intéressés qu'elle frappait indirectement, aux yeux du pays tout entier, le tort sérieux d'entrer dans la voie de la persécution vis-à-vis du Chef de l'État.

Un semblable incident ne pouvait passer inaperçu. La France prit parti pour le Prince qu'elle avait élu, et partout, en un instant, s'organisèrent des souscriptions pour rendre à Louis-Napoléon ce que lui refusait la Chambre. Il fallut le refus officiellement annoncé du Prince pour arrêter cet élan de sympathie. Le Prince vendit une partie de ses chevaux, réduisit sa maison, et, disons-le, escompta résolument l'avenir pour ne laisser dans la souffrance aucun de ceux qu'il s'était donné mission de secourir. Lui seul sentit la gêne. Il avait traversé dans le cours de sa vie bien d'autres privations; il plaisantait volontiers de ce qu'il appelait, sans trop d'exagération, sa misère, et, les yeux fixés sur l'avenir, il se consolait, sans effort, des tribulations du présent.

Une fois cette escapade faite, et le mot n'a rien de trop dur pour une si mesquine taquinerie venant d'hommes investis d'une mission autrement sérieuse, on songea à prendre quelque repos, et malgré les terreurs du Coup d'État sans cesse annoncé, on se sépara pour quelque temps.

Il ne paraissait pas impossible au Prince, que la dispersion de la Chambre dans les départements, le contact de ses membres avec les populations exerçât sur elle une influence bienfaisante. Il s'obstinait à penser que le jour viendrait où la raison, l'évidence de la vérité, feraient taire l'esprit de parti, calmeraient l'ardeur de passions irréfléchies, triompheraient enfin de ces dangereuses erreurs et permettraient de trouver, dans un patriotique accord, les solutions constitutionnelles que la France appelait de tous ses vœux. Ces espérances, le Prince voulut, une fois encore, tenter de les faire partager à M. Odilon Barrot ; il le fit appeler et lui confia la mission de former un cabinet parlementaire dont le programme serait celui-là même qu'ils avaient arrêté ensemble avant la formation du cabinet du 24 janvier : le vote par la Chambre de la revision de la Constitution et l'appel au pays pour trancher les questions constitutionnelles pendantes. Il faut être plus juste pour M. Odilon Barrot qu'il ne l'est pour les hommes de l'Empire, il faut reconnaître qu'il s'associa sincèrement à la pensée du Prince et mit loyalement tout en œuvre pour en préparer le succès.

Tout étant convenu et arrêté à l'Élysée, le Prince ayant même accepté, pour ses ministres possibles, les hommes qui venaient de se montrer ses ardents adversaires, M. Odilon Barrot se mit en campagne et entreprit de grouper avec lui, dans un cabinet, ceux de ses amis à l'aide desquels il espérait obtenir une majorité de bon sens. Mais le bon sens! ce n'était plus à la Chambre qu'il fallait le chercher! Les ouvertures de M. Odilon Barrot furent accueillies avec des sarcasmes : « pas un jour, pas un écu », telle est la réponse qui lui fut faite.

Laissons parler M. Odilon Barrot lui-même; son témoignage ne sera pas suspect. Il va nous dire qu'avec le bon vouloir de l'Assemblée le Coup d'État devenait inutile, que les moyens légaux pouvaient donner satisfaction au pays et au Prince, et que si l'accord ne s'est pas fait entre le pouvoir exécutif et l'Assemblée, c'est aux chefs de la majorité, aux chefs des anciens partis qu'il faut en attribuer la faute.

« Qu'a-t-il manqué pour réussir? » dit M Odilon Barrot, en parlant de ses tentatives infructueuses pour former un ministère de conciliation (1), « que quelques hommes voulussent bien comprendre qu'il était préférable de reviser la Constitution par les voies régulières, plutôt que de s'exposer à la voir briser, soit par un nouvel acte de souveraineté populaire, soit par un Coup d'État, et qu'il valait mieux

---

(1) *Mémoires* posthumes de Odilon Barrot, tome IV, p. 124. G. Charpentier, libraire-éditeur.

modifier la loi du 31 mai soi-même, et dans une juste mesure, que de la voir rétractée tout entière et solennellement révoquée par Louis-Napoléon. Je le dis sans colère contre les personnes, mais avec un profond sentiment d'amertume contre les conséquences funestes qui en sont sorties : *c'est du côté d'où devait venir le secours qu'est venu l'obstacle, et, il faut bien le reconnaître, la responsabilité de la catastrophe de* 1851, *comme celle de* 1848, *pèse, en grande partie, sur ceux qui, en présence d'un péril évident, n'ont su ni céder, ni résister, ni faire la guerre, ni se prêter à la paix.* Si j'avais été interpellé directement à ce sujet, j'aurais été forcé de dire que, pour cette fois, la formation d'un ministère parlementaire avait échoué *par la faute des chefs du parti conservateur.* »

Et qui tient ce langage que nous tenons nous-même? Nous l'avons dit, c'est l'homme le moins suspect de bienveillance, M. Odilon Barrot qui, à chaque page de son livre, s'ingénie à relever, une à une, ce qu'il appelle les fautes de Louis-Napoléon, incrimine tous ses actes, attaque injustement et impoliment ceux qui le servent ou le soutiennent, et ne rend cet hommage accidentel à la vérité que parce qu'elle lui apparaît avec un tel éclat, qu'il renonce à en essayer la dissimulation. Condamner ainsi ses plus chauds amis, dire que c'est d'eux « qu'est venu l'obstacle », faire peser expressément sur eux la responsabilité du coup d'État, n'est-ce pas cent fois absoudre Louis-Napoléon de sa courageuse entreprise ! Et si M. Odilon Barrot proclame si librement cette irrécusable vérité, aurions-nous donc besoin de rien ajouter à de semblables aveux!...

Qu'on ne nous prête pas toutefois, quand nous parlons ainsi, la pensée de rechercher des palliatifs à nos actes ; qu'on ne suppose point que nous demandions à d'autres le partage de responsabilités qui ne sont lourdes ni à notre conscience ni à notre patriotisme. Il nous plaît seulement d'enlever à nos adversaires d'alors, par la main d'un des leurs, le droit de nous accuser. Et quand nous dirons plus loin, que nous n'avons fait, au Deux-Décembre, que répondre aux exigences d'une situation qui n'était pas notre œuvre, et dénouer, au péril de notre vie, les inextricables difficultés, qui étaient l'œuvre des partis ; si leur contradiction nous arrive, nous aurons à leur répondre : lisez votre historien, lisez M. Barrot; il vous dira que c'est vous, et vous seuls, qui avez été « *l'obstacle* » à la solution pacifique et constitutionnelle de la crise. A chacun sa part dans l'histoire : à vous les fautes commises, à Louis-Napoléon la gloire de les avoir réparées.

CHAPITRE IX

LA DISCUSSION SUR LA REVISION

DE LA CONSTITUTION

Tactique du Prince-Président avec l'Assemblée. — Ministère du 10 avril. — L'article III de la Constitution. — Le discours de Dijon. — Discussion sur la demande de revision de la Constitution. — La République jugée par M. de Falloux. — Le général Cavaignac affirme la doctrine républicaine. — Prophétie sur M. Thiers. — MM. Berryer et Pascal Duprat. — Les diatribes de M. Victor Hugo. — MM. Baroche, Dufaure et Odilon Barrot. — Rejet de la proposition. — Reprise indirecte de la discussion. — Ordre du jour blâmant le ministère Faucher. — Deux partis à prendre pour Louis-Napoléon. — Celui auquel il s'arrête.

Il fallait que les chefs de la majorité eussent une bien haute idée de la longanimité du Prince, ou un mépris profond de sa puissance, pour se risquer si témérairement à des provocations incessantes à son adresse. Il fallait, plus exactement, qu'ils fussent dominés par un étrange aveuglement, pour penser que cette guerre à coups d'épingles pouvait amener un résultat profitable à leurs desseins. Le moindre retour sur eux-mêmes leur eût montré les dangers multiples que leur entraînement passionné accumulait sur leurs têtes. Ils pouvaient exaspérer le Chef de l'État, le contraindre ainsi à sortir de sa patience, et voir éclater cette crise, ce Coup d'État, qui, malgré leur forfanterie, était leur constante inquiétude. Ils devaient, en outre, irriter les gens sensés, troubler le pays pacifique, et diminuer incessamment le nombre, si réduit déjà, de leurs adhérents, pour les rejeter dans les rangs des partisans de Louis-Napoléon. Dans cette voie des agressions systématiques, tout était donc préjudice pour leur cause, tout était profit pour celle du Chef de l'État.

A quoi donc servaient ces puissantes facultés des hommes les plus éminents de la France réunis en aréopage, si, à eux tous, ils ne réussissaient pas à pénétrer les réelles intentions du Prince auquel ils s'étudiaient à faire échec! Pourquoi ne parvenaient-ils donc pas à découvrir son plan de conduite, à deviner à l'avance ses résolutions, à comprendre la portée de ses actes, à riposter avec opportunité aux coups qu'il leur portait! Pourquoi, si puissants par l'esprit, par l'expérience, étaient-ils, dans toutes leurs rencontres, battus par leur ennemi, qui, seul, presque sans conseils, du fond de sa retraite de l'Élysée, se jouait de leurs menaces, se fortifiait de leurs fautes et se préparait à les frapper à son heure, s'il ne réussissait à les amener à ses volontés! Pourquoi cet étrange contraste? Pourquoi les forts étaient-ils écrasés par celui qu'ils appelaient le faible? Parce que le faible avait avec lui la vérité, la raison, l'immense coopération du pays, un but précis, hautement avouable, le salut de la France sans secousse et sans désordre, et parce que les forts étaient, au contraire, sans cohésion, parce que l'obscurité pouvait seule prolonger leur compromis, parce que, si respectable que fût leur dévouement à leur cause, le pays ne voyait en eux, ni le souci de son intérêt, ni le pouvoir d'assurer son repos.

Louis-Napoléon, à mesure que se répétaient les attaques, bénéficiait de son imperturbable patience pour choisir sa riposte. Souvent, et par calcul, il la faisait attendre ; il tenait à laisser calmer les esprits au lendemain des perturbations parlementaires et mettait une sorte d'affectation à se laisser venger par l'opinion d'abord, avant de se venger lui-même ; puis au jour adroitement choisi, il frappait à son tour, et ses coups faisaient brèche. C'est ainsi qu'après avoir brisé le général Changarnier, il avait patiemment laissé la Chambre entasser fautes sur violences ; il avait, sans murmures, laissé passer l'ordre du jour blessant du 6 janvier, le rejet de sa dotation, les sarcasmes, les injures dont on l'avait compendieusement accompagné, le refus de coopérer à la formation d'un cabinet de conciliation, et jusqu'à ces mots qu'on promenait à la Chambre: « ni un jour, ni un écu, » bravade impolitique, quand on n'avait ni une majorité pour agir, ni le pays pour approuver.

Dans un discours prononcé à Dijon, et dont nous aurons à parler, le Prince-Président devait payer sa dette à ses adversaires, et, en même temps, les avertir de ce qu'il attendait de la Chambre dans la discussion, devenue imminente, de la demande de révision de la Constitution. Mais, avant de parler, et en vue surtout de cette solennelle discussion, il avait voulu constituer un ministère parlementaire qui fût de force à soutenir les chocs de la tribune. Le 10 avril 1851, il avait formé un nouveau cabinet, et, ne pouvant y faire figurer ceux que M. Odilon Barrot appelait « les chefs du parti conservateur », et qui n'étaient, au contraire, que les artisans de la coalition, il le composait de ses plus éminents amis, en faisant, toutefois, au parti de la méfiance, cette importante concession de donner à l'un de ses membres autorisés, M. Léon Faucher, le portefeuille le plus essentiel de tous dans un semblable moment, celui de l'intérieur. La présence de M. Léon Faucher, à l'intérieur, disait nettement que tant qu'il occuperait ce poste, lui, le parlementaire par excellence, aucune entreprise ne serait tentée contre l'Assemblée, aucun Coup d'État ne serait à craindre.

Le cabinet du 10 avril était ainsi composé :

MM.
Baroche, affaires étrangères.
Rouher, justice.
Léon Faucher, intérieur.
Magne, travaux publics.
Le marquis de Chasseloup-Laubat, marine.
Le général Randon, guerre.
Fould, finances.
Le marquis de Crouseilhes, instruction publique.
Buffet, commerce.

Avant de reprendre la lutte, il était évident que la Chambre voulait attendre les actes des nouveaux ministres, aussi repoussa-t-elle un ordre du jour de méfiance présenté prématurément par les gauches. Elle ne désarmait pas, elle attendait.

Cependant le moment solennel était proche, où la Chambre devait aborder le grand débat de la revision. L'article 111 de la Constitution en déterminait la date possible, on n'attendait que cette échéance constitutionnelle pour engager la lutte décisive sur ce terrain de la revision du pacte fondamental.

L'article 111 était ainsi conçu :

« Lorsque, dans la dernière année d'une législature, l'Assemblée nationale aura émis le vœu que la Constitution soit modifiée en tout ou en partie, il sera procédé à cette révision de la manière suivante :

« Le vœu exprimé par l'Assemblée ne sera converti en résolution définitive qu'après trois délibérations consécutives, prises chacune à un mois d'intervalle et aux trois quarts des suffrages exprimés. Le nombre des votants devra être de cinq cents au moins.

« L'Assemblée de revision ne sera nommée que pour trois mois. Elle ne devra s'occuper que de la revision pour laquelle elle aura été convoquée. Néanmoins, elle pourra, en cas d'urgence, pourvoir aux nécessités législatives. »

Si, dans le pays, cette disposition constitutionnelle n'était pas connue dans tous ses détails, on n'en ignorait point l'esprit, on savait qu'à partir du 28 mai 1851 la demande de revision de la Constitution pouvait être régulièrement déposée à la Chambre, aussi les pétitions qui depuis longtemps déjà arrivaient à l'Assemblée, y furent-elles adressées avec une nouvelle ardeur. Ce fut bientôt une véritable avalanche, et, quel que fût son sentiment, la Chambre se vit forcée d'obéir à cette pression du pays, et d'aborder cette discussion si grave d'où pouvait sortir la solution pacifique, mais qui pouvait commander également les résolutions décisives.

Au seuil même de ce débat, le Prince crut qu'il ne pouvait moins faire que d'avertir la Chambre et le pays de l'attitude qu'il entendait prendre en face des décisions qui allaient intervenir. Le banquet de Dijon allait lui offrir une tribune d'où partiraient ses légitimes remontrances pour les agressions et les injures des derniers mois écoulés, d'où sortirait encore un fier avertissement qui révèlerait à la fois la confiance dans sa force et la fermeté dans ses résolutions. Le 1ᵉʳ juin 1851, répondant au toast du maire de Dijon, le Prince-Président disait :

« Je voudrais que ceux qui doutent de l'avenir m'eussent accompagné à travers les populations de l'Yonne et de la Côte-d'Or; ils se seraient rassurés en jugeant par eux-mêmes de la véritable disposition des esprits. Ils eussent vu que ni les intrigues, ni les attaques, ni les discussions passionnées des partis ne sont en harmonie avec les sentiments et l'état du pays. La France ne veut ni le retour à l'ancien régime, quelle que soit la forme qui le déguise, ni l'essai d'utopies funestes et impraticables.

C'est parce que je suis l'adversaire le plus naturel de l'un et de l'autre, qu'elle a placé sa confiance en moi. S'il n'en était pas ainsi, comment expliquer cette touchante sympathie du peuple à mon égard, qui résiste à la polémique la plus dissolvante et m'absout de ses souffrances. »

C'était la réponse aux agissements des partis, aux menées ténébreuses de la Chambre, aux tentatives infructueuses de fusion que poursuivaient les chefs de la majorité, aux injures de la tribune, aux ordres du jour agressifs, aux votes intentionnellement hostiles de l'Assemblée. Après cette part faite au passé, le Prince allait faire celle de l'avenir, il ajoutait :

« Une nouvelle phase de notre ère politique commence. D'un bout de la France à l'autre, des pétitions se signent pour demander la revision de la Constitution. J'attends avec confiance les manifestations du pays et les décisions de l'Assemblée qui ne seront inspirées que par la seule pensée du bien public.

« Depuis que je suis au pouvoir, j'ai prouvé combien, en présence des grands intérêts de la société, je faisais abstraction de ce qui me touche. Les attaques les plus injustes et les plus violentes n'ont pu me faire sortir de mon calme. Quels que soient les devoirs que le pays m'impose, il me trouvera décidé à suivre sa volonté ; et croyez-le bien, Messieurs, la France ne périra pas dans mes mains. »

De telles paroles n'avaient rien que de correct. Le Prince mettait bien la main sur la garde de son épée; mais il ne la sortait pas du fourreau, et les susceptibilités qui se firent jour à la Chambre étaient d'autant plus empreintes d'exagération qu'en de nombreuses circonstances analogues, le Prince avait tenu déjà un semblable langage. Mais l'Assemblée était nerveuse; ses fautes, dont elle avait conscience, avaient créé en elle une excitation latente qui ne laissait échapper aucune occasion de se manifester. Le discours de Dijon eut donc les honneurs de l'interpellation.

Cette fois, aux redites ordinaires des oppositions coalisées pour s'alarmer de l'éventualité d'un coup d'État, venait s'ajouter un acte dont il importe de mesurer toute la portée. Piqué par son insatiable besoin d'importance, le général Changarnier avait cru devoir monter à la tribune. Il se croyait la mission exclusive de protéger l'Assemblée. Il ne laissait échapper aucune occasion de le lui rappeler et il lui affirmait avec orgueil qu'elle pouvait se reposer sur sa vigilance et son autorité.

Répondant au ministre de la guerre, le général Changarnier disait : « Le soldat entendra toujours la voix de ses chefs, mais personne n'obligera nos soldats à marcher contre la loi et contre cette Assemblée. Dans cette voie fatale *on n'entraînerait pas un bataillon, pas une escouade, et on trouverait devant soi les chefs que nos soldats sont accoutumés à suivre sur le chemin du devoir et de l'honneur.* MANDATAIRES DE LA FRANCE, DÉLIBÉREZ EN PAIX!!!... »

Il faut peser tous les mots de ce manifeste pour

apprécier la gravité qu'il voulait avoir ; invitation aux soldats à manquer, dans un cas donné, à la discipline, à refuser obéissance à leurs chefs hiérarchiques. Avertissement à ces chefs que s'ils se montraient, comme la règle militaire leur en faisait un devoir, les fidèles exécuteurs des ordres du ministre de la guerre, ils trouveraient en face d'eux des généraux en sédition pour prendre leur place et pour conduire leurs bataillons à la révolte. Paroles coupables, impardonnables surtout dans la bouche d'un soldat, qui offensaient publiquement ainsi l'armée et ceux qu'elle avait à sa tête, en méconnaissant les plus essentielles et les plus admirables de ses vertus, la fidélité aveugle aux ordres de ses chefs hiérarchiques, le respect absolu de la discipline. Paroles orgueilleuses et vaines ; car, dans son for intérieur, si haute idée qu'il eût de ses mérites, de son ascendant sur les troupes, le général Changarnier ne pouvait croire, un instant, à la possibilité pour lui de transformer l'armée en une cohorte insurgée. Paroles imprudentes, jactance périlleuse ; car, en trahissant ainsi ses secrets desseins, il mettait le gouvernement en garde; il avertissait les généraux de veiller plus étroitement que jamais sur leurs hommes, il stimulait encore leur dévouement à leur devoir et faisait naître en eux l'impatience de se venger de l'affront qu'on avait fait à leur fidélité. Paroles fatales et perfides enfin ; car elles trompaient la Chambre, et, en faisant luire à ses yeux le chimérique espoir de résister victorieusement par la force à une entreprise dirigée contre elle, elles encourageaient ses penchants à la lutte et préparaient, à la veille de la discussion de la revision, une majorité hostile, quand tous les efforts des sages, qui voulaient arriver au bien sans commotion violente, tendaient au contraire à calmer les passions et à profiter de la crainte salutaire qui dominait l'Assemblée, pour obtenir d'elle l'accord et la solution pacifique.

Il faut tout dire sur ce court morceau oratoire auquel on s'est plu à donner une sorte de célébrité et auquel les événements ont donné son caractère le plus juste : le ridicule. Il n'était pas l'œuvre exclusive du général Changarnier. Ces quelques mots voulaient avoir toute l'importance d'un manifeste et ils avaient été l'objet d'une délibération en règle entre trois ou quatre des plus ardents ennemis du Prince. M. Thiers faisait partie de ce conciliabule. L'idée première appartenait bien au général Changarnier, et il avait, selon sa coutume, confié au papier le premier flot de son éloquence. Ce papier (nous devons à un ami, qui en est le jaloux détenteur, la faveur de l'avoir sous les yeux), ce papier, qui contient la vraie première pensée du général, est couvert de ratures. L'improvisation y apparaît laborieuse. Sur une seconde feuille se trouve la copie de ce premier jet, encore couverte de corrections. Mais, cette fois, c'est M. Thiers qui corrige, et l'écriture de l'illustre homme d'État n'est pas de celles sur lesquelles l'erreur soit un instant possible. Puis, enfin, le factum est copié sur une troisième feuille. C'est ce chef-d'œuvre, mis au net, que le général orateur avait réussi à se graver dans la mémoire et qu'il avait débité le 3 juin à la tribune, aux frénétiques applaudissements d'une majorité en délire à peu de frais (1).

Le bruit du discours de Dijon et de l'incident qu'il avait fait naître était à peine éteint que l'Assemblée s'engageait dans le grand débat de la revision de la Constitution. La proposition en avait été déposée par M. le duc de Broglie, ce qui lui donnait le caractère de gravité désirable. La commission avait été nommée le 7 juin. Le 25 juin, le rapporteur M. de Tocqueville, déposait son rapport et, le 14 juillet s'ouvrait cette solennelle discussion qui, pendant six longues séances, devait permettre à toutes les opinions de se donner libre carrière.

A elle seule, cette discussion résume tous les griefs des partis, leurs espérances, leurs doctrines, leurs programmes; à ce titre, nous devons lui accorder plus de place que nous n'en avions donné jusqu'ici aux débats du Parlement. Il faut, en effet, savoir, par eux-mêmes, ce que voulaient les ennemis de Louis-Napoléon. Dans cette révélation, nous trouverons à la fois et les origines et les justifications des résolutions ultérieures que les meneurs des partis coalisés ont imposées au Prince-Président.

Après l'apothéose d'usage des mérites de la République par un des purs de la Montagne, M. de Falloux prend part au débat et l'élève dès ses premières paroles. Dans un langage admirable, il démontre

(1) Ces trois feuilles sont encore, comme elles étaient en 1851 chez le général Changarnier, attachées ensemble par une épingle. La dernière est écrite sur un revers coupé de lettre de faire-part.

d'abord le droit, la liberté morale et constitutionnelle de l'Assemblée, de voter la revision de la Constitution. Il ne veut point d'une revision partielle, il veut la revision entière, absolue; il veut que, par cette consultation suprême des volontés du pays, la France puisse sortir de l'état de détresse où la retient captive l'expérience tentée de la forme républicaine. Il fait ressortir, avec infiniment de justesse, l'inaptitude de la France à vivre en République : « On ne fait pas, dit-il, de la république avec des circulaires; on ne fait pas de la république avec des commissaires; on fait de la république avec des mœurs, avec des institutions, avec une situation géographique républicaines; on ne fait de république qu'avec des vertus républicaines. On fait de la république comme cela, ou l'on n'en fait pas, ou l'on en fait une détestable et pitoyable contrefaçon. »

Puis l'orateur repousse cette fallacieuse doctrine : « La République est le régime qui nous divise le moins. » Doctrine à l'aide de laquelle M. Thiers tentait alors, comme plus tard, d'endormir le pays sur le bord de l'abîme : « La République, dit M. de Falloux, ce n'est pas le régime qui nous divise le moins, c'est le régime qui nous permet de demeurer divisés, c'est bien différent; c'est le régime qui nous permet de rester divisés les uns vis-à-vis des autres, loyalement, honorablement, commodément; commodément aujourd'hui, demain peut-être non.

« Eh bien, c'est là un avantage dont nous avons joui trois ans; c'est assez, n'en abusons pas.

« Ce régime, qui nous divise le moins, c'est celui

qui ruine la France, c'est celui qui annule toutes ses forces, c'est celui qui condamne le grand parti de l'ordre à encourir la responsabilité d'une radicale et invincible impuissance, c'est le régime qui condamne notre pays non seulement à l'immobilité, mais à la léthargie, à cette sorte d'état dans lequel on conserve encore assez de perception pour voir que l'on creuse votre fosse et que l'on coud votre linceul, mais pas assez pour pousser le cri ou faire le mouvement qui vous sauverait.

« Voilà l'état que nous devons au régime qui nous divise le moins.

« Eh bien, cet état ne peut pas durer pour un peuple sans devenir mortel ; c'est la léthargie, on le sait ; pour la léthargie, il faut le réveil ou la mort.

« Ainsi donc il faut nous mettre franchement et courageusement à l'œuvre ; il faut nous y mettre en sondant le mal dans toute sa profondeur et en cherchant à appliquer non pas un palliatif, mais un remède à ce mal. »

M. de Falloux montre enfin la monarchie comme la seule ancre de salut, et, restant dans le domaine théorique, ne prononçant aucune exclusion, il fait appel aux hommes de tous les partis pour les convier à cette œuvre patriotique. A ses yeux, le spectre rouge n'est à redouter que si les conservateurs se divisent ; leur union le ferait instantanément évanouir. Union pour sauver la France, tel est le résumé de cette éloquente et patriotique harangue. Et ne serons-nous pas pardonnable, en conviant ici les gens égarés dans l'acceptation inconsciente de la forme républicaine à méditer ces sages et philosophiques paroles de M. de Falloux ?

Après M. de Falloux, c'est M. de Mornay qui porte la parole au nom du parti orléaniste. Ce qu'il veut, il le dit sans détours : il repousse la revision de la Constitution, parce que la revision est le prélude de l'Empire et qu'il veut à tout prix échapper à un semblable péril. Il ne reconnaît ni le droit divin monarchique, ni le droit divin républicain ; il restera, quoi qu'il advienne, rivé à ses souvenirs et à ses espérances. Ses espérances se comprennent : c'est, sous une forme quelconque, un prince d'Orléans à la tête du pouvoir.

Il était réservé au général Cavaignac d'apporter dans le débat l'affirmation de la doctrine républicaine. Il le fait avec un remarquable talent, avec mesure, avec tact, avec un sentiment de dignité auquel on reconnaît l'homme qui a occupé le premier rang dans l'État. S'il est condamné à se maintenir trop souvent dans d'obscures théories ; s'il est obligé de reprendre cette redite de M. Thiers, « La République est le « régime qui nous divise le moins, » il subit en cela les exigences de sa cause. Pour lui, la République est un droit et un droit d'une nature indiscutable. La revision de la Constitution est essentiellement prématurée. Une telle entreprise ne saurait être logique et fructueuse qu'après une longue et consciencieuse expérience. L'orateur ne veut, en tous cas, voir introduire dans une constitution républicaine ni le droit de rééligibilité du chef de l'État, ni l'accroissement de durée de son pouvoir. Il s'oppose à la revision parce qu'il y voit, sans le dire autant qu'il le pense, la faculté légale, pour le pays, de perpétuer le pouvoir sur la tête de Louis-Napoléon et peut-être d'en modifier la forme. On aperçoit aisément, dans le langage du général, les résolutions énergiques et fermement arrêtées de son parti.

M. Michel de Bourges prenait, à son tour, la parole. Il faut relever, au passage, une prédiction par laquelle il jetait, au milieu de ces débats, un instant d'hilarité. M. Thiers en faisait les frais. A M. Thiers qui combattait à cette heure, avec toute l'ardeur de son esprit, peut-être de ses convictions, le mouvement révolutionnaire, à M. Thiers, qui se faisait le promoteur et le soutien des lois de réaction, M. Michel de Bourges adressait cette piquante prophétie :

« M. Thiers,... il viendra à nous, et de plus en plus; car il est Français, il est révolutionnaire au fond et plus qu'il ne le veut et plus qu'il ne le dit..... » (*Hilarité bruyante à laquelle prend part M. Thiers.*)

M. Michel de Bourges connaissait son adversaire de 1851. S'il avait vécu vingt ans après, il l'eût, en effet, trouvé l'un des plus chauds partisans d'une nouvelle république; mais celle-là lui donnait le pouvoir, et il fallait bien ne pas se montrer ingrat pour elle !

La parole de M. Berryer était impatiemment attendue dans le débat. Nulle occasion plus propice ne pouvait lui être offerte de donner un libre cours à ses magnifiques qualités oratoires. Il avait à venger la royauté des attaques que M. Michel de Bourges avait multipliées contre elle, à repousser surtout cette dure accusation d'être antipathique à la nation. Le besoin de sa défense ne l'entraînait-il pas au delà du programme traditionnel du plus grand nombre de ses amis, quand il glorifiait la révolution de 1789, quand il en disputait le patrimoine à la République elle-même pour se l'approprier. « Mais la République, disait-il, a brisé les principes des institutions de 1789 !... Mais vos amis, et Thouret, et Bailly, et Chapelier, et tant d'autres que je pourrais citer, qui ont fondé les institutions de 1789, ils sont tombés sur les échafauds de la République. Ah ! il y a une distance immense entre vous et 1789. Ses principes, ses grandes réformes que nous revendiquons pour notre pays, que nous saurons y maintenir, auxquels nous avons engagé notre vie... Vous savez si j'ai été infidèle aux principes de 1789 ; mes amis ne le sont pas plus que moi. Mes amis veulent les défendre, ces principes ; ils les appellent pour le gouvernement de la société française, et prenez-y garde quand vous dites que la monarchie est antipathique avec eux ! Vous oubliez que la grande œuvre de 1789, provoquée par le plus vertueux des rois, provoquée par le grand martyr Louis XVI ; que cette grande œuvre de 1789 était fondée sur le principe de l'hérédité de la souveraineté publique... (*C'est vrai! c'est vrai!*) Où allez-vous donc chercher vos incompatibilités ? »

M. Berryer se sentait plus à l'aise en se livrant avec toute sa verve oratoire à l'apologie de la Restauration ; il avait de bonnes vérités à dire et elles n'avaient qu'à gagner à passer par sa bouche. Du sujet principal de la discussion, il disait peu de choses et le fond de sa pensée restait, volontairement sans doute, enveloppé de nuages. Il votait la revision et plaçait sa fragile espérance de restauration dans les décisions de l'Assemblée constituante élue. Mais au cas, qu'il disait probable, du rejet de la proposition de revision, il voulait la soumission de tous à la loi existante. Il demandait ainsi au Prince de s'incliner devant l'ostracisme que prononçait, intentionnellement contre lui, la Constitution de 1848, et en même temps il demandait au pays de refouler ses préférences et ses convictions pour attendre, dans les lentes agonies républicaines, le salut d'un hasard invisible. Une crainte le dominait entre toutes. Si la revision de la Constitution n'était pas votée par la Chambre, c'était la réélection illégale, mais inévitable à ses yeux, de Louis-Napoléon. Il le montrait alors dominant absolument la situation, maître du pays, maître de tout. Une telle solution était l'anéantissement absolu de la restauration de son Roi. Il voulait la prévenir, et la revision de la Constitution lui apparaissait comme la seule sauvegarde contre un si menaçant danger.

La République avait eu son défenseur doctrinal dans le général Cavaignac, son apologiste trop passionné en M. Michel de Bourges. Ce fougueux Montagnard n'avait pas craint de revendiquer la solidarité de la Convention en excusant jusqu'à ses plus mauvais jours et jusqu'à ses plus détestables dominateurs. Mais son discours s'était maintenu dans de nuageuses et brillantes déclamations. M. Pascal Duprat allait formuler, avec plus de précision, les opinions et les desseins de son parti. Il repousse la revision parce que ceux-là seuls qui veulent la royauté ou la prolongation des pouvoirs de Louis-Napoléon s'en font les défenseurs. Parlant de la force puissante des sociétés modernes, dont on ne lui paraissait pas avoir tenu un compte suffisant dans cette longue discussion, il finissait son discours en disant : « Eh bien, que vous propose-t-on aujourd'hui ? On vous propose de résister à cette force irrésistible. Prenez-y garde, n'obligez pas, par des mesures imprudentes, *n'obligez pas cette force souveraine à prendre son nom de bataille et à s'appeler* ENCORE *la révolution.* » Tous les périls de 1852 se dressaient dans les paroles menaçantes de ce « fils de la Convention », comme il s'était qualifié lui-même, et les applaudissements frénétiques de la Montagne étaient moins un hommage au talent dont M. Pascal Duprat avait fait preuve, qu'une adhésion ardente aux sinistres menaces dont il s'était fait l'interprète.

Malgré quelques écarts de violence, la discussion était, jusqu'à ce moment, restée sérieuse et digne. Il appartenait à M. Victor Hugo de la faire dévier de sa gravité. Dans une interminable déclamation, le malheureux poète, fourvoyé dans la politique, avait entassé tous les sophismes, toutes les hérésies sociales que de longues méditations avaient arrachées à son cerveau malade d'orgueil et d'ambition. Excitant d'abord l'hilarité, il soulevait à la fin l'indignation de la Chambre. Touchant à tout sans savoir, et toujours dans ce style prétentieux émaillé d'antithèses et de métaphores, il ne réussissait à se faire prendre au sérieux sur aucun des bancs de la Chambre. Les applaudissements obligés de la Montagne n'étaient que la naturelle récompense de son apostasie. Les hommes les moins prévenus plaignaient un tel égarement d'esprit et gémissaient en entendant le nouveau montagnard attaquer successivement tous nos grands principes sociaux.

Profanant tout, jusqu'à ce passé lui-même qu'il avait encensé, il exaltait les mérites et la gloire de la République, comme si, toujours, elle eût été son idole, et il se faisait jeter au visage ce titre de pair de France qu'il avait obtenu de cette royauté qu'il abreuvait d'outrages, dont il avait été l'obligé, le courtisan, le défenseur et enfin le pensionné. Cette pension de deux mille francs, qu'il devait à la munificence de Louis XVIII, et que, de son aveu, il touchait régulièrement sur la cassette du roi, on la lui rappelait, dans les termes les plus durs, et le poète, étourdi, sous l'accablante évidence de ses ingrates palinodies, balbutiait quelques justifications qui ne justifiaient rien. Entraîné par le ressentiment, il en venait à la menace et osait convier la droite de la Chambre à méditer, en traversant la place où avaient péri Louis XVI et tant de nobles victimes, aux avertissements que leur donnaient ces souvenirs sanguinaires. Puis il s'en prenait directement à Louis-Napoléon. Ses injures arrivaient à un tel degré de violence, que l'Assemblée se soulevait contre un pareil oubli des plus vulgaires convenances.

« C'est une diatribe, ce n'est pas un discours, »

avait dit le président de la Chambre à l'orateur, qui n'en était pas moins fier de ce qu'il considérait comme un succès. Lorsque l'esprit humain atteint ce paroxysme d'admiration de soi-même auquel était arrivé M. Victor Hugo, le sens moral s'évanouit et on croit découvrir la louange jusque sous les plus sanglantes avanies. .

Pour les gens sérieux, pour le pays intelligent, un pareil discours ne demandait aucune réponse; il portait en lui, les plus concluantes réfutations.

Mais la masse se laisse prendre trop souvent à ces invectives, à ces images pompeuses, à ces accusations perfides, le ministère crut qu'il était de son devoir de faire justice de ce réquisitoire emphatique et M. Baroche, ministre des affaires étrangères, répondait à M. Victor Hugo. Le ministre ne ménageait pas ses coups. Jugeant avec raison qu'en France le ridicule tue l'homme plus que les raisons les meilleures, M. Baroche écrasait tout d'abord le pauvre poète sous le poids du ridicule. Rapprochant ses convictions républicaines nouvelles de ses anciennes ardeurs légitimistes, il rappelait cette qualification qu'on lui avait donnée du « plus pindariste des royalistes », il le montrait se faufilant à l'Élysée, contribuant à fonder ce fameux comité de réaction de la rue de Poitiers et passant ainsi, sans qu'il semble lui en coûter, par toutes les opinions.

M. Baroche avait plus à faire qu'à flageller M. Victor Hugo; il entrait dans le fond du débat et, avec une logique serrée, il démontrait l'opportunité de la revision; il la montrait comme le seul procédé capable de déjouer de nombreuses intrigues qui se croisaient au sein de l'Assemblée, comme la plus sûre garantie contre ce Coup d'État si universellement annoncé. Il terminait son discours en disant :

« Ordonnez, votez la revision légale, emprisonnez-nous dans la légalité dont on nous accuse de vouloir sortir. Voilà ce que nous vous demandons.

« Au nom du pays, ne repoussez pas ce remède dans lequel il a foi, et songez, Messieurs, je vous en conjure, et je termine par ces mots ; songez à l'immense responsabilité qui pourrait peser sur vous si vous refusiez, si vous rejetiez cette demande de revision qui, selon moi, répond aux véritables besoins, aux véritables nécessités, au véritable vœu du pays tout entier. »

Dans cette chaleureuse insistance, ne pouvait-on pas voir encore un loyal avertissement de la part du pouvoir ! Pour tout homme de bon sens, les paroles de M. Baroche voulaient dire : « Nous vous indiquons la solution légale qui dispense de recourir à un acte d'autorité ; écoutez notre conseil, et toute raison d'être disparaît pour un Coup d'État. »

M. Dufaure était l'un des plus fervents constitutionnels de la Chambre ; il avait cru comprendre que la valeur des origines de la Constitution, que l'autorité morale de l'Assemblée constituante étaient mises en doute ; il venait protester contre une semblable accusation. Ces circulaires de 1848, ces abus de pouvoir des Commissaires du Gouvernement, loin de leur accorder aucune influence, il les stigmatisait et affirmait qu'elles avaient produit un effet absolument contraire à celui qu'on semblait en attendre. S'il consentait à reconnaître, dans la Constitution, quelques imperfections de détail, il n'y trouvait aucune raison suffisante pour motiver la révision, la mise en question de ses dispositions essentielles ; il voulait le maintien de la République et protestait contre les antipathies qu'on l'accusait de rencontrer dans le pays. Il finissait son discours en affirmant que le pays, si la Constitution n'était pas revisée, n'oserait pas s'engager dans les voies illégales en réélisant inconstitutionnellement Louis-Napoléon en 1852. Il poussait plus loin la confiance ; il espérait que le Prince se refuserait lui-même à accéder au vœu de la nation, et que, sans secousses et sans orages, on violenterait ainsi la volonté de la France.

Le débat s'épuisait : cinq longues journées avaient permis à toutes les opinions de se produire au grand jour. Mais c'étaient surtout les opinions extrêmes qui avaient été soutenues. M. Odilon Barrot venait clore la discussion en apportant, à la tribune, des paroles de modération, de prévoyance et de conciliation.

Après un savant exposé des doctrines constitutionnelles, après l'examen approfondi des conditions qui seraient faites au pays, selon que l'Assemblée accepterait ou refuserait la revision de la Constitution, M. Barrot montrait à la Chambre les graves responsabilités auxquelles l'exposerait un refus, si de ce refus devaient naître des agitations et des perturbations politiques et sociales. C'est à l'Assemblée, à sa résistance, à son obstination que le pays attribuerait, et non sans raison, la cause des désordres dont il aurait à souffrir. Si l'orateur se fût adressé à une assemblée calme, réfléchie, que ne dominassent point les partis pris, il eût été compris ; il eût été suivi quand il faisait toucher du doigt, à cette Chambre, l'intérêt qu'elle avait elle-même, autant que le pays, à accorder la revision de la Constitution.

Pour peu qu'il fût resté de clairvoyance à l'Assemblée, un pareil langage devait être entendu ; mais il est des heures où toute liberté d'esprit disparaît inconsciemment dans les Chambres : on n'écoute plus que ce que l'on pense. La sagesse, la raison, la vérité perdent tout empire ; la passion prend leur place et c'est de ces dispositions funestes que sortent trop souvent les résolutions qui enchaînent le sort des peuples quand une autorité supérieure, hiérarchique et constitutionnelle n'est pas, comme dans un régime monarchique, appelée à exercer son contrôle sur des décisions issues de l'entraînement.

Or, dans ce genre de débat, la Chambre était souveraine, nul pouvoir n'avait à contrôler sa décision ; encore sa souveraineté avait-elle subi une sorte de mutilation par l'ingénieuse méfiance de la Constitution de 1848. Ce n'était plus la moitié plus un des suffrages qui formait la majorité ; le quart des votants suffisait pour faire rejeter la proposition de revision et pour exercer la souveraineté du refus.

Les votes de l'Assemblée se partageaient ainsi :

Nombre des votants 724
Majorité constitutionnelle, c'est-à-dire des
  trois quarts des votants. 543
Pour l'adoption 446
Contre l'adoption 278

La proposition n'ayant ainsi réuni que la majorité ordinaire et n'ayant pas pour elle la majorité constitutionnelle, l'Assemblée n'avait pas adopté la proposition de la revision de la Constitution.

Mais que restait-il d'une Constitution condamnée par le pays, condamnée par la Chambre elle-même à une forte majorité et qui ne devait la prolongation de sa précaire existence qu'à une exigence excessive du législateur, à la modification des règles ordinaires des votes des Assemblées, à la minorité numérique et passionnée du Parlement! La Constitution et la Chambre s'étaient englouties du même coup dans cet impolitique et provoquant arrêt.

Après d'aussi longs débats, il était permis de penser que tout avait été dit sur la question en litige.

La Chambre n'avait-elle pas, en effet, suffisamment montré son hostilité contre Louis-Napoléon? N'avait-elle pas assez hautement précisé sa volonté de l'exclure des combinaisons de l'avenir? N'avait-elle pas assez clairement indiqué au pays son parti pris de résister aux manifestations chaque jour plus éclatantes de ses préférences et de ses desseins? Sur tous ces points, on eût pu croire, à bon droit, que la mesure était comble, et cependant, pour quelques esprits chagrins, il restait encore une précaution à prendre. Les pétitions continuaient à affluer à l'Assemblée; tous les corps constitués, les municipalités surtout, demandaient, les uns la revision de la Constitution, les autres la prolongation des pouvoirs de Louis-Napoléon; tous laissaient voir clairement leur terreur du conflit qu'engendrerait fatalement, en 1852, la stricte application des dispositions existantes de la Constitution de 1848, et leur volonté de laisser, entre les mains du Prince, les rênes du pouvoir. Ces pétitions, et le mouvement qui les faisait naître, constituaient aux yeux des ardents de la Chambre un péril qu'il importait de conjurer sans retard. A la suite d'une discussion engagée sur ce point, et malgré les assurances de M. Léon Faucher, qui n'était cependant pas suspect de fanatisme en faveur du Prince, l'Assemblée adoptait, à la majorité de 333 voix contre 320, l'amendement suivant proposé par M. Baze :

« L'Assemblée nationale, tout en regrettant que dans quelques localités, l'administration, contrairement à ses devoirs, ait usé de son influence pour exciter les citoyens au pétitionnement, ordonne le dépôt des pétitions au bureau des renseignements. »

C'était, à la fois, une nouvelle provocation à l'adresse du Prince, un blâme à ses ministres, si prudents qu'ils se soient montrés en face de ce mouvement qui passait au-dessus de leurs têtes, un avertissement impuissant et naïf au pays de ne plus vouloir ce qu'il voulait et de cesser de le dire à la Chambre.

Quel affligeant spectacle n'offrait pas cette Chambre en poursuivant ainsi, par ses intrigues et au prix de contradictions humiliantes, ce but de l'exclusion du Prince ! A quels illogismes n'en était-elle pas réduite ! Elle proclamait à chaque phrase la souveraineté du peuple, c'était le dogme fondamental qu'elle entourait de sa vénération, qu'elle plaçait au-dessus de tout, et ses efforts tendaient à paralyser, pour ce peuple prétendu souverain, l'usage qu'elle redoutait lui voir faire de sa souveraineté. S'abritant, pour la résistance, derrière cette constitution, œuvre passionnée d'une Chambre issue des plus mauvais jours, d'une Chambre élue sous la pression de commissaires terroristes, elle voulait éterniser ses lois, dans la peur que le pays, rendu à lui-même, rendu à sa vraie liberté, ne substituât le langage de la raison, de la sagesse et de la vérité à celui de la méfiance, de la passion et de l'injustice.

A ce peuple pompeusement proclamé peuple libre, peuple souverain, arbitre suprême des destinées du pays, on disait sans pudeur, tant l'aveuglement de la haine obscurcissait les esprits :

Vous voulez conserver à la tête du pouvoir le Prince Louis-Napoléon. Nous ne le voulons pas.

Vous demandez la revision de la Constitution, afin de pouvoir légalement réélire le Prince. Nous vous refusons cette revision, qui ouvrirait la porte à la libre manifestation de votre volonté.

Vous nous menacez, tant est tenace votre volonté, de réélire le Prince, contre nous, contre nos décisions, malgré nos interdictions. Nous vous avertissons que nous organisons la résistance à vos votes; nous anéantirons vos suffrages s'ils osent braver notre omnipotence.

Et pour couvrir notre attentat, pour couper court à toute insistance, pour clore ce grand débat, pour étouffer cette explosion du sentiment public qui nous assourdit au début de chaque séance par le dépôt d'innombrables pétitions, pour refouler cette intarissable manifestation qui nous obsède, nous violente et nous humilie, nous vous signifions notre dédain et nous frappons d'un blâme sévère les ministres que nous déclarons vos complices.

En résumé, peuple souverain, entendez bien que votre souveraineté consiste à ne vouloir que ce que veut notre bon plaisir. Arrière toute fantaisie d'indépendance! Nous avons une arme pour vous frapper si vous ne vous soumettez pas. Vous nous demandez de nous en dessaisir, nous la retrempons au contraire pour que vous en mesuriez mieux la puissance. Peuple souverain, soumettez-vous, abdiquez votre souveraineté, jusqu'au jour où vous nous laisserez voir qu'elle favorise nos desseins!

Et, à ce Prince qu'on voulait rendre spectateur impassible de cette agonie d'impuissance, on disait: Nous savons que le peuple veut vous perpétuer au pouvoir; nous savons que, malgré nos interdictions, malgré la Constitution elle-même, ce peuple, insoumis à notre tyrannie, vous proclameraChef de l'État; nous faisons appel à votre désintéressement et à votre déférente soumission pour vos implacables ennemis; vous refuserez ce pouvoir que le pays vous donne, parce que des ennemis impuissants veulent vous le ravir et le prendre à votre place. N'était-ce pas cela qu'on disait au Prince, n'était-ce pas cela qu'on disait au pays, et pouvait-on s'étonner que le peuple et le Prince foulassent aux pieds de si présomptueux caprices, de si naïves exigences, de si révoltants abus d'une autorité expirante!

En présence de pareilles résolutions de l'Assemblée : refus de reviser la Constitution, interdiction légale de réélire Louis-Napoléon, quelle situation était donc faite au Prince ?

Deux partis étaient à prendre : se soumettre à cette coalition fragile et haineuse, impuissante par ses divisions à créer un pouvoir quelconque ; assister, spectateur insensible, aux convulsions du pays, et, au lendemain de la ruine, s'abriter piteusement derrière le mauvais vouloir de la Chambre, derrière la lettre de la Constitution pour échapper à la terrible responsabilité d'avoir laissé cette généreuse nation s'anéantir sous des monceaux de ruines sans lui avoir tendu une main secourable : telle était la première résolution qui s'offrait au Chef de l'État garrotté dans le texte de la Constitution, enchaîné dans les votes de la Chambre. Est-il besoin de le dire, une si coupable impassibilité n'était point heureusement dans la nature de Louis-Napoléon.

Et quel était l'autre parti qui s'offrait au Prince ? Pour celui-là, au lieu de s'abriter derrière les textes constitutionnels pour assister à l'agonie de la France, il fallait affermir son cœur, élever sa pensée à la hauteur des périls, faire appel à son courage, à son dévouement, à son patriotisme ; se jeter fièrement à la tête de ce peuple en détresse, et lui rendre généreusement, en même temps que son salut, la complète liberté de disposer de lui-même, le droit de se donner le gouvernement de son choix. Ce parti-là, le seul qu'une âme élevée et généreuse pût comprendre, nous verrons que ce fut celui auquel s'arrêta Louis-Napoléon, dès que tous les procédés légaux furent, avec un soin jaloux, fermés étroitement devant lui.

De ce jour, la guerre est définitivement ouverte, les deux champions sont en présence ; la rencontre est sans merci, l'un des deux doit y succomber. Et voyons, en effet, comment dans ce duel à outrance chacun va préparer ses coups ; quelle part va prendre à la lutte le grand témoin des jouteurs en présence, le pays. Le pays voit le péril ; il sent que le triomphe du Prince est son salut, que son échec est sa ruine : il le soutient de tous ses efforts. Les assemblées départementales sont à peine réunies dans leurs sessions ordinaires qu'à la presque unanimité elles demandent de nouveau la revision de la Constitution ; elles se mettent ainsi en hostilité ouverte avec l'Assemblée, et donnent, une fois encore et au moment suprême, un puissant encouragement au Chef de l'État (1).

Mais ce n'était pas avec M. Léon Faucher qu'on pouvait aller aux résolutions hardies de résistance à la Chambre et d'appel au pays. A une situation absolument nouvelle et éventuellement périlleuse, il fallait des hommes nouveaux et résolus. Nous allons assister à la dernière des évolutions ministérielles

---

(1) Sur 85 conseils généraux, 80 avaient demandé la revision de la Constitution, 3 s'étaient abstenus, 2 seulement avaient repoussé cette proposition, et encore ne l'avaient-ils fait qu'à une très faible majorité. Le département de la Seine n'avait point en ce moment de conseil général.

dont la Chambre devait être témoin, et nous entrerons dans cette période active de préparation du grand événement que l'histoire appellera : le Deux-Décembre.

CHAPITRE X

LES PREMIÈRES CONFIDENCES DE LOUIS-NAPOLÉON

Démission du ministère Léon Faucher. — Origine et nature de mes rapports avec le Prince. — Lettres de Louis-Napoléon; mes entretiens avec lui; ses ouvertures au sujet du Coup d'État; les conseils et les résolutions qu'elles m'inspirent. — Dans quelles conditions devrait être formé le nouveau ministère. — Le cabinet du 26 octobre.

Pour soutenir avec avantage contre l'Assemblée le combat décisif dans lequel il était engagé, le Prince avait besoin de toutes ses forces. Il avait en main la cause du pays plus encore que la sienne; une telle responsabilité lui imposait le devoir de se servir de toutes ses armes.

La loi du 31 mai offrait, pour les temps ordinaires, des garanties dont le Prince ne méconnaissait pas la valeur; mais, pour l'élection du Chef de l'État au moins, il lui semblait préférable de faire appel à toute la nation, en n'exceptant absolument que ceux des citoyens que la loi du 15 mars 1849 avait éloignés du scrutin. Louis-Napoléon allait plus loin, et, plus démocrate toujours que ceux qui l'entouraient et le conseillaient, il préférait le suffrage universel, sans restrictions autres que celles résultant des indignités légales, à la loi protectrice du 31 mai. Il obéissait donc à ses préférences personnelles bien plus qu'à un calcul de popularité en se décidant à demander à la Chambre le rappel de la loi du 31 mai.

Le premier effet d'une telle résolution devait être naturellement de le séparer de son ministère et de faire naître, sans éclat, la crise qui motivait l'éloignement du cabinet. A l'annonce que fit le Prince de sa volonté de faire porter ce projet de loi à la Chambre, M. Léon Faucher n'hésita pas à donner sa démission et le cabinet entier le suivit dans sa retraite. Il ne faut point nier que, du même coup, le Président se donnait sciemment le bénéfice d'une proposition populaire. Son armée, pour battre la Chambre, c'était le peuple, et le peuple demandait le rappel de la loi du 31 mai. Il allait donc, en faisant à la Chambre cette proposition qu'elle devait infailliblement repousser, créer pour elle un titre nouveau à l'impopularité.

Dans ces graves conjonctures, où allait-on trouver les éléments d'un ministère nouveau? Serait-ce à la Chambre? Il était impossible d'y constituer un cabinet qui pût se flatter d'avoir une majorité; et, d'ailleurs, le moment d'un acte d'autorité paraissant proche, peu importait qu'on eût, ou qu'on n'eût pas, une majorité dans l'Assemblée. La pensée du Prince s'arrêta à une combinaison qui était, plus que toute autre, appropriée aux événements désormais inévitables. Il songea à grouper, dans un même ministère, des hommes investis de mandats semblables en apparence et absolument différents en réalité : les uns ayant toute sa confiance, résolus à le suivre jusqu'au bout dans sa lutte contre l'Assemblée, à ceux-là, il destinait les portefeuilles essentiels, celui de l'intérieur et celui de la guerre ; les autres, destinés principalement à veiller à l'expédition des affaires et à soutenir, pour quelque temps, les discussions devant la Chambre.

A partir de ce moment, je me trouve si étroitement mêlé aux événements dont nous allons suivre les développements, que je ne puis, si gênant qu'il soit toujours de parler de soi, me soustraire à l'obligation de dire quel rôle la volonté du Prince et les circonstances m'ont fait dans cette période intéressante de l'histoire de mon pays. Un instant je quitterai donc les faits eux-mêmes dont nous nous occupons pour expliquer à quel titre j'y ai pris part. Nous serons du reste ramenés, par ces quelques mots, au point où nous en restons ; le passé nous conduira rapidement au présent, et non sans avoir jeté sur lui quelque lumière.

On m'a souvent demandé quelles circonstances m'avaient valu l'honneur d'être appelé par Louis-Napoléon à le seconder dans sa grande entreprise du Deux-Décembre. Je réponds à cette question.

Avant 1848, je ne connaissais nullement le Prince ; je n'avais de relations avec aucun des membres de sa famille. A la Révolution de février, j'avais quitté mes modestes fonctions de sous-préfet de Beaune, et, aux approches de l'élection du 10 décembre, je faisais, ce que faisaient la plupart des conservateurs, là où ils pouvaient exercer quelque influence, la propagande de la raison au profit de la candidature de Louis-Napoléon.

Un de mes amis, le comte Joachim Clary, me proposa de me présenter au Prince. Ma première visite date de novembre 1848. En janvier 1849 je rentrais dans l'administration comme sous-préfet de Boulogne, et au mois d'octobre de la même année, à la suite d'incidents qui m'avaient valu les félicitations du Chef de l'État, j'étais appelé à la préfecture de l'Allier.

Le département de l'Allier était le centre d'une organisation révolutionnaire qui englobait les cinq ou six départements adjacents. Plus d'une fois je m'étais trouvé à même de recueillir à Moulins des renseignements qui offraient un vif intérêt. Le hasard de ma situation me permettait ainsi de grouper un ensemble d'informations qui s'étendaient à toute une région, l'une des plus agitées de la France.

Des rapports directs s'étaient, en raison de cela et sur son désir, établis entre le Prince et moi; ma correspondance avec lui devint assez suivie. J'étais interrogé sur l'effet que produisait telle ou telle mesure prise par le gouvernement; j'avais cru même plus d'une fois pouvoir faire part de mes impressions avant qu'elles me fussent demandées. Nous vivions à une époque anormale; les ministres avaient deux maîtres : l'Assemblée et le Prince ; il n'échappait à personne que c'étaient là deux forces rivales. L'intérêt de la France me semblait être avec le Prince qui avait un but et qui pouvait l'atteindre, plutôt qu'avec l'Assemblée dont les divisions étaient un péril et qui était hors d'état de nous conduire à une solution satisfaisante. La connaissance exacte des mouvements de l'opinion dans les provinces était un guide précieux pour le Chef de l'État ; il était permis de supposer que son gouvernement ne le renseignait pas à cet égard avec une entière impartialité. En suppléant, pour ma part, à cette insuffisance préjudiciable, je pensais remplir un devoir. Je pus m'apercevoir, aux réponses confidentielles que je recevais du Prince, que j'étais, de sa part, l'objet de quelque préférence : il ne tarda pas à m'en donner la preuve. A l'un de mes voyages à Paris, il avait bien voulu me demander quelle situation je désirerais au cas où je quitterais Moulins. J'avais exprimé le désir de rester dans l'administration active ; un département plus important que celui de l'Allier était ma seule ambition. Mes vœux ne tardaient pas à recevoir satisfaction. Le 7 mars 1851 je recevais du Président de la République la lettre suivante :

« Monsieur le Préfet,

« Je vous ai nommé préfet à Toulouse, et cette nomination, dont je veux être le premier à vous faire part, vous la devez à votre vigueur soutenue, à votre attitude nette et prononcée, aux sentiments enfin que m'exprime votre dernière lettre. Vous souhaitiez un centre important de population. Toulouse est le principal du Midi et celui duquel, en cas de difficultés graves, votre influence pourrait utilement s'exercer sur plusieurs départements voisins. Vous avez compris ma politique, vous l'avez appliquée dans l'Allier et avec succès. Continuez dans la Haute-Garonne. Loyauté avec tous les partis, fermeté contre tous, et, s'ils osaient en venir à une lutte ouverte, résolution énergique de les combattre : telle doit toujours être la règle de votre conduite. Je compte sur votre dévouement éclairé.

« Croyez, etc., etc.

« Louis-Napoléon. »

Toulouse, comme Moulins, était un véritable centre de conspiration. C'était de Toulouse que partait le mot d'ordre de la démagogie pour tous les départements du Sud-Ouest : pour l'Aude, les Pyrénées-Orientales, les Basses-Pyrénées, les Hautes-Pyrénées, le Tarn, le Tarn-et-Garonne, l'Ariège, le Gers, pour l'Aveyron même. Mes rapports directs s'étaient, là encore, continués avec le Prince, qui tenait à être personnellement informé de l'état réel des esprits.

Dans le Sud-Ouest, l'agitation était extrême. L'échéance de 1852 était envisagée, par tous les démagogues, comme la date d'un soulèvement général. On s'apprêtait sans trop de mystère et on ne déguisait pas le but qu'on voulait atteindre. A une révolution manquée en 1848, confisquée au

10 décembre, on voulait faire succéder le triomphe réel de la révolution sociale. L'organisation était puissante. Les sociétés secrètes étaient constituées ; leurs ramifications s'étendaient à toutes les communes, à tous les hameaux. Les chefs étaient partout des hommes d'action, prêts à donner le signal de tous les excès : c'était une armée en bonne forme prête à marcher au mot d'ordre. Dans le camp de ces implacables ennemis de la société, l'unité était complète. Malheureusement, en face de ces forces vigoureusement disciplinées, le parti conservateur était divisé ; il l'était dans le pays comme dans la Chambre : aussi l'inquiétude commençait-elle à s'emparer des esprits.

Plus j'étudiais la situation, plus je constatais que partout l'autorité était battue en brèche. On voyait grandir à chaque heure l'esprit de résistance et de rébellion. Le parti révolutionnaire essayait ses forces et tâtait ainsi l'opinion. Parfois, quelques impatients outrepassaient les instructions des chefs et allaient jusqu'à la révolte. Il en fut ainsi dans la petite ville d'Aspet, où se produisirent d'assez sérieux désordres. Quelques mots de cet incident donneront la mesure de l'état d'effervescence auquel était arrivé l'esprit révolutionnaire.

Dans une lutte qu'avait dû soutenir la gendarmerie contre de mauvais sujets attroupés, le maire, ancien officier, chevalier de la Légion d'honneur, avait pris parti contre les gendarmes ; il avait fait mettre leurs prisonniers en liberté, et les gendarmes avaient été, en sa présence, insultés par une populace qui proférait les menaces les plus odieuses. Aux premières nouvelles de ce conflit, je m'étais transporté à Aspet escorté de deux brigades de gendarmerie et suivi de près par un escadron de cavalerie.

Dès mon arrivée à la mairie, où j'avais été suivi par une foule considérable et irritée, je faisais arrêter et conduire au chef-lieu d'arrondissement, Saint-Gaudens, le maire et les principaux meneurs. A peine y étais-je arrivé avec eux, qu'un gendarme venait m'avertir des efforts tentés pour envahir la prison et délivrer les prisonniers. L'escadron de cavalerie n'était pas encore arrivé ; nous n'avions que trois brigades de gendarmerie à cheval pour faire tête à l'orage. Aux sommations de se disperser, le rassemblement nous répondait par une grêle de projectiles. Le procureur de la République était atteint et un gendarme tombait près de moi grièvement blessé. J'ordonnais à la gendarmerie de charger, et, quelques instants après, la prison et ceux qu'elle renfermait étaient à l'abri des entreprises des rebelles. De nombreuses arrestations étaient faites, et de sévères condamnations donnaient, peu de jours après, pleine satisfaction à la loi. Quoiqu'il n'y eût pas moins de quatre à cinq mille montagnards dans cette échauffourée, elle n'avait, à coup sûr que peu d'importance quant au résultat qu'elle pouvait atteindre ; mais c'était là un symptôme grave : il était évident qu'au premier signal chacun était à son poste dans l'armée de la révolution, et prêt à agir sans calculer même le péril de la résistance.

Sans l'attentive action de l'autorité, des faits semblables à ceux d'Aspet se seraient fréquemment renouvelés. Dans la ville de Toulouse elle-même, malgré la présence d'une forte garnison, une tentative de soulèvement s'était produite et sous un prétexte futile. Elle avait été réprimée sans effusion de sang ; mais elle révélait encore l'audace des démagogues. Le Midi était, d'une extrémité à l'autre, le théâtre de semblables alertes. Tous ces faits, pris dans leur ensemble, fournissaient au pouvoir un enseignement dont il était urgent de faire son profit.

Je ne dissimulais rien au ministre de tous les périls qui menaçaient la société à l'échéance de 1852 ; je faisais appel à sa vigilance ; mais je lui laissais le soin de trouver le remède au mal que je lui signalais. Peut-être n'avais-je pas suffisamment réussi à taire mon sentiment sur la seule solution possible, solution que M. Léon Faucher, parlementaire fanatique, repoussait avec indignation : toujours est-il que j'eus à essuyer ses remontrances ; elles avaient un caractère d'aigreur dont je dus me plaindre au Chef de l'État. J'avais besoin de savoir si la confiance me restait à l'Élysée. Une lettre du Prince, en date du 18 juillet 1851, me donnait pleine satisfaction à cet égard ; elle était écrite de sa main et ainsi conçue :

« Élysée national, le 18 juillet 1851.

« Mon cher Monsieur de Maupas,

« Je regrette qu'on vous adresse des reproches là où vous ne méritez que des éloges. Mais il faut supporter les défauts des meilleurs esprits.

« Dans tous les cas, comptez sur moi, qui apprécie à leur juste valeur votre loyauté, votre mérite personnel et votre dévouement.

« Croyez donc à mes sentiments affectueux.

« Louis-Napoléon. »

Le temps s'écoulait; quelques mois seulement nous séparaient de mai 1852. Attendre, c'était augmenter le péril en donnant à l'ennemi le temps de compléter son organisation ; il fallait agir. Le 22 juillet, au lendemain du rejet de la proposition de révision de la Constitution, je signalais au Chef de l'État le danger de l'atermoiement ; je le conviais, avec insistance, à des mesures énergiques et décisives ; je précisais quels étaient les seuls moyens à l'aide desquels on pouvait sauver le pays. Les procédés parlementaires et rigoureusement légaux étaient impuissants ; il fallait s'adresser directement au pays et lui remettre le soin de se prononcer sur ses destinées. La Constitution de 1848 ayant dit, dans son article 1er : « La souveraineté réside dans l'universalité des citoyens français », c'était au souverain légal qu'on s'adressait ainsi pour résoudre cette considérable question qui préoccupait et agitait la France entière. Sans doute, la Constitution ne donnait pas au Président de la République le droit de consulter directement le pays sous cette forme plébiscitaire ; mais il n'y avait de salut que dans ce procédé, et, pour le mettre en œuvre, on ne devait pas s'arrêter aux obstacles. Le vote de la nation dirait si elle entendait absoudre ou condamner l'entreprise.

Le 19 septembre seulement, le Prince me répondait, et son langage, déjà si transparent, empruntait une importance capitale aux bruits qui s'étaient fait jour dans les cercles politiques bien informés. Il avait été dit, en effet, que la semaine précédente nous avions été à la veille de ce qu'on était convenu d'appeler « le Coup d'État », et que les dissidences survenues à la dernière heure, entre les hommes qui devaient en être chargés, en avaient seules empêché la réalisation (1). La lettre que m'adressait Louis-Napoléon n'avait pas été confiée à la poste. En raison de son caractère tout confidentiel, elle avait été remise, par lui, à M. le comte de Campaigno, adjoint au maire de Toulouse, qui, à son arrivée, me l'avait expédiée par estafette à Bagnères-de-Luchon où je me trouvais en ce moment. On verra, en la lisant, que les résolutions du Prince étaient déjà éventuellement arrêtées à cette date; il se tenait prêt à agir, si les circonstances lui en faisaient un devoir. Sa lettre est ainsi conçue :

« Élysée, le 19 septembre 1851.

Mon cher Monsieur de Maupas,

« Je profite du départ de M. de Campaigno pour

---

(1) Le général de Saint Arnaud, qui avait le rôle important dans ce projet de Coup d'État, avait, au dernier moment, refusé son concours. Deux raisons l'y avaient déterminé : le plan projeté lui paraissait mal conçu, et le dévouement de M. Carlier, alors préfet de police, lui semblait au moins très problématique. Privé ainsi de son principal auxiliaire, le Prince avait ajourné ses projets.

vous rappeler la lettre que vous m'avez écrite au mois de juillet. Vos avis recevront bientôt une solution favorable ; je compte sur vous à Toulouse pour imprimer un mouvement salutaire ; mais dès que vous aurez fini votre tâche dans le Midi, je vous appellerai à des fonctions plus importantes, car je suis heureux d'avoir des hommes comme vous pour m'aider à sauver le pays.

« Croyez à mes sentiments de haute estime.

« Louis-Napoléon. »

Peu de jours après, je recevais de M. Léon Faucher, alors ministre de l'intérieur, une dépêche m'invitant à me rendre sans retard près de lui.

A mon arrivée à Paris, je trouvais, en même temps que l'ordre du ministre de passer immédiatement à son cabinet, une invitation pour dîner le soir même à Saint-Cloud.

Le silence que gardait, depuis quelques semaines, avec moi le ministre de l'intérieur m'avait fait penser qu'il avait quelque grief à mon encontre. J'en pressentais la nature : je vis, à ses premiers mots, que je ne m'étais pas trompé. Après quelques réflexions sentencieuses sur la nécessité de faire comprendre au pays que le gouvernement répudiait toute pensée de coup d'État, M. Léon Faucher arrivait à me reprocher de ne m'être pas suffisamment associé, à Toulouse, à ce côté de la politique ministérielle. Il fallait, me disait-il, qu'on ne pût conserver, à cet égard, aucun doute sur l'attitude du ministère. Les préfets soupçonnés, dans leurs départements, de favoriser les projets de coup d'État devaient être déplacés ; il croyait devoir proposer au Président de la République de m'envoyer à Montpellier où, disait-il, c'était la phrase de circonstance, il avait besoin de mes services. Il ne me convenait, en aucune sorte, d'accepter une diminution de situation ; je refusai nettement Montpellier, et je déclarai à M. Léon Faucher que, en dehors des postes équivalents ou supérieurs à celui que j'occupais, je n'accepterais rien. Notre séparation était aigre et sentait la rupture.

Un accueil bien différent m'attendait à Saint-Cloud. Au sortir du dîner, le Prince m'emmenait dans la pièce voisine du salon. « Avez-vous vu Faucher ? » me dit-il. — « Je le quitte, Monseigneur. » — Puis, avec un sourire quelque peu railleur : « Et que vous a dit Faucher ? » — En peu de mots, je résumais la conversation que je venais d'avoir avec le ministre de l'intérieur ; j'indiquais la proposition qu'il m'avait faite et la façon dont j'y avais répondu. « J'ai une autre proposition à vous faire, reprit le Prince : voulez-vous prendre le portefeuille de l'intérieur ? »

J'étais peu préparé à une semblable ouverture. Aucune pensée ambitieuse n'était entrée dans mon esprit. Mes conseils au Chef de l'État ne voulaient qu'être utiles à sa cause ; je n'avais jamais songé à en faire le prélude d'une élévation politique. Le Prince s'aperçut facilement de ma surprise et il développa sa pensée.

« J'apprécie, à toute leur valeur, me dit-il, les hommes qui me servent en ce moment ; je suis plein d'estime pour leur talent; mais ils pensent autrement que moi; ils voient le salut du pays là où je vois sa perte. Se traîner à la remorque de cette Assemblée, et perdre en vaines querelles le temps qui nous sépare de 1852, c'est marcher en aveugles à une catastrophe inévitable. Il faut en finir; il faut agir; il faut à tout prix sauver ce malheureux pays qui va droit aux abîmes. Vous avez du courage et de la résolution; ce sont les qualités nécesaires à la situation qui va s'ouvrir, c'est pour cela que j'ai songé à vous. »

La pensée finale se pénétrait facilement malgré les quelques réticences dont elle était encore enveloppée. Au ministère que voulait constituer le Président était évidemment réservée la mission de faire un coup de force. Mais ce n'était pas à une action immédiate qu'il était destiné; il y avait des étapes à parcourir, et j'avais besoin d'en savoir davantage pour prendre une décision en une si grave matière. Toutefois, je ne voulus pas remettre au lendemain pour soumettre au Prince les premières objections qui se présentaient à mon esprit. Elles se résumaient ainsi : le courage et la résolution devaient être, à coup sûr, nécessaires avant tout aux membres du nouveau cabinet; mais s'ils devaient être, à un jour donné, des hommes d'action, ils avaient d'abord à faire face à des exigences d'un autre ordre. L'état des partis, dans l'Assemblée, était arrivé à un tel degré de vivacité, que les luttes de tribune devaient occuper une large place dans les préoccupations de l'avenir. L'expérience des assemblées, l'aptitude oratoire étaient donc des qualités de première nécessité dans la situation. Je ne pouvais répondre de ce que je serais à la tribune, n'en ayant pas encore fait l'essai. Mon élévation trop rapide et jusqu'à ma grande jeunesse seraient des causes de sévérité. J'étais prêt à accepter un poste d'action, et d'action immédiate, mais il me répugnait de passer par toutes les épreuves du parlementarisme.

Il m'importait également de savoir avec quels collègues je pourrais être appelé à partager les graves responsabilités dans lesquelles on allait s'engager. Le nom du général de Saint Arnaud fut le seul que prononça le Prince. Évidemment, en dehors du futur ministre de la guerre, j'étais la seule personne à laquelle il eût confié sa volonté de changer son cabinet et de donner à son gouvernement une allure absolument nouvelle. Le secret m'était demandé et la continuation de l'entretien était remise au lendemain.

Le lendemain matin, à onze heures, je revenais à Saint-Cloud. Après le déjeuner, le Prince me conviait à partager sa promenade dans le parc et la conversation de la veille reprenait son cours.

Mes premières impressions avaient été fortifiées par la réflexion. Je demandais instamment que le portefeuille de l'intérieur fût confié à un autre qu'à moi. J'ajoutais à mes précédentes observations une considération qui n'en était à vrai dire que le développement. Les hommes résolus à s'engager dans une action décisive étaient en petit nombre ; il y avait intérêt à ménager leur autorité, à ne point risquer de les user dans des luttes parlementaires avant l'heure du combat; je demandais donc à rester à Toulouse jusqu'au moment où on sortirait de la période de la préparation pour entrer dans celle de l'action.

L'insistance du Prince prit alors une forme nouvelle et son but, que j'avais pu facilement pressentir la veille, me fut complètement révélé.

Nous étions rentrés dans le cabinet du Prince ; il mit alors de côté toute réticence et s'ouvrit pleinement à moi.

« La situation actuelle, » me dit-il, « est trop tendue pour pouvoir se prolonger au delà de quelques semaines. Si je n'agis pas, mes adversaires prendront les devants ; ils n'ont ni l'autorité nécessaire pour entraîner l'armée à leur suite, ni l'appui de l'opinion ; ils sont divisés, leur tentative de coup de force avorterait, la guerre civile en serait la conséquence inévitable ; ce malheureux pays serait livré à l'anarchie ; nous verrions revenir les horreurs de 93. Il n'y a que mon nom qui soit une force suffisante pour rassurer le pays, pour entraîner l'armée. Mais je ne puis faire tout à moi seul. Il me faut quelques hommes résolus pour m'aider à accomplir mon œuvre. Il y a quelques jours, j'ai voulu mettre à exécution le projet dont je poursuis aujourd'hui encore la réalisation. Je n'ai pas été suivi. Les dissidences sur les procédés d'action ont fait avorter mon dessein ; mais, plus que jamais, aujourd'hui, je suis décidé à agir. »

Le Prince alors m'exposait et le plan qui avait échoué et celui auquel il voulait s'arrêter ; puis, donnant à sa parole une animation que je ne lui ai jamais vue, il ajoutait à peu près textuellement (1):

« Je me vois au bord d'un large fossé plein d'eau ; il est sans doute difficile à franchir, mais je vois, sur l'autre rive, le salut de mon pays ; tenter seul de franchir l'obstacle serait une entreprise téméraire ; trouvez, me dit-on, quelques hommes pour vous seconder et vous arriverez victorieux à votre but. Eh bien, les hommes, je ne les vois pas, je les cherche et je leur dis : je vous donnerai l'exemple, je serai à votre tête, je me jetterai le premier à la nage, mais, pour Dieu, suivez-moi et le pays sera sauvé. Eh bien ! c'est là ce que je vous dis, à vous, mon cher monsieur de Maupas, et vous savez maintenant ce que j'attends de votre dévouement. »

Une chaleureuse poignée de main disait au Prince qu'à une aussi entière confiance je répondais par une assurance de concours sans réserve.

Il faut que je dise toute la vérité. Pendant cet entretien, la physionomie de Louis-Napoléon, d'ordinaire si calme, portait les traces d'une émotion profonde : en me parlant, il avait les yeux remplis de larmes. Vous qui calomniez outrageusement cette nature généreuse, croyez que s'il vous eût été donné

---

(1) J'avais la coutume, chaque fois que je devais avoir l'honneur d'être reçu par le Chef de l'État, de résumer dans une note les différents points dont j'avais à l'entretenir. Je ne manquais jamais, au sortir de l'entretien, d'en écrire la substance. Je puis ainsi donner comme à peu près textuelle la conversation que je rapporte ici. J'avais, en raison de son importance, pris soin d'en préciser les termes aussitôt mon **retour à Paris**.

d'entendre cette parole convaincue, loin d'y trouver une révélation ambitieuse, vous y eussiez reconnu les accents du plus sincère patriotisme.

« Je suis avec vous, dis-je au Prince, puisque vous êtes absolument résolu à agir ; mais envisageons, en dehors de toute préoccupation personnelle, le côté pratique de la grave question qui, à si juste titre, occupe votre esprit. Ce que vous voulez faire, ce n'est pas un coup de force exclusivement militaire, comme on vous en prête la pensée ; vous ne voulez pas vous emparer du pouvoir et vous faire proclamer empereur par vos soldats ; vous voulez associer la nation à votre entreprise ; vous ne voulez devoir le pouvoir qu'à elle, vous ne voulez sortir d'une légalité périlleuse que pour rentrer immédiatement dans une autre légalité, celle-là salutaire et protectrice ; vous voulez que l'autorité civile partage, avec l'autorité militaire, le fardeau de l'entreprise ; la question se précise, et je me permets de vous en exposer le côté pratique.

« Toutes les transformations qui, depuis le commencement du siècle, se sont produites dans le gouvernement de la France, c'est à Paris qu'elles se sont accomplies : ce que Paris a fait, la France l'a accepté. Cette fois encore, il en sera de même. C'est donc de Paris qu'il convient de se préoccuper avant tout ; là est, à la fois, et le siège de l'action décisive et la clé du succès. Or, à Paris, dans ces moments suprêmes où se jouent les destinées de la nation, deux forces seules se partagent l'action et la responsabilité : l'armée et la police. Le préfet de police dispose de l'autorité préventive, et le ministre de la guerre a dans sa main la force répressive. Le ministre de l'intérieur n'a d'autre direction que celle des départements ; son rôle ne commence qu'alors que Paris a prononcé : il ne concourt que tardivement et passivement à la sanction du fait accompli, car il est de tradition que, tout en lui étant fictivement subordonné, le préfet de police se meut dans sa complète indépendance. C'est donc à la Préfecture de police que sera dévolu le rôle décisif dans l'application du plan projeté. Des mesures prises par elle, peut dépendre le succès. Et, pour finir, j'ajoutais : en présence de semblables conjonctures, c'est à la Préfecture de police que je demande au Prince d'utiliser mon dévouement. »

Sur ces dernières paroles, l'accord fut complet, et je quittai Louis-Napoléon lié vis-à-vis de lui dans les conditions que j'avais déterminées moi-même et qu'il avait bien voulu accepter avec une vive expression de gratitude. Je ne faisais qu'une réserve. Il ne me convenait pas de conserver pendant longtemps, le poste de préfet de police ; je n'acceptais cette situation qu'avec la mission expresse de préparer et d'exécuter le plan convenu. Une fois les événements accomplis, je reprenais ma liberté.

Mais, dans cette conversation importante, nous avions pour ainsi dire anticipé sur les événements. La solution de la question ministérielle était restée en dehors de notre entretien ; il était dit seulement que ma nomination ne paraîtrait qu'avec la constitution du nouveau cabinet.

Ce n'était point chose facile que de former un cabinet sur un terrain aussi peu défini que l'était celui choisi par le Chef de l'État. Les négociations se poursuivaient péniblement. M. de Persigny et le colonel Fleury, tous deux les confidents du Prince, en avaient la principale direction. L'accord était difficile à établir, parce que le Président ayant pris le parti de ne former qu'un ministère transitoire, il taisait naturellement sa véritable pensée aux hommes qu'il cherchait à y faire entrer, et ceux-ci ne voyaient plus, en face d'eux, d'objectif suffisamment déterminé.

Le rappel de la loi du 31 mai, tel était le commencement de la campagne. « Mais après ? » disaient ceux auxquels on demandait leur coopération. — Après, disait le Président, nous prendrons conseil des événements !

La difficulté de constituer le cabinet faillit mettre à néant tous les plans qui avaient été arrêtés entre le Prince et moi. Je n'avais accepté la Préfecture de police, qu'à la condition que ce qu'on appelait le Coup d'État se ferait sans retard et à la première occasion jugée favorable. Les ministres choisis ou en voie de l'être posaient, au contraire, cette condition expresse à leur entrée aux affaires, qu'ils seraient en droit de rassurer la Chambre contre toute tentative de ce genre. J'avais dû déclarer au Président que si cette faculté leur était accordée, je le priais de me dégager de ma parole, et je lui indiquais même, pour prendre la Préfecture de police, M. Piétri qui était alors préfet du département de l'Ariége et dont le dévouement était à toute épreuve.

Les choses en étaient là. J'avais, depuis deux jours, cessé de me rendre à Saint-Cloud et je me disposais à regagner Toulouse, quand une dépêche me rappelait près du Prince.

La question avait encore une fois changé de face. On renonçait aux hommes qui avaient exigé l'engagement de rester rigoureusement dans la légalité ; on avait réussi à trouver des ministres qui ne posaient point cette condition. Le Président restait libre ; il revenait pleinement à ses premiers projets. Le ministère n'était plus, dans sa pensée, qu'un ministère transitoire dont la seule mission était de demander le rappel de la loi du 31 mai. Cela fait, on songeait à agir, à agir sans lui, le général de Saint Arnaud et moi restant seuls chargés de préparer le grand événement et d'en poursuivre l'exécution. Enfin, et après de nombreuses tergiversations, on en était ainsi revenu à la seule résolution à prendre, résolution considérable sans doute ; mais dont nous avons déjà montré, jusqu'à l'évidence, la légitimité et la pressante exigence. Dans ces conditions, j'acceptais de nouveau la Préfecture de police, et M. Piétri, qui, sur mon refus, avait été mandé à Paris sans en savoir la cause, était consolé de son brusque voyage en devenant mon successeur à Toulouse.

Le lendemain, 26 octobre, le ministère figurait au *Moniteur*, il était ainsi composé :

MM.

Marquis DE TURGOT, affaires étrangères,

MM.

de Thorigny, intérieur,
Corbin, justice (1),
Général de Saint Arnaud, guerre,
Comte de Casabianca, agriculture et commerce,
Blondel, finances,
Lacrosse, travaux publics,
Giraud, instruction publique,
Fortoul, marine,

de Maupas, préfet de police.

En même temps que ma nomination paraissait au *Moniteur*, je recevais, de M. de Persigny, la lettre suivante :

« Paris, ce dimanche 26 octobre 1851, à 11 heures.

« J'ai le plaisir de vous annoncer que, par décret de ce jour, M. le Président de la République vous a nommé préfet de police. Je vous envoie ci-joint la composition du nouveau ministère.
« Agréez, etc.
« F. de Persigny. »

Je cite cette lettre, de peu d'importance en elle-même, pour montrer quel était le rôle de M. de Persigny. Il donnait avis des nominations aux hauts

---

(1) Le 1ᵉʳ novembre, M. Daviel, procureur général à Rouen, était appelé au ministère de la justice, en remplacement de M. Corbin non acceptant.

emplois comme l'eût fait le ministre chargé de constituer le cabinet. Le cabinet du 26 octobre était en effet en grande partie son œuvre. Le Prince avait ainsi renoncé, par suite de mon refus de prendre le portefeuille de l'intérieur, à avoir, au sein du conseil, deux confidents de sa pensée intime. Le général de Saint Arnaud restait le seul ministre initié à ses desseins; l'autre dépositaire de sa confiance était à la Préfecture de police.

On voit ainsi que les dissentiments qui avaient eu lieu, le mois précédent, entre le Prince et le général de Saint Arnaud avaient fait place à de nouveaux rapports de confiance. Le colonel Fleury avait été l'habile négociateur de ce rapprochement; et si le jeune colonel, qui deviendra l'un des hauts dignitaires, l'un des personnages les plus importants de l'Empire, rendit plus tard à son souverain, de nombreux et éminents services, celui qu'il lui rendait alors restera le plus précieux entre tous. Le colonel Fleury venait, après le lui avoir donné, de ramener à Louis-Napoléon, un général courageux et habile, un homme de cœur et d'action (1).

(1) Nous dirons plus tard comment ce fut le colonel Fleury qui indiqua à Louis-Napoléon le général de Saint Arnaud comme réunissant plus que tout autre, les qualités essentielles pour le rôle important de ministre de la guerre au moment décisif, et comment encore ce fut le colonel Fleury, qui décida le général à mettre son dévouement au service du Prince.

CHAPITRE XI

LES PLANS DE COUP D'ÉTAT

Premiers entretiens à Saint-Cloud entre le Prince, le ministre de la guerre et moi. — Le Coup d'État éventuellement résolu. — Quelles parts faites au ministère de la guerre et à la Préfecture de police. — Les plans de M. Carlier. — Quel jugement ils méritent. — La garde nationale. — Comment on doit apprécier cette institution. — Le plan que je propose. — Les mesures préventives. — Quelles nécessités les imposent. — Plan définitivement arrêté en vue d'un Coup d'État possible.

Le Prince avait exigé, du général de Saint Arnaud et de moi, le silence absolu sur ses confidences ; il avait poussé la précision de ses recommandations jusqu'à nous demander qu'aucune conversation n'eût lieu entre nous sur ce sujet. Le Président craignait-il qu'une oreille indiscrète et invisible pût, contre notre volonté, surprendre quelques mots d'un entretien ; ou voulait-il simplement qu'aucun projet ne pût se mûrir en dehors de lui pour réserver, à nos réunions ultérieures, la primeur de la discussion ?

Voulait-il éviter que ce concert possible s'établissant entre ses deux auxiliaires, il eût ainsi plus de difficulté à leur faire adopter ses projets? Toujours est-il que sa recommandation de rester dans un mutisme absolu était si péremptoire que nous nous fîmes une loi d'y rester fidèles. Plusieurs fois, nous nous étions rencontrés durant cette période de la formation du cabinet, et nous avions soigneusement écarté de nos entretiens tout ce qui pouvait conduire à une allusion aux confidences du Prince. Ce n'était pas notre secret, il était naturel de respecter, jusqu'à l'exagération même, la volonté de celui qui nous l'avait confié. Un soir que nous avions dîné à Saint-Cloud, et que le Prince avait eu avec chacun de nous, sur les futurs événements un entretien particulier, nous revenions à Paris dans la même voiture, le général de Saint Arnaud et moi. Nous avions naturellement l'esprit tout occupé du grave sujet que nous venions d'examiner avec le Prince, et la tentation d'un échange d'idées, de quelque allusion au moins, eût été pardonnable. Nous restâmes fidèles à notre consigne. En nous séparant, toutefois, nous échangeâmes une sympathique poignée de main qui n'était pas celle d'un jour ordinaire; mais pas un mot n'accompagnait ce témoignage de cordialité; ce fut là notre seule et tacite confidence.

A quelques jours de là, et peu après la constitution du cabinet du 26 octobre, le Prince, jugeant que l'heure de l'action pouvait être prochaine, nous réunit, le ministre de la guerre et moi, et, cette fois, non seulement pour nous délier de notre promesse de silence l'un vis-à-vis de l'autre, mais encore pour conférer, tous trois ensemble, sur les mesures à combiner, sur un plan à arrêter. Le premier mot de cet entretien reste présent à ma mémoire comme s'il frappait aujourd'hui mon oreille : « Avez-vous causé de ce que je vous avais confié? » nous dit le Prince. Sur notre réponse négative, il nous remercia. « Le secret, ajouta-t-il, est la première condition du succès, je vois que tous deux vous savez garder le silence . »

Dans cette première conversation, tout fut ébauché ; mais ébauché seulement. Les points qui n'étaient pas à vrai dire en question, tant ils étaient hors de conteste, furent seuls arrêtés. Il fut reconnu que tout accord était impossible avec l'Assemblée, que la situation actuelle ne pouvait se prolonger sans de réels périls, que l'appel au pays était le seul procédé possible pour sortir de l'impasse où on était enfermé, et qu'il fallait trouver le moyen de mettre le pays à même de trancher, par son verdict, les graves questions pendantes, celles que l'Assemblée se refusait à résoudre.

Le Prince nous avait initiés aux machinations de ses ennemis ; il nous avait communiqué notamment certains rapports desquels il résultait clairement que plus d'une fois le général Changarnier, le vrai directeur de la conspiration ourdie contre l'Élysée, avait été sur le point de prendre l'offensive : le danger était imminent ; il n'y avait pas un instant à perdre car la Chambre reprenait ses séances le 4 novembre et l'excitation était telle parmi les turbulents de la majorité que l'on pouvait s'attendre aux résolutions les plus séditieuses. Il fallait être prêt à se défendre, prêt à agir spontanément même, à la première reprise des menaces et des projets d'action des conspirateurs de la Chambre. Il fut convenu que le travail de préparation de ce qui devrait être fait ne se poursuivrait qu'entre le Prince, le ministre de la guerre et le préfet de police, et qu'aucun membre du conseil n'y serait associé. Au conseil étaient dévolus le soin des affaires courantes, les débats devant l'Assemblée; à nous, la préparation de l'action décisive et la détermination du jour le plus opportun pour agir. Il fut enfin convenu que nous devions nous livrer sans retard, pour en faire l'élément de notre première réunion, à l'étude attentive des moyens dont nous disposions et des conditions dans lesquelles nous avions à nous mouvoir.

Le général de Saint Arnaud devait, en vue d'une résistance armée ou d'une agression, régler l'emplacement de ses troupes, choisir, pour chaque position, le général, les régiments même les mieux appropriés aux incidents qui pouvaient se produire. C'était, en un mot, un plan de bataille raisonné qu'il s'agissait d'établir. Il fallait comprendre dans ce travail non seulement Paris, mais un rayon considérable de ses environs, Versailles, Saint-Germain et, plus exactement, toutes les forces militaires qui se groupaient dans un périmètre de vingt-cinq lieues de la capitale.

L'expérience du passé nous avait appris qu'il convenait, au premier chef, de ne pas laisser, plus de quelques heures, les troupes dans la même position pour éviter toute tentation de contact avec la population et pour ne pas fatiguer le soldat par une station trop prolongée. Renouveler son monde à des intervalles relativement rapprochés, telle était la première condition de sécurité. Pour assurer ce résultat, il était indispensable d'avoir, sous la main, un effectif triple de celui qui devait être engagé dans une action générale. Avec dix-huit mille hommes, on pouvait occuper les points stratégiques essentiels de Paris, faire face, en cas de soulèvement, à toutes les éventualités possibles. C'était donc cinquante-quatre mille hommes que devait compter l'armée de Paris pour renouveler au besoin toutes les positions trois fois dans les vingt-quatre heures. Ces cinquante-quatre mille hommes, le général de Saint Arnaud était en mesure de les réunir sans éveiller l'attention.

L'intendance avait également à jouer un grand rôle dans une lutte éventuelle. Si dans nos guerres avec une nation étrangère, l'une des premières conditions du succès est d'avoir, pour l'armée, un large approvisionnement, de donner au soldat en vêtements, en nourriture, en munitions tout ce qui doit assurer son bien-être et sa sécurité, à plus forte raison, ces légitimes satisfactions doivent-elles lui être largement assurées quand il s'agit de la guerre des rues, épreuve toujours redoutable pour une armée.

En face de l'ennemi étranger, le soldat ne compte pas avec les privations ; l'élan fait taire tout calcul : s'il brave la faim et la soif pour se jeter dans le combat, il subit là l'entraînement des passions patriotiques surexcitées. Les grands mobiles de l'âme électrisent son courage; on ne fraternise pas avec l'ennemi, on marche sur lui.

Dans la guerre des rues, au contraire, la tentation de fraterniser avec les groupes qui l'entourent se produit, pour le soldat, sous les formes les plus captieuses. Quand l'émeute attaque franchement la troupe, la riposte ne se fait pas attendre; mais le plus souvent, avant que la lutte s'engage, la troupe reste quelque temps en position dans l'attente de l'ordre décisif; c'est alors que s'établissent de perfides colloques. Que ne fait-on point pour gagner les sympathies du soldat! On épie ce qui lui manque pour le lui prodiguer : les vivres, les vêtements, le chauffage dans les temps rigoureux, tout lui arrive avec profusion par le peuple lui-même si le chef a eu le tort de laisser naître le besoin. Les prévenances se succèdent; les femmes, les enfants eux-mêmes concourent à cet embauchage; le soldat ouvre l'oreille aux avances de l'émeutier diplomate : on dit à ce soldat, qui ne saisit point aussi clairement que sur un champ de bataille le devoir qu'il va remplir, on lui dit qu'on combat pour le bien de la patrie et toujours pour la liberté; on donne à la rébellion les mobiles les plus nobles ; on parle à son cœur; on éveille son doute ; on ébranle son courage ; on surprend sa bonne foi pour paralyser son action. Une fois ces premiers liens de fraternité perfidement établis, il se demande s'il peut répondre par la fusillade aux largesses qu'il reçoit. Le soldat qui raisonne, cesse d'être un soldat sûr; et quand le chef commande, il trouve l'hésitation d'abord, le refus ensuite, et finalement l'abandon de ses hommes qui livrent leurs armes et marchent parfois avec ceux qu'ils avaient mission de combattre.

C'est ce triste spectacle qu'avait donné l'armée en 1830 et en 1848. A ces deux époques, le pouvoir n'avait pas su s'entourer de forces suffisantes, et le soldat, condamné à doubler son effort pour suppléer au nombre sans avoir en échange les conditions matérielles de la lutte, le soldat recevait du peuple ce qu'il n'avait pas eu de ses chefs ; il fraternisait au lieu de combattre et la dynastie succombait sans avoir su se défendre.

De pareils enseignements ne devaient pas être perdus. Le nombre, c'était l'un des points essentiels : nous avions le nombre. Les approvisionnements de toutes natures, on les avait en abondance ; à notre prochaine réunion, nous devions recevoir sur ces questions les communications les plus précises.

De mon côté, je devais fournir un rapport sur l'état des partis, sur leurs projets, sur leurs forces, sur leurs moyens d'action. Je devais donner un aperçu de l'état de l'opinion publique et préciser, dans la mesure du possible, les conditions dans lesquelles nous nous trouverions placés au moment de l'action. Je devais encore faire connaître l'état des forces dont je disposais, le rôle que je destinais à chacun ; et proposer un ensemble de mesures destinées à prévenir ou à paralyser la résistance. Prévenir la résistance, empêcher l'explosion, tel est toujours, dans les moments troublés, le rôle de la Préfecture de police.

Que de services ne peut-elle rendre ainsi, que de malheurs ne peut-elle pas conjurer !

Pour le ministère de la guerre et pour la Préfecture de police, tels étaient les premiers éléments à recueillir. Ces données principales devaient être examinées en commun. Chacun de nous, informé de toutes choses, trouvait là une précieuse condition de sécurité.

A notre seconde réunion, ce qui avait été indiqué était prêt ; nous pouvions donner déjà à nos projets une formule assez précise.

Le général de Saint Arnaud avait trouvé au ministère de la guerre un *plan de dispositions en cas de combat*. Ce plan avait été préparé en vue d'événements qui pouvaient surprendre le pouvoir. A quelques modifications près, il devait rester le même. Le général Renaud, brave et illustre soldat de nos guerres d'Afrique, était choisi pour remplacer le général de Saint Arnaud dans le commandement de la 2e division sur la rive gauche de la Seine ; les autres commandements étaient confiés à des chefs éprouvés, aux Canrobert, Carrelet, Bourgon, Levasseur, de Courtigis, de Cotte, Sauboul, Forey et autres vaillants généraux ; militairement, on pouvait immédiatement agir. Quant à l'esprit de l'armée, le général Magnan, qui la commandait, en répondait, et on pouvait compter sur sa parole comme sur son courage.

L'organisation des services de la Préfecture de police est combinée d'une façon si parfaite que quelques jours suffisent pour se familiariser avec cette vaste administration. J'avais pu ainsi m'éclairer rapidement sur les points essentiels qu'il nous importait de connaître. L'état de l'opinion à Paris, tel était le premier point à examiner. La masse des honnêtes gens de toutes les classes, c'est-à-dire l'immense majorité, appelait de ses vœux un acte libérateur ; mais c'est là une masse silencieuse, aucune manifestation ne révèle ses sympathies. Les partis, au contraire, sont agissants. Ils avaient alors de profondes racines ; le parti républicain surtout comptait dans la classe ouvrière de nombreux adhérents. Ce n'était pas à Paris que se trouvait la force de Louis-Napoléon ; la résistance était donc à prévoir, car, au moment où les partis verraient le Prince agir, tous se réuniraient pour lui barrer le passage ; il fallait aviser et se préparer à la lutte. C'était là que se plaçait naturellement l'examen des mesures préventives à résoudre, la détermination de ce qu'il faut appeler le plan du Coup d'État. J'apportais mes propositions sur ce point.

Comme le ministre de la guerre, j'avais trouvé les traces du passé. On m'avait remis, à la Préfecture de police, le plan ou plus exactement les plans qu'avait préparés M. Carlier, mon prédécesseur, en vue d'un Coup d'État possible et auquel il avait dû participer vers le milieu de septembre.

Disons quelques mots d'abord d'un document que M. Carlier avait soumis au Prince ; ce n'était pas un plan de Coup d'État, c'était un plan de conduite, un programme, comme le qualifiait M. Carlier lui-même ; il avait pour but de trouver la solution de la crise dans les moyens légaux. C'est ce programme qu'il convient de faire connaître d'abord, avant d'examiner les plans de Coup d'État proprement dits. Nous le reproduisons textuellement.

« Programme remis à M. le Président le 9 septembre 1851 par M. Carlier, préfet de police.

« Au point où en sont les choses et pour sauver l'ordre social en péril, il faut planter le drapeau gouvernemental au-dessus des questions personnelles et dynastiques.

« Un drapeau aussi haut placé peut seul donner à ceux qui le défendront la conviction, et par conséquent la force, le courage et le talent nécessaires pour déjouer les intrigues des partis.

« Qui oserait, sans être hué, déployer le drapeau d'un prétendant en face de celui de la France en péril!...

« La France appartiendra à celui qui la tirera du mauvais pas où elle a été abandonnée en 1848. Ce grand triomphe doit être l'unique préoccupation de M. le Président. S'il réussit, tout sera dit ; ni prétendants, ni intrigues de salon, ni partis hostiles dans l'Assemblée n'auront la moindre valeur en face de l'entraînement général.

« Pour obtenir ce résultat, les moyens suivants devraient être employés :

« 1° Réveiller la France endormie par un exposé des périls qui la menacent ;

« 2° Réorganiser la garde nationale en vue des périls qui approchent, et le dire très haut ;

« 3° Former un ministère avec un programme et un but.

« 4° A l'ouverture de l'Assemblée :

« Manifeste de M. le Président ;

« Demande d'une loi sur le séjour de Paris ; Demande de l'état de siège pour Paris au moment des élections.

« Ces mesures changeront toutes les idées, déconcerteront les intrigants et briseront les intrigues.

« Si ces projets sont adoptés, tout l'honneur en reviendra à M. le Président ; le pays ne s'y trompera pas, il reportera naturellement par la force des choses son affection et son vote sur le Chef de l'État ferme et habile qui aura fait traverser au pays la crise la plus difficile que jamais la France n'aura eue à supporter.

« Si, au contraire, l'Assemblée refuse à M. le Président de lui donner les moyens de sauver le pays effrayé, cette Assemblée ne comptera plus parmi les pouvoirs de l'État. Je ne parle pas des éventualités d'insurrection probable si ces mesures étaient adoptées, parce que le gouvernement ne sera pas pris au dépourvu. La garde nationale, l'armée et toutes les forces vives de la France se lèveront avec enthousiasme pour le défendre et pour en finir avec la démagogie. »

M. Carlier avait toujours manifesté d'assez vives répugnances pour engager sa responsabilité dans un Coup d'État ; le programme qu'on vient de lire avait pour but de tourner cette difficulté. Son application eût-elle conduit à un résultat satisfaisant ; eût-elle, comme il le disait, « sauvé l'ordre social en péril » ?

On peut affirmer au contraire qu'elle l'eût gravement compromis.

Le moins qu'on puisse dire de ce programme, c'est que son exposé était nébuleux et emphatique et qu'il n'envisageait aucunement le côté réel de la question. N'était-il pas tout simplement une sorte de faux-fuyant pour se dérober aux responsabilités d'un Coup d'État?

« Réveiller la France endormie! » Mais la France était partout en éveil et était suffisamment pénétrée des périls qui la menaçaient.

« Réorganiser la garde nationale! » C'était organiser la résistance et discipliner l'émeute.

« Le dire très haut! » C'était jeter dans la population saine de Paris les plus profondes alarmes.

« Former un ministère avec un programme et un but! » Mais quel but? Quels moyens pour l'atteindre? Si les moyens légaux devenaient impuissants à triompher des obstacles, à quels procédés aurait-on recours pour atteindre le but? Irait-on jusqu'au Coup d'État, si le salut devait être à ce prix? Mais cette partie possible du programme pouvait-elle être confiée à un ministère dans son entier? Un secret aussi grave, livré à dix personnes à la fois, serait-il rigoureusement conservé?

« Proclamer l'état de siège à Paris au moment des élections! » Le mérite de la mesure était contestable; ses avantages étaient subordonnés à une foule d'incidents qu'on ne pouvait apprécier à distance.

« La loi sur le séjour de Paris! » Il n'y avait rien à en dire. Une pareille question n'avait qu'un rapport éloigné avec les résolutions d'un ordre bien plus élevé sur lesquelles devait se porter l'attention.

Mais « Réorganiser la garde nationale ! » Ce point du programme était si loin des nécessités de l'époque qu'on était tenté de se demander au profit de qui M. Carlier voulait agir.

Quel est donc en effet l'esprit de cette institution moderne? Quelle est sa destination naturelle? Quel secours peut-on en attendre? Ou plutôt quels périls ne doit-on pas en redouter!

La garde nationale, c'est la population armée, presque toujours sans profit pour la répression, et le plus souvent au grand détriment du pouvoir; c'est une armée qui raisonne sur la convenance d'une prise d'armes, qui discute sur les conditions dans lesquelles on l'engage, qui marchande à l'occasion son concours, qui, dans l'action elle-même, met la critique à la place de la discipline et la prudence à la place du courage. Est-ce bien une armée ou une cohorte embarrassante! C'est plus qu'un embarras, c'est un constant péril. Péril en soi, péril pour l'exemple : péril en soi, car on ne saurait jamais affirmer que les armes de ces soldats citoyens ne se retourneront pas contre celui qui les commande; péril pour l'exemple, car une pareille milice peut, à un moment donné, communiquer à la véritable armée ses hésitations, ses défaillances, l'entraîner même à l'oubli de son devoir, à la trahison.

C'est ce spectacle douloureux qu'a donné la garde nationale en 1830 et en 1848; au lieu de soutenir le trône, elle a fait cause commune avec l'émeute ; elle a pris la direction du mouvement, elle a assuré le triomphe de la révolution. La garde nationale, c'est, dans les crises politiques, le suffrage universel mis en mesure de se faire justice lui-même ; c'est le bulletin de vote remplacé par une baïonnette et un canon.

Disons d'ailleurs qu'aux jours mêmes où les sympathies de la garde nationale la porteraient à défendre sincèrement le pouvoir, son concours serait sans utilité. La guerre des rues demande, plus que toute autre, une exceptionnelle solidité et une expérience consommée du combat. On ne peut exiger ces qualités d'un bourgeois, d'un marchand, d'un ouvrier improvisé soldat. On ne doit pas non plus demander, à des pères de famille, de livrer ainsi aux hasards de la guerre des existences que le foyer domestique est en droit de réclamer. Cette pénible épreuve de la guerre civile, c'est l'armée qui doit la supporter, parce qu'elle le fait vaillamment toutes les fois que ses chefs savent bien la diriger et qu'elle n'a besoin d'aucun secours pour vaincre.

Réorganiser la garde nationale, c'était donc s'enlever à plaisir la libre direction d'un mouvement militaire possible, et livrer ses destinées, en même temps que celles du pays, aux caprices d'une population mobile dans ses préférences et dans ses résolutions.

Le Prince avait jugé le programme de M. Carlier comme il devait l'être, comme une rêverie inacceptable ; il lui avait demandé de se pénétrer plus directement des nécessités en face desquelles on se trouvait placé, et de lui soumettre non plus un programme à longue échéance, mais un plan d'action immédiate, un plan de Coup d'État. Dès le lendemain, M. Carlier avait apporté à Saint-Cloud le plan nouveau qui lui avait été demandé.

Ce plan était conçu en vue de deux éventualités différentes. Il prévoyait le Coup d'État fait pendant la prorogation, et par conséquent en l'absence de l'Assemblée ; il prévoyait, d'autre part, l'acte s'accomplissant pendant que l'Assemblée était en session. La façon de procéder ne différait pas sensiblement dans les deux hypothèses. Ce plan était d'une extrême simplicité.

Dans le cas où on eût agi pendant la prorogation, on devait, à un jour donné, afficher dans toute la France un décret du Président de la République prononçant la dissolution de l'Assemblée ; l'affichage devait se faire au plein milieu du jour. A Paris, l'armée, mise sur pied tout entière, devait occuper ses postes d'observation et agir en cas de soulèvement.

Le tort de cette combinaison était de ne voir de péril que dans la capitale, et cet unique objectif faisait perdre de vue des dangers plus difficiles à conjurer, les plus graves de ceux qui pouvaient se produire.

Et, en effet, l'Assemblée dispersée en province n'eût pas manqué de se grouper sur plusieurs points, de s'organiser et de faire appel à la force armée. Elle eût eu avec elle les généraux députés, et elle eût réussi à constituer des centres de gouvernement ayant tous les éléments nécessaires pour se faire obéir. C'était la guerre civile inévitable. Pour se refuser à en reconnaître l'évidence, il fallait une forte dose d'optimisme; on l'eut pendant quelque temps. On finit par ouvrir les yeux, et, le 17 septembre, jour fixé pour agir, on renonça à cette téméraire entreprise. Ce fut le général de Saint Arnaud qui détermina alors l'avortement de ce premier projet; il devait jouer le rôle principal; il vit le péril et déclara nettement que, prêt à donner son concours à un acte sagement et prudemment conçu, il se refusait à s'engager dans une aussi déraisonnable tentative. Quel service ne rendait-il pas ainsi au pays et au Prince! Dans la seconde combinaison du plan de M. Carlier, on devait agir aussitôt après la rentrée de l'Assemblée; tout devait se passer comme dans la première hypothèse. Les proclamations et décrets du Président de la République devaient être affichés sur les murs de Paris avant l'heure de la séance de la Chambre, la troupe devait être sur pied et la police en éveil.

Dans les deux cas, cependant, quelques mesures préventives avaient été proposées par M. Carlier. Deux heures avant l'apposition des affiches, il devait arrêter les chefs des sociétés secrètes et les meneurs de la démagogie; il connaissait merveilleusement ce personnel, et la liste qu'il laissa après lui fut d'une réelle utilité au Deux-Décembre. Sans doute, M. Carlier prévoyait la résistance; il jugeait une prise d'armes possible si les acclamations de la première heure ne décourageaient pas les adversaires du Prince ; mais il considérait cette résistance elle-même plutôt comme une circonstance favorable que comme un épisode inquiétant. La répression serait alors énergique ; on écraserait l'émeute, et, renonçant à la gloire d'un triomphe par enthousiasme, on aurait la consolation d'un succès par la force. Ce dernier plan était autant celui du Prince que celui de M. Carlier qui, dans sa rédaction, s'était conformé aux données principales du Chef de l'État.

Ainsi qu'on l'a compris, le point de départ de ce plan était la confiance dans la population de Paris, la confiance dans l'armée, la confiance dans la popularité de Louis-Napoléon et en même temps la conviction de l'impopularité de l'Assemblée, de l'impuissance des généraux représentants d'exercer la moindre influence sur la troupe. Une telle appréciation de la situation renfermait de graves erreurs. A quelles déceptions cruelles, à quelles catastrophes ne se serait-on pas exposé, en prenant d'aussi chimériques illusions pour base ! Le général de Saint Arnaud et moi nous partagions le même sentiment à cet égard, et, à aucun prix nous n'eussions consenti à engager notre responsabilité dans une pareille aventure.

Pour moi, je ne faisais fond, ni sur les dispositions de la population de Paris, ou plus exactement de sa population remuante, je jugeais ces dispositions hostiles ; ni sur la popularité de Louis-Napoléon dans la capitale, je la croyais limitée ; ni sur l'impopularité de l'Assemblée, la persécution lui créerait des adhérents ; ni sur l'impuissance des généraux députés, ils pouvaient entraîner quelques régiments.

Le Prince restait avec ses convictions premières ; il avait une foi ardente dans l'ascendant que le nom de Napoléon exerçait sur le peuple ; il avait la conscience de ne vouloir que le bien du pays, et il inclinait à penser que les masses, appréciant la sincérité de ses intentions, acclameraient son entreprise. Il mettait involontairement une sorte de coquetterie à ne devoir le succès qu'à sa popularité.

En de semblables conjonctures, il ne faut accepter les vraisemblances heureuses que comme un appoint problématique. La prudence commande d'envisager quelle tournure critique peuvent, au contraire, prendre les évónements. Il importe sans doute d'avoir foi dans le succès, c'est une condition de force ; mais un esprit positif doit placer, à côté de cette confiance, la prévision de difficultés inévitables, de revers passagers, des mécomptes inséparables de toute entreprise humaine. Au milieu des illusions dont on avait bercé le Prince, et qu'il avait partagées, je ne voyais apparaître qu'une seule réalité, réalité conditionnelle elle-même, c'était la solidité de l'armée. L'approbation de la majorité des honnêtes gens était sans doute à espérer ; mais, nous l'avons dit, cette approbation toute platonique ne devait donner qu'une force morale.

Prévenir, dans la mesure du possible, toute tentative de résistance, toute insurrection, ou limiter au moins leur importance et le péril auquel elles exposent, telle était ma volonté, et tout dans mon plan convergeait vers ce but.

La question de l'arrestation préventive des généraux députés avait été examinée au mois de septembre à Saint-Cloud avec M. Carlier ; on avait conclu à la négative. Il fallait avoir oublié l'éclat de leurs services pour faire si bon marché de l'influence qu'ils pourraient, dans un moment de surprise, exercer sur l'armée. Plusieurs des régiments de la garnison de Paris les avaient eus pour chefs, on devait tenir compte d'une telle coïncidence. Si un seul régiment eût accepté leur direction et se fût tourné contre le Prince, quelles douloureuses complications n'en pouvait-il pas résulter! Où se serait arrêtée cette scission dans l'armée! La lutte prenait alors le caractère le plus affligeant. Ce n'était plus ce qu'on appelle la guerre des rues, la lutte d'une armée fermement unie contre des émeutiers ; c'était la guerre civile sous son aspect le plus sombre, avec des proportions terribles : armée contre armée, c'est-à-dire, des deux côtés, la vaillance, le courage, l'organisation et la science du combat. Dans une pareille guerre, les morts ne se comptent plus. C'était cet immense deuil qu'à tout prix il fallait éviter au pays. De faciles précautions, des mesures les plus élémentaires et les plus légales pouvaient paralyser la résistance et laisser l'armée à son devoir, à ses ordres, à ses chefs. Si dure que fût cette extrémité, les généraux députés devaient être mis hors d'état d'agir, et pour arriver à ce résultat, il n'y avait qu'un moyen à prendre, il fallait momentanément s'assurer de leurs personnes. L'intérêt du pays, leur propre intérêt même en faisaient une nécessité. On leur épargnait ainsi la tentation de convier l'armée à l'oubli du premier de ses devoirs, l'obéissance due à ses chefs hiérarchiques ; on donnait à leur inaction la seule excuse qu'ils pussent accepter, la privation de leur liberté. Affirmons d'ailleurs que l'arrestation des généraux était un droit, un fait absolument légal. Ils étaient tous en communion d'idées et d'action avec le général Changarnier. Le complot, dont il était l'âme, les avait pour premiers auxiliaires, et, en cette qualité, ils encouraient les rigueurs de la loi.

Est-il besoin d'ajouter ici qu'aucune pensée autre que celle du péril à conjurer ne nous avait inspiré ces mesures ? Quand on s'engage dans d'aussi considérables entreprises, on a la conviction d'accomplir un grand devoir, et la première obligation qui s'impose à la conscience, c'est de ne rien négliger pour le succès. L'arrestation des généraux députés était une nécessité. Ainsi, ceux-là même qui avaient le plus contribué à rendre inévitable la crise du Deux-Décembre avaient, les premiers, à souffrir de ses rigueurs ; mais c'était à eux plus qu'à nous qu'ils devaient s'en prendre. Si l'amour de la patrie eût dominé dans leur âme sur l'esprit de parti, ils eussent prêté une oreille plus attentive aux clameurs anxieuses de la nation ; ils eussent reconnu que le Prince, seul, avait sa confiance ; ils eussent contribué à rendre sa réélection légalement possible, et par eux la Constitution eût permis de faire ce qu'on ne pouvait plus demander qu'à la force.

Dans les mesures que nous arrêtions ainsi, le souvenir du passé n'avait pas été sans influence sur nos résolutions. A plus d'un point de vue, la situation créée au Prince, en 1851, par la violente hostilité de l'Assemblée, rappelait la situation faite, en 1830 et en 1848, aux deux gouvernements d'alors par les ardentes attaques des Chambres des députés.

Si, en 1830, la royauté, qui était avertie de tout ce qui se tramait contre elle, eût eu moins de mansuétude pour ses ennemis ; si elle eût procédé par mesures préventives énergiques ; si, la veille de l'action, elle eût mis la main sur les principaux organisateurs de la conspiration, députés de la gauche, journalistes et chefs des sociétés secrètes, elle eût incontestablement paralysé la prise d'armes, conjuré la révolution et rendu ainsi un immense service au pays.

De même, en 1848, si le gouvernement du roi Louis-Philippe eût tenu compte des avertissements réitérés et pressants de son préfet de police, l'honorable M. Delessert, qui lui montrait la révolution imminente, lui en dévoilait les trames, lui en indiquait les meneurs, si le gouvernement d'alors eût arrêté les chefs de l'extrême gauche, les promoteurs des banquets, les têtes des mêmes sociétés secrètes et quelques turbulents de la garde nationale, l'émeute, déconcertée, atteinte ainsi dans son organisation, l'émeute n'eût point osé lever la tête le 24 février. La France eût, cette fois encore, échappé aux horreurs de la révolution, et le roi Louis-Philippe eût conservé sa couronne.

Il était naturel que de tels enseignements ne fussent pas perdus pour nous. En face de périls analogues, notre attitude devait essentiellement différer de celle prise par le pouvoir en 1830 et en 1848. Au lieu de rester dans une situation de périlleuse attente, nous allions droit à l'ennemi et, par des mesures énergiques, nous brisions sa force et nous paralysions son effort.

Le Prince, malgré ses répugnances à accepter le système des mesures préventives, avait fini néanmoins par se rendre à nos observations et l'accord s'était fait sur l'arrestation des généraux comme sur plusieurs autres résolutions commandées par une sage prévoyance.

Nos premières séances avaient ainsi tranché les questions les plus importantes ; dans nos réunions suivantes, les autres dispositions du plan que je proposais étaient successivement adoptées. Elles se résument ainsi :

De trois à quatre heures du matin, arrivée successive des commissaires de police dans mon cabinet pour y recevoir leurs instructions.

De cinq heures à cinq heures et demie, départ de la préfecture des commissaires de police accompagnés, pour les seconder, de tout le personnel nécessaire.

A cinq heures et demie, occupation du palais de l'Assemblée par un régiment que désignerait le ministre de la guerre.

A six heures, arrestations des généraux députés et des représentants considérés comme les plus dangereux.

A six heures également, arrestations des chefs des sociétés secrètes et des démocrates connus pour la violence de leurs opinions.

A six heures dix minutes, occupation, par des piquets de la garde républicaine, des postes indiqués dans le voisinage des maisons où s'opéraient des arrestations.

A six heures et demie, remise, à la Préfecture de police, par le colonel de Béville et le directeur de l'Imprimerie nationale, des proclamations et des affiches.

A six heures et demie, occupation simultanée, par les troupes, des positions de combat.

A six heures trois quarts, affichage des pièces suivantes :

1° Décret du Président de la République, prononçant la dissolution de l'Assemblée ;

2° Proclamation de Louis-Napoléon au peuple français, ayant pour titre « Appel au peuple » ;

3° Proclamation du Président de la République à l'armée ;

4° Proclamation du préfet de police aux habitants de Paris.

A sept heures, tout devait être terminé. Nous ne devions plus avoir qu'à attendre les rapports des commissaires de police, officiers de paix et agents placés en observation sur les points importants de la capitale.

A huit heures, le ministre de l'intérieur devait envoyer à tous les préfets le décret de dissolution, les proclamations et le résumé des événements accomplis.

Tout était ainsi prévu, heure par heure, minute par minute, et chacun de nous, prenant note des résolutions arrêtées, pouvait, au moment voulu, suivre pas à pas la marche des événements.

CHAPITRE XII

QUEL SERAIT LE MINISTÈRE DE SOLUTION

Quelles bases seraient données à la future Constitution. — Les principes de Louis-Napoléon. — Les préférences du général de Saint Arnaud et les miennes. — Nécessité d'une dictature temporaire. — La question du ministère de solution. — Les résistances du Prince. — Le rôle qu'il voulait donner à M. de Persigny. — Les efforts de M. de Morny pour obtenir le ministère de l'intérieur. — Notre entretien au ministère des affaires étrangères. — Les pressentiments de l'ex-roi de Westphalie. — La mission qu'il me confie près du Chef de l'État.

Il ne suffisait pas de tout prévoir pour la période de l'action ; il fallait songer à ce qu'on ferait du pays après le succès, succès qu'aucun de nous ne mettait en doute. Nous reconnaissions bien, le général de Saint Arnaud et moi, que la nécessité première était d'arracher ce malheureux pays à l'anarchie, mais au profit de quel système de gouvernement allait se faire ce mouvement ? Nous avions le droit de nous en préoccuper, d'interroger le Prince et de mettre en délibération ce sujet capital.

La forme même du gouvernement n'était point à examiner, le Prince nous ayant déclaré, dès le début, qu'il tenait à proposer au peuple le maintien de la République. Mais quel serait le régime constitutionnel de cette République nouvelle? Là se posait un problème : il pouvait diviser les meilleurs esprits.

La Constitution de l'an VIII avait les préférences de Louis-Napoléon; il y trouvait une pondération prévoyante entre le principe d'autorité et la liberté : il jugeait qu'en faisant subir à cette Constitution certaines modifications, qu'imposait la différence des temps, elle répondait aux exigences dominantes de la crise que traversait la France. La donnée générale était bonne; elle ne heurtait les convictions d'aucun de nous, elle nous réservait une satisfaction possible. Nous n'avions ni le temps ni la compétence voulue pour établir, à nous seuls, l'acte constitutionnel; c'eût été anticiper sur l'avenir. Ce soin devait être réservé, ou à une commission spéciale composée des jurisconsultes les plus éminents, ou peut-être aux Assemblées elles-mêmes. Dans ce premier échange de nos impressions, il avait été facile de distinguer quelles étaient les tendances de chacun de nous.

Le Prince, tout en voulant établir solidement, au sommet, le principe d'autorité, inclinait vers de larges abandons au profit du principe démocratique. Malgré la difficulté d'un pareil assemblage, c'était le but que poursuivait Louis-Napoléon : ses écrits révélaient cette pensée et il lui tardait de la mettre en pratique. Il se montrait alors, ce qu'il s'est toujours montré, un démocrate autoritaire. Il eut lieu, plus d'une fois, de s'apercevoir du danger de certaines de ses idées.

Le penchant du général de Saint Arnaud était facile à voir. Il subissait l'influence qu'exerce sur l'esprit l'habitude du commandement militaire; il n'était ni démocrate, ni parlementaire ; il était nettement autoritaire; il souhaitait un régime de pouvoir absolu sans avoir beaucoup réfléchi aux conditions dans lesquelles il devait s'exercer.

Les doctrines représentatives n'étaient point alors en faveur parmi les conservateurs. L'abus qui en était fait par l'Assemblée leur causait un grave préjudice. On ne faisait pas assez la part de la situation toute transitoire qu'on traversait et de l'agitation qui survivait à la crise révolutionnaire. Ce ne fut donc qu'avec de grandes précautions de langage que je pus présenter certaines observations non point au profit du régime parlementaire proprement dit, j'avais soin de faire mes réserves à cet égard, mais au profit d'un régime de contrôle sérieux dont la forme serait ultérieurement étudiée. Je n'indiquais pas la mesure dans laquelle une représentation élective devait participer au mécanisme gouvernemental; je faisais remarquer seulement, et à titre général, qu'à côté du pouvoir suprême devait se placer le contrôle réel des Assemblées. Le Prince ne repoussait nullement ce point de départ. Disons en passant que de l'usage qui serait fait d'un semblable régime devait dépendre son efficacité. Le Prince déclarait d'ailleurs que quelle que fût la constitution qui serait donnée au pays, il la voulait perfectible. Toutes réserves étaient ainsi faites pour l'avenir.

Quant au présent, l'hésitation n'était pas permise. Après les désordres de toute nature que venait de subir notre malheureux pays, en présence des agitations, des divisions qui subsistaient encore, la dictature était une nécessité comme état transitoire. Tous trois nous partagions cette conviction.

Lorsqu'en effet de grands bouleversements politiques et sociaux se sont produits dans une nation, ils laissent fatalement après eux une longue trace d'effervescence. Il n'y a pas de vainqueurs sans vaincus; la résignation n'est pas le premier sentiment qui suive la défaite, la soif de la revanche occupe la première place. Le temps et le calme peuvent seuls amener l'esprit de sacrifice; pour en favoriser le retour, il faut éteindre jusqu'au dernier germe de la lutte, prévenir les discussions ardentes, empêcher les publications hostiles, être armé contre toute velléité de revendication, s'établir en un mot solidement en maître, de façon à dominer la situation et à le faire comprendre. C'est par la dictature qu'on atteint ce résultat. Plus les temps sont troublés, plus cette exception se motive. La sagesse et la modération, dans l'usage de l'autorité, font seules supporter sans plaintes un semblable pouvoir.

A toutes les époques, les perturbations violentes

dans la vie des peuples ont amené la dictature. Elle fut, selon les temps et les peuples, omnipotente ou limitée dans ses droits. Ses noms ont varié, mais son origine et ses effets n'ont cessé d'être les mêmes. De nos jours, la forme la plus atténuée de la dictature s'est appelée et s'appelle encore l'État de siège, qui ne permet à vrai dire qu'une application restreinte et déterminée de ce régime d'exception.

Chez les Romains la dictature n'était pas, comme dans nos temps modernes, un fait fortuit, un accident réparateur s'imposant, après de dures secousses révolutionnaires, pour donner au pays le temps de retrouver le calme et la raison avant d'entrer dans une période régulière nouvelle ; chez les Romains la dictature était élevée à la hauteur d'une institution. C'était, en face de dangereuses complications intérieures ou extérieures, la ressource légale à laquelle on avait recours pour sauver la patrie ou pour la soustraire au moins à de redoutables épreuves. La dictature a été le plus souvent, pour les Romains, une source de bienfaits ; aussi y avaient-ils fréquemment recours ; ils professaient pour le dictateur une profonde vénération, et se soumettaient sans réserves et sans murmures à son autorité (1).

De nos jours aussi, la dictature fut féconde en

(1) La dictature romaine eut des formes diverses. Elle fut le plus souvent ce qu'elle est de nos jours : la concentration en une seule main de tous les pouvoirs de l'État. Elle eut parfois une forme plus large. C'est ainsi que les pouvoirs donnés à Auguste lui permirent de substituer le régime impérial à la Constitution républicaine ruinée par l'anarchie.

bienfaits : celle de Napoléon Ier, celle de Napoléon III, dont nous aurons à parler, laisseront le souvenir de grands services rendus, car elles délivrèrent le pays de l'anarchie et rendirent à la France un gouvernement régulier (1).

Le Prince, tout autoritaire qu'il fût, ne songeait à la dictature que pour un temps limité. Il se rendait compte des responsabilités qu'elle entraîne et il acceptait de bonne grâce l'établissement d'un régime constitutionnel fondé sur la volonté nationale. Il n'y avait donc entre nous que des dissidences d'avenir sur ces questions essentielles, sur le régime à donner à la France, ou plus exactement à lui proposer. L'accord existait pour le présent.

Sur un autre point, d'une importance moindre peut-être, mais qui n'en offrait pas moins un vif intérêt, l'entente n'avait pu aussi facilement s'établir. Il restait en effet, dans nos préliminaires, une lacune regrettable. Il n'y avait, pour le jour du Coup d'État, ni ministère arrêté, ni ministère prévu. Je n'avais cessé d'insister vivement pour que la question ministérielle fût préparée, autant qu'elle pouvait l'être, avant les événements ; c'eût été une faute de se priver gratuitement du semblant, au moins, d'un pouvoir constitué, et de refuser au pays cette satisfaction de tradition de voir le gouvernement nouveau

---

(1) Les deux seules dictatures qui ont existé dans ce siècle sont celle de Napoléon Ier et celle de Napoléon III. On ne saurait, en effet, donner ce nom de dictature à ces usurpations passagères du pouvoir qui, en 1848 et en 1870, sont sorties de l'émeute.

se présenter avec son ministère, avec un cabinet formé.

En France, le mot cabinet avait longtemps, à lui seul, signifié Gouvernement, parce qu'effectivement le cabinet en était, pour l'opinion, la formule la plus vivante, et cette impression était le naturel héritage de l'époque parlementaire. En ces temps, quand quelque crise grave venait à troubler le pays, la formation d'un cabinet nouveau était considérée comme le remède au mal, comme la concession qui devait apaiser la tourmente. C'est pour avoir changé à propos son ministère, le 12 mai, que Louis-Philippe avait échappé, en 1838, au sort que lui réservait 1848. C'est pour avoir trop tardé à changer son ministère, au 22 février, c'est pour avoir reculé trop longtemps devant cette détente constitutionnelle commandée par la situation que sa dynastie succombait. Rappelons, en effet, que l'opinion ne demandait au premier jour que la chute d'un ministre devenu impopulaire malgré ses éclatants mérites. Mais le refus de cette satisfaction exaspérait les masses ; elles devenaient accessibles à toutes les influences, refusaient d'ouvrir l'oreille à toute transaction, et renversaient un trône comme pour châtier le Roi de n'avoir pas renvoyé ses ministres.

Nous n'étions pas assez loin de cette époque de prestige ministériel pour négliger l'appoint de cette force, et si nous ne pouvions espérer le prestige des hommes, nous pouvions au moins compter sur le prestige de l'institution.

Le Président échappait sur ce point, par des réponses évasives, à ma continuelle insistance. Mais ce que je pouvais pénétrer de son sentiment à cet égard me faisait supposer que nous étions dominés par les mêmes impressions. Seules, les difficultés de personnes entravaient ses desseins.

Il y avait sans doute de nombreux embarras pour arriver à constituer un cabinet qui voulût, tout entier, accepter à l'avance, et dans des conditions relativement indéterminées, sa part de responsabilité dans le Coup d'État. Il fallait d'abord trouver dix hommes dévoués et résolus, pouvant se convenir, s'inspirant cette confiance réciproque, utile en temps ordinaire, indispensable dans d'aussi graves conjonctures. Les prévenir à l'avance de l'événement qui devait inaugurer leur entrée aux affaires, c'était compromettre l'un des principaux éléments de succès de l'entreprise, le secret. Les tenir en dehors de cette confidence, leur réserver la surprise de leur haute mission, c'était s'exposer à des défaillances qui, se produisant à la première heure des événements, pourraient créer de fâcheuses complications.

Disons ici, pour préciser la part faite à chacun, par le Prince, dans ses confidences relatives à ses intentions de Coup d'État, que s'il tenait, cette fois, à cacher ses desseins aux hommes politiques qui, d'ordinaire, avaient sa confiance, il n'en continuait pas moins à s'entretenir de ses projets, et à en étudier l'exécution, avec ses deux confidents intimes, le colonel Fleury et M. de Persigny. Mais ces auxiliaires dévoués étaient tellement identifiés avec le Prince qu'on peut dire qu'ils ne formaient qu'une seule et même personne avec lui. En leur dévoilant ses pensées les plus secrètes, Louis-Napoléon était encore en droit de se dire que son secret restait pour lui seul.

Il y avait cependant un moyen indirect, sinon de constituer un cabinet, ce qui eût été encore prématuré, au moins de s'assurer, d'une façon à peu près certaine, du concours d'hommes sur la parole desquels on pouvait faire fond. Il faut se reporter à cette époque pour se rendre compte de ce que devaient être de semblables négociations. Si le Prince, qui se reprochait d'avoir été trop confiant dans la période de préparation du Coup d'État du 17 septembre, restait muet cette fois sur la réalité de ses projets, sur son plan, sur l'époque d'une action possible, il laissait parler devant lui, par quelques privilégiés, de la nécessité d'un Coup d'État. Sans rien avancer qui pût compromettre, il allait cependant quelquefois jusqu'à questionner. Il en était ainsi notamment avec MM. de Morny et Rouher, qui avaient été, le 17 septembre, les confidents de ses desseins, ainsi qu'avec MM. Abbatucci, de Turgot, de Casabianca, Fortoul, Bineau, Ducos, baron de Heeckeren et quelques autres encore. Chacun d'eux pouvait bien dire : « J'ai parlé au Président de la nécessité de faire un Coup d'État. » Aucun d'eux n'avait le droit de dire : « Le Président veut faire un Coup d'État, il m'a confié ses projets, » et aucun, en effet, ne tenait un pareil langage. Aux conseils d'agir, aux offres de service qu'il pouvait facilement provoquer sans se découvrir, le Prince ne pouvait-il pas répondre, à un jour donné, par une interrogation, par une mise en demeure éventuelle ? Il connaissait assez le personnel limité dans lequel il pouvait faire son choix pour donner à chaque réponse faite la valeur qu'il convenait de lui attribuer. S'il ne pouvait sans doute constituer ainsi un cabinet comme en des temps ordinaires, il pouvait cependant s'assurer le concours d'un nombre d'hommes suffisant pour former un cabinet au jour de l'action. Si on ne pouvait faire plus, encore fallait-il avoir avec soi ces assurances et la confiance de pouvoir constituer instantanément, à un moment donné, un ministère à peu près complet.

Le Président avait été si souvent abandonné, par ceux-là mêmes sur lesquels il croyait pouvoir compter, que sa répugnance à de nouvelles ouvertures était fort explicable ; mais, nous le répétons, il pouvait, en l'état, s'en tenir à des ouvertures indirectes. Il avait fait cependant quelques tentatives, et s'il n'eût été retenu par des liens de diverses natures, il eût trouvé des hommes. MM. le marquis de Turgot, le comte de Casabianca, de Saint Arnaud et Fortoul, membres du cabinet qui devait expirer au Deux-Décembre, étaient prêts à le suivre en toute entreprise. M. Bineau demandait hautement le Coup d'État : il offrait sa participation sans conditions. M. de Morny, qui depuis longtemps s'était indiqué lui-même comme ministre de l'intérieur, et M. de Persigny eussent pu compléter ce cabinet.

M. de Morny, dans les entretiens qu'il imposait au Prince, plus souvent que le Prince ne l'eût voulu, se montrait l'infatigable intermédiaire d'une combinaison Fould, Magne et Rouher ; il avait vivement combattu l'entrée, dans le ministère nouveau, de M. Bineau et des membres du cabinet encore existant, et ce fut en persuadant au Président qu'il valait mieux attendre un jour de plus pour avoir des ministres accrédités, comme MM. Fould, Magne et Rouher, que M. de Morny parvint à entraver la formation d'un ministère.

L'ajournement servait d'ailleurs une des idées arrêtées du Président ; il voulait que M. de Persigny fît partie du ministère du Coup d'État ; il savait toutes les résistances que ce nom rencontrerait de la part de MM. Fould et de Morny, et il espérait l'imposer plus facilement après le succès qu'à la veille de la lutte. Il fut donc convenu que la formation du ministère serait ajournée jusqu'au matin du Deux-Décembre.

Le choix du ministre de l'intérieur avait longtemps préoccupé le Président. M. de Morny agissait activement pour obtenir ce poste ; mais le Président répugnait à le lui confier. Ses sentiments pour M. de Morny étaient d'une étrange nature. Tantôt intimité apparente, tantôt éloignement marqué, mais toujours, même aux meilleurs jours de leurs relations, méfiance extrême de la part du Prince.

M. de Morny redoublait d'insistance à mesure qu'il croyait découvrir quelque hésitation dans l'esprit du Prince. Il voulait à tout prix devenir ministre. Peut-être eût-il pu l'être au temps de l'Assemblée ; mais il avait le sentiment de l'infériorité qu'il eût révélée à la tribune. Ses qualités n'étaient pas de celles que le gouvernement parlementaire exige en première ligne. Le talent de parole lui faisait défaut, et, placé, comme ministre, en face d'une Assemblée, il eût été au-devant d'un échec inévitable. Son tact lui avait conseillé de se réserver pour un ministère de silence et d'action où les événements pouvaient mettre en relief son principal mérite, le courage. C'était donc, pour son ambition, un point capital que d'obtenir le portefeuille de l'intérieur au Deux-Décembre. Il était inquiet de la réserve que le Prince mettait avec lui chaque fois qu'il le pressait d'en finir avec l'Assemblée. Il était trop aux aguets de ce qui se faisait, pour n'avoir pas pressenti les événements. Le Prince ne niait point absolument avec lui qu'il eût conservé la pensée d'un Coup d'État ; mais il tenait essentiellement à ce que, cette fois, et jusqu'à la dernière heure, le plan et le jour en fussent ignorés de M. de Morny, dont les habitudes de spéculation et de jeu de Bourse faisaient craindre au Prince que les secrets d'État n'allassent s'égarer là où ils ne devaient pas être compromis.

Me trouvant un soir chez le marquis de Turgot avec M. de Morny, je pus apprécier son anxiété, et pénétrer l'ignorance dans laquelle il était des plans du Coup d'État malgré l'affectation qu'il mettait à vouloir paraître au courant de tout. « Ma crainte, me disait-il, c'est que l'extrême confiance du Président ne le perde : il voudra prendre sa popularité pour point de départ de son succès. Or, à Paris, il ne faut pas qu'il compte sur l'enthousiasme, il faut des baïonnettes, et surtout un bon nombre d'arrestations. »

Pour qui voyait les choses de près, cette doctrine était élémentaire. M. de Morny savait bien que telle était mon opinion, et ce langage n'avait pour but que de faire, de cette communauté de sentiments, la transition pour arriver à une confidence qu'il eut le regret de ne point voir venir.

M. de Morny n'était pas le seul, dans l'entourage politique du Prince, qui souhaitât ardemment d'être initié à ses desseins précis. Dans la famille même de Louis-Napoléon, l'anxiété devenait extrême. Je pus constater à quel point étaient vives les préoccupations du prince Jérôme, l'ex-roi de Westphalie, le dernier survivant des frères de Napoléon Ier.

Avec sa grande expérience, le prince Jérôme, quoiqu'il n'eût à ce moment aucune part à la confiance de son neveu, sentait, à n'en pas douter, qu'on touchait au jour de cette restauration qui devait racheter, pour la famille Bonaparte, les cuisantes douleurs de l'exil. Plusieurs fois, j'avais eu à me tenir en garde contre ces conversations intimes dans lesquelles les parents du Prince espéraient surprendre quelques révélations de nos projets. Le prince Jérôme surtout jugeait bien la situation, et il voyait, avec une peine extrême, son concours rester étranger aux préliminaires d'événements prochains à ses yeux. Mais l'extrême affection qu'il avait pour son fils Napoléon le rendait aveugle sur les fautes de ce jeune prince, il avait assez vivement épousé ses ressentiments pour qu'il en résultât une rupture avec le Président ; il était donc absolument en dehors des affaires de l'État.

Les grandes circonstances favorisent souvent l'oubli des dissentiments de famille; je pus m'en apercevoir en cette occasion. Le 28 novembre, le prince Jérôme me faisait demander si je pouvais me rendre près de lui; une indisposition sérieuse le retenait dans ses appartements, et il désirait m'entretenir de choses importantes. Quelques heures après, j'étais au chevet de l'auguste malade. Je pus voir immédiatement qu'il avait jeté les yeux sur moi pour être l'intermédiaire d'un rapprochement avec son neveu. J'entendis l'exposé de ses griefs ; je dus lire, avec lui, toute la correspondance qu'il avait échangée avec le Président, et dont les termes expliquaient amplement la rupture. « Cette situation, me dit le prince Jérôme, ne peut se prolonger en présence des événements qui se préparent ; je ne veux pas vous demander vos secrets; vous auriez raison de me les refuser; mais, avant huit jours, mon neveu aura fait son Coup d'État; les circonstances l'y poussent et son courage saura l'inspirer heureusement. J'ai servi l'Empire jusqu'à sa dernière heure, je veux qu'à son premier jour le nouveau règne de notre dynastie me trouve, comme son premier soldat, au poste de péril. Le jour du Coup d'État, le Président se présentera au peuple : il faut que le frère de l'Empereur soit à ses côtés. Votre situation vous indique, à mes yeux, comme ayant toute sa confiance. Voyez, je vous prie, mon neveu, il a bon cœur, je le connais bien; vous lui direz ce qui vient de se passer entre nous; vous arriverez facilement à savoir à quelles conditions la bonne harmonie peut se rétablir. Quant à moi, je vous donne pleins pouvoirs : j'oublierai mon âge et mes antécédents pour ne penser qu'au bonheur de revoir la paix dans notre famille. Que je sois sûr de trouver bon accueil à l'Élysée, et, quoique je n'aie point oublié que si je ne vais plus chez mon neveu, c'est qu'il m'a fait comprendre son désir de me voir cesser d'y venir, je ferai la première démarche, je vous autorise à le dire. »

Quelques minutes après cette entrevue, j'en rendais compte au Prince-Président, et je voyais, à ses premiers mots, que l'affection qu'il avait conservée pour son oncle rendrait ma tâche facile. Il fut vite convenu que le Président écrirait au prince Jérôme, le matin du Coup d'État, pour le prier de se trouver à une heure dite, à cheval, à l'Élysée. Cette lettre devait, plus encore que ne le désirait le vieux roi de Westphalie, — on vit de souvenirs quand la réalité vous quitte, — ménager ce qu'il mettait sans cesse en avant : « son âge et ses antécédents ».

Nous verrons, en effet, le matin du Deux-Décembre le roi Jérôme se tenir à cheval aux côtés du Prince son neveu.

Ainsi que le prévoyait si judicieusement le roi Jérôme, le jour de la solution était proche. Le terme de la prorogation était arrivé. Nos conférences étaient, pour quelques jours, suspendues. Les questions de premier ordre étaient toutes résolues, celle du ministère ultérieur était seule réservée ; nous n'avions plus, le général de Saint Arnaud et moi, que des entretiens individuels avec le Chef de l'État. Notre attention se portait sur ce qui se préparait pour les premières séances de la Chambre. On verra bientôt, en effet, quelles redoutables questions devaient s'agiter devant elle, et quelles vives émotions devaient jeter dans le pays les débats de l'Assemblée.

CHAPITRE XIII

LA PROPOSITION DES QUESTEURS

Le Gouvernement propose l'abrogation de la loi du 31 mai. — Discussion et rejet du projet de loi. — La proposition dite « des questeurs », son but et sa portée. — Les origines de la question. — La police du général Changarnier. — Un mot de la police secrète. — Nos plans pour le cas où la proposition des questeurs serait votée. — Le rapport de M. Vitet. — La séance du 17 novembre. — La question posée par le général Bedeau. — Notre réunion aux Tuileries. — Rejet de la proposition des questeurs. — Quelle contradiction s'imposent les généraux Cavaignac et Changarnier. — Quelle attitude les circonstances commandaient-elles aux partis monarchiques ?

Loin d'avoir trouvé dans les quelques semaines de repos qu'elle s'était donné et dans le contact avec les populations des départements l'apaisement de ses ardeurs, l'Assemblée revenait animée du plus mauvais esprit. En proie à une surexcitation fiévreuse, elle prenait à peine souci de déguiser ses projets séditieux. Elle était exaspérée de voir l'opinion si manifestement favorable à Louis-Napoléon et si hostile à l'Assemblée. On devait s'attendre à des résolutions violentes, peut-être même à de folles entreprises.

Le message du Chef de l'État mit le comble à l'irritation d'une partie des membres de la majorité. Le Prince annonçait la présentation d'un projet de loi abrogeant la loi du 31 mai, et il faisait, de son message, le véritable exposé de motifs de ce projet. Pour la partie de la majorité qui nourrissait l'espoir de se servir de la Montagne pour résister au Prince, c'était là un contre-temps fatal ; car la division étant inévitable, sur cette question, entre les gauches et les droites, l'union serait d'autant plus difficile à reconstituer, en temps opportun, qu'on voulait agir à bref délai. Immédiatement après la lecture du message, le projet d'abrogation de la loi du 31 mai était déposé par le gouvernement. Le 7 novembre, la discussion avait lieu dans les bureaux. Le 11, le rapporteur, M. le comte Daru, déposait son rapport, et le 13 s'ouvrait la discussion.

« Quelle est la situation de la France au moment où s'ouvre ce grand débat ? » disait M. le comte Daru dans son rapport qui concluait au maintien de la loi du 31 mai.

« Les pouvoirs publics approchent de leur terme ; par cela même, leur autorité s'affaiblit. L'audace des partis anarchiques s'en accroît ; leurs menées vous sont signalées par le message qui vous les montre disciplinés, organisés, répandus sur toute la surface de la France et prêts à profiter de nos divisions et de nos fautes. Les projets les plus coupables, l'époque où l'on compte mettre ces projets à exécution ne sont d'ailleurs un mystère pour personne.

« Pendant que les factions s'agitent, la masse de la nation demeure paisible, mais inquiète. Lasse de révolutions, elle demande aux pouvoirs qui la représentent paix et sécurité. C'est là en effet son premier besoin. Elle désire une solution pacifique et légale des difficultés au milieu desquelles le pays se débat ; et dans sa juste appréhension de sanglants conflits, elle se montre à l'avance non seulement sévère, mais prête à se retourner contre ceux qui assumeraient la responsabilité si grave de donner le signal de la lutte et qui appelleraient ainsi sur la France le cortège de calamités que les discordes civiles entraînent inévitablement après elles. »

M. Daru ne condamnait-il pas involontairement, dans cette dernière phrase, la partie agitée de la Chambre? Les sévérités de son langage n'allaient-elles pas droit aux questeurs, dont la proposition grosse d'orages, et dont nous aurons bientôt à parler, se discutait à ce moment même dans les bureaux? Et en disant que la nation inquiète désirait « une solution pacifique et légale », ne critiquait-il pas amèrement, sans le vouloir encore, le vote récent de l'Assemblée qui avait repoussé la proposition de révision de la Constitution, la seule combinaison possible permettant cette « solution pacifique et légale » qu'il appelait de tous ses vœux?

M. le comte Daru ajoutait : « Dans cette situation, que convient-il de faire? Faut-il que la société se dépouille des armes légales qu'elle a entre les mains, au risque de décourager par là ses plus fermes défenseurs ? Quand les partis sont debout ; quand ils avouent leurs pensées d'agression ; quand des symptômes éclatants, des signes manifestes, en révèlent l'imminence, la permanence du danger que la crise de 1852 peut faire éclater, est-ce bien le moment d'enlever à la cause de l'ordre, avec la loi du 31 mai, une de ses plus précieuses garanties ? »

Si M. Daru entrevoyait les périls de 1852, il n'en mesurait ni la nature ni la gravité. Contre de pareilles menaces, quel fragile rempart n'était pas la loi du 31 mai ! Loin d'être une sauvegarde, comme elle l'avait été à son origine, elle devenait au contraire, dans la situation nouvelle faite au pays, une complication, une provocation à la guerre civile. Ne devait-on pas redouter, en effet, que ces trois millions d'électeurs écartés ne vinssent, au jour du scrutin, revendiquer, les armes à la main, le droit qui leur était enlevé ! La Montagne les poussait ouvertement à cette manifestation insurrectionnelle ; la prudence commandait d'enlever à l'armée révolutionnaire un aussi favorable terrain. La loi du 31 mai était impuissante à rien conjurer des tempêtes qui s'amoncelaient à l'horizon. La révision de la Constitution les eût dissipées. Cette chance de solution pacifique ayant disparu, il était évident qu'on n'avait plus, en face de soi, qu'une solution où la force devait, d'un côté ou de l'autre, prendre le premier rôle.

La discussion du projet de loi n'offrit aucun intérêt

saillant. MM. de la Rochejacquelein, de Vatimesnil de Thorigny et Michel de Bourges furent successivement entendus ; mais le procès se plaidait devant des juges dont les convictions étaient faites et les résolutions arrêtées. Si chaleureux qu'ait été l'appui de M. Michel de Bourges, le gouvernement ne put triompher de la coalition des fractions monarchiques, le projet fut repoussé.

Dans des temps ordinaires, un débat sur un sujet aussi grave eût duré plusieurs jours ; une séance avait suffi pour terminer la discussion. La précipitation mise par la Chambre à trancher cette question de la loi du 31 mai révélait son état d'anxiété. Elle avait hâte d'arriver à une discussion touchant plus directement encore aux émotions brûlantes au milieu desquelles on vivait. On avait pu constater, aux approches même de la rentrée de la Chambre, qu'il y avait dans l'air comme une menace d'orage.

Le 6 novembre, en effet, était déposée sur la tribune de la Chambre la fameuse proposition dite des questeurs, vraie machine de guerre inventée pour livrer bataille au Prince-Président. La pensée première, la conception de cette proposition appartenait au général Changarnier. Les enfants terribles de l'Assemblée en étaient devenus inconsciemment les ardents promoteurs, et la plupart des chefs de la droite s'y étaient ralliés. Ce factum aussi audacieux que provoquant était ainsi conçu :

« Art. 1ᵉʳ. — Le Président de l'Assemblée nationale est chargé de veiller à la sûreté intérieure et extérieure de l'Assemblée. Il exerce, au nom de l'Assemblée, le droit, conféré au pouvoir législatif par l'article 32 de la Constitution, de fixer l'importance des forces militaires pour sa sûreté, d'en disposer et de désigner le chef chargé de les commander. A cet effet, il a le droit de requérir la force armée et toutes les autorités dont il juge le concours nécessaire. Ces réquisitions peuvent être adressées directement à tous les officiers commandants ou fonctionnaires, qui sont tenus d'y obtempérer immédiatement sous les peines portées par la loi.

« Art. 2. — Le Président peut déléguer son droit de réquisition aux questeurs ou à l'un d'eux.

« Art. 3. — La présente loi sera mise à l'ordre du jour de l'armée et affichée dans toutes les casernes sur le territoire de la République.

« *Signé* : BAZE, LE FLÔ, DE PANAT. »

Quelques mots sont ici nécessaires pour faire connaître les antécédents de la question que réveillait la proposition des questeurs.

Dès les premiers temps de la Constituante de 1848, le droit pour l'Assemblée de veiller à sa sûreté, par elle-même ou par l'intermédiaire de son Président, avait été l'objet de ses vives préoccupations. Un décret du 11 mai 1848 avait réglé la question ; il chargeait le Président de la Chambre de veiller à la sûreté intérieure et extérieure de l'Assemblée ; il lui donnait le droit de requérir la force armée nécessaire et d'adresser directement ses réquisitions aux officiers généraux et aux fonctionnaires. Le règlement de l'Assemblée avait enregistré cette disposition dans son article 83. L'article 84 disposait que le Président pouvait déléguer aux questeurs l'exercice de son droit. Ce droit exorbitant et si périlleux de réquisition directe avait soulevé les résistances du général Cavaignac d'abord, si respectueux qu'il fût des prérogatives de l'Assemblée, et, plus tard, celles du général Changarnier lui-même. Ces deux chefs militaires, dans leur expérience, et alors dans leur unique préoccupation du maintien de la discipline dans l'armée, avaient protesté, par leurs actes, contre une disposition qui pouvait compromettre l'unité de commandement. L'Assemblée restait ferme dans sa volonté, et, à la suite d'un conflit avec le général Changarnier, elle avait ordonné l'affichage, dans toutes les casernes, de ce fameux décret du 11 mai.

Mais le règlement nouveau de l'Assemblée nationale n'avait pas reproduit les deux articles 83 et 84 de l'Assemblée constituante. Il avait été jugé que ce droit exorbitant devait s'évanouir avec le pouvoir constituant de l'Assemblée qui l'avait créé à l'époque où elle résumait tous les pouvoirs ; on avait sciemment et sagement renoncé à cette disposition.

L'article 50 de la Constitution disait en effet : « Il (le Président de la République) *dispose de la force armée* sans pouvoir jamais la commander en personne. » Or, donner à une Assemblée le droit de requérir, en dehors du Président de la République, une partie de l'armée, c'était diminuer le droit qu'il tenait de l'article 50. Donner, au contraire, à la Chambre le droit de fixer les forces militaires nécessaires à sa sécurité et d'en disposer, mais sans spécifier que ces forces seraient requises autrement que par les voies hiérarchiques, c'était rester dans le droit commun ; c'était consacrer même l'omnipotence du chef de l'armée, du ministre de la guerre ; c'était concilier les droits de chaque pouvoir, respecter la discipline et assurer l'unité du commandement. C'est ce qu'avait voulu la Constitution en disant dans son article 32 : « Elle (l'Assemblée) fixe l'importance des forces militaires établies pour sa sûreté et elle en dispose. » La Constitution n'avait point ajouté le droit de réquisition directe qu'avait antérieurement créé le décret du 11 mai, parce qu'elle attribuait à cette disposition une valeur essentiellement transitoire. Le silence du législateur avait une signification indiscutable, il était la condamnation, en tant que disposition permanente, du décret du 11 mai.

Un fait important avait confirmé cette doctrine nouvelle et avait établi la jurisprudence militaire et constitutionnelle du droit de réquisition de l'Assemblée.

Dans un conflit qui s'était élevé entre le général Changarnier et la Chambre sur ce même terrain, le général avait fait arracher les exemplaires du décret du 11 mai qui étaient affichés dans les casernes, et, pour que le doute ne pût exister dans l'esprit des officiers, il avait affirmé le droit hiérarchique du chef de l'armée en ordonnant qu'il ne fût obtempéré à aucune réquisition, d'où qu'elle vînt, si elle n'avait passé par l'intermédiaire du commandant en chef. Tel était le dernier état de la question. Le droit déterminé par l'article 30 de la Constitution restait entier ; la Chambre était maîtresse de fixer l'importance des forces militaires nécessaires à sa sécurité; mais elle devait s'adresser au ministre de la guerre qui choisissait, à son gré, les régiments préposés à la garde de l'Assemblée et leur donnait le chef qu'il lui convenait de désigner. Tout l'obstacle était là pour le général Changarnier. La législation restant ce qu'elle était, il ne pouvait jamais espérer être investi du commandement des forces de l'Assemblée; il ne pouvait livrer l'assaut à l'Élysée à la tête d'une armée régulière. Pour grouper autour de lui une force militaire quelconque, il en était réduit à un rôle odieux, à prêcher la rébellion dans cette même armée où il avait, durant une honorable carrière, maintenu énergiquement les liens de la discipline. On comprend qu'il devait tenter un suprême effort avant de se résigner à cette douloureuse extrémité, et c'est pour s'y soustraire qu'il avait inventé la proposition des questeurs, qu'il l'avait fait accepter par une partie des chefs de la majorité et par ceux-là mêmes qui devaient lui donner leur nom.

Nous ne dirons donc rien que d'absolument vrai, nous ne ferons que répéter ce qui était alors dans toutes les bouches, ce que la presse proclamait à satiété, en affirmant que la proposition des questeurs n'était autre chose qu'une déclaration de guerre à l'Élysée, ou, plus exactement, le commencement de l'action. Non seulement on entamait le droit, que le Prince tenait de la Constitution, de disposer des forces militaires de la France, mais on se mettait en mesure de constituer une véritable armée en dehors de lui, armée ayant à sa tête ce chef que chacun nommait, le général Changarnier, l'ennemi personnel de Louis-Napoléon. Une fois cette armée organisée, la Chambre sortait de cette phase durant laquelle l'attaque contre le Prince ne pouvait être qu'une insurrection ; elle entrait en possession des moyens légaux, elle pouvait, sous un prétexte facile à trouver, attaquer le Prince à main armée et se passer enfin de cette fameuse signature du président Dupin qu'avait inutilement attendue le général Changarnier pour donner légalement au pays l'épouvantable spectacle de la guerre civile.

Et quelle guerre civile eût été celle que rêvaient ces aveugles ennemis du Prince ! Une guerre effroyable où l'armée, partagée en deux camps, eût mis à profit sa science et son courage pour éterniser la lutte et multiplier les victimes.

Une telle proposition n'était pas faite pour rester une lettre morte entre les mains de ceux des ennemis du Prince qui en avaient conçu la pensée. Il était bien évident, et ils ne dissimulaient pas leurs projets, que, le lendemain du vote de la proposition, on se mettrait en mesure d'agir. Les plus pressés voulaient que l'action eût lieu à l'issue même de la séance, pour ne pas laisser au Prince le temps de se préparer à la résistance ou de prendre l'initiative de l'attaque.

Tous ces desseins nous étaient connus ; ils l'étaient pour ainsi dire de tous. Nous devions seulement à nos moyens spéciaux d'information de les avoir plus exactement pénétrés. Il ne sera pas sans intérêt de savoir quels étaient ces procédés d'information et quelle lumière ils avaient jetée, pour nous, sur les vrais projets de nos ennemis.

De tout temps, le commandant en chef de l'armée de Paris avait eu, à sa disposition, une sorte de police indépendante de celle de la préfecture. Le général Changarnier avait eu sa police pendant la durée de son commandement ; il en avait même assez sensiblement étendu l'organisation, et, en quittant son poste, il avait conservé, avec quelques-uns de ses anciens agents, des relations à l'aide desquelles il avait pu continuer à exercer une certaine surveillance sur les faits qu'il avait intérêt à connaître. Plus tard, et alors que les audacieux de la majorité songeaient plus sérieusement encore que par le passé à renverser le Prince-Président, le général, véritable chef de la conjuration, avait vu s'accroître ses moyens d'action ; il avait organisé une véritable police dont la mission presque exclusive était de surveiller les faits et gestes de l'Élysée et de la préfecture de police.

Mais dans cette lutte de surveillance que le général engageait contre le gouvernement, nous avions sur lui plus d'un avantage.

Le personnel de ce qu'on est convenu d'appeler « la police secrète » est plus limité qu'on ne le pense généralement ; il roule presque exclusivement sur un petit nombre d'agents ayant l'habitude de cette sorte de travail. Ces agents gravitent naturellement autour de la préfecture de police. C'est là qu'ils ont le plus de chances de trouver la rémunération de leurs découvertes. S'ils mettent quelquefois leur savoir à la disposition ou d'une administration rivale, ce qui s'est vu sous tous les régimes, ou d'un parti hostile au gouvernement, ils se gardent bien de se brouiller avec la préfecture; les autres polices passent, celle de la préfecture reste ; ils ne sacrifieront jamais leur avenir à des bénéfices temporaires, et le plus souvent, ils s'en tirent en servant les deux côtés à la fois. Chose assez étrange même, ils ne trahissent absolument ni l'un ni l'autre de leurs deux maîtres et donnent à chacun les renseignements qu'ils peuvent découvrir. C'est à celui qui emploie ces agents à deux faces, connus de tradition à la préfecture, de se méfier de leurs rapports et de se mettre en garde contre leurs indications. Avec du discernement, et en comparant leurs renseignements à ceux qu'on a pu recueillir à d'autres sources, on parvient à faire assez exactement la part de l'inexactitude et celle de la vérité. Ce n'est qu'après une série de contrôles ingénieusement organisés que la préfecture de police accepte comme valable une indication donnée, surtout si cette indication doit devenir la base d'une mesure ou d'une action.

Ces moyens de contrôle manquaient au général Changarnier; il était mal servi, mal renseigné, et, pour comble de malheur pour lui, son principal agent, son homme de confiance était précisément, parmi nos agents secrets, l'un de ceux qui attachaient le plus de prix à la faveur de la préfecture. Il pouvait bien nous trahir quelque peu pour gagner son salaire près du général, mais il ne se serait pas exposé à nous livrer d'une façon trop préjudiciable pour nous. Il n'eût pu le faire que difficilement d'ailleurs, car on le tenait en observation de très près et il ne recueillait guère à la préfecture que ce qu'on avait intérêt à faire savoir; il devenait utile ainsi jusque dans ses trahisons. Par lui, au contraire, nous étions renseignés de la façon la plus minutieuse sur les faits et gestes du général et de ses amis politiques, et c'est ainsi qu'il nous était permis de suivre, pas à pas, la marche de cette trame audacieuse ourdie au sein de l'Assemblée, par le général Changarnier, contre le Chef de l'État.

Nos informations provenant d'autres origines, confirmaient les renseignements de notre agent. Il était donc avéré pour nous que si la proposition des questeurs était acceptée, son vote serait le signal de cette attaque depuis si longtemps désirée et conseillée par les turbulents de la Chambre. Nous avions naturellement à prendre nos mesures en conséquence.

Le jour même du dépôt de la proposition des questeurs, le Prince avait appelé le général de Saint Arnaud et moi pour conférer sur les mesures à prendre en vue des nouvelles éventualités qui compliquaient si gravement la situation. Nos premières combinaisons devaient nécessairement être modifiées. Nous avions tout réglé en vue de l'initiative prise par le pouvoir; nous n'avions arrêté que des dispositions sommaires pour le cas d'une agression venant de l'Assemblée et du général Changarnier; c'était un nouveau plan à combiner et le temps pressait.

Antérieurement au dépôt de la proposition des questeurs, j'avais cru pouvoir affirmer au Prince que je serais prévenu au moins vingt-quatre heures à l'avance de toute agression, si on osait la tenter ; nous aurions eu ainsi le temps nécessaire pour parer aux événements ; mais, dans l'hypothèse du vote de la proposition des questeurs, le procédé d'action de nos adversaires devait se modifier ; il fallait aviser.

Deux opinions étaient en présence : le Prince voulait agir au moment même du vote, avoir des troupes prêtes, cerner le Palais-Bourbon avant même la fin de la séance, et faire afficher le décret de dissolution de l'Assemblée. En même temps paraîtraient la proclamation du Prince à l'armée et sa proclamation au pays appelant le peuple à disposer de ses destinées. Dans cette combinaison, on comptait sur l'effet moral que produirait la démonstration militaire ; on espérait frapper l'esprit des représentants ; on espérait surtout montrer aux généraux conspirateurs l'armée faisant, sous les ordres de ses chefs hiérarchiques, acte d'adhésion à la politique du Prince, et leur enlever ainsi toute espérance de la détourner de ses devoirs. On laissait paisiblement sortir les représentants ; on surveillait les plus ardents d'entre eux ; mais on ne les inquiétait aucunement dans leur liberté. Peut-être de telles mesures eussent-elles été suffisantes. Le général de Saint Arnaud et moi pensions qu'il convenait d'agir plus énergiquement. Nous amenâmes le Prince à se ranger à notre opinion, et nous arrêtâmes les combinaisons suivantes.

Au cas où la proposition des questeurs serait votée, la moitié de la garnison de Paris serait mise immédiatement sur pied et le Palais-Bourbon entouré. On laisserait sortir les représentants ; mais on ne leur permettrait plus de rentrer au palais, et alors, ou ils y resteraient en quelque sorte prisonniers volontaires et sans communication avec l'extérieur, ou ils quitteraient le lieu officiel de leurs séances et perdraient, pour leur résistance, le prestige que donne toujours la demeure consacrée au pouvoir. En même temps, les points stratégiques importants de Paris seraient occupés et les rues sillonnées par des patrouilles de cavalerie; ordre serait donné de ne laisser se former aucun groupe et de dissiper par la force tout rassemblement. A l'issue de la séance, mais seulement en rentrant à leur domicile, les chefs les plus agissants de la majorité devaient être arrêtés. Aussitôt après le vote, le décret de dissolution de l'Assemblée, les proclamations du Prince, son appel au peuple, son appel à l'armée devaient être affichés.

Il avait été décidé que nous assisterions, le général Magnan et moi, dans l'une des tribunes, à la séance de la Chambre. Sur un signe convenu du général de Saint Arnaud, nous devions quitter immédiatement nos places et nous rendre aux Tuileries, dans le cabinet du général Magnan, où le ministre de la guerre devait venir nous rejoindre. Nous attendrions là le résultat du vote, et, selon ce qu'il serait, nous agirions ou nous ajournerions l'action.

Restait un très sérieux embarras : c'était toujours

celui de la constitution d'un ministère éventuel. Pour cette fois, la vraisemblance étant que la proposition des questeurs ne serait pas adoptée, qu'il n'y aurait point par conséquent lieu à agir, il fut convenu qu'en cas d'action, le Prince demanderait simplement à M. de Thorigny de rester à son poste de ministre de l'intérieur, les événements qui allaient s'accomplir n'étant que la conséquence naturelle et forcée de la lutte provoquée par la Chambre. M. de Thorigny n'eût certainement pas refusé son concours, et il l'eût donné loyal et énergique. Nous l'avons dit, d'ailleurs, c'était exclusivement au ministère de la guerre et à la préfecture de police qu'il appartenait de prendre les mesures décisives ; c'est là qu'était l'action dans son entier. Le rôle du ministre de l'intérieur se réduisait à une participation passive à la responsabilité de l'entreprise. Pour accepter cette responsabilité, il suffisait d'être homme de cœur et de courage. Ces deux qualités, M. de Thorigny les avait. On pouvait penser même que, sur le terrain qu'aurait ainsi imposé la Chambre, le ministère entier se fût loyalement prêté à assister le Prince dans sa résistance. Pour aucun des membres du cabinet, les intentions des promoteurs de la proposition des questeurs ne faisaient doute ; le vote de la proposition était le signal de l'agression ; les devancer de quelques heures et se servir du pouvoir pour déjouer leurs projets criminels, ce n'était qu'user du droit de légitime défense. L'offensive eût pu éveiller certaines susceptibilités chez quelques-uns des membres du cabinet ; aucun n'aurait refusé de se défendre et de soutenir une lutte que le gouvernement n'eût point provoquée.

Sans doute, nous étions loin de trouver, dans nos dispositions nouvelles, arrêtées à la hâte en vue du vote de la proposition des questeurs, toutes les garanties de succès que nous offrait notre plan primitivement élaboré ; mais nous n'étions pas maîtres de choisir notre heure ; l'Assemblée nous l'imposait et, malgré les vives répugnances que nous éprouvions à engager l'action dans des conditions où nous étions privés d'une notable partie de nos avantages, il n'y avait pas à reculer. Le succès, toutefois, était hors de doute à nos yeux; peut-être ne l'obtiendrions-nous qu'au prix des plus rudes efforts ; mais nous étions résolus à triompher, et, en pareilles circonstances, la volonté et la foi sont de puissants auxiliaires. Le seul péril sérieux que nous avions à redouter, c'était l'action que pourraient exercer, sur la troupe, les généraux députés, le général Changarnier surtout, qui pouvait être subitement investi d'un semblant de pouvoir régulier pour commander à l'armée, ou tout au moins pour créer une force destinée à protéger la Chambre; mais cette action devait naturellement s'exercer sur les premiers régiments qui s'offriraient à sa rencontre, sur ceux qui entoureraient le Palais-Bourbon. Ces régiments devaient être choisis en vue des circonstances, et le péril pouvait être ainsi à peu près conjuré.

L'examen de la proposition des questeurs avait été poussé avec une extrême activité. Des deux côtés de la Chambre, on était dominé par une égale impatience d'en finir avec cette grande querelle. Les esprits étaient arrivés à un tel degré de surexcitation que l'Assemblée était hors d'état de donner la moindre attention à toute autre question qui lui eût été soumise. Le rapporteur, M. Vitet, pressa son travail; dès le 15 novembre, il déposait son rapport et en donnait lecture.

En écoutant l'honorable député de la droite, on sentait le malaise auquel il avait été condamné. M. Vitet était l'un des adversaires déclarés de l'Élysée; mais il rêvait le renversement, ou plutôt le remplacement de Louis-Napoléon par les moyens légaux. Le recours à la sédition répugnait à sa nature, et ce n'était pas sans de réelles protestations de sa conscience qu'il subissait la complicité de ceux qui voulaient triompher par de pareils moyens. Aussi cherchait-il, dès les premiers mots de son rapport, à se dégager de toute solidarité compromettante et à atténuer le sens vrai, la portée de la proposition.

« Pour savoir, disait M. Vitet, s'il y a lieu de prendre en considération la proposition qui vous est présentée par vos trois questeurs, il faut l'avoir examinée en elle-même, sans idée préconçue, et bien comprendre l'intention, n'y voir que ce qui s'y trouve. Si elle a pour effet soit de créer un droit nouveau en faveur d'un des deux grands pouvoirs de l'État, soit seulement de donner à un droit existant une extension quelconque, vous devez, sans hésiter, la déclarer inadmissible. Mais si, tout bien pesé, bien considéré, il ne s'agit évidemment que d'éclaircir et de régulariser l'exercice d'un droit incontestable, de porter à la connaissance de tous ce qu'il est bon que personne n'ignore, comment à une telle proposition opposer une fin de non-recevoir?

« Plus on s'est hâté, en dehors de cette enceinte, d'attribuer à cette proposition un caractère exorbitant et d'en grossir les conséquences, plus nous devions nous attacher à mesurer exactement son véritable sens, sa véritable portée et à ne former notre opinion qu'après un travail aussi attentif que si le fond même de la question nous eût été soumis. »

Dans la bouche d'un autre que M. Vitet, un pareil langage eût été taxé de duplicité, de naïveté peut-être. La haute honorabilité et l'intelligence du rapporteur le mettaient à l'abri de pareils soupçons; il subissait les dangereux effets de l'illusion qui s'impose trop souvent aux meilleurs esprits quand la passion les aveugle, quand l'esprit de parti les entraîne. A qui M. Vitet pouvait-il faire croire que la proposition des questeurs ne créait point un droit nouveau? Qui pouvait, en présence de l'agitation excessive qu'avait soulevée la proposition, croire, un instant, à cette innocuité que s'obstinait à lui attribuer le rapporteur? Et qui eût trouvé valable la justification qu'il s'efforçait de donner, comme on va le voir, des intentions des auteurs de la proposition? Qui n'eût trouvé, au contraire, la véritable indication du but de la proposition dans les allégations supposées que repoussait M. Vitet en disant : « Depuis longtemps, l'expérience avait fait apercevoir à MM. les quesleurs la nécessité de ce qu'ils vous demandent, et ils nous ont convaincus sans peine, lorsqu'ils nous ont affirmé que ce n'étaient pas les incidents politiques dont nous sommes actuellement témoins qui leur en avaient suggéré la première pensée : différer plus longtemps leur a paru impossible ; leur responsabilité ne le leur permettait pas.

« Ce n'est donc pas, ont-ils dit, une proposition de circonstance, et ils ont repoussé avec la même vivacité une autre imputation qu'on ne leur a pas épargnée non plus, celle d'avoir voulu donner à l'Assemblée le moyen de s'emparer pour ainsi dire d'une portion de l'armée, en appelant dès à présent, sans que le soin de sa défense l'exigeât, tout un corps de troupes autour d'elle. »

Quelque soin qu'eût mis le rapporteur à pallier la gravité de la question soumise aux délibérations de la Chambre, il ne pouvait méconnaître la vivacité des préoccupations qu'elle avait fait naitre. Sans s'apercevoir de la contradiction que formaient, avec le corps même de son rapport, les paroles par lesquelles il le terminait, M. Vitet disait à l'Assemblée : « Un mot seulement sur la question d'urgence. Nous ne pensons pas qu'elle puisse soulever de sérieuses objections. Ceux mêmes qui sont le plus vivement frappés des inconvénients qu'entraîne la discussion de semblables sujets doivent souhaiter que ces discussions ne soient pas fréquentes. L'urgence vous permettra de ne vous occuper de la question qu'une fois. »

Le rapporteur concluait en proposant à l'Assemblée

l'adoption de la proposition des questeurs ; il lui donnait toutefois une rédaction plus concise qui ne faisait que corroborer ses dispositions essentielles. La proposition adoptée par la majorité de la commission et soumise à l'approbation de la Chambre était ainsi conçue :

« Sera promulguée comme loi, mis à l'ordre de l'armée et affiché dans les casernes, l'article 6 du décret du 11 mai 1848, dans les termes ci-après :

« Article unique.

« Le Président de l'Assemblée nationale est chargé de veiller à la sûreté intérieure de l'Assemblée.

« A cet effet, il a le droit de requérir la force armée et toutes les autorités, dont il juge le concours nécessaire.

« Les réquisitions peuvent être adressées directement à tous les officiers, commandants ou fonctionnaires, qui sont tenus d'y obtempérer immédiatement, sous les peines portées par les lois. »

Une longue agitation avait suivi la lecture du rapport de M. Vitet. Plusieurs groupes demandaient le renvoi de la discussion à quelques jours ; les uns dans une pensée de conciliation, les autres dans l'espoir de recruter des adhérents à la proposition. Le gouvernement tenait à en finir avec cette périlleuse agitation, et, sur l'insistance du ministre de la guerre, la discussion fut fixée à la plus prochaine séance, au lundi 17 novembre.

Le 17 novembre, chacun était à son poste. On voyait aisément qu'il s'agissait d'un de ces débats intéressant au plus haut point les destinées du pays.

Le général Leflô, l'un des auteurs de la proposition, prenait le premier la parole. Dans une paraphrase du rapport de M. Vitet, il venait affirmer, une fois de plus, les pacifiques intentions des auteurs de la proposition. Nulle pensée d'agression, nulle velléité de diminuer les droits constitutionnels du Chef de l'État n'avaient jamais traversé leur esprit; leur but était simplement de donner, à l'article 32 de la Constitution, un commentaire qui lui manquait, et de rajeunir le décret du 11 mai 1848 que quelques esprits mal intentionnés prétendaient abrogé. Un grand nombre d'officiers généraux surtout étaient venus spontanément soumettre, au général Le Flô, leurs doutes et leurs hésitations sur ce qu'ils auraient à faire au cas d'une réquisition venant du Président de la Chambre sans être revêtue de l'attache du commandant en chef de l'armée de Paris. Il fallait dissiper ces incertitudes; la proposition n'avait pas d'autre but, elle était conçue dans l'intérêt de l'armée et de sa discipline; il ne fallait lui attribuer qu'une pensée bienfaisante.

C'était pousser trop loin l'exagération, et mieux eût valu, pour les auteurs de la proposition, confesser ouvertement, sinon leurs desseins, au moins leurs inquiétudes. S'ils avaient dit à la Chambre : « Nous craignons, à bref délai, pour l'Assemblée, une agression de la part du Prince : nous vous demandons les moyens de résister à son entreprise et de protéger l'Assemblée; nous voulons, pour cela, une armée à nous, commandée par un général à nous, » chacun eût compris la question ainsi posée ; mais torturer la vérité au point de présenter cette machine de guerre comme un rameau d'olivier, c'était dépasser la mesure des dissimulations permises et faire naître le soupçon de projets plus vastes encore que ceux qu'on pouvait concevoir.

C'est ce sentiment qui s'était emparé de la gauche de l'Assemblée. Elle voyait, à n'en pas douter, qu'elle avait en face d'elle, ou à côté d'elle, deux adversaires décidés à en finir l'un avec l'autre. Entre la droite, qui voulait ramener la monarchie, et Louis-Napoléon auquel elle prêtait la pensée de restaurer l'Empire, la gauche hésitait à savoir lequel de ces deux dangers elle avait le plus d'intérêt à combattre. Ses membres les plus autorisés insistaient sur ces points : que c'était bien plus à la majorité de la Chambre qu'à Louis-Napoléon qu'on devait attribuer toutes les lois de réaction dont la république avait à gémir, que la monarchie deux fois vaincue par les républicains, en 1830 et en 1848, aurait à exercer de cruelles représailles ; qu'au contraire, Louis-Napoléon n'avait point de passé à venger, que ses tendances étaient démocratiques et qu'on pourrait, à la rigueur, en tirer un jour quelque profit. La grande majorité de la gauche se décidait à repousser la proposition.

C'est, en effet, dans ce sens que MM. Crémieux et Michel de Bourges parlaient à la tribune. Vainement, quelques sages de la droite proposaient-ils un amendement de conciliation ; si important que fût le patronage de MM. le duc de Broglie, l'amiral Cécille, le comte de Montalembert, le comte de Flavigny, de

Lagrénée, de Grouchy, le comte Daru, l'amendement était écarté.

M. Thiers attachait au vote de la proposition une importance décisive, et il apportait, dans la discussion, l'ardeur d'un homme qui joue son va-tout. A ses attaques violentes, le ministre de la guerre répondait avec une extrême netteté. Il posait les vrais principes. Il reconnaissait le droit de l'Assemblée de requérir les troupes nécessaires à sa garde; mais il voulait que cette réquisition passât par l'intermédiaire du chef de l'armée; il réservait au ministre de la guerre le droit de désigner le chef de cette troupe; il revendiquait énergiquement le maintien de l'unité dans le commandement de l'armée; il ne voulait, à aucun prix, que l'hésitation pût se glisser dans ses rangs, que l'esprit de discussion et de délibération pût y pénétrer. C'était la doctrine exacte, la doctrine militaire dans toute sa vérité. Si l'on eût voté après le discours du ministre de la guerre, le résultat n'était pas douteux, la proposition était repoussée à une forte majorité.

Le général Bedeau crut, un instant, jeter la confusion dans cette majorité, peut-être même la rallier à sa cause, en forçant le ministre de la guerre à une déclaration qu'il supposait devoir produire, sur certains esprits, une impression décisive. Le général de Saint Arnaud avait-il, oui ou non, fait disparaître, des casernes, les quelques exemplaires du décret du 11 mai qui avaient survécu à la lacération prescrite, en 1849, par le général Changarnier? Telle était la question à laquelle le général Bedeau voulait une réponse catégorique. Cette question, il la formulait en ces termes :

« Est-il vrai que le décret du 11 mai, approuvé dans sa situation légale par l'honorable chef du cabinet d'alors, M. Odilon Barrot, affiché dans les casernes par le ministre de la guerre d'alors, M. le général Rulhière, qui l'était encore il y a quelques jours ; est-il vrai que, par ordre du pouvoir exécutif, il ait été retiré ? » (Mouvement.)

Le *Moniteur* nous dit qu'à ce moment, MM. les ministres de l'intérieur et de la guerre échangent quelques paroles et semblent se consulter. Chacun sentait toute la gravité de la réponse qu'allait faire le ministre ; et c'était au milieu d'une extrême émotion de l'Assemblée que se levait le général de Saint Arnaud pour répondre à la question qui lui était posée. Un silence anxieux succédait au tumulte. Voici en quels termes était conçue la réponse du ministre de la guerre :

« Ainsi que j'ai eu l'honneur de vous le dire, le décret du 11 mai 1848, tombé en désuétude, jamais exécuté, n'était plus affiché que dans un très petit nombre de casernes. Je n'ai pas voulu laisser aux soldats un prétexte de doute et d'hésitation ; je l'ai fait enlever là où il existait encore. »

En prononçant ces paroles si nettes, le ministre avait appuyé sur chacun de ses mots comme pour en augmenter la valeur ; son attitude respirait une énergique résolution ; on sentait que le dénoûment était proche.

Laissons parler le *Moniteur*, lui seul peut donner

une idée exacte de l'aspect de cette fin orageuse de la séance : « Au moment où M. le ministre de la guerre termine cette déclaration, dit-il, une agitation inexprimable s'empare de l'Assemblée. La plupart des membres se lèvent; beaucoup d'entre eux quittent leurs places, et un certain nombre se dirige vers le banc des ministres où une discussion très vive paraît s'engager. MM. Baze, Druet-Desvaux et Crémieux s'élancent en même temps à la tribune.

« M. Dain. Déposez un acte d'accusation, la gauche le votera !

« Plusieurs membres de la gauche, à M. Crémieux.

« Demandez la mise en accusation, la gauche la votera.

« M. Charras, au milieu du tumulte. « Je demande la mise en accusation. » (L'agitation va sans cesse en augmentant.)

« M. Crémieux, se tournant vers la gauche. « Vous la voterez ? »

« Plusieurs membres de la gauche, au milieu desquels nous remarquons M. Madier de Montjau :

« La question n'est pas changée, nous n'avons pas besoin de décréter un appel de soldats ; ils sont avec nous.

« L'Assemblée devient tout à fait tumultueuse, et les huissiers ne peuvent obtenir des représentants qu'ils regagnent leurs places. »

Au moment où le général de Saint Arnaud quittait la salle, le général Magnan et moi, qui assistions à la séance dans une tribune faisant face à son banc, recevions de lui le signal convenu ; nous sortions à notre tour, et, quelques minutes après, nous nous trouvions tous trois réunis aux Tuileries, dans le cabinet du général Magnan. Là, nous attendions le résultat du vote. Si la proposition était votée, nous mettions immédiatement à exécution les mesures arrêtées. Si la proposition était rejetée, nous nous bornions à veiller à ce qu'aucune agitation ne se produisît dans les rues où régnait une très vive fermentation.

Peu de temps après notre arrivée aux Tuileries, le résultat du vote nous était apporté par un représentant. Voici ce qu'avait donné le dépouillement du scrutin :

Nombre des votants	708.
Majorité	355.
Pour la proposition	300.
Contre	408.

La proposition des questeurs était repoussée à 108 voix de majorité.

Les fières paroles du ministre de la guerre avaient jeté le trouble dans la droite. Plusieurs de ses membres avaient compris que le gouvernement était prêt à agir, et la crainte d'événements immédiats avait enlevé à la proposition un certain nombre d'adhérents sur lesquels, au début de la séance, ses auteurs croyaient pouvoir compter.

De cette tentative avortée, que restait-il ? Pour le général Changarnier et les vaincus comme lui de la journée du 17 novembre, la rage au cœur et la ferme volonté de prendre, à main armée, la revanche de leur défaite ; pour nous, la conviction que nous n'avions pas à différer longtemps la mise à exécution de nos projets, si nous ne voulions nous laisser devancer par nos ennemis.

Et à ceux qui nous diraient que nos craintes étaient vaines, que nos alarmes étaient exagérées, nous répondrions : Ouvrez le *Moniteur* du 17 novembre, consultez la liste de ceux des représentants qui ont voté en faveur de la proposition des questeurs, qui ont demandé, pour le Président de l'Assemblée, le droit de réquisition directe de la troupe et de ses chefs, vous y verrez figurer les deux plus persistants adversaires qu'ait rencontrés jusqu'à ce jour ce même droit de réquisition directe, le général Cavaignac et le général Changarnier. Le général Changarnier, qui, en 1849, faisait lui aussi, le premier, arracher, dans les casernes, ce même décret du 11 mai dont il voulait, à deux ans de distance, glorifier les mérites et faire revivre l'autorité.

Et pourquoi ce décret, que ces deux généraux avaient condamné publiquement comme attentatoire à la discipline, à la hiérarchie, à l'unité du commandement devenait-il subitement ainsi, pour eux, une mesure protectrice ? Pourquoi ce revirement soudain ? Pourquoi cette contradiction flagrante ? A ces questions, la réponse est facile. Ces hommes croyaient, enfin, toucher à leur but ; quelques assurances de sympathie, venant d'officiers dévoués à leur cause, avaient excité leurs espérances. Peu leur importait, au jour même où ils croyaient agir, qu'on pût leur jeter à la face cette condamnable palinodie ; ils voyaient le succès, et le succès devait tout absoudre. Si leurs paroles encore protestaient contre leurs secrètes intentions, leur bulletin de vote trahissait leurs desseins. Pouvait-il, en effet, se produire une révélation plus significative de leurs projets, de leur conspiration, de leur volonté d'agir ? Qui pourra nier qu'en votant la proposition des questeurs, en usant de leur influence pour la faire accepter par leurs adhérents, les deux généraux voyaient, en elle, non point ce gage de paix et de tranquillité qu'ils faisaient luire aux yeux de quelques crédules, mais bien cette arme de guerre à l'aide de laquelle ils comptaient renverser le Prince-Président ?

C'est encore ici le lieu de dire à ceux que nos affirmations blessent : reportez-vous à l'accablante déposition de l'un de nos plus violents adversaires, de l'un de vos chefs préférés; relisez M. Odilon Barrot et vous serez forcés de reconnaitre qu'à ces deux dates c'était la même pensée qui inspirait le même homme. Ce que n'avait osé entreprendre le général Changarnier en 1850, il était résolu à le faire le 17 novembre, et cette fameuse signature qu'il n'avait pu obtenir de M. Dupin, président de l'Assemblée, il comptait, cette fois, la lui faire imposer par la Chambre. « Le Président à Vincennes », tel était, en 1850, le but avoué du général; tel était son espoir en 1851.

On peut dire que c'est dans ces termes violents et décisifs que s'était posée la question devant l'Assemblée. Autant il faut louer ici les sages des anciens partis monarchiques, qui refusaient de s'engager, par leur vote, dans les voies séditieuses où cherchaient à les entraîner les ardents de leur parti, autant il faut regretter de voir ces derniers s'associer à une guerre sans merci contre le Chef de l'État.

Nous respectons profondément les convictions politiques sincères et les fidélités dynastiques. Nous trouvons justes et honorables les efforts d'un parti pour ramener, sur le trône, celui qui personnifie ses croyances et sa cause, sous la réserve, toutefois, du moment choisi et des moyens employés.

Le moment, il s'était offert après la révolution de 1848 pour les trois partis monarchiques. La France était dans l'anarchie. On peut dire qu'elle n'avait pas de gouvernement; le champ était libre, l'arène était ouverte. Chaque parti pouvait s'adresser à la nation et lui demander la restauration de son Prince. C'était bien à cette époque de 1848 qu'il fallait agir, si on pouvait agir. C'était à cette date qu'il fallait, sous une forme quelconque, poser la candidature au trône du chef de sa maison. Ne pas le faire, c'était tacitement abdiquer. Faire plus, concourir à l'élévation d'un autre prétendant que le sien, c'était, quelques réserves qu'on pût faire ou qu'on pût trouver dans la Constitution, c'était abdiquer ouvertement ; c'est bien ce qu'on avait fait. On avait avant tout, au 10 décembre, cherché le salut du pays, et le pays avait montré l'homme qui le personnifiait à cette heure. Les anciens partis avaient contribué à l'élever et à en faire le Chef de l'État. Cet homme, ce Prince, il répondait chaque jour à la confiance qu'on avait placée en lui. Il avait rétabli l'ordre, ramené la sécurité, ouvert tout un horizon de prospérité. Parce qu'il grandissait, fallait-il cesser de le soutenir ? Parce qu'il était devenu fort, fallait-il le combattre ? Parce que son pouvoir marchait à un affermissement définitif, fallait-il le renverser ? Une telle attitude n'était ni correcte ni patriotique. On s'était résigné au 10 décembre; on devait se résigner encore : la logique le commandait.

En vain eût-on voulu prétendre que l'échéance constitutionnelle de 1852 ouvrait une porte nouvelle aux aspirations dynastiques. Une telle affirmation eût manqué de sincérité. Pour tous, il était prouvé, jusqu'à l'évidence, qu'à la date de 1852 il n'y aurait que deux forces possibles en présence : d'un côté, le Prince et l'ordre avec lui; de l'autre, la Révolution et la Jacquerie avec elle. Tout effort dynastique eût été broyé entre ces deux forces puissantes; le moment de l'effort était passé, le patriotisme demandait la résignation. Peut-être avait-on fait, au 10 décembre, plus qu'on ne voulait faire; mais on ne pouvait revenir en arrière, et, nous le répétons, la résignation seule était opportune et patriotique.

Pour être juste, pour limiter, là où elles doivent l'être, les responsabilités encourues par les partis à cette époque critique, disons que, dans leur généralité, en dehors surtout de l'Assemblée, l'attitude des partis monarchiques était ce qu'elle devait être, empreinte de calme et de modération. Et c'est pour leur rendre hommage que nous séparons d'eux, comme nous venons de le faire, ce groupe ardent et passionné de représentants qui, au sein de l'Assemblée, poussaient à la sédition et compromettaient, à la fois, et leur cause et les véritables intérêts du pays.

CHAPITRE XIV

NOS DERNIÈRES CONFÉRENCES

Le projet de loi sur la responsabilité du Président de la République. — Nouveaux agissements des partis. — Les résolutions qu'ils nous commandent. — Les coulisses parlementaires. — La presse. — Les sociétés secrètes. — Deux discours de Louis-Napoléon. — MM. de Saint Arnaud, Magnan, de Persigny et de Morny. — M. de Morny désigné pour le ministère de l'intérieur. — Notre conférence du 1er décembre à l'Élysée.

Le soir même du 17 novembre, nous étions appelés à l'Élysée. Le général de Saint Arnaud et moi, nous examinions rapidement avec le Prince ce qu'il y avait à faire. Pour la nuit, nous n'avions qu'à surveiller les menées de nos adversaires. Le lendemain nous devions, dans un entretien nouveau, arrêter les mesures que commandait la situation.

Avant de me rendre à l'Élysée, le 18 novembre, j'avais reçu déjà un rapport m'informant des dispositions dans lesquelles étaient les vaincus du scrutin de la veille. Si quelques-uns avaient subi le découragement qu'engendre souvent la défaite, les plus violents ne faisaient au contraire que redoubler d'ardeur. A peine un de leurs projets avait-il été condamné par la Chambre, qu'ils songeaient de nouveau à surprendre d'elle, une mesure, une résolution, un acte quelconque qui pût servir de base à leur action.

Par une singulière coïncidence, le jour même où se discutait la proposition des questeurs, le 17 novembre, avait été déposé, sur le bureau de l'Assemblée, le projet de loi élaboré par le Conseil d'État sur la responsabilité du Président de la République. Dans ce projet, et à côté de ce projet surtout, on espérait retrouver l'occasion qui venait d'échapper. On avait nommé sans retard une commission; on y avait fait entrer les adversaires déclarés du Prince, et on voyait déjà poindre la revanche possible de la journée du 17 novembre (1).

On comptait bien, cette fois, attirer une partie au moins des membres de la gauche; on s'apprêtait, pour assurer cette conquête, à tous les sacrifices exigés. Les intrigues parlementaires et la conspiration reprenaient donc parallèlement leur cours, et avec plus d'activité que jamais.

(1) La commission chargée de l'examen du projet de loi sur la responsabilité des dépositaires de l'autorité publique avait été nommée le 22 novembre 1851. Elle était ainsi composée :

1er Bureau, M. Michel (de Bourges); 2e, Duprat (Pascal); 3e, Creton; 4e, Béchard ; 5e, Crémieux; 6e, Berryer; 7e, Janvier; 8e, Monet; 9e, Arago (Emmanuel); 10e, Dufaure; 11e, de Cambarel de Leyval ; 12e, Jules de Lasteyrie ; 13e, Dufraisse· 14e, de Laboulie ; 15e, Pradié.

Tous ces manœuvres nous étaient révélées, et il était d'autant plus nécessaire de les suivre attentivement qu'elles n'étaient pas le seul péril que nous avions en face de nous.

Si les monarchistes, ou plutôt les meneurs de la droite songeaient à s'emparer du pouvoir, les démagogues, pour lesquels ces projets n'étaient pas un mystère, jugeaient, avec raison, que cette tentative était inséparable d'une collision violente. Une fois la lutte engagée, les premiers coups de fusils tirés, l'armée séparée peut-être en deux camps, tout ne pouvait-il pas sortir d'une semblable conflagration ? Et les sociétés secrètes faisant alors appel à toutes leurs forces, un immense embrasement ne pouvait-il pas permettre à la Révolution un nouveau jour de triomphe ?

Il ne pouvait à coup sûr se produire, pour les démagogues, une occasion plus propice de prendre les armes que celle d'une insurrection commencée par les monarchistes ; aussi les plus avisés de la Montagne se montraient-ils prévoyants quand ils cherchaient à calmer les impatiences de leurs amis, des réfugiés de Londres surtout, qui voulaient profiter de l'agitation provoquée par les dernières séances de l'Assemblée pour tenter un mouvement général.

Parmi les réfugiés de Londres, un grand nombre vivait dans une extrême misère ; les secours venant de France diminuaient chaque jour ; les ressources du parti étaient consacrées, de préférence, à des achats d'armes et de munitions, et les besogneux expatriés repoussaient avec humeur les conseils de patience. Leur exaspération était arrivée à un tel point qu'ils avaient signifié à ceux qu'ils appelaient « les temporisateurs du parti » leur volonté d'agir et de préparer au besoin une prise d'armes sans leur concours. Des délégués avaient été expédiés pour préparer l'action à bref délai.

Nous avions à Londres, au sein même de la colonie révolutionnaire française, toute une police secrète qui nous tenait informés des faits et gestes de ces conspirateurs. Leurs départs nous étaient toujours signalés à l'avance, et nous pouvions ainsi, ou les faire arrêter à leur arrivée, ou les faire tenir en rigoureuse observation, ce qui nous permettait souvent de découvrir ceux de leurs complices qui nous étaient inconnus.

La conspiration de Londres et celle de la province se donnant la main pour préparer un soulèvement, les impatients de la droite de l'Assemblée rêvant de leur côté une agression, devions-nous demeurer longtemps sous le coup de ces menaces? Je ne le pensais pas pour ma part, et dans notre réunion du 18 novembre, je demandais que nous missions sans retard à exécution nos projets primitivement arrêtés. Le général de Saint Arnaud se montrait encore plus impatient d'en finir, et la date du jeudi 20 novembre, que je proposais, était acceptée avec empressement par lui. Le Prince, sans nous donner la raison de sa préférence, penchait pour une date plus éloignée de quelques jours. Il parlait de la semaine suivante, et sur son désir le jour choisi était le mardi 25 novembre.

Nous préparions tout pour agir à cette date, quand, le samedi matin, nous étions appelés de nouveau à l'Élysée. Comme nous voyions le Prince isolément chaque jour, cette convocation collective nous faisait pressentir qu'il avait encore modifié ses projets pour le jour de l'action. Il nous demandait effectivement un nouvel ajournement et nous proposait le mardi 2 décembre. Le mardi 2 décembre devint le jour arrêté.

Disons, avant d'en finir avec ce détail, que le vendredi 28 novembre, le Prince nous proposait encore de reculer à la semaine suivante la date arrêtée. Nous ne pouvions consentir à de semblables ajournements. Tout était prêt, la nécessité d'agir devenait chaque jour plus pressante. Un incident imprévu pouvait devenir le prétexte d'une émeute; les sociétés secrètes étaient en permanence et commençaient leurs distributions d'armes et de munitions; le général Changarnier, lui-même, était vivement poussé par les enfants perdus de la Chambre à prendre l'offensive; il avait parlé du 4 décembre comme date possible de sa prise d'armes, il importait de ne pas nous laisser prévenir et de conserver les avantages de l'offensive. Nous insistâmes donc pour que rien ne fût changé à nos dernières résolutions, et finalement le Prince céda. Le 2 décembre demeura la date irrévocablement arrêtée.

Nous avons dit ce qui se passait à la Chambre, ce qui se méditait dans les conciliabules de toutes nuances; nous avons révélé ce que nous préparions à l'Élysée; complétons ces données en parlant des impressions qu'éveillait, dans l'opinion, ce qui était perceptible pour elle de ces péripéties émouvantes.

Depuis si longtemps on parlait de coup d'État et d'insurrection que l'incrédulité avait fini par succéder à la crainte pour les uns, à l'espérance pour les autres, et cependant, si blasé qu'on fût sur ces bruits périodiques, on semblait, cette fois, attacher plus d'importance que de coutume aux rumeurs qui se propageaient. On croyait généralement qu'on touchait au dénouement. Dans les salons, dans les cercles, dans les lieux publics on n'avait plus d'autre sujet de conversation : « qui commencera, de Louis-Napoléon ou de Changarnier ? » Telle était la question qui se posait de toutes parts.

Dans les coulisses parlementaires, les préoccupations étaient arrivées à leur apogée. Chacun se mettait en frais de combinaisons. Les esprits inventifs se donnaient libre carrière, ceux surtout qui, n'appartenant point aux nuances extrêmes, jugeaient encore possibles les procédés de transaction. Chaque jour voyait éclore un nouveau système, et il ne manquait pas d'officieux pour porter à l'Élysée ces élucubrations attardées. Mais l'entente était devenue impossible; la solution parlementaire une utopie; le rejet de la proposition de révision de la Constitution avait anéanti ses dernières chances; chaque parti le comprenait; chaque parti se préparait à livrer bataille, et, dans un pareil moment, se résigner à attendre, c'était se condamner à être vaincu sans combattre.

La presse s'associait naturellement à ce mouvement des esprits, elle en excitait l'ardeur. Chaque matin, celles des feuilles qui servaient de bannières à leur parti les poussaient à la lutte; leurs articles passionnés sentaient la poudre. Au milieu de ces publications si vives, l'opinion s'émut particulièrement d'un article que le journal *le Constitutionnel* publiait, le 24 novembre, en tête de ses colonnes.

L'importance qu'avait cet article en lui-même s'augmentait encore de cette circonstance que son auteur, M. de Cassagnac, passait, à juste titre, pour prendre directement ses inspirations à l'Élysée. Le Prince l'avait souvent chargé de préparer l'opinion dans le sens de ses projets. L'article de l'éminent écrivain était considéré comme une préface du Coup d'État. Son titre : « Les deux Dictatures » résumait, à lui seul, la grande question pendante.

« Il ne s'est jamais autant brassé de conspirations, disait M. de Cassagnac, autant préparé de coups de main qu'en ce moment dans les régions élevées de la société et parmi les chefs des anciens partis. Les ambitieux, les factieux ne veulent pas que l'ordre se rétablisse, que le travail se rassure, que les affaires se relèvent, si la société, sauvée et raffermie, doit échapper à leurs plans de domination et d'exploitation. Ils se résignent à voir encore les rues de Paris dépavées, les étrangers en fuite, les boutiques fermées, l'émeute chantant le *Ça ira!* les populations épouvantées par les prédications des clubs, ils se résignent à tout, excepté à voir périr leur importance.

« Nous avons déjà échappé par miracle à plus

d'une de ces révolutions de serre chaude préparées dans trois ou quatre salons politiques, délibérées dans des bureaux de journal, nouées dans les couloirs parlementaires : les miracles sont rares, et il serait téméraire d'y compter.

« La France peut se réveiller demain, après-demain, tous les jours, au bruit formidable d'un écroulement universel ; il faut au moins, si elle périt sous des ruines, qu'elle sache qui les prépare et d'où elles viennent. Nous ne dirons rien qui ne se dise tout haut dans le monde politique, et nous ne sommes pas tenus à plus de discrétion que les conspirateurs.

« Lundi dernier, il y a huit jours aujourd'hui, on a été à l'épaisseur d'un cheveu de la guerre civile. Les partis qui se disputent le pouvoir avaient jeté dans l'Assemblée une proposition ayant pour objet moins encore de donner une armée au pouvoir législatif, que de jeter de l'indécision, du désordre dans les troupes, et de fournir à un général audacieux l'occasion et le moyen d'entraîner un régiment. Si l'Assemblée avait eu la faiblesse de prendre seulement en considération la proposition qui lui était soumise, on lui eût subitement arraché un acte d'accusation. Les conspirateurs avaient préparé leur coup de main ; armés d'un vote plus ou moins concluant, plus ou moins explicite, ils auraient arrêté les ministres en pleine séance, et si ce début avait été heureux, ils auraient immédiatement essayé d'enlever le Président.

« Mais, comme on doit le supposer, le Président

de la République et ses amis sont médiocrement disposés à se laisser escamoter ; les assaillants eussent donc été accueillis à coups de fusil, ou mieux encore ; et la bataille s'engageait dans les rues immédiatement. Ce résultat a été possible jusqu'à sept heures et demie : le vote de l'Assemblée l'a fait évanouir. Certainement rien n'est plus insensé, plus monstrueux, plus criminel qu'un tel dessein ; il n'en est pas moins la vérité pure ; et il n'est personne dans le monde politique qui en ignore les détails.

« Cette conspiration flagrante, incessante contre le Président de la République a pour auteurs des hommes parlementaires, chefs avoués du parti légitimiste et du parti orléaniste, profondément divisés entre eux, mais unis par la haine commune, que leur inspire l'élu du 10 décembre. Elle est organisée depuis dix-huit mois ; et du temps où un général notable occupait les Tuileries, il se tint dans ses salons des réunions d'hommes politiques considérables, réunions où l'on mit en délibération d'arrêter Louis-Napoléon Bonaparte et de le mettre à Vincennes. Il ne saurait y avoir à ce sujet aucun doute : un ancien premier ministre de Louis-Philippe, qui assistait à ces réunions, avertit le Président de la République de ce qui se tramait contre lui..... Les conjurés ont pour but de créer une dictature, agissant avec l'appui et sous le contrôle de l'Assemblée actuelle, qui se prorogerait indéfiniment et se déclarerait Convention. Le dictateur est désigné par tout le monde : c'est M. le général Changarnier. »

M. de Cassagnac terminait son article par cet

avertissement significatif sous sa plume «... Le pouvoir, qui a la garde et la responsabilité de l'ordre, est, comme bien on le pense, instruit de leurs desseins et de leurs menées ; et, quoiqu'ils ne la sentent pas, ils ont chacun la main ferme et résolue de la justice toujours suspendue à un pouce de leur collet. »

Si jamais un article produisit une sensation profonde, ce fut à coup sûr celui de M. de Cassagnac; il y avait mis tout son talent, toute sa verve, il avait parlé en homme politique, on voyait déjà en lui ce lutteur intrépide qui devait plus tard, à la tribune de la Chambre, se montrer le défenseur éloquent des grands principes conservateurs.

Si les journaux dévoués à l'Élysée tenaient ce langage et se faisaient l'écho des honnêtes gens pour demander qu'on en finît avec les menaces incessantes dirigées contre le gouvernement de Louis Napoléon, les feuilles démagogiques ne se faisaient pas faute de prêcher la guerre civile, de demander une prise d'armes prochaine et de créer ainsi une ardente surexcitation.

A ces causes d'agitation, il s'en ajoutait une autre, qui, pour Paris, devenait une sérieuse complication. Paris avait à nommer un représentant à l'Assemblée nouvelle ; l'élection était fixée au 30 novembre. Les réunions publiques permises dans la période électorale étaient chaque jour le théâtre des déclamations les plus subversives. J'avais dû faire fermer plusieurs de ces clubs improvisés, celui notamment qui se tenait à la barrière de Fontainebleau, et j'avais livré à la justice ces orateurs de carrefours qui prêchaient ouvertement les doctrines les plus incendiaires. J'avais pris également un arrêté pour interdire une autre réunion qui se tenait à la barrière des Martyrs et où accouraient en foule les démagogues des faubourgs avoisinants. Malgré cet arrêté, une réunion avait eu lieu dans ce même local : 1500 socialistes y assistaient. J'avais été obligé d'employer la force pour mettre un terme aux scènes scandaleuses dont cette réunion était le théâtre ; mes agents s'étaient acquittés courageusement de leur mission, et, malgré la résistance des principaux meneurs, force était restée à la loi. Mais c'était chaque jour de semblables tentatives de révolte contre l'autorité, et chaque jour aussi c'étaient des arrestations nouvelles de distributeurs d'armes et de préparateurs trop zélés du soulèvement projeté.

Comme on le voit, l'agitation était partout : elle était dans la presse, elle était dans le peuple, elle était dans les sociétés secrètes ; mais là où elle se manifestait avec l'ardeur la plus vive, c'était incontestablement au sein de l'Assemblée.

Si du 31 octobre 1849 à ce mois de novembre 1851, la lutte, malgré quelques éclats, avait été lente entre Louis-Napoléon et le Parlement, on a vu qu'elle avait subitement revêtu un caractère d'extrême intensité. C'est que le temps pressait, c'est qu'on approchait de l'échéance fatale de 1852, et qu'on ne voulait, dans aucun camp, en braver les hasards. Si les partis se préparaient à tenter enfin l'effort suprême d'où pouvait sortir leur triomphe, Louis-Napoléon voulait sauver le pays, et l'heure était venue pour lui de se dévouer à cette grande cause.

Nous avons dit quel prix attachait le Prince, et à juste raison, à ce que le secret absolu fût gardé sur ses projets réels, sur ses procédés d'action, sur la date de leur exécution ; mais le silence qu'il demandait à cet égard et qu'il s'imposait à lui-même n'était point incompatible avec des allusions sans précision à ce qu'il pourrait faire un jour. Ces allusions souvent répétées avaient, au contraire, dérouté l'opinion. Aux approches du moment décisif, il reprenait encore l'un de ses thèmes favoris qui consistait à rassurer le pays sur ses destinées, à affirmer, comme il l'avait fait à Dijon, sa confiance en l'avenir.

Aux officiers des régiments nouvellement arrivés à Paris, le Prince disait :

« En recevant les officiers des divers régiments de l'armée qui se succèdent dans la garnison de Paris, je me félicite de les voir animés de cet esprit militaire qui fit notre gloire et qui aujourd'hui fait notre sécurité. Je ne vous parlerai donc ni de vos devoirs ni de la discipline. Vos devoirs, vous les avez toujours remplis avec honneur, soit sur la terre d'Afrique, soit sur le sol de la France ; et la discipline, vous l'avez toujours maintenue intacte à travers les épreuves les plus difficiles. J'espère que ces épreuves ne reviendront pas ; mais si la gravité des circonstances les ramenait et m'obligeait de faire appel à votre dévouement, il ne me faillirait pas, j'en suis sûr, parce que, vous le savez, je ne vous demanderai rien qui ne soit d'accord avec mon droit reconnu par la Constitution, avec l'honneur militaire, avec les intérêts de la patrie ; parce que j'ai mis à votre tête des hommes qui ont toute ma confiance et qui méritent la vôtre ; parce que si jamais le jour du danger arrivait, je ne ferais pas comme les gouvernements qui m'ont précédé, et je ne vous dirais pas : « Marchez, je vous « suis ; » mais je vous dirais : « Je marche, suivez-« moi ! »

Un tel langage avait pour résultat de donner confiance à l'armée, de rassurer les honnêtes gens, et surtout d'intimider, bien plus que d'avertir, les ennemis de Louis-Napoléon.

Aux exposants français de l'exposition universelle de Londres le Prince disait, le 25 novembre :

« En présence donc de ces résultats inespérés, je dois le répéter : comme elle pourrait être grande, la France, s'il lui était permis de vaquer à ses véritables affaires et de réformer ses institutions, au lieu d'être sans cesse troublée, d'un côté par les idées démagogiques, et de l'autre par les hallucinations monarchiques !

« Les idées démagogiques proclament-elles une vérité ? Non. Elles répandent partout l'erreur et le mensonge. L'inquiétude les précède, la déception les suit, et les ressources employées à les réprimer sont autant de pertes pour les améliorations les plus pressantes, pour le soulagement de la misère.

« Quant aux hallucinations monarchiques, sans faire courir les mêmes dangers, elles entravent également tout progrès, tout travail sérieux.

« On lutte au lieu de marcher. On voit des hommes, jadis ardents promoteurs des prérogatives de l'autorité royale, se faire conventionnels afin de désarmer le pouvoir issu du suffrage populaire. On voit ceux qui ont le plus souffert, le plus gémi des révolutions, en provoquer une nouvelle, et cela dans l'unique but de se soustraire au vœu national et d'empêcher le mouvement, qui transforme les sociétés, de suivre un paisible cours. Ces efforts seront vains. *Tout ce qui est dans la nécessité des temps doit s'accomplir.* »

La transparence de ces derniers mots était saisissante, et, causant de ce discours avec nous le soir à l'Élysée, le Prince se demandait lui-même s'il n'en avait pas trop dit. Si l'émotion qui régnait dans Paris eût pu s'accroître encore, ces paroles l'eussent à coup sûr augmentée.

La fièvre politique et l'agitation révolutionnaire étaient devenues tellement ardentes que nous crûmes, un instant, avoir reculé à une date trop éloignée l'accomplissement de nos projets en en fixant l'exécution au 2 décembre. J'avais à grand'peine, par l'intermédiaire de l'agent de confiance du général Changarnier, fait pénétrer dans son étroit conclave quelques paroles destinées à atténuer la vivacité de ses alarmes ; mais on restait en éveil, et on poursuivait activement les préparatifs de combat. Nous étions arrivés péniblement ainsi au 30 novembre, jour où devait avoir lieu, à Paris, l'élection d'un député. L'élection s'était passée sans désordre. (1) Deux jours seulement nous séparaient du 2 décembre. Le moment était venu de traiter de nouveau

(1) M. Devinck, membre du Conseil municipal de Paris, et candidat conservateur, avait été élu par 52,369 voix. L'opposition s'était abstenue.

la question ministérielle. Il y avait, à ces derniers moments, moins de danger de l'agiter qu'à l'époque à laquelle nous nous en étions, pour la première fois, occupés. Les résistances du Prince furent les mêmes ; il avait vu de près, dans ces récentes crises, les hommes sur lesquels il était naturel qu'il jetât les yeux ; presque tous conseillaient des solutions pacifiques et chimériques, ce qui signifiait assez clairement qu'ils redoutaient le recours à la force et qu'ils déclinaient à l'avance l'offre de s'associer à une action ainsi engagée.

Étant donné qu'il n'y aurait pas de ministère constitué à la première heure du 2 décembre, il paraissait au moins nécessaire qu'il y eût un ministre de l'intérieur pour servir d'intermédiaire entre le Prince et les préfets et pour transmettre à la province les nouvelles de Paris. Après de longues hésitations, le choix du Prince s'était définitivement arrêté sur M. de Morny. Quel dernier effort d'adresse et d'insistance avait-il fait pour réussir? Je ne l'ai pas su. Le ministre de la guerre et moi apprîmes ensemble que M. de Morny serait notre troisième collègue dans cette grande journée, et que le Prince le lui avait annoncé lui-même quelques instants auparavant.

La trinité d'action se trouvait donc définitivement arrêtée. Sous la haute direction de leur vaillant maître, MM. de Saint Arnaud à la guerre, de Morny à l'intérieur, de Maupas à la Préfecture de police, devaient, le 2 décembre, aborder la solution de ce grand problème social que posait la date de 1852.

Date sinistre! Menace à échéance fixe, qui paralysait le commerce et l'industrie, ruinait le crédit et effrayait l'Europe attentive à nos convulsions; date de douleur et de sang, si nous eussions laissé sonner la dernière heure du pouvoir présidentiel et déborder ces hordes démagogiques; date de délivrance, si nous parvenions à sortir triomphants de cette grande entreprise que le cœur du Prince avait courageusement conçue.

Nous avons eu souvent déjà à parler de ces hommes qui, par leur conseil ou par leur action, furent, au Deux-Décembre, les auxiliaires du Prince, MM. de Saint Arnaud, de Morny, de Persigny et Magnan. Quelques mots ne seront pas ici sans intérêt sur chacun d'eux.

Le général de Saint Arnaud est un des hommes dont le nom vivra dans l'histoire. L'Afrique avait été pour lui la terre promise, il y avait trouvé cent occasions de montrer sa bravoure et ses remarquables aptitudes militaires. Son avancement avait été rapide et mérité. Le maréchal Bugeaud, dont le jugement faisait loi, avait prédit au général de Saint Arnaud les plus hautes destinées.

Après une expédition brillante en Kabylie, il était appelé à un commandement important dans l'armée de Paris, celui de la deuxième division occupant toute la rive gauche de la Seine. Du jour où cette situation lui fut confiée, on vit en lui le futur et prochain ministre de la guerre, le ministre de la solution, le ministre du Coup d'État.

Pour Paris, pour le monde politique, le général de

Saint Arnaud était une figure nouvelle. On l'étudiait avec curiosité. Il ne cherchait point à se dérober à cette sorte d'inquisition ; il restait naturel, ouvert et enjoué comme le faisait son caractère. On ne mit pas longtemps à reconnaître ce que valait l'homme ; il conquit rapidement de nombreuses sympathies.

Le général avait tout pour plaire ; sa physionomie pleine de charme reflétait la finesse de son esprit ; sa vive intelligence se révélait dans le moindre entretien ; tout en lui sentait la supériorité. Ce qui frappait d'abord, c'était son allure décidée. On voyait un homme sûr de lui et habitué au succès. Dans les discussions importantes, le général de Saint Arnaud voyait toujours le côté élevé des choses. Son âme était pleine de grandeur, il l'a montré dans les événements qui ont illustré son nom. Nul n'avait à un plus haut degré les qualités nécessaires à la tâche qu'il devait accomplir. Courageux, résolu, il voyait, sans la moindre émotion, l'heure du péril arriver. Il savait merveilleusement attirer à lui ; le désir de lui plaire et de le seconder était un stimulant pour ses subordonnés. En peu de temps il avait, on peut dire, l'armée de Paris dans la main : elle avait confiance, elle était prête à le suivre, il pouvait hardiment la mener au combat.

Le général Magnan était digne de figurer à côté du général de Saint Arnaud. Il faut avoir vu et connu le général Magnan pour juger, à sa valeur, cette nature d'élite. Son abord sympathique inspirait la confiance. Sa parole nette respirait la franchise. Sous une grande bonhomie qui le rendait accessible à tous, on sentait l'autorité. Il n'intimidait pas, et cependant il imposait le respect. Bon, affectueux et tendre avec les siens, il était adoré de ceux qui partageaient sa vie, il était sincèrement aimé de tous ceux qui avaient, avec lui, des rapports d'intimité.

Comme soldat, le général Magnan était favorablement jugé par ses frères d'armes ; ils le proclamaient l'un des meilleurs manœuvriers de l'armée. Il avait l'esprit d'organisation ; il savait l'art militaire, et si les circonstances l'eussent placé en face de grandes guerres, il eût été à la hauteur d'importantes situations. Il avait les qualités que demande le commandement en chef, la science, le coup d'œil, la rapidité de décision, la volonté, le courage et jusqu'à cette beauté martiale qui ajoute toujours au prestige que donnent les qualités morales.

A ces deux illustres soldats était réservée l'action militaire ; mais à côté de l'action il y avait le conseil. Parmi les hommes qui avaient encouragé vivement le Prince dans la voie d'une solution décisive comme celle qui se préparait, il faut placer en première ligne le comte de Persigny.

Les jugements portés sur M. de Persigny sont généralement empreints ou d'un excès de faveur ou d'un excès de sévérité. Tantôt on le représente comme le fécond inspirateur du Prince dans les jours heureux de l'Empire, tantôt on ne veut voir en lui qu'un brouillon politique, l'homme des aventures et des combinaisons ténébreuses.

Il faut prendre dans l'une et dans l'autre de ces deux appréciations pour arriver à la vérité.

La nature de M. de Persigny sortait à coup sûr de l'ordinaire ; mais elle offrait les bizarreries les plus étranges. Les grandes inspirations, les pensées lumineuses se révélaient chez lui à côté des plus surprenantes utopies. M. de Persigny était ainsi un conseiller souvent précieux à entendre, mais non moins périlleux à écouter. On pouvait puiser les éléments d'une résolution utile dans le nombre des combinaisons que lui suggérait tout incident politique ; mais il était prudent de n'accepter son conseil que sous la réserve d'un examen attentif et d'un contrôle rigoureux. Dédaigneux de la pratique, à laquelle il resta étranger dans tout le cours de sa carrière, il se complaisait dans l'élucubration de théories de toutes natures et recherchait les sujets les plus abstraits.

Les préférences de son esprit avaient toujours été pour la politique ; il réfléchissait sans cesse aux grandes questions d'État et, pour tout événement à prévoir, il avait trouvé, dans ses méditations, une solution qu'il exposait volontiers à quelques fidèles admirateurs. Il s'exprimait alors avec une extrême ardeur, avec une sorte d'éloquence de croyant, et il était en effet, même dans ses erreurs, un croyant sincère et passionné.

Dans de graves conjonctures, il était homme de ressources, si le hasard voulait que la circonstance fût de celles sur lesquelles il avait une théorie toute prête. Le convier à l'examen d'un fait imprévu, c'était s'exposer à des appréciations hasardeuses. M. de Persigny était un homme qu'il fallait attendre, qu'on trouvait à ses heures, mais qu'il fallait rarement interroger. Ce n'est rien dire de trop que d'affirmer qu'il eut parfois de véritables éclairs de génie politique, il en fit profiter le Prince et le pays, et on y trouve les causes de son élévation; mais, comme tout est contraste dans cette étrange nature, à côté des services qu'il put rendre se placent des fautes regrettables dont eurent à souffrir également le Prince et le pays.

Sa physionomie respirait la tristesse; il s'isolait volontiers, même au milieu de la foule, et ne donnait, d'ordinaire, son attention qu'à un entretien qu'il avait provoqué. Son humeur était souvent fantasque, et ce fut pour lui la source de difficultés fréquentes. La moindre contrariété, le moindre ombrage le conduisaient à des emportements excessifs qu'il était impuissant à maîtriser. Il en souffrait plus que tout autre dès qu'il avait retrouvé le calme, car il était bon, bienveillant, généreux, et s'il avait causé quelque froissement, il recherchait avidement l'occasion d'en effacer la trace. M. de Persigny avait été élevé à l'école des privations et du malheur; il avait connu les peines de l'exil et de la captivité; il avait noblement subi ces épreuves par amour pour son Prince, pour son idée et pour son pays. Il avait la foi de l'Empire. Aux temps où l'Empire ne semblait être qu'une vision chimérique, il le voyait apparaître comme l'inévitable conséquence des agitations que traversait la France. Courageux jusqu'à la témérité, il avait montré qu'il était prêt à donner sa vie pour aider au triomphe de sa cause.

Un mot définit l'homme : M. de Persigny était un apôtre.

M. de Morny est jugé de façons fort diverses : favorablement par ceux dont l'opinion ne put se faire que sur certaines apparences, tout autrement par ceux qui le virent de près, et qui purent conserver, vis-à-vis de lui, leur liberté d'appréciation.

Elevé par d'autres que ses auteurs, il n'eut point, dans son enfance, ces précieux exemples de la famille, ces leçons du premier âge qui vous suivent, à votre insu, dans tout le cours de l'existence, se retrouvent au milieu même des plus rudes orages et secourent, aux dernières heures, pour aider à faire, quand on n'y a pas songé plus tôt, une soudure entre le commencement et la fin de la vie.

Livré à lui-même pour la direction de ses études, pour le choix de sa carrière, il dut subir les hésitations naturelles à la jeunesse. Il effleura tout : la littérature, les arts, les sciences, l'économie politique, et réussit à garder une teinte superficielle de chaque chose.

Arrivé à l'âge d'homme, il quitta ses études abstraites. On lui avait, de bonne heure, conté, sur sa naissance, de quoi faire rêver un enfant. De ces rêves, restait, pour lui, une ambition sans limites, le désir de briller et d'arriver à tout prix. Il crut d'abord trouver la renommée dans la carrière militaire, et se montra brillant officier en Afrique ; mais, à moins d'un mérite transcendant, la gloire est longue à venir dans le métier des armes ; le jeune Morny ne voulut pas s'exposer à l'attendre et demanda à l'industrie cette sorte de notoriété à laquelle la fortune peut permettre de prétendre. Il subissait là une illusion. L'industrie n'improvise pas l'opulence ; elle la donne, comme récompense, à de longs efforts, à de patientes et sages combinaisons. La spéculation seule peut faire riche en un jour, sauf à faire, le lendemain, expier ses largesses, à son favori, par la ruine ou le déshonneur.

M. de Morny ne voulut voir devant lui que de riantes espérances ; il quitta l'industrie pour la spéculation et vint demander à la Bourse de se charger de son avenir. Paris devint son centre d'action, et la députation, qu'une chance heureuse avait placée sur sa route, lui permit de donner à ses entreprises le piédestal de la politique. Il prit, vite et au complet, toutes les coutumes modernes. Son temps se partageait entre les dissipations du monde élégant et les relations beaucoup moins distinguées des faiseurs d'affaires auxquels il demandait cette fortune qu'il cherchait à édifier. Avec ces sortes de gens, il réussissait, non sans efforts, à quitter la morgue, peu explicable d'ailleurs, qu'il croyait devoir à sa naissance ; il affectait la bonhomie et gagnait sensiblement à se montrer sous cet aspect.

Le comte de Flahaut avait pour M. de Morny l'affection la plus tendre ; il avait veillé sur sa carrière politique et le faisait profiter de son patronage. C'est sur ses conseils que M. de Morny, malgré la faveur dont il avait joui près des princes d'Orléans, chercha à se faire place dans l'intimité de Louis-Napoléon. Après avoir été orléaniste ardent, sous le gouvernement de Juillet, M. de Morny se fit ainsi bonapartiste aux premières lueurs des hautes destinées du Prince. Il devint l'un de ses assidus, et nous avons vu à l'aide de quels efforts il était arrivé à se faire accepter pour son ministre. Dans cette haute situation, il fit preuve de courage, de sens et de finesse ; mais l'expérience et le savoir politique lui faisant défaut, il resta, comme homme d'État, au-dessous de ce qu'il eût pu être, si des antécédents plus sérieux l'eussent préparé au rôle que lui donnaient les circonstances. Le Prince le jugeait ainsi, et de plus, malgré tout ce qu'on a pu dire, il ne l'aimait pas, ce qui explique le peu de compte qu'il tenait souvent de ses avis.

Mais M. de Morny savait que la principale condition d'importance était, à cette époque comme sous tous les gouvernements personnels, la faveur du Chef de l'État ; aussi mit-il toute son habileté à faire croire à son crédit, et il y réussit. Il dut ainsi son importance moins à son mérite qu'à sa dextérité.

Une opinion très accréditée est que M. de Morny exerça, sur les destinées de l'Empire, une influence salutaire. Tel n'est point notre sentiment. S'il se montra courageux au Deux-Décembre, d'autres que lui, dans le poste qui lui fut confié, eussent porté, sans défaillance, cet enviable fardeau. S'il sut prendre, sur le Corps législatif, une réelle influence, son adresse et sa courtoisie en furent sans doute les principales causes ; mais, en ces temps où il présidait cette assemblée, être ainsi le délégué du Chef de l'État, suffisait pour exercer un ascendant presque irrésistible. Il fit, en tous cas, expier cruellement au Prince les services qu'il put lui rendre, en se faisant, dans un but de popularité, l'un des promoteurs de plusieurs de ces néfastes réformes auxquelles la France doit ses malheurs. M. Émile Ollivier eut, en effet, originairement M. de Morny pour principal complice dans cette campagne funeste qui aboutit à la liberté mal réglée de la presse, et à la loi sur les réunions publiques.

M. de Morny causa encore à l'Empire un grave préjudice moral. Dans ce naufrage de principes auquel nous assistons, il en est cependant quelques-uns qui surnagent. Si on ne les applique pas assez pour soi, on les veut chez les autres. C'est ainsi que l'opinion, en France, exige, chez ceux qui gouvernent, le désintéressement et le détachement de toute entreprise industrielle, de toute spéculation. Les spéculations aventureuses de M. de Morny n'eurent point pour seuls effets d'atteindre sa situation, leur retentissement fut tel que l'opinion en prit ombrage. Elle crut trouver, dans ces agissements, comme un symptôme révélateur. Les ennemis du gouvernement ne manquèrent pas d'exploiter cette erreur, et là où il ne fallait voir qu'une défaillance individuelle, ils s'appliquèrent à montrer une décadence morale dans les hautes sphères du pouvoir.

Pour être exact, on pourra dire de M. de Morny : il fut homme de haute élégance et de rare savoir-faire; il fut courageux toujours, habile et puissant à ses heures; il fut aventureux et compromettant en affaires; mais son nom et ses actes ont eu un grand retentissement. C'était son ambition ; il eut la satisfaction de l'atteindre.

On s'explique aisément quelles difficultés avait soulevées, dans les préliminaires ministériels, le nom de M. de Morny ; mais l'heure n'était plus aux questions de personnes. Dans la journée du 1ᵉʳ décembre, M. de Morny assista, pour la première fois, à l'une de nos réunions ; le Prince, le général de Saint Arnaud et moi l'initiâmes aux détails d'exécution depuis longtemps résolus ; puis nous arrêtâmes un point qui, pour moi, avait une importance décisive.

Le préfet de police a de tout temps occupé, en fait, dans le haut personnel gouvernemental, un rang à peu près égal à celui des ministres. Mais, quoique dans la pratique, le pouvoir exécutif, sous la royauté comme depuis, l'eût rendu, dans une certaine mesure, indépendant du ministère de l'intérieur en l'admettant, chaque jour, au travail direct avec le Chef de l'État en dehors du ministre, ce dernier n'en restait pas moins hiérarchiquement son chef, pouvait lui donner ses ordres et par conséquent paralyser sa volonté et son initiative à un moment donné. En présence des circonstances graves que nous allions aborder, une semblable situation offrait de réels dangers ; une large part de responsabilité devait peser directement sur moi ; je devais exiger mon indépendance absolue, mon entière liberté d'action. Le Prince le comprit ainsi, et M. de Morny ne fit aucune objection à me voir dégagé de son autorité. Il ne devait d'ailleurs entrer en fonctions que le 2 décembre, à six heures un quart du matin, et à cette heure, le Coup d'État devait être entièrement accompli si le succès couronnait nos espérances.

J'avais également à prendre mes mesures pour m'affranchir de la suprématie du pouvoir militaire. Nous devions agir sous l'empire de l'état de siège. Or, l'état de siège enlève immédiatement aux autorités civiles la plus notable portion de leurs attributions, les fait passer aux autorités militaires. Pour me rendre les pouvoirs que la loi devait me ravir, il nous parut qu'il suffisait d'un acte du ministre de la guerre, qui renonçât, en me les restituant, aux attributions dont le saisissait le fait seul de la proclamation de l'état de siège. Le général de Saint Arnaud comprit que rien ne devait entraver ma marche, il accepta et signa une formule de délégation qui avait pour but d'établir expressément la nature de nos rapports réciproques.

Cette pièce était ainsi conçue:

« Le Ministre de la guerre,

« Vu le décret de mise en état de siège de la première division militaire,

« Arrête :

« Nous déléguons, au préfet de police, tous ceux de ses pouvoirs que l'état de siège lui enlevait.

« Paris, le 2 décembre, 1851.

« *Le Ministre de la guerre,*

« A. DE SAINT ARNAUD. »

Après avoir arrêté quelques points de détail, nous prîmes rendez-vous définitif pour le soir à dix heures, après la soirée de l'Elysée (1). Nous devions nous retirer isolément et nous rendre dans le cabinet du Prince pour notre dernière conférence. L'heure des grandes solutions était proche.

(1) Les salons de l'Élysée étaient ouverts les lundis ; le lundi 1er décembre était donc un jour de réception.

CHAPITRE XV

LA NUIT DU 1ᵉʳ AU 2 DÉCEMBRE

La soirée du 1ᵉʳ décembre à l'Élysée. — Notre dernière réunion dans le cabinet du Prince. — Les Mémoires de M. Claude, ses impostures et ses calomnies. — La part de chacun dans la nuit du 1ᵉʳ au 2 décembre. — Le colonel de Béville à l'Imprimerie nationale. — Ce qui se passait dans mon cabinet de trois heures à sept heures du matin. — Mes instructions aux commissaires de police. — Précautions prises pour détourner les soupçons. — La garde républicaine. — La direction de Mazas. — Le rôle de la police secrète. — Ce que sont les bas-fonds de la démagogie. — Nos derniers renseignements sur les généraux et représentants à arrêter. — Les rapports de la nuit sur l'état de Paris. — Avions-nous avec nous le droit et la loi.

La soirée du 1ᵉʳ décembre à l'Élysée n'offrait aucun caractère particulier. On s'y entretenait des incidents politiques des derniers jours. Pour n'en pas perdre la coutume, on y parlait aussi de Coup d'État, comme on le faisait depuis un an et depuis quelques semaines surtout. Le Prince apportait dans ses entretiens sa placidité ordinaire; rien ne trahissait en lui la plus légère préoccupation. Un peu avant dix heures un quart, le général de Saint Arnaud et moi quittions les salons par la porte principale de sortie, de façon à n'éveiller aucun soupçon, et nous nous rendions, en traversant la cour, dans le cabinet du Prince où lui-même nous avait précédés avec M. de Morny. A dix heures et quelques minutes, nous étions tous réunis. M. de Persigny avait été appelé à se joindre à nous par le Prince. Le Président était amèrement peiné, nous l'avons déjà dit, de voir son ami des jours de péril, son fidèle compagnon de proscription ne pas avoir un rôle actif dans le Coup d'État; il regrettait de laisser sans profit, en un pareil moment, ce dévouement chevaleresque, ce cœur ardent au danger. Il voulait lui donner ainsi, en l'admettant à cette réunion dernière, un témoignage de sa confiance et de son affection.

C'était, en effet, une dette de cœur que d'associer ainsi M. de Persigny à l'accomplissement du Deux-Décembre. Personne autant que lui n'avait, et de longue date, poussé le Prince à ce dénouement nécessaire. Ils avaient ensemble examiné, à nombreuses reprises, les divers moyens à l'aide desquels on pouvait accomplir ces grands projets, et, à cette époque récente, où des hésitations et des abandons inattendus avaient fait sombrer la résolution d'un Coup d'État, c'était M. de Persigny qui, après avoir contribué pour une large part à en préparer les éléments, désespérait l'un des derniers du succès d'une solution chère à son cœur (1).

(1) Le Prince, dans la préparation du Coup d'État qui

M. de Persigny nous apportait d'ailleurs l'appoint de l'expérience que donnent toujours de longues méditations sur un sujet préféré.

On a bâti bien des fables sur cette dernière entrevue, cité de ces pompeuses paroles qui n'échappent aux hommes que dans des moments où l'excitation de l'esprit colore et dramatise les pensées et les choses les plus naturelles. Cette suprême réunion n'eut aucun de ces caractères exceptionnels qu'on a voulu lui donner. Un spectateur étranger à ce qui se passait eût supposé qu'il s'agissait, entre nous, de la discussion d'intérêts ordinaires, d'affaires courantes, tant était complet le calme qui régnait dans le cabinet du Prince.

Chacun de nous, le Président le premier, relut les proclamations qui devaient, quelques heures après, couvrir les murs de la capitale et apprendre à la France ses nouvelles destinées. Le général de Saint Arnaud et moi énumérâmes une fois encore l'ensemble des mesures que nous avions préparées; nous renouvelâmes tous deux l'assurance de notre confiance en l'exécution de nos ordres, puis nous nous séparâmes. Le Prince nous serra la main comme il l'eût fait la veille d'un jour ordinaire, calme et confiant, comme le sont les grandes âmes qui n'ont nul besoin de recourir aux efforts pour

---

avait été projeté pour le 17 septembre et dont nous avons dit précédemment quelques mots, avait eu pour principaux auxiliaires M. de Persigny et le colonel Fleury, tous deux ses officiers d'ordonnance et ses confidents les plus intimes.

s'élever à la hauteur des grandes circonstances, et qui se trouvent portées à leur niveau en restant dans la simplicité de leur nature, dans la tranquille vérité de leur caractère.

Disons encore qu'avant de nous séparer le Prince avait voulu partager, avec le général de Saint Arnaud, la somme modeste qu'il avait dans sa caisse. Cette caisse n'était autre que le tiroir de droite de son bureau de travail. Le Prince souleva un casier où se trouvait sa monnaie courante, puis, prenant une boîte placée au fond du meuble : « Voilà toutes mes richesses », nous dit-il gaiement ; « général, prenez-en la moitié, vous en aurez besoin demain pour distribuer quelques gratifications. » La boîte contenait quarante mille francs en billets de banque et vingt rouleaux d'or de mille francs ; le général en prit dix seulement, et le Prince conserva le reste de ce modeste trésor.

Cette réunion du 1er décembre à l'Élysée est une des circonstances qui ont le plus excité la verve inventive et mensongère d'un prétendu M. Claude, l'un des pamphlétaires auxquels nous avons fait allusion dans notre préface. Si pénible qu'il puisse être d'avoir à relever les impostures de semblables gens, nous avons cru devoir, dans l'intérêt de la vérité, surmonter nos répugnances et nous imposer ce sacrifice.

Ce livre était écrit lorsque parurent les « Mémoires de M. Claude », une de ces publications malsaines comme en invente aujourd'hui l'esprit de spéculation, un de ces romans de mauvais aloi qui visent, avant tout, par le scandale qu'ils promettent, à piquer la curiosité pour en recueillir les profits en argent. Ce libelle a, sur les autres, au point de vue du retentissement, un perfide avantage : c'est le nom de son auteur, si tant est que cet auteur soit M. Claude, ce que nous avons entendu contester absolument. Que les Mémoires de ce Claude soient ou non apocryphes, la fonction passée de cet homme peut faire croire à quelque exactitude dans ce qu'il écrit. C'est à ce titre seulement que nous ferons rapidement ici aux Mémoires de M. Claude les honneurs de quelques démentis.

M. Claude donne, sur ce qui se passait à l'Élysée, dans notre réunion dernière le soir du 1ᵉʳ décembre, de si minutieux détails, qu'on pourrait croire, en le lisant, qu'il était lui-même dans le cabinet du Prince. Or tout, dans ces détails, est erreur ou calomnie. Relevons-les une à une.

Les erreurs d'abord :

Tome Iᵉʳ, page 185. « Alors, dit M. Claude, mon préfet, M. de Maupas, attendait dans le cabinet du Président que la soirée fût terminée pour recevoir ses ordres..... »

Assertion inexacte. Le Prince avait quitté les salons à dix heures avec M. de Morny, et s'était rendu directement dans son cabinet par la porte du dernier salon, celui où se trouvait le portrait de la reine Hortense. Au même moment, le général de Saint Arnaud et moi avions quitté les salons par la porte opposée, et, après avoir traversé l'antichambre et la cour, nous arrivions au cabinet du Prince deux minutes à peine après qu'il y était entré avec M. de

Morny et M. de Persigny qui l'attendait dans le cabinet de M. Mocquart.

Plus loin : « M. de Morny, à minuit, retrouvait ses complices à l'Éysée..... » Ce qui vient d'être dit montre que c'est là une nouvelle erreur. Ajoutons encore que, à onze heures, chacun de nous avait quitté le cabinet du Prince, que le Prince lui-même était rentré dans ses appartements, et que par conséquent celui qui s'y fût présenté *à minuit* eût trouvé porte close.

Plus loin, même page encore..... « Depuis une heure, M. de Maupas attendait, assis devant des placards qui la nuit même devaient couvrir les murs de Paris. Morny vint le dernier dans le cabinet. »

Comme on vient de le voir, M. de Morny, au contraire, était arrivé avec le Prince, le premier, dans son cabinet, et au lieu d'y avoir attendu pendant une heure, j'y arrivais deux minutes après le Prince.

A la page 186..... « Le général Magnan, dit M. Claude, ne rejoignit que peu de temps après ces quatre acteurs. »

Le général Magnan n'a pas un instant paru à l'Élysée, à la réunion dont parle M. Claude. Il a reçu ses ordres par écrit le 2 décembre à trois heures du matin.

Et maintenant, les indignes calomnies.....

Même page 186..... « Le Prince ouvrait une armoire et en retirait quatre paquets à l'adresse de ses complices. Le premier paquet pour M. de Morny contenait 500,000 francs. Il le reçut pour aller prendre possession de son poste de ministre de l'intérieur. Le second, à l'adresse de Saint Arnaud, contenait également 500,000 francs, plus 50,000 francs pour Espinasse. Le troisième, à l'adresse de Maupas, contenait avec l'argent la liste de tous les représentants, généraux, hommes de lettres, chefs de parti, qu'il devait faire arrêter..... Le quatrième paquet, le plus petit, était destiné à la police de l'Élysée. Il ne renfermait que 100,000 francs..... »

C'est là un tissu d'abominables impostures. Le Prince n'a remis ni à M. de Morny, ni à moi aucune somme d'argent, absolument aucune. Tout est faux dans cette mise en scène de prétendus paquets d'argent préparé. Mais, de si bas que parte cette infâme calomnie, je ne puis, pour ma part, me contenter de la mépriser comme je méprise ses auteurs; je veux encore protester contre elle avec toute l'indignation de ma conscience révoltée.

Nous avons dit que le Prince avait remis au général de Saint Arnaud 10,000 francs pour être distribués le lendemain en gratifications. Ce n'est certes pas de ce fait, ignoré, qu'a voulu parler M. Claude. Il a voulu faire un gros scandale, et il n'a pas même eu le mérite de l'invention. Cette misérable imposture, il l'a simplement copiée dans l'un ces libelles dont nous parlons dans notre préface et dont l'auteur a été retremper en prison, pendant plusieurs années, son honorabilité.

Mais au risque de trop parler de cet inconnu, qui a écrit les « Mémoires de M. Claude », montrons encore les invraisemblances qui lui ont échappé.

Selon ce M. Claude, c'est seulement dans cette

soirée du 1ᵉʳ décembre, *à minuit*, que le Prince m'aurait remis « la liste de tous les représentants, généraux, hommes de lettres, chefs de parti » que je devais faire arrêter aussitôt après mon retour à la Préfecture de police. Or, le véritable M. Claude savait, mieux qu'un autre, que des arrestations aussi nombreuses et aussi importantes ne pouvaient pas être instantanément préparées dans les conditions surtout où nous les devions effectuer. Il serait insensé de le prétendre. Ces arrestations, nous les avions préparées plus de huit jours à l'avance, et on ne pouvait moins faire pour agir avec sécurité.

Affirmons donc ici que cette nouvelle invention est tellement maladroite et irréfléchie qu'elle suffit, à elle seule, pour prouver jusqu'à l'évidence que le libelle qui la donne ne peut avoir pour auteur un ancien chef de la police de sûreté : M. Claude.

La nuit qui nous séparait encore du 2 décembre ne devait pas être la même pour chacun de nous. Pour le Prince, elle fut une nuit de repos paisible, du repos que Dieu accorde aux consciences satisfaites de l'accomplissement d'un grand devoir. Ses ordres étaient donnés, rien n'était donc plus à faire pour lui jusqu'au moment où il devait se montrer au peuple.

Pour M. de Morny, que ses attributions ne mêlaient pas à l'exécution des mesures premières du Coup d'État, cette nuit fut ce que ses préoccupations purent la lui faire : il put y trouver un temps de repos.

Pour le général de Saint Arnaud et pour moi, ce fut le moment principal de l'action.

Le général de Saint Arnaud avait à avertir le

général Magnan du rôle qui lui était réservé, à lui donner ses instructions; il avait aussi à donner ses ordres au colonel Espinasse pour l'investissement de l'Assemblée, à veiller enfin à ce que chaque rouage de ce merveilleux mécanisme de l'armée française fût prêt à se mouvoir à l'heure dite.

Il faut être soldat pour se rendre compte des mille prévisions que la veille d'une bataille impose au général qui doit y commander. Le général de Saint Arnaud sut tout prévoir, tout préparer; et quand on compare ce que fut l'attitude de l'armée en face du peuple, au 2 Décembre, et ce qu'elle fut à d'autres époques, 1830, 1848, on est frappé du contraste. Et cependant c'étaient les mêmes soldats, les enfants du même peuple, les héritiers des mêmes principes; mais ce n'étaient pas les mêmes chefs, et il y a des circonstances où le chef fait le soldat.

Pour être juste, c'est à la fois au général de Saint Arnaud et au général Magnan que cet éloge s'adresse. Le général Magnan savait bien, en prenant le commandement de l'armée de Paris, qu'il aurait un jour à mêler sa fortune à celle du Prince. Il en avait été averti et il avait donné l'assurance de son concours; on pouvait compter sur sa foi comme sur son courage.

Il avait, lui-même, demandé à ne pas être averti à l'avance des événements auxquels il devait prendre une si large part; il voulait rester le soldat qui obéit à son chef, ne prendre aucun partage dans le mouvement politique et se borner à son rôle militaire; ce rôle lui suffisait pour illustrer son nom.

En sortant de l'Élysée, j'avais pris dans ma voiture le colonel de Béville qui recevait l'important dépôt de toutes les pièces que nous livrions à l'impression. Il devait passer la nuit à l'Imprimerie nationale pour veiller à cette opération et pour s'assurer surtout que le secret, une fois entré dans l'enceinte où les besoins de l'exécution matérielle nous avaient forcés à le répandre quelques heures avant l'événement, y serait scrupuleusement gardé.

M. de Saint Georges, directeur de l'Imprimerie nationale, était du reste, lui aussi, dévoué à la personne du Prince ; on pouvait compter sur son active et intelligente coopération. Il avait reçu l'ordre d'avoir toujours sous sa main un nombre suffisant d'ouvriers habiles prêts à exécuter un travail comme souvent d'ailleurs il en était demandé d'urgence à l'Imprimerie nationale. Grâce à cette précaution, aucune convocation des ouvriers, en dehors des heures réglementaires, n'était plus de nature à éveiller les soupçons.

Une compagnie de gendarmerie mobile, sous les ordres du brave capitaine de la Roche d'Oisy, arrivait à l'imprimerie en même temps que le colonel de Béville. Les portes de l'hôtel se refermaient sur elle et restaient hermétiquement fermées pour la nuit entière. Des sentinelles, placées à l'intérieur à chaque porte, à chaque fenêtre, avaient les ordres les plus sévères pour empêcher toute communication avec l'extérieur ; pas un effort ne fut tenté du reste pour contrevenir à la consigne donnée.

Une fois ces précautions indispensables prises, le

travail d'impression commença, et, quelques heures après, MM. de Saint Georges et de Béville, munis de toutes les proclamations du Président, du ministre de la guerre et du préfet de police, n'attendaient plus que l'heure prescrite pour me les apporter.

En quittant le colonel de Béville, à onze heures du soir, j'avais parcouru rapidement, avant de rentrer à la Préfecture de police, ses principaux abords. Tout y était dans le calme et, visiblement, dans l'ignorance de ce qui se préparait.

Aussitôt rentré, je me mis à l'œuvre. Le plus lourd de la tâche allait commencer pour moi. Du succès des principales mesures que devait exécuter la Préfecture de police, dépendait incontestablement le succès du Coup d'État lui-même. Qu'une seule des arrestations importantes vint à manquer, celle du général de Lamoricière, celle du général Changarnier, celle d'un représentant montagnard, l'éveil était donné, et à quelles conséquences terribles n'était-on pas alors exposé! Les régiments pouvaient ainsi entendre, avant d'avoir reçu les ordres de leur chef, la voix de l'un de leurs anciens généraux. L'hésitation n'était-elle pas dès lors à craindre dans l'armée? N'avait-on pas à redouter le groupement immédiat des représentants hostiles, et ne se serait-il pas constitué ainsi un centre de résistance d'autant plus menaçant, qu'il eût eu des hommes d'action à sa tête et une partie de la population de Paris pour cortège?

La Montagne avertie eût immédiatement pris les armes; elle était prête; la nuit lui eût permis d'élever des barricades, et les premiers rayons du jour, au lieu d'éclairer notre complet triomphe, eussent montré le douloureux spectacle d'une grande cité en proie aux déchirements qu'amène le choc violent des partis.

Je ne me dissimulais rien de l'immense responsabilité que j'avais assumée, et j'avais préparé moi-même avec la plus minutieuse attention chacun des moindres détails de cette vaste entreprise (1). Le point essentiel, c'était d'avoir, comme instruments d'action, des hommes sûrs, prêts à me suivre au péril de leur vie.

Les arrestations devaient, toutes, être dirigées par un commissaire de police. Depuis un mois, j'avais successivement mandé, dans mon cabinet, chacun de ces magistrats; j'avais choisi, parmi eux, pour les missions les plus importantes, ceux que j'avais jugé les plus énergiques. A une seule exception près, je trouvai le dévouement le plus absolu (2).

(1) J'avais été aidé dans ces préparatifs par deux hauts fonctionnaires de la Préfecture de police : l'un m'était personnellement attaché; il m'avait suivi dans toute ma carrière en qualité de secrétaire particulier; je savais tout le fonds qu'on pouvait faire sur son dévouement et sur sa discrétion. L'autre dirigeait un des services importants de la Préfecture, et, tout parent qu'il fût de M. Guizot, pour lequel il avait une vive affection, j'avais la ferme conviction que le sentiment du devoir lui ferait conserver religieusement les secrets que je croyais devoir lui confier, ou ceux même qu'il pourrait pressentir. Le concours de ces deux auxiliaires m'a été précieux ils trouveront ici un nouveau témoignage de ma gratitude.

(2) Un seul commissaire de police, sur l'ordre que je lui donnai d'arrêter un des membres de l'Assemblée, me parut

Tous ceux qui devaient agir le 2 décembre, consignés dès la veille à leur domicile, recevaient, à deux heures du matin, l'ordre de se trouver à la Préfecture de police, à minute fixe et à courts intervalles, entre trois heures et quatre heures et demie du matin. Ils étaient, à leur arrivée, isolés les uns des autres. Chacun d'eux était introduit seul, à son tour, dans mon cabinet, et recevait de moi-même ses instructions. J'aurais pu, sans inconvénient, me confier à ces braves magistrats, leur révéler, à cette heure dernière, la gravité de l'acte auquel ils allaient donner leur concours. Nulle part je n'ai vu le sentiment du devoir, la religion du secret plus scrupuleusement observés qu'à la Préfecture de police. Mais c'est toujours une faute, en un pareil moment, que de dire ce que l'on peut taire : je me contentai d'annoncer à chaque commissaire l'arrestation dont il était chargé, lui laissant ignorer qu'il participait ainsi à une mesure d'ensemble.

Cette heure, pendant laquelle je donnai leurs instructions à mes commissaires, est une de celles qui

---

hésitant. Au lieu du chaleureux empressement que je trouvais chez ses collègues, je rencontrai de sa part des objections. Elles me laissaient voir clairement qu'il pénétrait nos desseins et que s'il n'était pas précisément hostile, il ne se souciait point de s'engager dans une entreprise dont la gravité l'effrayait. Son visage portait la trace des craintes qui l'agitaient. Cet homme avait peur. On comprendra que je ne pouvais laisser en liberté un agent qui avait ainsi surpris, ou tout au moins deviné nos intentions. Il ne quitta mon cabinet que pour être mis en lieu sûr. Aucune indiscrétion ne put ainsi être commise par cet agent. Ajoutons que ce commissaire n'était pas M. Claude.

m'ont laissé les souvenirs les plus vivants. Si aucun d'eux, je l'ai dit, ne recevait de moi la confidence de l'acte d'ensemble auquel il était associé, tous, clairvoyants comme ils l'étaient, comprenaient qu'ils concouraient, pour leur part, à ce Coup d'État depuis si longtemps annoncé. Si aucun d'eux ne m'interrogeait, si aucun d'eux n'hésitait, je devais penser qu'ils mesuraient, dans leur for intérieur, toute la responsabilité qu'ils allaient assumer.

Quand je disais à l'un : « Vous allez arrêter le général Changarnier; » à l'autre : « Arrêtez le général Lamoricière; » à d'autres : « Allez arrêter le général Bedeau, M. Thiers, le général Cavaignac, » tous représentants de la nation, hommes illustres, ayant le prestige que donnent ou l'éclat des services ou les hautes situations occupées dans l'État, ne devaient-ils pas mesurer immédiatement, à l'importance des personnages indiqués, la gravité de l'entreprise dans laquelle ils s'engageaient ?

Mais en même temps, ils voyaient que le Prince accompagnait sa résolution des mesures les plus énergiques, et ils savaient par expérience qu'avec de la vigueur on pouvait dominer les situations les plus difficiles. C'était déjà, pour eux, une condition de confiance, et je puis ajouter que mon langage et mon attitude ne pouvaient que l'augmenter.

Si dévoués que fussent ces excellents auxiliaires, il fallait, à une pareille heure, plus qu'un ordre sec et banal, il fallait stimuler leur zèle, exciter leur ardeur, faire passer dans leur âme la foi qui animait leur chef. A chacun, je rappelai rapidement ce que le devoir commande, ce que le courage et l'énergie doivent braver quand l'âme les inspire; je leur ordonnai de ne reculer devant aucune mesure pour l'exécution de leur mandat; mais, par-dessus tout, de respecter, de protéger, au péril même de leur vie, la vie des hommes qu'ils allaient arrêter. Je mettais, dans mes exhortations, toute la chaleur qui m'animait. Debout devant eux, je tenais leur main dans la mienne, et je sentais, au tressaillement qu'éveillait chacun de mes appels à leur dévouement, que j'étais compris, que ma volonté du succès était partagée, et que cette excitation profitable qu'on éprouve souvent en présence d'un grand devoir à remplir et qui double les facultés et les forces, mes agents la ressentaient. Je lisais, dans leur regard, l'impatience de courir à leur poste; de pareils hommes, pénétrés comme ils l'étaient de leur devoir, animés, excités comme je les voyais en me quittant, devaient s'acquitter courageusement et efficacement de leur mission. J'étais sûr du succès des délicates opérations qu'ils allaient accomplir.

De minute en minute, et sans communiquer encore avec aucun de ses collègues, chaque commissaire quittait mon cabinet, se rendait à un point que je lui avais indiqué, où il trouvait, prêt et au complet, tout le personnel nécessaire à une arrestation qui doit être opérée dans des conditions de sûreté telles, que l'insuccès soit à peu près impossible à prévoir (1).

(1) A notre nouveau regret, nous sommes forcé de dire encore ici un mot des tristes Mémoires de M. Claude. Il devait naturellement penser que, dans le récit du Coup d'État,

Commissaires de police, officiers de paix, brigadiers et simples agents étaient ainsi sur pied à la

les faits qu'on rechercherait avec le plus d'avidité seraient ceux qui se seraient passés à la Préfecture de police dans cette nuit du 1ᵉʳ au 2 décembre.

Cette fois, c'est toute une mise en scène imaginaire, dont le seul but, pour M. Claude, est de se donner de l'importance. « Le lendemain, dit-il (t. Iᵉʳ, p. 9) *à minuit*, j'étais convoqué, comme tous les commissaires de Paris, à la Préfecture de police dans le cabinet de M. de Maupas. »

Il est absolument faux qu'il y ait eu convocation et réunion des commissaires de police, *à minuit*, dans mon cabinet. A aucune heure de cette nuit du 2 décembre, il n'y a eu réunion d'un groupe, si peu nombreux qu'il fût, de commissaires de police dans mon cabinet. Comme on l'a vu, j'ai reçu isolément, dans cette nuit et de trois à quatre heures et demie du matin seulement, ceux des commissaires de police auxquels je devais confier les arrestations politiques importantes. M. Claude, n'était pas de ce nombre. Il n'est pas entré dans le cours de cette nuit à la Préfecture de police.

Mais l'imposture va prendre un plus sérieux caractère. Citons les paroles que M. Claude me fait adresser aux commissaires de police réunis... « Voici des mandats d'arrêt contre les généraux Cavaignac, Lamoricière, Changarnier, Le Flô, contre le colonel Charras, contre MM. Thiers et Baze... Messieurs, il faut que toutes ces arrestations soient faites avant le lever du jour. »

Me prêter ce langage *à minuit*, en présence de *tous* les commissaires de police réunis, est une maladresse et une invraisemblance. Livrer notre secret, *à minuit*, à tous les commissaires de Paris, parmi lesquels plusieurs étaient notoirement dévoués à nos adversaires, c'eût été une véritable naïveté. C'eût été incontestablement préparer pour nos ennemis l'avertissement du péril auquel ils étaient exposés.

Tout ce qui précède ne nous paraît du reste inventé que pour amener la phrase suivante où le prétendu M. Claude se met en scène et cherche à se donner de l'importance.

« En achevant ces mots, » dit M. Claude, « pendant qu'un

même heure, et sans avoir ni jeté l'alarme dans la cité, ni pu recueillir aucun indice qui les mît sur la

secrétaire nous distribuait ces mandats d'arrêt, M. de Maupas se dirigea vers moi, dissimulé derrière mes collègues pour lesquels j'étais un étranger, presque un ennemi. M. de Maupas me prit un instant à part, il me dit : « Avez-vous réfléchi ? »

« Je me rappelai la lettre du matin, les recommandations de M. Thiers. « Je ferai mon devoir, répondis-je en m'inclinant, « je reste fidèle à mon poste et je n'ai qu'à obéir à mon chef. — « Vous êtes un brave homme et un bon citoyen, » ajouta-t-il en s'écartant de moi. Ce dialogue, d'un bout à l'autre, n'est encore qu'un mensonge. Je n'ai pas dit un mot de ce qui précède à M. Claude, par l'excellente raison qu'il n'a pas mis le pied dans mon cabinet dans cette nuit du 1er au 2 décembre.

Faisons remarquer en passant une contradiction singulièrement maladroite. On a vu plus haut que, dans cette même nuit du 2 décembre, M. Claude me faisait entrer dans le cabinet du Prince à *minuit*, et m'y faisait assister à une réunion qui m'eût à peine permis d'arriver à une heure du matin à la Préfecture de police. Or, c'est à cette heure de *minuit* que M. Claude me fait recevoir, à la Préfecture de police, tous les commissaires de Paris. L'auteur des Mémoires de M. Claude se donne ainsi à quelques pages de distance un démenti concluant.

A défaut de concordance dans les événements qu'il imagine à sa guise, M. Claude croit donner à son récit une certaine garantie d'exactitude en ajoutant (t. Ier, p. 10) : « Je donne ici comme pièce authentique le fac-simile du mandat d'arrêt dont je fus investi par M. de Maupas. »

Mais la pièce que donne M. Claude n'est point un mandat d'arrêt. C'est simplement le *fac-simile d'un ordre de service* comme j'en donnai plusieurs dans la matinée du 2 décembre. Et constatons encore, à ce propos, un autre démenti que s'est donné M. Claude. La réunion de la rue Boursaut, comme celles tenues chez MM. Odilon Barrot, Daru et autres personnages, réunions dont nous aurons à nous occuper plus loin, n'a eu lieu que de neuf à dix heures du matin, après trace de ce qui se préparait par eux-mêmes. Leur chef, le chef de la police municipale, le moteur de toute la force de la police de Paris, l'agent principal d'exécution, celui-là même ignorait absolument ce que devaient accomplir ses agents, qu'il avait mis sur pied. Il n'avait pas de raison pour se demander, ce jour-là plus qu'un des jours précédents où des ordres semblables avaient été donnés et exécutés, ce qu'en voulait faire le préfet.

Un moyen naturel m'avait permis d'arriver à cette dissimulation de nos projets. Rien n'est plus sûr pour dérober un fait isolé à l'observation la plus

connaissance des événements accomplis. Ces diverses réunions ne pouvaient pas être prévues la veille *à minuit*, et, ne pouvant pas deviner qu'il y aurait une réunion rue Boursaut, je ne pouvais remettre, *la veille à minuit*, à M. Claude, comme il le prétend, l'ordre suivant :

Cabinet
du Préfet de police.

Paris, 2 décembre 1851.

Réunion de représentants à disperser ou à arrêter au besoin rue Boursaut, 12.

Le Préfet de police,
de MAUPAS

Cet ordre a été remis à M. Claude, le 2 décembre de neuf à dix heures du matin, en même temps que semblables ordres étaient donnés à huit commissaires de police pour dissiper les réunions des autres représentants.

Ainsi donc, nous ne saurions trop le répéter, tout est invention dans ces divers récits du prétendu M. Claude.

attentive elle-même que de lui enlever son caractère exceptionnel en le faisant disparaitre dans une série de faits analogues. Les menées des partis me permettaient d'appliquer facilement cette doctrine. L'agitation démagogique n'était un secret pour personne. Les réfugiés de Londres, pour exciter leurs adeptes de Paris à recourir aux armes et à préparer ainsi leur retour, promettaient sans cesse leur arrivée comme signal d'un mouvement. Plusieurs fois déjà, j'avais laissé répandre parmi mes agents la nouvelle prématurée de cette invasion démagogique d'outre-mer, et j'avais, sur divers points de la capitale, mis en mouvement les mêmes groupes d'opérations que ceux dont j'avais à me servir le 2 décembre.

Le 1er décembre le bruit courait, à la Préfecture de police, que Ledru-Rollin, Caussidière et autres devaient, cette nuit même, arriver à Paris. C'était donc de leur côté que l'attention s'était portée, et l'on croyait, en voyant se renouveler des préparatifs déjà faits plusieurs fois à leur adresse, que cette fois encore, c'était d'eux qu'il s'agissait de se saisir.

La force civile de la Préfecture de police n'était pas la seule dont j'eusse à me préoccuper et à me servir. La garde municipale de Paris, tout en restant subordonnée au ministre de la guerre, était en effet placée sous les ordres du préfet de police; c'était sa milice spéciale, milice de choix qui répondait toujours vaillamment à la confiance qu'elle inspirait. Je savais que son concours me serait assuré;

mais son chef, le colonel, brave militaire sans doute, était l'une des créatures du général Changarnier. Je m'étais assuré, tout récemment, que ses rapports continuaient avec le général. Je ne pouvais donc me fier à lui que dans une mesure limitée. Ne pouvant, en aucun cas, risquer ma confiance, je pris le parti de me passer de son concours.

De temps en temps, je faisais doubler les postes de la Préfecture, et, plusieurs fois depuis quelques jours, j'avais fait stationner dans les cours un piquet d'hommes à pied et un autre d'hommes à cheval de la garde municipale. Leur mission annoncée était de se porter au besoin sur les points où je faisais opérer d'importantes arrestations de réfugiés de Londres et de chefs de sociétés secrètes. Le 1er décembre, je donnai cet ordre de nouveau, et, à trois heures du matin, je mandai directement, dans mon cabinet, plusieurs capitaines que je savais disposés à m'obéir sans hésitation. Je leur donnai mes instructions, et, à l'heure dite, ils étaient, à la tête de leurs soldats, au poste que je leur avais assigné. Quelques-uns devaient appuyer, avec un détachement, les principales arrestations. Ils avaient pour mission de se tenir postés à un point que je leur avais déterminé, à peu de distance du domicile des personnages qui allaient être arrêtés. Ils devaient y arriver à l'heure fixée pour les arrestations, puis stationner et attendre une réquisition de la part d'une autorité civile, pour prêter main forte aux agents en cas de résistance à domicile ou de résistance provenant d'attroupements sur la voie publique. Ils avaient également à escorter les voitures qui contenaient les personnes arrêtées, et à assurer enfin leur translation à Mazas.

J'avais choisi Mazas pour y mettre en sûreté nos prisonniers d'État, parce que d'abord, ne voulant pas les conserver à Paris, Mazas suffisait comme séjour provisoire et était plus que toute autre maison à l'abri d'un coup de main ; parce que, ensuite, le trajet de Vincennes, dont il avait été question, me semblait trop long et périlleux.

La direction d'un lieu de détention aussi important que le devenait Mazas était un véritable poste politique. Il ne suffisait pas d'arrêter nos principaux adversaires, il fallait les conserver en notre pouvoir et les placer dans de telles conditions qu'on n'eût à redouter ni évasion ni révolte intérieure ; il fallait également, dans l'intérêt même de leur sécurité personnelle, prendre les mesures nécessaires pour qu'en cas d'émeute leur séjour fût à l'abri de toute lutte sanglante.

Le directeur de Mazas était un bon serviteur, mais il n'avait point été mis là en vue des événements qui allaient s'accomplir. Ce poste ne demandait pas seulement un homme sûr et fidèle à son devoir, il demandait encore un homme d'un jugement éprouvé, qui sût prendre, avec opportunité, une résolution décisive en face d'incidents graves, un homme de tact qui sût faire, pour d'honorables vaincus, la part du malheur et des revirements de la fortune politique. J'attachais un prix extrême à ce qu'il en fût ainsi. Je mesurais bien l'étendue des froissements que devaient éveiller nos rigueurs nécessaires ; j'en voulais, autant qu'il était en moi, adoucir l'amertume.

Je songeai donc, sans dépouiller le directeur de Mazas de ses attributions administratives, à envoyer près de lui un commissaire extraordinaire sous les ordres duquel il serait placé, et que j'investissais de pouvoirs illimités. J'avais choisi pour ce poste le colonel Thiérion, dont je connaissais l'énergie, le tact et le dévouement. Mandé à cinq heures dans mon cabinet, je lui remis sa nomination de commissaire extraordinaire et lui donnai mes instructions. Je pus voir, à son attitude comme à son langage, que mes prévisions sur son compte ne m'avaient pas trompé. Mazas était en mains sûres, les prisonniers d'État étaient placés sous une autorité éclairée.

Mais, à ces importantes arrestations et aux détails sans nombre qu'elles devaient exiger étaient loin de se borner le rôle et les obligations de la préfecture de police dans la nuit du 2 décembre. Il restait considérablement encore à préparer et à prévoir.

Les attributions si multiples de cette vaste administration devaient toutes être mises en œuvre pour l'action ou pour la surveillance ; une série d'ordres devaient être expédiés ; et l'être avant six heures du matin, de telle façon qu'à sept heures, heure à laquelle Paris devait se réveiller sous un gouvernement nouveau, chacun fût à son poste, les uns ayant accompli leur tâche, les autres attendant les événements et prêts à y faire face.

Outre le nombre apparent des agents de police qui sillonnent les rues de la capitale, assurent en temps ordinaire la sécurité, la libre circulation dans Paris, répriment à leur naissance toutes tentatives de désordre, surveillent les hôtels garnis, les maisons suspectes, les étrangers signalés, les réfugiés politiques, les condamnés libérés, outre ces sentinelles permanentes de l'ordre matériel, la Préfecture de police dispose d'un nombre considérable d'agents que rien ne désigne à l'attention publique et qui sont ainsi mieux placés que les premiers pour observer et se renseigner. Ce sont ceux-là que l'usage désigne sous le nom d'agents secrets. Ils se divisent en deux classes : les uns n'ont de rapport qu'avec le préfet lui-même et doivent l'éclairer sur une extrême variété de sujets, sur les menées des partis, sur l'attitude des diverses classes de la société, sur les mille incidents publics ou privés qu'il importe au gouvernement de suivre et de connaître. Les autres, également ignorés du public, étaient, à cette époque de 1851, embrigadés sous la direction de quatre chefs de file. Chacun de ces chefs était chargé de faire mouvoir sa brigade et d'en recevoir des rapports quotidiens pour les soumettre au préfet. C'était de ces quatre chefs de brigades secrètes que j'avais le plus à redouter la pénétration, et c'était à eux surtout qu'il importait de dissimuler mes projets en leur donnant mes instructions.

Moins versés dans la haute politique que dans les menées des conspirateurs, ils croyaient heureusement à un mouvement socialiste; ils ne cherchèrent donc rien derrière mes ordres de poster en observation leurs agents qui devaient, à tout incident, venir immédiatement me rendre compte de ce qu'ils auraient vu ou appris. Ils avaient à la fois, et à me révéler les impressions que produiraient les événements, et à me fixer sur les résolutions des sociétés secrètes dont plusieurs d'entre eux faisaient partie.

L'affichage des proclamations du Président, du ministre de la guerre et du préfet de police était un fait important. Il fallait des agents pour afficher, des agents pour protéger l'affichage, d'autres encore pour protéger les proclamations affichées, contre les violences naturelles de nos ennemis. Ce nombreux personnel était réparti par escouades dans une des cours de la Préfecture de police. Des cartes, prêtes à l'avance, leur indiquaient à la fois le quartier où ils devaient fonctionner et la marche qu'ils avaient à suivre. Le temps leur était rigoureusement mesuré.

Les ventes publiques de journaux, d'écrits politiques ou autres, l'impression de bulletins ou de proclamations de résistance devaient être interdites. Le commissaire chargé de ce service recevait ses instructions spéciales : pas de crieurs sur la voie publique, pas d'impressions sans mon visa.

Les cafés, les restaurants, les hôtels garnis, connus comme lieux ordinaires des réunions socialistes, pouvaient être des centres d'organisation de résistance, la liste en était prête ; ordre était donné de fermer les uns avant le jour, de garder les autres avec soin pour en faire des points d'observation qui permissent d'arrêter facilement les meneurs signalés qui s'y rendraient aux premières nouvelles des événements.

Dans des jours de tumulte politique, l'arrivée des subsistances est une des nécessités auxquelles on ne songe jamais avec trop de sollicitude. Les grandes voies qui devaient assurer leur facile circulation étaient gardées de façon à être à l'abri de tout désordre jusqu'à l'arrivée des troupes. Les manèges, les loueurs de chevaux pouvaient devenir, contre leur gré, des centres de recrutement forcé de la part de l'émeute, ou de la part même de la garde nationale à cheval, dont les dispositions étaient au moins douteuses, bonne surveillance était ordonnée pour que les chevaux ne reçussent pas une destination qui pût nous être nuisible.

Enfin, en dehors des arrestations que j'appellerai politiques, parce que les dissentiments politiques avaient creusé l'abîme qui nous séparait de nos adversaires, il y avait à opérer une série d'arrestations qui pouvaient s'expliquer, aux yeux de ceux qui en étaient chargés, par une simple nécessité d'ordre public; c'étaient celles des meneurs socialistes, des faiseurs de complots, des constructeurs de barricades, de ces éternels ennemis de tout gouvernement constitué, qui, ne pardonnant point à la société de les frapper de ses lois, de les flétrir de son mépris, exhalent contre elle leur fiel et leur soif de vengeance et comptent noyer leur indignité dans une perturbation politique ou sociale. C'est de ces réprouvés du monde, qui n'ont rien à perdre, rien à risquer qu'une vie qui souvent est leur plus lourd fardeau, c'est de ces perturbateurs nés que part toujours le premier appel aux armes; c'est donc désarmer l'émeute, jeter le désarroi dans ses rangs, que de lui enlever son avant-garde ordinaire, ses cadres traditionnels, ses chefs de la première heure.

Pour connaître ces tristes personnages, je dus parcourir les dossiers les plus importants des casiers politiques de la Préfecture, ceux des habitués de la guerre des rues. Je gagnai à cet examen de savoir, au moins, quels dangereux ennemis nous devions arrêter avant le combat. C'est à l'aide de ces notions précises que je dressai la liste de ces arrestations, qui celles-là, si naturelles par la situation des gens qu'elles frappaient, ne devaient éveiller aucun soupçon, pas plus chez ceux qui avaient à les effectuer, que chez ceux qui en pouvaient être les spectateurs ou les confidents par situation. Elles pouvaient s'opérer par groupes, sans d'autres précautions que celles de la force, n'exiger que des bras, ce que j'avais en grand nombre, et ménager les hommes d'intelligence et de choix dont on est toujours avare en de pareilles circonstances.

Dans le cours de la nuit, j'avais reçu les rapports des agents chargés de tenir en observation et de suivre les personnes qui devaient être surveillées (1).

(1) Chaque jour un nombre relativement considérable de personnes étaient surveillées et suivies. Les agents chargés de ce service ne pouvaient donc tirer aucune conséquence des mesures prises à l'égard de telle ou telle individualité. La mise en observation d'ailleurs n'implique pas tou-

Dans ce nombre se trouvaient celles qui devaient être arrêtées. Ces rapports me donnaient la certitude qu'on les trouverait à leur domicile. Par une étrange contradiction, c'était précisément le jour même où nos adversaires avaient à redouter notre action qu'ils semblaient avoir repris confiance. A l'agitation que nous signalaient les rapports des jours précédents avait succédé, en apparence au moins, un calme complet. Pas de réunions dans la journée du 1er décembre, pas de conciliabules ; chacun de ceux qui avaient, quelques jours auparavant, quitté, par crainte, leur domicile pour la nuit y reposaient tranquillement.

A cinq heures et demie, tous mes ordres étaient donnés, tous mes agents étaient en mouvement, se dirigeant sur le lieu où leur mission devait s'accomplir, et, durant une heure environ, la Préfecture reprenait le calme des jours ordinaires. Deux amis dévoués, que j'avais mandés pour venir en aide à mes secrétaires, arrivaient dans mon cabinet à cette heure. Mon secrétaire le plus sûr et un des hauts fonctionnaires de la Préfecture s'y trouvaient avec moi ; nous attendions avec confiance les premières nouvelles de l'exécution de mes ordres (1). Comme pour nous faire prendre patience, nous avions, par instants, quelques-uns de ces rapports que les surveil-

---

jours, à beaucoup près, l'intention d'une arrestation ultérieure.

(1) Les deux fonctionnaires dont il est ici question sont ceux-là mêmes dont nous avons précédemment parlé, et qui m'avaient donné un concours actif, intelligent et dévoué.

lants de nuit adressent, chaque matin à la fin de leur tournée, à la Préfecture de police. Tous étaient conçus dans les termes traditionnels; ils étaient laconiques et rassurants. « Aucun incident à signaler », « Le quartier est tranquille », « Paris est calme », tel était, comme la veille, le résumé de ces rapports. Paris dormait paisiblement, nous ne pouvions demander mieux en attendant les graves nouvelles que nous allions recevoir.

Dans ces moments de calme et de recueillement, toutes les réflexions que j'avais faites, avant d'assumer sur moi les graves responsabilités dans lesquelles j'étais engagé, me revenaient naturellement à l'esprit. A cette heure, comme au début, je restais pénétré de cette même conviction que j'accomplissais un grand devoir, en concourant ainsi au salut de mon pays.

En dehors de la politique, j'avais dû me demander si je ne m'écartais point de mon rôle de magistrat. J'y restais strictement fidèle. Le complot, dont le général Changarnier était l'âme, avait pour but le renversement du pouvoir établi. Les agissements de nos adversaires nous étaient connus, les preuves abondaient en nos mains. Prévenir l'exécution de leurs desseins, les mettre hors d'état de nuire était, pour la Préfecture de police, un devoir impérieux; nous l'accomplissions régulièrement, légalement; rien de plus, rien de moins. Une vaste conspiration démagogique menaçait, en même temps, de troubler la paix publique; la guerre civile et la révolution étaient ainsi à nos portes. La mission de la Préfecture de police était de conjurer cette double explosion, de mettre tout en œuvre pour prévenir ces redoutables calamités. Cette mission, nous la remplissions avec fermeté. Ma conscience était tranquille; je restais dans le droit et la légalité.

CHAPITRE XVI

LES ARRESTATIONS

L'occupation militaire du palais de l'Assemblée. — Le colonel de Béville et M. de Saint Georges à la Préfecture de police. — Décrets et proclamations. — Les retards de M. de Morny. — La dépêche de M. de Thorigny. — L'armée dans ses positions de combat. — Arrestations de MM. le général Changarnier, le général Le Flô et Baze. — Décrets saisis chez M. Baze. — Arrestations de M. Thiers, des généraux Cavaignac, Bedeau, Lamoricière et autres représentants. — Les sollicitudes conjugales qu'inspire un illustre montagnard. — Les représentants à Mazas.

Pendant que nous prenions, à la Préfecture de police, les mesures dont nous venons de donner le résumé, le général de Saint Arnaud mettait à exécution, de son côté, les dispositions convenues. Son premier acte devait être de faire occuper militairement l'intérieur de l'Assemblée. Il fallait arriver à ce résultat sans bruit, sans collision, de façon qu'à leur arrivée, à six heures du matin, les deux commissaires qui devaient y arrêter MM. Baze et le général Le Flô les trouvassent tous deux dans leurs appartements et ignorants de ce qui se préparait (1).

L'occupation militaire de l'Assemblée avait été l'un des points de détail sur lesquels notre attention s'était le plus spécialement portée. Nous avions, à diverses reprises, le général de Saint Arnaud et moi, examiné, sur place et la nuit, dans quelles conditions, visibles de l'extérieur, le Palais était gardé; nous avions étudié quelle était l'heure la plus propice pour y pénétrer : cinq heures et demie du matin. Le moyen, pour une force militaire, d'y avoir accès était celui-ci : si le colonel du régiment dont un bataillon occupait le Palais, était disposé à seconder nos projets, il pouvait, une fois entré, faire reconnaître son autorité aux officiers et soldats de garde, prendre le commandement, se faire accompagner par le reste de son régiment et tenir ainsi très solidement la position. Il pourrait alors exécuter notre consigne, c'est-à-dire favoriser, au lieu de s'y opposer comme l'eût fait inévitablement la garde ordinaire de la Chambre, l'arrestation des deux questeurs et empêcher que les représentants, une fois avertis des événements, vinssent se réunir au lieu de leurs séances. Il s'agissait donc de confier, dans la semaine du 2 décembre, la garde du Palais à un régiment dont le colonel fût absolument sûr. Le général de Saint Arnaud avait des raisons personnelles de compter sur le colonel Espinasse ; ce fut son régi-

---

(1) MM. Baze et le général Le Flô étaient tous deux, en leur qualité de questeurs, logés au Palais Bourbon.

ment, le 42ᵉ de ligne, qui fut choisi pour être de semaine au Palais Bourbon.

Le colonel Espinasse avait été averti par le ministre de se tenir, chaque nuit, prêt à répondre à son appel. Il était mandé le 2 décembre, à trois heures et demie du matin, au ministère de la guerre ; il y recevait ses ordres, et, en vaillant cœur qu'il était, il remerciait avec effusion son chef, en même temps son ami, du témoignage de confiance qu'il lui avait réservé.

A cinq heures trois quarts, le colonel Espinasse entrait, seul d'abord, dans le palais (1) ; il y donnait ses ordres et y était bientôt suivi de la partie de son régiment qui était restée à l'extérieur jusqu'à la prise de possession du commandement. A six heures, il faisait ouvrir, aux deux commissaires de police, les portes du palais et donnait, à toutes les sentinelles, les consignes qu'il avait reçues lui-même. La première partie de sa mission avait été ponctuellement exécutée.

Le président Dupin reposait tranquillement ; si nous n'avions point sa participation, nous n'avions aucunement à redouter son hostilité. Quant aux questeurs, aucun bruit n'avait troublé leur sommeil ; les deux commissaires, en pénétrant près d'eux, avaient seuls causé leur réveil ; mais il n'y avait plus

---

(1) Nous avions constaté, le général de Saint Arnaud et moi, que la grille du Palais Bourbon, qui était fermée la nuit, restait entr'ouverte chaque matin à partir de cinq heures C'était une difficulté de moins pour le colonel Espinasse, et c'est par cette grille qu'il pénétra dans le palais.

rien à redouter de leurs ordres et de leur autorité. A cette heure-là, nous étions les maîtres et ils ne l'étaient plus.

L'avis de l'occupation du palais de l'Assemblée fut la première nouvelle qui parvint à la Préfecture de police. Elle nous arrivait à six heures, au moment même où le colonel de Béville et M. de Saint Georges m'apportaient les décrets et proclamations qu'ils avaient fait imprimer pendant la nuit. Tout s'était passé avec une parfaite précision à l'Imprimerie nationale. Le colonel de Béville s'était acquitté avec dévouement et habileté de son importante mission. Le Prince, en la lui réservant, savait combien il méritait sa confiance. Quelques instants après la distribution était faite entre nos afficheurs : des voitures les attendaient et ils partaient pour tous les quartiers de Paris et les communes suburbaines. A sept heures et demie, l'affichage était terminé dans Paris ; il l'était au dehors de huit heures à huit heures et demie.

Comment les résolutions de Louis-Napoléon, comment l'événement du Deux-Décembre étaient-ils annoncés à la France? De pareils documents ne s'analysent pas, l'histoire veut les avoir dans leur entier ; nous donnons, au complet, les textes des affiches qui apprirent à Paris d'abord, et, quelques heures après, à toutes les villes et communes de France l'acte héroïque qui affranchissait le pays des effroyables périls de 1852.

La première de ces pièces était le décret de Louis-Napoléon prononçant la dissolution de l'Assemblée nationale, la dissolution du Conseil d'État, et l'abrogation de la loi du 31 mai. La convocation des comices électoraux, et la proclamation de l'état de siège y étaient également annoncées.

Ce décret était ainsi conçu :

« Au nom du peuple français.

« Le Président de la République,

« Décrète :

« Article premier — L'Assemblée nationale est dissoute.

« Art. 2. — Le suffrage universel est rétabli. La loi du 31 mai est abrogée.

« Art. 3. — Le peuple français est convoqué dans ses comices à partir du 14 décembre jusqu'au 21 décembre suivant.

« Art. 4. — L'état de siège est décrété dans l'étendue de la première division militaire.

« Art. 5. — Le Ministre de l'intérieur est chargé de l'exécution du présent décret.

« Fait au palais de l'Élysée, le 2 décembre 1851.

« Louis-Napoléon Bonaparte.

« *Le Ministre de l'intérieur.*
« de Morny. »

Venait ensuite la proclamation du Prince, son « appel au peuple »; en voici le texte :

« Français !

« La situation actuelle ne peut durer plus longtemps. Chaque jour qui s'écoule aggrave les dangers du pays. L'Assemblée, qui devait être le plus ferme appui de l'ordre, est devenue un foyer de complots. Le patriotisme de trois cents de ses membres n'a pu arrêter ses fatales tendances. Au lieu de faire des lois dans l'intérêt général, elle forge des armes pour la guerre civile; elle attente au pouvoir que je tiens directement du peuple, elle encourage toutes les mauvaises passions; elle compromet le repos de la France : je l'ai dissoute, et je rends le peuple entier juge entre elle et moi.

« La Constitution, vous le savez, avait été faite dans le but d'affaiblir d'avance le pouvoir que vous alliez me confier. Six millions de suffrages furent une éclatante protestation contre elle, et cependant je l'ai fidèlement observée. Les provocations, les calomnies, les outrages m'ont trouvé impassible. Mais aujourd'hui que le pacte fondamental n'est plus respecté de ceux-là mêmes qui l'invoquent sans cesse, et que les hommes qui ont déjà perdu deux monarchies veulent me lier les mains afin de renverser la République, mon devoir est de déjouer leurs perfides projets, de maintenir la République et de sauver le pays en invoquant le jugement solennel du seul souverain que je reconnaisse en France, le peuple.

« Je fais donc un appel loyal à la nation tout entière, et je vous dis : Si vous voulez continuer cet état de malaise qui nous dégrade et compromet notre avenir, choisissez un autre à ma place, car je ne veux plus d'un pouvoir qui est impuissant à faire le bien, me rend responsable d'actes que je ne puis empêcher, et m'enchaîne au gouvernail quand je vois le vaisseau courir vers l'abîme.

« Si, au contraire, vous avez encore confiance en moi, donnez-moi les moyens d'accomplir la grande mission que je tiens de vous.

« Cette mission consiste à fermer l'ère des révolutions en satisfaisant les besoins légitimes du peuple et en le protégeant contre les passions subversives.

« Elle consiste surtout à créer des institutions qui survivent aux hommes et qui soient enfin des fondations sur lesquelles on puisse asseoir quelque chose de durable.

« Persuadé que l'instabilité du pouvoir et la prépondérance d'une seule Assemblée sont des causes permanentes de trouble et de discorde, je soumets à vos suffrages les bases fondamentales suivantes d'une constitution que les Assemblées développeront plus tard :

« 1° Un chef responsable nommé pour dix ans ;

« 2° Des ministres dépendant du pouvoir exécutif seul ;

« 3° Un Conseil d'État formé des hommes les plus distingués, préparant les lois, et en soutenant la discussion devant le Corps législatif ;

« 4° Un Corps législatif discutant et votant les lois, nommé par le suffrage universel, sans scrutin de liste qui fausse l'élection ;

« Une seconde Assemblée formée de toutes les illustrations du pays, pouvoir pondérateur, gardien du pacte fondamental et des libertés publiques.

« Ce système, créé par le Premier Consul au commencement du siècle, a déjà donné à la France le repos et la prospérité ; il les lui garantirait encore.

« Telle est ma conviction profonde. Si vous la partagez, déclarez-le par vos suffrages. Si, au contraire, vous préférez un gouvernement sans force, monarchique ou républicain, emprunté à je ne sais quel passé ou à quel avenir chimérique, répondez négativement.

« Ainsi donc, pour la première fois depuis 1804, vous voterez en connaissance de cause, en sachant bien pour qui et pour quoi.

« Si je n'obtiens pas la majorité de vos suffrages, alors je provoquerai la réunion d'une nouvelle Assemblée, et je lui remettrai le mandat que j'ai reçu de vous.

« Mais si vous croyez que la cause dont mon nom est le symbole, c'est-à-dire la France régénérée par la révolution de 89 et organisée par l'Empereur, est toujours la vôtre, proclamez-le en consacrant les pouvoirs que je vous demande.

« Alors la France et l'Europe seront préservées de l'anarchie, les obstacles s'aplaniront, les rivalités auront disparu, car tous respecteront, dans l'arrêt du peuple, le décret de la Providence.

« Fait au palais de l'Élysée, le 2 décembre 1851.

« Louis-Napoléon Bonaparte. »

Puis venait la proclamation à l'armée.

Proclamation du Président de la République à l'armée.

« Soldats !

« Soyez fiers de votre mission, vous sauverez l

patrie, car je compte sur vous, non pour violer les lois, mais pour faire respecter la première loi du pays, la souveraineté nationale, dont je suis le légitime représentant.

« Depuis longtemps, vous souffriez comme moi des obstacles qui s'opposaient et au bien que je voulais vous faire et aux démonstrations de votre sympathie en ma faveur.

« Ces obstacles sont brisés. L'Assemblée a essayé d'attenter à l'autorité que je tiens de la nation entière; elle a cessé d'exister.

« Je fais un loyal appel au peuple et à l'armée, et je lui dis : Ou donnez-moi les moyens d'assurer votre prospérité, ou choisissez un autre à ma place.

« En 1830 comme en 1848, on vous a traités en vaincus. Après avoir flétri votre désintéressement héroïque, on a dédaigné de consulter vos sympathies et vos vœux, et cependant, vous êtes l'élite de la nation. Aujourd'hui, en ce moment solennel, je veux que l'armée fasse entendre sa voix.

« Votez donc librement comme citoyens ; mais, comme soldats, n'oubliez pas que l'obéissance passive aux ordres du chef du gouvernement est le devoir rigoureux de l'armée, depuis le général jusqu'au soldat. C'est à moi, responsable de mes actions devant le peuple et devant la postérité, de prendre les mesures qui me semblent indispensables pour le bien public.

« Quant à vous, restez inébranlables dans les règles de la discipline et de l'honneur. Aidez, par votre attitude imposante, le pays à manifester sa volonté dans le calme et la réflexion. Soyez prêts à réprimer toute tentative contre le libre exercice de la souveraineté du peuple.

« Soldats, je ne vous parle pas des souvenirs que mon nom rappelle. Ils sont gravés dans vos cœurs. Nous sommes unis par des liens indissolubles. Votre histoire est la mienne. Il y a entre nous, dans le passé, communauté de gloire et de malheur ; il y aura, dans l'avenir, communauté de sentiments et de résolutions pour le repos et la grandeur de la France.

« Fait au palais de l'Élysée, le 2 décembre 1851.

« Louis-Napoléon Bonaparte. »

Venait enfin la proclamation du Préfet de police aux habitants de Paris ; elle était conçue dans les termes suivants :

Le Préfet de police aux habitants de Paris.

« Habitants de Paris,

« Le Président de la République, par une courageuse initiative, vient de déjouer les machinations des partis et de mettre un terme aux angoisses du pays.

« C'est au nom du peuple, dans son intérêt et pour le maintien de la République, que l'événement s'est accompli.

« C'est au jugement du peuple que Louis-Napoléon Bonaparte soumet sa conduite.

« La grandeur de l'acte vous fait assez comprendre

avec quel calme imposant et solennel doit se manifester le libre exercice de la souveraineté populaire. Aujourd'hui donc, comme hier, que l'ordre soit notre drapeau ; que tous les bons citoyens, animés comme moi de l'amour de la patrie, me prêtent leur concours avec une inébranlable résolution.

« Habitants de Paris,

« Ayez confiance dans celui que six millions de suffrages ont élevé à la première magistrature du pays. Lorsqu'il appelle le peuple entier à exprimer sa volonté, des factieux seuls pourraient vouloir y mettre obstacle.

Toute tentative de désordre sera donc promptement et inflexiblement réprimée.

« Paris, le 2 décembre 1851.

« *Le Préfet de police,*

« de Maupas. »

Tout s'accomplissait ainsi ponctuellement ; aucune entrave ne traversait la mise à exécution de notre plan. A sept heures, je recevais les procès-verbaux d'arrestation des généraux Changarnier et Cavaignac. Les autres arrivaient à quelques minutes d'intervalle. A six heures quarante minutes, toutes les arrestations étaient terminées ; toutes, sans exception, s'étaient faites dans les conditions prévues. Aucun incident grave n'était survenu. Les résistances étaient à prévoir, elles s'étaient effectivement produites ; mais elles n'avaient amené aucun des malheurs qu'on pouvait redouter. Dès qu'une arrestation était faite, un agent se détachait du groupe qui en avait été chargé et venait m'avertir du résultat. En moins d'une demi-heure, j'étais ainsi informé de ce qui s'était passé sur tous les points de Paris, et j'en avais successivement donné avis à l'Élysée et au ministre de la guerre.

J'avais attendu que M. de Morny eût pris possession de son poste et qu'il m'en eût averti par le télégraphe, comme cela était convenu, pour renseigner le ministère de l'intérieur sur les événements de la nuit. Il y était arrivé à sept heures et quart. La première et bonne nouvelle qui saluait son arrivée était celle du succès complet de l'entreprise à laquelle il avait été initié.

M. de Morny s'était, en effet, attardé dans sa prise de possession du ministère. Au lieu d'y arriver à six heures et quart, comme cela avait été dit la veille, et d'y avertir lui-même M. de Thorigny des circonstances en raison desquelles il venait le remplacer, M. de Thorigny apprenait, à son réveil, à sept heures, l'occupation militaire de son hôtel (1). Dans nos combinaisons d'ensemble, un bataillon devait en effet occuper le ministère à six heures et demie, c'est-à-dire un quart d'heure après l'heure fixée pour l'ins-

(1) Le Prince avait voulu expliquer lui-même à M. de Thorigny les considérations auxquelles il avait cru devoir obéir en se séparant de lui. La lettre qui lui donnait ces explications devait lui êtr remise par M. de Morny à son arrivée au ministère, avant que rien n'eût pu donner l'éveil sur ce qui se préparait.

tallation de M. de Morny. Ce dernier n'étant arrivé qu'à sept heures et quart, le bataillon l'avait précédé au lieu de le suivre, et, comme expression de sa surprise, M. de Thorigny, qui ne comprenait naturellement rien à ce qui se passait, qui ne s'expliquait pas ce déploiement de forces militaires, sans ses ordres, dans les cours et jusque dans l'intérieur de son hôtel, M. de Thorigny m'adressait la dépêche télégraphique suivante :

Le Ministre de l'intérieur au Préfet de police.

« 2 décembre, 7 heures du matin.

« Que se passe-t-il donc ? La cour du ministère est pleine de troupes.

« DE THORIGNY. »

A cette dépêche, je faisais la réponse suivante :

« *Le Préfet de police au Ministre de l'intérieur.*

« 2 décembre, 7 h. 10 m. du matin.

« M. de Morny est chargé de vous le dire ; vous le verrez dans un instant ; attendez-le.

« de MAUPAS. »

Avant l'arrivée de cette dépêche, j'étais déjà fort anxieux de ne point recevoir l'avis convenu que M. de Morny devait m'adresser, par le télégraphe, immédiatement après son entrée au ministère. L'exécution de notre plan devait s'accomplir à minute fixe; un pareil retard, dans la prise de possession du ministère de l'intérieur, était inexplicable. Je ne pouvais adresser aucune dépêche au ministère pour éclaircir ce mystère. A qui serait-elle parvenue? Je savais seulement, par l'employé préposé au cadran télégraphique qui touchait à mon cabinet, que l'employé de ce même service au cabinet du ministre était à son poste et que nos communications étaient ouvertes. On comprend quel avait été mon étonnement en recevant encore à sept heures, c'est-à-dire trois quarts d'heure après que M. de Morny eût dû être entré en fonctions, une dépêche, celle qu'on vient de lire, signée de M. de Thorigny.

Enfin, à sept heures quinze minutes, M. de Morny arrivait au ministère et remettait à M. de Thorigny la lettre du Prince. Ce brusque avis, dans les circonstances où il lui parvenait, causait au ministre qu'il dépossédait une douloureuse émotion. M. de Thorigny était, nous l'avons dit déjà, homme de cœur et de courage, il était profondément dévoué au Prince, il s'était montré prêt, le 17 novembre, à pousser les choses jusqu'au bout. Il lui semblait cruel, sans qu'il mesurât immédiatement peut-être la gravité des responsabilités dont il était ainsi déchargé, d'être remplacé au moment du combat. Ce qui l'affligeait à bon droit, ce n'était point la perte d'un portefeuille qu'il n'avait jamais ambitionné, c'était le manque de confiance de la part du Chef de l'État qu'il avait loyalement servi. Sa retraite fut digne et son attitude montra toute la noblesse de son caractère.

L'occupation du ministère de l'intérieur n'était qu'un des épisodes du mouvement militaire qui, à ce même moment, embrassait la capitale entière. Avec la scrupuleuse exactitude que le sentiment du devoir lui faisait apporter en toutes choses, le général de Saint Arnaud avait mis sur pied, à l'heure dite, à six heures et demie, toutes les troupes qui devaient occuper les points indiqués dans le plan des « dispositions en cas de combat ». Tous ces points étaient occupés. L'armée avait une attitude excellente ; elle pressentait, au début, sans avoir encore aucune révélation précise, à quel événement elle donnait son concours. Lorsque, vers sept heures, ses prévisions furent confirmées par la lecture des proclamations affichées, ce fut partout une véritable allégresse.

L'armée avait à venger deux cruels affronts encore présents à sa mémoire : celui de 1830 et celui de 1848. A ces douloureuses époques, elle avait été abandonnée par le pouvoir et livrée par plusieurs de ses chefs. Elle avait aujourd'hui à sa tête un Prince dans lequel sa confiance était entière. L'armée était encore sous l'émotion sympathique de ces nobles paroles que Louis-Napoléon adressait, quelques jours auparavant, à ses officiers réunis : « Si jamais le jour du danger arrivait, je ne ferais pas comme les gouvernements qui m'ont précédé, et je ne vous dirais pas : « Marchez, je vous suis », mais je vous dirais : « Je marche, suivez-moi ! »

Vers huit heures quinze minutes, j'avais tous les procès-verbaux d'arrestations, et la plupart des commissaires qui en avaient été chargés entraient dans mon cabinet, revenant de Mazas. Ils complétaient verbalement les renseignements sommaires de leurs rapports. Est-il besoin de dire avec quelle chaleur je remerciai ces courageux auxiliaires de leur dévouement et de leur habileté. Ils savaient, enfin, à quel grand événement ils venaient de s'associer, ils en étaient fiers, pleins d'enthousiasme et se montraient impatients de se rendre aux nouveaux postes que je leur assignais. Rien ne pouvait égaler l'entrain qui existait à la Préfecture de police.

Les arrestations s'étaient opérées, nous l'avons dit, sans incidents sérieux. Il ne sera pas sans intérêt de trouver ici quelques renseignements sur les conditions dans lesquelles elles s'étaient accomplies. On comprendra toutefois quelles considérations nous imposent, sur ce point, une extrême réserve.

Le commissaire de police Lerat, qui devait arrêter le général Changarnier, était parti de la Préfecture à cinq heures trente-cinq minutes. Comme ses collègues, il avait trouvé, à un lieu déterminé, les voitures nécessaires, et, sur un autre point, un officier de paix accompagné de vingt agents qui avaient ordre de le suivre.

A six heures dix minutes, un piquet de garde municipale à pied et un autre piquet à cheval, sous le commandement du capitaine Baudinet, venaient prendre position rue Royale, n° 7, à portée de la demeure du général Changarnier (1).

A six heures, le commissaire sonnait à la porte d'entrée de la maison du général.

Mais le concierge était tout dévoué à son illustre

(1) Le général Changarnier habitait rue du Faubourg-Saint-Honoré, n° 3.

locataire; il était, depuis longtemps, sur ses gardes; il n'ouvrait, la nuit, qu'à bon escient. A la question adressée par le concierge avant d'ouvrir, M. Lerat avait fait une réponse qui semblait suspecte. Le concierge demandait des explications, ce à quoi se prêtait complaisamment le commissaire qui avait compris la résistance qu'il allait rencontrer. Pendant cet entretien habilement prolongé, son officier de paix pénétrait dans la cour en passant par une boutique située au rez-de-chaussée de la maison et ouvrait au commissaire la grande porte d'entrée.

En un instant, M. Lerat, l'officier de paix et dix de leurs hommes étaient à la porte de l'appartement du général; ils y avaient été précédés, d'une minute, par le concierge qui, au moment où il avait vu arriver des agents dans la cour, s'était précipité dans l'escalier. Il avait eu le temps de sonner, de se faire ouvrir et de prévenir le général. Mais nos agents arrivaient derrière lui, et cet avertissement n'avait heureusement aucune des conséquences fâcheuses qu'on eût pu redouter.

Avant ces indications verbales que me donnait M. Lerat lui-même, j'avais reçu de l'officier de paix le rapport suivant :

« Le 2 décembre, 6 h. 35 m. du matin.

Rapport.

« Arrestation du général Changarnier.

« A six heures du matin, nous avons accompagné

M. Lerat, commissaire de police, à l'effet d'arrêter le général Changarnier dans son domicile, rue du Faubourg-Saint-Honoré, n° 3.

« Le concierge ayant refusé de nous ouvrir la porte cochère, nous sommes entrés dans la maison par la boutique d'un distillateur, et nous avons trouvé sortant de l'appartement du général ledit concierge qui venait de le prévenir. Le général était en chemise sur sa porte, une paire de pistolets à la main ; mais nous pensons qu'il n'avait pas l'intention d'en faire usage, car il s'est rendu de suite, en disant : « Je m'attendais au Coup d'État, le voilà fait. »

« Nous avons fait une minutieuse perquisition et et nous n'avons trouvé que deux pistolets et un fusil de calibre. Le général a été conduit à Mazas par M. Lerat et un capitaine de la garde républicaine.

« Nous avons également arrêté le sieur Harenger, concierge du général, attendu que nous avons trouvé chez lui un paquet de cartouches et deux pistolets de calibre.

« *L'Officier de paix,*

« X... »

Ainsi qu'on le voit, le général n'avait tenté aucune résistance sérieuse ; il en avait compris l'inutilité et s'était résigné. Il avait demandé à être accompagné de son valet de chambre, ce qui lui avait été immédiatement accordé, et était descendu, avec M. Lerat, prendre place dans la voiture qui l'attendait pour le conduire, sous escorte, à Mazas.

Les arrestations des deux questeurs, MM. Baze et le général Le Flô, demeurant l'un et l'autre au palais de l'Assemblée, n'offraient plus aucun sujet d'inquiétude, du moment que ce palais était militairement occupé. Toutes les issues étaient gardées; ils étaient ainsi prisonniers avant même leur arrestation. Les choses, néanmoins, ne s'accomplirent pas sans difficultés.

Les deux commissaires, MM. Primorin et Bertoglio, avaient eu quelque peine à découvrir les appartements des questeurs au milieu du labyrinthe des bâtiments de service du palais. Au moment où M. Bertoglio pénétrait dans la chambre du général Le Flô, le général dormait profondément; mais, bien vite remis de sa première émotion, il s'habillait à la hâte, tout en protestant contre la mesure dont il était l'objet. Il s'en prenait d'abord au commissaire de police et le menaçait de le faire fusiller; puis il se répandait en invectives contre le Président, contre le général de Saint Arnaud et contre le préfet de police : il ne quittait son appartement qu'après une vive résistance.

Au bas de son escalier, le général rencontrait le colonel Espinasse qui s'était tenu, avec un détachement, à portée des opérations ; il l'apostrophait dans les termes les plus amers et haranguait en même temps les hommes qui l'entouraient. Le colonel et ses hommes restaient impassibles. Une fois entré avec M. Bertoglio et deux agents dans la voiture qui devait le conduire à Mazas, le général ne fit plus aucune résistance.

Le second questeur, M. Baze, se montrait plus irrité encore, plus violent que le général Le Flô. Il avait recours à tous les moyens de résistance ; il s'obstinait à ne pas se vêtir et il fallait s'emparer de lui pour le conduire à la voiture qui l'attendait. Dans ce court trajet, il s'épuisait en injures. Comme le général Le Flô, il parlait avec véhémence aux officiers et soldats qui se trouvaient sur son passage. Pas un mot de sympathie n'accueillait ses paroles. Le 42e était inaccessible, il avait une consigne et il l'observait rigoureusement.

Chez les deux questeurs, comme chez le général Changarnier, les commissaires de police s'étaient livrés à un examen rapide de ceux des papiers qui pouvaient offrir un intérêt politique. Chez M. Baze, on opérait la saisie de deux pièces qui eussent suffi, à elles seules, à justifier les mesures du Deux-Décembre. C'étaient deux projets de décrets rédigés, en vue du vote espéré de la proposition des questeurs, le 17 novembre.

Le premier était ainsi conçu :

« Décret :

« Le Président de l'Assemblée nationale,

« Vu l'article 32 de la Constitution, ainsi conçu :

« L'Assemblée détermine le lieu de ses séances, elle fixe l'importance des forces militaires établies pour la sûreté et elle en dispose.

« Vu l'article 112 du décret réglementaire de l'Assemblée nationale, ainsi conçu :

« Le Président est chargé de veiller à la sûreté intérieure et extérieure de l'Assemblée nationale.

« A cet effet, il exerce au nom de l'Assemblée le droit confié au pouvoir législatif, par l'article 32 de la Constitution, de fixer l'importance des forces militaires établies pour sa sûreté, et d'en disposer.

« Ordonne à M..... de prendre immédiatement le commandement DE TOUTES LES FORCES, TANT DE L'ARMÉE QUE DE LA GARDE NATIONALE STATIONNÉES DANS LA PREMIÈRE DIVISION MILITAIRE pour garantir la sûreté de l'Assemblée nationale.

« Fait au palais de l'Assemblée nationale, le... »

Voici le second décret :

« DÉCRET.

« Le Président de l'Assemblée nationale, etc. ;
« Vu l'article 32 de la Constitution ;
« Vu l'article 112 du décret réglementaire, etc. ;
« Ordonne à tout général, à tout commandant de corps ou détachement, tant de l'armée que de la garde nationale, stationnées dans la première division militaire, d'obéir aux ordres du général... chargé de garantir la sûreté de l'Assemblée nationale...

« Fait au palais de l'Assemblée nationale, le... »

L'extrême gravité de ces deux documents authentiques est telle qu'ils pourraient se passer de tout commentaire. Disons seulement qu'après avoir lu ces deux projets de décrets, on conviendra que nous restions dans les termes de la plus stricte exactitude en affirmant, lorsque nous parlions de la séance du 17 novembre et des mesures prises par nos soins, que nous étions en droit de nous préparer à prévenir une agression imminente.

Il ne viendra à l'esprit de personne, parmi nos adversaires eux-mêmes, de nier que le nom laissé en blanc, dans le décret trouvé chez M. Baze, était celui du général Changarnier. Or, en ordonnant au général Changarnier « DE PRENDRE IMMÉDIATEMENT LE COMMANDEMENT DE TOUTES LES FORCES, TANT DE L'ARMÉE QUE DE LA GARDE NATIONALE, STATIONNÉES DANS LA PREMIÈRE DIVISION MILITAIRE, pour garantir la sûreté de l'Assemblée nationale, » on arrivait à retirer absolument au Chef de l'État et au ministre de la guerre toute autorité sur l'armée de Paris. Il ne leur restait pas, dans la capitale, *un seul soldat sous leurs ordres*. La force militaire et le pouvoir avec elle étaient légalement livrés au général Changarnier, et il pouvait ainsi mettre à exécution, sans résistance, ce fameux projet qu'il exposait, comme nous l'avons dit, à M. Odilon Barrot : il pouvait mettre le Président de la République à Vincennes.

Les arrestations de MM. les généraux de Lamoricière et Bedeau, celle du colonel Charras donnèrent lieu à des incidents analogues à ceux dont nous avons parlé à propos de M. Baze. Mêmes résistances stériles, mêmes menaces, mêmes efforts pour haranguer la troupe dans le trajet de leur domicile à Mazas, même indifférence des officiers et soldats, et finalement même ponctualité de la part des commissaires dans l'exécution de leurs ordres.

Le général Cavaignac observait plus de réserve dans l'expression de son irritation. Il restait digne et se bornait à s'enquérir des autres mesures qu'il supposait être prises vis-à-vis de ses collègues de la Chambre. Il était édifié en arrivant à Mazas.

Quant à M. Thiers, ce fut une scène étrange que son arrestation. Réveillé par l'entrée du commissaire Hubault aîné dans sa chambre à coucher, M. Thiers était pris d'abord d'une véritable terreur en apprenant qu'on venait l'arrêter. Ses paroles étaient incohérentes. « Il ne voulait pas mourir ; il n'était pas un criminel ; il ne conspirait pas ; il resterait désormais étranger à la politique ; il allait se retirer à l'étranger. » Tout cela était dit et développé avec volubilité, sans que M. Hubault eût pu placer une parole. Mais quand cette première agitation fut tombée, quand le commissaire eut persuadé à M. Thiers que sa vie ne courait aucun danger, le naturel revint, et l'illustre orateur, s'asseyant sur son lit se mit à pérorer comme s'il eût été simple spectateur de ce qui se passait. Aux insistances de se lever et de se vêtir, il répondait, au contraire, par un procédé singulièrement négligé dont il eût été plus digne de s'abstenir. Puis, toujours non vêtu, il se dirigeait vers un meuble où il disait aller prendre une paire de pistolets. « Si je vous brûlais la cervelle », dit alors M. Thiers au commissaire, « savez-vous que je suis armé et que je serais très excusable de vous traiter comme un malfaiteur. » M. Hubault n'eut aucune peine à calmer l'humeur belliqueuse de son interlocuteur; il lui suffit de lui laisser voir qu'il était armé lui-même, et il ne fut plus question de pistolets.

Mais, insensiblement, M. Thiers avait repris confiance, et il se livrait alors à une série de plaisanteries qui étaient en telle discordance avec la situation, qu'elles trahissaient son effort pour dissimuler l'état réel de son esprit. Cette scène pénible dura plus d'un quart d'heure; elle menaçait de se prolonger; M. Thiers s'efforçait visiblement de gagner du temps. Quelle pouvait être son espérance? M. Hubault exigea enfin qu'il s'habillât et quelques instants après il prenait place, avec le commissaire, dans la voiture qui l'attendait à la porte de son hôtel.

L'attitude de M. Thiers changea subitement alors. Ses premières terreurs reparurent. « Vous allez me fusiller, » disait-il. « Je vois bien qu'on me mène à la mort. » Puis, encore une fois rassuré sur sa vie, il cherchait à savoir s'il était seul arrêté; il tentait d'obtenir, par la promesse de considérables libéralités, la permission de s'évader. A Mazas, M. Thiers tomba dans un complet accablement; ses forces l'avaient abandonné. On eut pour lui les soins les plus empressés.

L'arrestation des autres représentants s'opérait sans incidents dignes d'être signalés, MM. Roger du Nord et Nadaud se montraient résignés. M. Lagrange, qui était rentré chez lui le matin même dans un état complet d'ivresse, se livrait aux plus violentes imprécations. M. Cholat, anéanti d'abord par la peur d'être fusillé, retrouvait un instant de courage factice en absorbant une effrayante quantité d'absinthe. MM. Miot, Valentin, Baune ne faisaient aucune résistance, et, parmi les démagogues qui n'appartenaient pas à l'Assemblée, habitués pour la plupart aux visites de la police, on ne rencontrait' non plus, aucune difficulté sérieuse dans l'exécution des mandats (1).

Faut-il ajouter à ces récits sérieux une plaisante anecdote ? Le sort des représentants arrêtés n'était pas, parut-il, si triste qu'il ne fît envie.

Dans la matinée du 2 décembre, je recevais la visite d'une fort aimable femme dont le mari, avocat célèbre et montagnard par occasion, n'avait pas été arrêté. C'est contre cette omission que venait protester Mme C. « Je suis au désespoir, me dit-elle ; ma maison est envahie par les plus sinistres figures. Une nuée de bandits demande à mon mari de se mettre à la tête de la résistance, de provoquer une émeute ; il leur prêche encore la patience ; mais il sera forcé de céder à leurs obsessions ; ils le mèneront aux barricades et le feront tuer. Il n'y a qu'un moyen pour moi de retrouver un peu de tranquillité, de sauver les jours de mon mari, et ce moyen, vous seul en disposez, monsieur le Préfet. » Et comme je semblais m'interroger pour savoir à quel genre de service Mme C. voulait faire appel, elle ajoutait : « Oh ! c'est

(1) On comprend, sans que nous ayons besoin d'insister à cet égard, que tous les détails que nous donnons, sur les arrestations, sont extraits des rapports qui nous ont été adressés par MM. les commissaires de police et par MM. les officiers de paix au moment même où ils venaient de mettre à exécution les ordres qu'ils avaient reçus de la Préfecture de police. Si nous n'avons point donné ces documents eux-mêmes dont nous avions pris copie, c'est que quelques-uns de leurs passages eussent pu éveiller les susceptibilités des intéressés.

bien simple, monsieur le Préfet, faites-le arrêter. Je sais que vous ne lui ferez aucun mal, et ses abominables amis ne pourront au moins aller le chercher à Mazas. » Mais le montagnard pacifique n'avait rien fait encore, à cette heure, pour motiver les rigueurs ingénieusement rêvées par Mme. C. dans un excès de dévouement conjugal. Je ne voulus point recourir au moyen héroïque qui m'était demandé. Je promis seulement à ma visiteuse de faire surveiller de près son mari. Je lui tins parole, et je pus constater, ce dont je n'avais jamais douté, que les discours les plus menaçants n'étaient souvent qu'une dette payée à de trop exigeants amis, et qu'au jour du danger on laissait la besogne épineuse aux niais et aux écervelés du parti, à ceux dont le métier est de se faire tuer pour le plus grand profit de quelques ambitieux. Notre avocat républicain resta dans les saines et traditionnelles doctrines de l'aristocratie révolutionnaire. Il s'enveloppa dans sa dignité de chef de parti, donna force conseils, ne recula devant aucune extrémité... dans ses paroles... s'épuisa plus encore qu'à la tribune en protestations d'amour pour la liberté, pour le peuple, pour la démocratie ; mais il vint un moment ou son ardeur de langage mit en émoi les agents chargés de le surveiller. Quelle ne fut pas ma surprise en recevant un rapport qui m'annonçait l'arrestation du fougueux montagnard ! Mes agents l'avaient-ils pris au sérieux, ou, plus heureuse près de mes subordonnés qu'elle ne l'avait été près de moi, Mme C. avait-elle enfin obtenu d'eux qu'ils se prêtassent à ses prudentes sollicitudes ? Elle put dormir en paix; elle vit enfin se réaliser la faveur qu'elle sollicitait : son mari était sous les verroux !

Quelles furent, à Mazas, l'attitude et la situation des hôtes illustres que ses murs devaient momentanément abriter? Quelles rigueurs ou quels égards leur furent réservés ? Quelle foi doit-on ajouter à tous les récits fantaisistes dont les pamphlétaires radicaux et démagogues se sont faits les éditeurs? Nous ne voulons point répondre nous-même. Il ne nous convient même pas de reproduire ici les témoignages courtois de MM. Changarnier et Cavaignac, remerciant le préfet de police des égards exceptionnels dont ils avaient été l'objet, des adoucissements apportés à leur courte captivité; laissons parler l'un des deux commissaires extraordinaires auxquels nous avions confié la délicate mission de nous représenter à Mazas (1). Ce rapport écrit à Mazas même le 2 décembre, offre un intérêt d'actualité; nous le donnons au complet. Aucun récit ne saurait prévaloir contre ce document qui, dans la pensée de son auteur, n'était nullement destiné à la publicité.

Le rapport était ainsi conçu :

« Mazas, 2 décembre.

« Il était cinq heures et demie du matin quand le colonel Thiérion et moi sortions de la Préfecture de police pour nous rendre à Mazas.

(1) Nous n'avons parlé que du colonel Thiérion, parce que lui seul, en effet, était investi d'une mission officielle. Par excès de précaution, nous lui avions adjoint un homme du meilleur monde, qui devait, lui aussi, veiller à ce que rien ne fût épargné pour adoucir la captivité de nos adversaires politiques.

« Le colonel devait résister jusqu'à la dernière extrémité à toute tentative de délivrance ; je devais veiller aux dispositions administratives et surtout à ce que les personnes attendues fussent traitées avec les plus grands égards.

« La prison de Mazas est située sur le boulevard de ce nom. Une grande porte, à grille épaisse, placée un peu en retrait des deux pavillons qui l'encadrent à droite et à gauche, en forme l'entrée principale. Dans l'épaisseur du pavillon de gauche est un guichet par lequel a lieu tout le va-et-vient ordinaire de la prison. La grande porte ne s'ouvre que pour les voitures.

« Ces entrées donnent sur la grande cour qui précède la prison proprement dite. Au fond de cette cour est un perron de plusieurs marches qui donne accès au grand guichet par lequel on pénètre dans la prison. Les premières pièces en sont occupées par les services administratifs et judiciaires.

« Arrivé à Mazas, le colonel présenta à l'officier du poste qui en gardait l'entrée l'ordre de service émané du Préfet de police, puis nous traversâmes la première cour et nous montâmes à l'appartement du directeur. Celui-ci était couché. Nous l'attendîmes dans la salle à manger ; il se hâta et parut bientôt à demi vêtu. Le colonel lui remit une lettre du préfet de police. Le directeur la lut : « Messieurs, je suis à vos ordres, » dit-il, et il alla achever rapidement de se vêtir. On descendit dans son cabinet qui était voisin du greffe. Le colonel se dirigea vers le poste militaire. Je demeurai avec le directeur pour veiller aux dispositions intérieures que nécessitaient les arrestations nombreuses qui s'opéraient à l'heure même. Des recommandations d'agir avec les plus grands égards furent faites à tout le personnel.

« Ces dispositions prises, le colonel et moi nous nous rejoignîmes dans le greffe. Il était six heures. Les arrestations devaient être faites de six heures à six heures et demie du matin. Eu égard aux distances, les premières personnes arrêtées devaient paraître à Mazas, vers sept heures.

« A sept heures moins cinq minutes, un bruit de voiture se fit entendre du boulevard. Bientôt la porte du petit guichet de gauche s'ouvrit et donna passage au colonel Charras et aux agents qui l'accompagnaient. Le colonel portait, sur son visage, les traces d'une vive agitation intérieure. Sa démarche était nerveuse et son attitude irritée. Il monta rapidement les marches du grand perron et entra dans le greffe.

« A peine le colonel Charras avait-il disparu dans l'intérieur que la grande porte de la prison s'ouvrit. Deux fiacres, escortés d'un piquet à cheval, entrèrent bruyamment dans la cour et vinrent se ranger au pied du grand perron. La première voiture fut ouverte, le général de Lamoricière en descendit. Il était accompagné d'un commissaire de police et d'un officier de la police municipale. Dans la seconde voiture étaient des agents.

« Le général était en habits civils; il paraissait très abattu. Il gravit lourdement les marches du perron. On le reçut respectueusement, tête découverte. Quand le général sortit du greffe pour se rendre à la chambre qui lui était destinée, il demanda qu'on lui fît venir, de sa bibliothèque, les cinq derniers volumes de la *Révolution française* de Thiers : on s'empressa de satisfaire à son désir.

« Cependant les arrivées se multipliaient et le greffe s'encombrait. A chacune des tables qu'occupaient les employés se présentait, à son tour, un général, un député ou un personnage politique important que sa destinée y amenait. Il donnait son nom, son âge, son grade, son titre; on en prenait note; puis on le conduisait à l'intérieur.

« Ceux dont l'arrestation avait été accompagnée de saisie de pièces étaient amenés dans le cabinet du directeur. Le député Miot y vint, on avait saisi chez lui un monceau de papiers. Son irritation était violente, il se répandait en paroles menaçantes. Il fut difficile de le calmer.

« D'autres gardaient une attitude plus paisible. Le député Valentin subissait son sort avec une sorte d'ostentation flegmatique. Il avait conservé sur sa tête son grand chapeau mou à larges bords ; il portait une cravate longue de couleur bleue sur laquelle se rabattait le col de sa chemise, ce qui ajoutait encore à son air juvénile. Il lisait tranquillement son journal pendant qu'on rédigeait son procès-verbal d'écrou.

« D'un bout à l'autre du greffe, on se reconnaissait on échangeait des sourires amers et on s'envoyait, des signes et des paroles. MM. Changarnier et Cavaignac s'y rencontrèrent. « Comme il nous traite !
« dit de loin le général Changarnier au général Ca-
« vaignac, il a bien tort, car en mai prochain il au-

« rait été certainement réélu... mais maintenant... »

« Puis le général Changarnier demanda à écrire à sa sœur. Ce billet se résume ainsi : « Rassure-toi; je suis l'objet des plus grands égards. M. de Maupas me traite en galant homme. »

« Vers huit heures et demie, les arrestations étaient terminées.

« Le bruit et le mouvement du matin font place au calme ordinaire de Mazas. Aucune tentative d'évasion n'a eu lieu. Aucun essai n'est venu encore de l'extérieur pour délivrer les prisonniers. On remarque seulement aux abords de la porte principale quelques groupes de curieux que les agents font circuler. Nos mesures sont prises pour résister énergiquement au besoin à toute attaque.

« *Le Commissaire extraordinaire délégué,*
« X....... »

Nos instructions avaient été ponctuellement exécutées. Aucune précaution n'avait été négligée pour mettre nos illustres captifs à l'abri d'un coup de main et toutes les mesures avaient été soigneusement prises pour adoucir, à leur égard, dans la mesure du possible, les rigueurs commandées par la gravité des circonstances.

Le fait le plus important et le plus décisif de ce qui s'est appelé « le Deux-Décembre » était accompli. Le complot du général Changarnier était anéanti par son arrestation et par celle de ses plus notables complices. Le soulèvement démagogique était également paralysé dans son action ; ses organisateurs essentiels étaient à Mazas; les comparses seuls restaient en liberté, et nous pourrons juger bientôt, par ce qu'a pu entreprendre encore l'émeute privée de ses chefs, de ce qu'elle eût pu faire s'ils eussent été à sa tête pour recruter les masses révolutionnaires et les mener au combat.

CHAPITRE XVII

LES RÉSISTANCES PACIFIQUES

L'aspect de Paris dans la matinée du 2 décembre. — Copies de rapports adressés au Préfet de police. — Les réunions des représentants. — Protestation de M. Odilon Barrot. — Tentative de séance au Palais Bourbon. — M. Dupin et les représentants. — La réunion Daru. — La mairie du dixième arrondissement. — Un premier envoi de troupes. — Les renforts du général Forey. — Les sommations et leurs suites. — Les 218 ex-représentants à la caserne du quai d'Orsay. — La première sortie de Louis-Napoléon. — L'armée de Paris et le colonel Fleury. — La haute cour de justice. — Sa dissolution.

Le bruit des arrestations dont nous venons de faire le récit s'était vite répandu dans Paris. Quel était à ce moment l'aspect de la capitale? On lisait les documents affichés. On voyait l'armée occuper tous les points importants de Paris, et on pouvait juger déjà de sa solidité. Quelles étaient les impressions dominantes? Nous pourrions, comme l'ont fait ceux qui, en se plaçant à des points de vue divers, ont écrit l'histoire de ces événements, donner ici notre appréciation. Si certain que nous soyons de rester, en cela comme en toutes choses, dans les limites de la plus stricte vérité, nous préférons, pour résumer l'état des esprits, profiter d'un moyen que les circonstances ont mis à notre disposition. Nous avons pu conserver copie de quelques rapports des agents de la Préfecture de police. Il serait inutile de les reproduire tous ; le lecteur sera suffisamment éclairé en lisant ceux que nous avons pris au hasard. Les autres en sont la reproduction presque textuelle. On peut ajouter à ces documents une foi complète. Ils émanent d'hommes qui n'ont d'autre mission que la surveillance de la voie publique, dont la fonction est de dire ce qu'ils voient, ce qu'ils entendent, et qui, sous tous les régimes, l'ont fait avec une telle impartialité. qu'elle devient presque de l'indifférence. Nous citons deux seulement de ces rapports. Ils résument la situation à eux seuls :

14e arrondissement, 2 décembre, 8 h. 30 m. matin.

Rapport.

« La dissolution de l'Assemblée et les autres mesures prises par M. le Président de la République sont connus des habitants de l'arrondissement qui n'en paraissent pas trop émus.

« La majorité paraît satisfaite et dit : « Il a bien
« fait. »

« Pas de rassemblements dangereux,
« Tranquillité.

« *L'Officier de paix,*

« de Beaumarchais. »

Faubourg Saint-Antoine, 2 décembre, 8 h. 40 matin.

« Nous venons de parcourir le quartier de l'Hôtel-de-Ville, le faubourg du Temple, la rue Ménilmontant, le faubourg Saint-Antoine, la rue Saint-Antoine.

« Partout les groupes sont compacts, mais rien de sérieux ne se fait sentir; tout le monde applaudit le Président, et, de toutes les bouches, on n'entend sortir que ces mots : Il a bien fait, il a bien fait. *Vive Napoléon !*

« *L'Officier de paix,*

« Henricy. »

Ces mots « il a bien fait », dits en parlant de l'acte de Louis-Napoléon, figurent dans ces deux rapports écrits à la même heure et venant de points différents. Ils se retouvent textuellement dans un très grand nombre d'autres encore.

Les rapports essentiellement politiques sur les menées des partis sont confiés à des agents d'une autre catégorie, lesquels n'ont aucune relation avec ceux dont nous venons de donner les appréciations. Ces rapports sont généralement assez développés, la matière le comporte; il serait trop long de les reproduire; on y suivrait trop lentement la marche des événements; nous nous contenterons d'en prendre la substance en ce qui concerne les membres de l'Assemblée dissoute. D'eux seuls, en effet, pouvaient venir, au début, des complications redoutables, parce qu'ils pouvaient seuls placer leur résistance sous l'égide de la légalité de la veille.

A peine les décrets et proclamations étaient-ils connus que les représentants de toutes les nuances hostiles au Prince s'agitaient, se rendaient les uns chez les autres, et prenaient les mesures nécessaires pour que les convocations fussent faites à bref délai ; ils se concertaient, en toute hâte, sur les moyens d'organiser immédiatement la résistance. Des groupes se formaient, par quartier, chez le plus notable représentant de la région. C'est ainsi qu'à la première heure, de petites réunions avaient lieu chez M. Crémieux, chez M. le comte Daru, chez M. Yvan et chez M. Odilon Barrot. Si l'on en croit M. Victor Hugo, quelques montagnards se seraient également réunis chez lui à la première nouvelle des événements. Nos rapports ne nous ont signalé aucune réunion de cette nature chez le grand poète. Nos agents, il est vrai, ne surveillaient que les hommes dangereux. M. Victor Hugo était considéré comme inoffensif; les événements l'ont prouvé ; à ce titre, il put sans entraves jouir de toute sa liberté et s'agiter à son aise.

Plusieurs membres de la réunion des Pyramides s'étaient également rendus au lieu ordinaire de leurs séances; mais, là, toutes les opinions étaient représentées, et si la résistance était proposée, le parti de la soumission aux faits accomplis comptait également de très chauds adhérents. Ce fut cependant à la résistance que se décida la majorité, et on se mettait en mesure de rédiger une protestation, quand les agents de la Préfecture de police vinrent couper court à toute délibération. On se dispersa sans trop de mauvaise humeur.

Chez MM. Crémieux et Odilon Barrot, les agents avaient également fait lever la séance. Chez M. Odilon Barrot, on avait saisi une protestation revêtue déjà de quelques signatures, celles entre autres de MM. Odilon Barrot, Dufaure, Piscatory, Duvergier de Hauranne, de Tocqueville, Chambolle et H. Passy. C'était la formule obligée de la capitulation.

Nous avons dit avec quelle habileté le colonel Espinasse avait pris possession du palais de l'Assemblée. Le but essentiel de cette occupation était d'empêcher les représentants de se réunir au lieu ordinaire de leurs séances. Ils n'auraient pas manqué de constituer là un gouvernement en face de celui du Prince, et leurs ordres, s'appuyant ainsi sur le prestige de leur demeure officielle, eussent été mieux écoutés que s'ils fussent partis de quelque logis de circonstance, ce qui, dans de pareils moments, respire toujours plus ou moins la défaite ou la conspiration.

On va voir combien, en toutes choses, le soin des détails est, à côté des préoccupations d'un ordre plus élevé, une nécessité impérieuse. Une fois maître du Palais-Bourbon, maître des questeurs, maître encore du président Dupin, maître de toutes les issues, le colonel pouvait croire, à bon droit, sa mission bien remplie, et il confiait à l'un de ses officiers le soin de placer, à toutes les portes, une sentinelle avec cette sévère consigne de ne laisser ni entrer ni sortir personne. Un oubli faillit tout compromettre. Une porte, celle qui ouvre rue de Bourgogne en face de la rue de Lille, n'avait pas reçu de sentinelle, et ceux des représentants qui, après s'être heurtés inutilement aux entrées principales, avaient eu la pensée de faire une tentative nouvelle à la porte de la rue de Bourgogne, avaient pu pénétrer dans le Palais et s'installer à leur aise dans la salle des séances. Cette salle n'avait pas même une sentinelle. Cette précaution avait naturellement semblé inutile, tant on était convaincu qu'aucun représentant ne pourrait s'introduire dans le palais lui-même. Quand on constata la présence des représentants dans la salle des séances, l'émotion fut vive. On ne pouvait s'expliquer cette apparition subite, alors qu'on croyait toutes les issues gardées. On s'aperçut enfin de la faute commise, et on plaça, à la petite porte oubliée, deux sentinelles au lieu d'une.

Les représentants dévoués à la cause du Président de la République étaient restés à leurs domiciles, ou s'étaient rendus à l'Élysée pour y féliciter le Prince. Un très petit nombre d'entre eux avait été à la réunion des Pyramides. Tous ceux donc qui cherchaient à se grouper et à délibérer pouvaient être considérés comme hostiles, et c'est pour cela que j'avais donné les ordres les plus précis pour disperser toute réunion de représentants.

Le groupe qui siégeait dans la salle de l'Assemblée était, comme les autres, opposé aux événements accomplis; mais il était si peu nombreux qu'il comprenait son impuissance et bornait ses efforts à quelques échanges d'impressions, à quelques propositions sans portée. On tenta bien d'attirer, dans cette tentative de résistance, le président qui, prudemment, était resté dans ses appartements. M. Dupin connaissait son monde; il n'avait nul goût pour les démonstrations inutiles; il expliqua très nettement, à ceux de ses collègues qui avaient été envoyés près de lui, qu'il était meilleur juge qu'eux de la dignité de l'Assemblée, que cette dignité ils la compromettaient au lieu de la relever en essayant, en si petit nombre, d'une résistance puérile. Il leur démontra l'impossibilité de réunir la Chambre, la nécessité de s'incliner devant une force qui dominait toutes les volontés, et, après ce petit discours où le président n'avait pu se défendre de quelques traits d'esprit, il quittait ses collègues avec sa formule ordinaire de salutation : « Messieurs, j'ai bien l'honneur de vous saluer. »

Le rôle des ex-représentants réunis dans la salle des séances devenait absolument critique. Abandonnés par leur président, n'ayant pas même un vice-président pour prendre sa place, ils devenaient la proie de deux ou trois montagnards qui entendaient bien, à l'abri de tout péril, se couvrir de gloire par les propositions les plus incendiaires. Si un pardonnable amour-propre n'eût retenu beaucoup de ces ex-représentants, ils eussent quitté le palais aussitôt le départ de M. Dupin, pensant avoir payé, par leur présence en un pareil moment, une dette suffisante à la République.

Mais les violents tenaient bon ; ils réchauffaient les hésitants, et on allait se mettre à constater, par une sorte de délibération, les résolutions prises lorsqu'entra dans la salle une compagnie de gendarmerie mobile ayant à sa tête le commandant Sausserotte. Ce brave officier avait une consigne. Il devait faire évacuer la salle et le palais. Il exposa, en termes d'une concision toute militaire, l'objet de sa mission et convia au silence les orateurs qui prétendaient entraîner les soldats à l'oubli de leur devoir. Un instant après, les membres de la réunion sortaient, les uns pour rentrer chez eux, deux ou trois pour aller à l'Élysée, quelques autres pour aller chercher à se joindre, ailleurs, à des collègues disposés comme eux à la résistance.

Peu après cet incident, se produisait une nouvelle tentative d'entrée dans le Palais.

Nous avons dit que l'une des réunions improvisées des représentants avait eu lieu, dès le matin rue de Lille, chez M. le comte Daru, l'un des vice-présidents de la Chambre. Plusieurs des réunions partielles dissoutes s'y étaient rendues, celle de M. Odilon Barrot entre autres (1). Lorsqu'on se crut assez nombreux pour tenter une démonstration, on sortit, et on s'avança en colonne sur la grille

(1) On a beaucoup exagéré le nombre des ex-représentants qui ont assisté à la réunion de la rue de Lille. Les uns le portent à quatre-vingts, les autres l'élèvent à cent vingt au sortir de l'hôtel pour se rendre au Palais, et à cent quatre-vingts au moment où l'hôtel fut évacué ; nos rapports eux-mêmes nous ont donné des chiffres qui n'ont pas toujours été les mêmes. Ils ont naturellement varié avec les heures. Ce que nous pouvons affirmer, toutefois, c'est qu'à aucun moment, il ne s'est trouvé cent quatre-vingts représentants réunis chez M. le comte Daru.

principale de la Chambre que chacun, en passant, avait vu solidement gardée. On demanda fort inutilement à entrer, et lorsque, aux paroles d'insistance des ex-représentants, les soldats répondirent en croisant la baïonnette, chacun rebroussa chemin et on rentra chez le comte Daru.

La réunion Daru nous avait été signalée dès son origine. J'avais cru utile de la laisser libre, quoique surveillée, aussi longtemps qu'elle resterait pacifique ; mais la démonstration qu'elle venait de faire révélait des intentions militantes ; le moment me sembla venu de la dissoudre. Sur ma réquisition, un bataillon cerna l'hôtel du comte Daru et le commandant le fit évacuer. Aucune résistance ne fut opposée, chacun sortit, et les plus obstinés se mirent en quête d'un nouveau lieu de réunion. A partir de ce moment, la rue de Lille et les abords du Palais-Bourbon reprirent leur complète tranquillité. On y voyait beaucoup de passants et beaucoup de soldats ; toute menace de désordre avait disparu de ce côté.

Il nous était permis de penser que nous en avions fini avec les complications venant de l'Assemblée dissoute ; ses membres avaient fait en conscience ce qu'ils jugeaient être une obligation impérieuse pour eux. Nous reconnaissons volontiers qu'ils ne pouvaient laisser s'accomplir, sans protestations, un acte contre lequel ils avaient depuis deux années déchaîné, à la tribune et dans leurs journaux, les plus violentes attaques. Ils ne pouvaient faire moins, pour leur dignité, que ce qu'ils avaient tenté dans leurs diverses réunions partielles, et notre devoir était de le comprendre. De telles démonstrations restaient à peu près ignorées ; elles n'étaient de nature ni à impressionner l'armée, ni à agiter la population. Nous n'avions rien de grave à redouter d'elles ; j'en avais suivi attentivement, dès le début, la formation et le développement, et j'avais cru pouvoir, sans danger, m'abstenir de mesures de rigueur ; à peu d'exceptions près, tout s'était en quelque sorte passé amiablement.

Je pouvais sans doute, en procédant par voie d'arrestations, dans les lieux où s'étaient concentrés les ex-représentants, paralyser sûrement toute tentative ultérieure de réorganisation de résistance venant du parlement dissous ; mais, autant j'avais été d'avis de ne rien négliger des mesures préventives nécessaires, autant je désirais, après le fait accompli, épargner, dans les limites qui ne compromettraient pas notre sécurité, les rigueurs vis-à-vis d'hommes que nous estimions et dont la plupart n'étaient séparés de nous que par des dissidences qu'il était possible d'effacer. C'est pour ces causes qu'au palais de l'Assemblée, à la rue des Pyramides, chez M. le comte Daru, ailleurs encore, j'avais donné l'ordre qu'on conseillât d'abord la dispersion, qu'on expliquât ensuite l'inutilité et le danger de la résistance, qu'on s'abstînt d'arrestations en masse, pour s'en tenir, mais au cas seulement de paroles ou d'actions par trop vives, à des arrestations isolées. Quelques-unes avaient eu lieu sur la place du Palais-Bourbon ; les ex-représentants qui en avaient été l'objet n'avaient voulu céder à aucun avertissement et avaient été saisis au moment où ils haranguaient la troupe.

Jusqu'à la dispersion de la réunion Daru, nous n'avions eu qu'à nous louer de notre tolérance ; mais la situation allait prendre un caractère plus grave, et les événements vont montrer comment nous eûmes, un instant, à redouter d'avoir fait à l'esprit de modération une part plus large que ne le demandait peut-être la prudence.

Pendant qu'une partie de la droite était réunie chez M. le comte Daru, quelques ex-représentants avaient pris séance à la mairie du Xe arrondissement (1).

La légion de garde nationale de ce quartier était commandée par le général de Lauriston ; on en concluait qu'elle devait être, comme l'était son chef, dévouée à la cause de l'Assemblée. On croyait encore pouvoir compter sur la sympathie de quelques membres de la municipalité. C'est cette double considération qui avait déterminé le choix d'un local qui offrait, en échange d'avantages au moins problématiques, l'inconvénient d'être situé dans une des régions de Paris les moins favorables aux agitations politiques. Après quelques pourparlers, les ex-représentants avaient réussi à se faire ouvrir les portes d'une des salles de la mairie. Ils n'y étaient encore qu'en petit nombre quand, apprenant la séparation de la réunion Daru, ils envoyèrent aviser leurs collègues qu'ils trouveraient, à la mairie du Xe arrondissement, un local relativement convenable pour délibérer. Cette

(1) La mairie du Xe arrondissement était alors située rue de Grenelle-Saint-Germain, près de la Croix-Rouge, dans un vaste hôtel qui a disparu lors du remaniement de ce quartier.

nouvelle circula de bouche en bouche. Quelques groupes, non encore dispersés, se reformèrent, et on se dirigea sur la mairie du X⁰ arrondissement. Les portes en furent effectivement ouvertes sans difficulté et les nouveaux arrivants s'installèrent, avec ceux de leurs collègues qui les avaient devancés, dans une salle spacieuse du premier étage. Immédiatement on fit convoquer à domicile tous les ex-représentants demeurant sur la rive gauche. Au bout d'une heure, cent vingt membres avaient répondu à cet appel et leur nombre s'augmentait rapidement.

Les réunions tentées à la rue des Pyramides, chez M. Odilon Barrot, chez M. le comte Daru, ne comptaient à peu près exclusivement que des membres de l'ancienne majorité. Nous savions que, si irrités que fussent quelques-uns d'entre eux, ils n'iraient pas inconsidérément aux extrêmes ; il y avait parmi eux des hommes dont les conseils de sagesse eussent fait écarter au besoin des propositions trop compromettantes. Mais la présence, à la mairie du X⁰ arrondissement, d'un grand nombre de montagnards connus pour leur exaltation nous enlevait toute garantie de cette nature.

Dans les moments troublés, aux heures des crises suprêmes, la passion et la violence l'emportent trop souvent sur la prudence et la raison. Nous verrons bientôt à quel point il en fut ainsi, une fois que la partie calme de la majorité se trouva aux prises avec les fureurs de la Montagne.

Cette fois, on entendait se constituer, délibérer comme assemblée nationale non dissoute, et agir au nom de cette Constitution qui n'était déjà plus qu'un souvenir historique (1). On comprenait aisément qu'on n'avait devant soi que de courts moments pour se mouvoir en liberté; pas un instant ne fut perdu; on constitua vite un bureau, et, pour éviter toute dissidence, on y appela par acclamation les membres présents du bureau de la Chambre dissoute. C'est à ce titre que M. Benoist d'Azy occupa le fauteuil de la présidence. M. Vitet prit place à ses côtés; MM. Moulin et Chapot reprirent leurs anciennes fonctions de secrétaires et les orateurs se mirent à l'œuvre pour compléter le simulacre d'une séance. Mais plus de vingt membres voulaient parler à la fois. Chacun d'eux, les montagnards surtout, avait une proposition rédigée et entendait ne point laisser à un voisin plus empressé l'initiative d'une résolution énergique. Tout cela causait un inexprimable tumulte et enlevait à la réunion deux conditions essentielles d'un fonctionnement régulier : l'ordre et la dignité.

On parlait pour le dedans, on parlait pour le dehors. On quittait la tribune improvisée pour adresser, par les fenêtres, des harangues à quelques groupes assemblés dans la cour.

(1) Ce n'est pas sans avoir pesé la valeur des termes dont nous nous sommes servi que nous disons ici, de la constitution de 1848, « qu'elle n'était déjà plus qu'un souvenir historique ». En fait, sa dissolution était un événement accompli, et, sans discuter le droit du pouvoir qui l'avait prononcée, on peut affirmer que personne, pas même ceux qui protestaient contre la mesure prise, n'eût pensé à soutenir sérieusement que cette assemblée pourrait revivre un jour.

On proposait un premier décret prononçant la déchéance et la mise en accusation de Louis-Napoléon ; il était voté, rédigé à la hâte et signé sans désemparer.

La proposition des questeurs, singulière parodie du passé, était cette fois non seulement adoptée à l'unanimité, mais immédiatement mise en pratique.

L'article 32 de cette Constitution qui n'était plus reprenait une heure de vie factice. M. le général Oudinot était nommé commandant en chef des troupes et gardes nationales de Paris. Un montagnard, M. Tamisier, lui était adjoint comme pour corriger les origines du général et faire accepter son nom, peu populaire, par la démocratie parisienne.

Puis venait un autre décret qui convoquait la haute cour de justice pour juger Louis-Napoléon et ses complices. Toutes ces propositions étaient votées de confiance, presque sans être entendues, tant étaient grands à la fois le tumulte et l'entraînement.

Et après ces votes essentiels, qui constituaient à eux seuls la revendication d'un droit qui avait cessé d'être et donnaient un corps à la révolte contre des faits accomplis, on en venait aux résolutions de détail. On votait un décret ordonnant au général Magnan et à tous les officiers de l'armée de Paris de venir se mettre aux ordres de l'Assemblée. On votait la mise immédiate en liberté de tous les ex-représentants arrêtés. On convoquait la dixième légion de la garde nationale pour venir prendre, en attendant mieux, la garde et la défense de l'ombre de l'Assemblée. On votait l'impression de toutes ces improvisations; mais on ne voyait venir ni généraux pour se soumettre, ni gardes nationaux pour prendre leur poste et on ne trouvait point d'imprimerie.

Quant à la mise en liberté des ex-représentants arrêtés, on ne pouvait sérieusement songer à faire ouvrir les portes de Mazas. L'effort, si ardent qu'il fût, restait un effort stérile.

Mais cette visible impuissance ne décourageait pas les ardents de la réunion. L'acrimonie de leur langage ne faisait que s'accroître. C'était un assaut d'imprécations contre le pouvoir triomphant, un mélange de propositions impraticables, et, pour mettre le comble à ce vacarme parlementaire, chaque motion était régulièrement saluée des cris interminables de « *Vive la République! vive la Constitution!* »

Comme toujours, au milieu de semblables paroxysmes, le langage de la raison ne réussissait point à se faire jour. On eût accusé de trahison quiconque eût conseillé la sagesse. Plusieurs membres de la droite demandèrent inutilement la parole; il leur coûtait d'accepter la solidarité de pareils excès. Combien leur situation était fausse! Chercher à arrêter le torrent n'était pas une entreprise possible; quitter la séance, c'était s'exposer à être qualifié de déserteur; il fallait donc, bon gré mal gré, subir la complicité, apparente au moins, d'une attitude dont on blâmait l'imprudence et l'inutilité.

Plus l'heure avançait, et plus les turbulents devenaient nerveux. Ils supposaient bien, en effet, que la Préfecture de police était informée de ce qui se passait au Xe arrondissement. Ils s'attendaient, à chaque instant, à voir paraître un commissaire de police et des soldats. Ils voulaient à tout prix, avant la dissolution prévue de la réunion, avoir pris toutes les résolutions importantes et avoir livré à l'impression les fameux décrets improvisés.

Vers midi, un mouvement de curiosité se remarquait dans la foule. C'étaient les deux commissaires de police, MM. Lemoine Tacherat et Barlet, qui, revêtus de leurs écharpes, se présentaient à la porte de la mairie. Cette porte était gardée par quelques gardes nationaux qui avaient pris parti pour l'Assemblée ; il fallait donc parlementer et cela au milieu d'une foule très hostile. Les commissaires réussissaient néanmoins à faire prévaloir leur autorité et se disposaient à monter au premier étage, quand ils furent rejoints par deux compagnies de chasseurs de Vincennes que le général Magnan avait dirigés sur ce point.

L'attitude de la réunion était telle, qu'on devait s'attendre à ce que les choses ne se passassent ni comme à la rue des Pyramides, ni comme chez M. Daru, ni même comme au Palais-Bourbon. Il n'y avait pas à espérer une solution amiable, une séparation bénévole ; on devait se mettre en mesure d'user de la force et d'opérer, en cas de refus de se dissoudre, l'arrestation des deux cents ex-représentants à ce moment réunis. Il fallait, pour une pareille exécution, beaucoup plus de monde que n'en avait envoyé le général Magnan. Le commandant des deux compagnies et les commissaires de police convinrent, le premier qu'il allait demander des renforts, les autres qu'ils allaient en référer au préfe. de police.

Pendant ce temps, le général Oudinot essayait du prestige de sa nouvelle dignité de commandant en chef de l'armée de Paris. Il déclinait ses qualités au capitaine commandant le détachement de chasseurs, l'invitait à prendre la défense de l'Assemblée et à obéir à ses ordres. La puissance de la consigne se montrait alors dans toute sa valeur. Le capitaine résistait sans embarras à un général de division. Il se montrait fort de son droit, et, aux obsessions des représentants, il répondait imperturbablement, comme au général Oudinot, par un refus obstiné de s'écarter de ce qu'il savait être son devoir. Quant aux deux commissaires, dont on avait également tenté de gagner les bonnes grâces, ils s'étaient exprimés poliment, mais d'une façon si péremptoire qu'on n'avait cru devoir engager aucun nouveau colloque avec eux.

Les nouvelles fréquentes que j'avais reçues de la mairie du Xe arrondissement m'avaient permis de juger, à toute leur importance, les dangers de cette réunion. Si les résolutions qui y avaient été prises étaient connues dans l'armée, elles pouvaient y faire naître l'hésitation. Si elles étaient divulguées dans Paris, elles nous exposaient aux plus sérieuses complications. Ces restes de légalité, recueillis par ceux-là mêmes qui en étaient la veille encore les dépositaires autorisés, pouvaient devenir un point d'appui pour l'émeute. Il pouvait se trouver, à un moment donné, deux gouvernements constitués l'un en face de l'autre, et la guerre civile en était la conséquence. C'est parce que je le voyais ainsi que j'avais demandé, avec une vive insistance, au général Magnan, de faire soutenir les deux commissaires par une force importante, pour anéantir cette manifestation à son origine. Deux compagnies eussent été insuffisantes au début, elles l'étaient bien plus encore à l'heure où il fallait agir.

Le temps pressait; en référer encore au commandant de l'armée de Paris, c'était m'exposer à de grands retards ; je pris le parti d'user de mon droit de réquisition directe, et j'invitai le général Forey à se porter, avec ses troupes et ses canons, sur la mairie du Xe arrondissement. En même temps, j'informais le général Magnan et le ministre de la guerre de la gravité de l'incident et de la mesure que je venais de prendre pour y couper court. Au reçu de mon avis, le général de Saint Arnaud ordonnait au général Magnan de se porter, de sa personne, sur les lieux et d'y agir avec la dernière énergie. Mais, avant que le général eût mis cet ordre à exécution, la brigade du général Forey avait accompli sa mission et la résistance des deux cent dix-huit ex-représentants avait eu son terme (1).

Comment s'était accomplie cette exécution ? Dans l'intervalle qui s'était écoulé entre l'entrée des deux

---

(1) Dans les diverses publications qui ont été faites sur les événements du Deux-Décembre, le chiffre des députés présents à la mairie du dixième arrondissement n'a pas toujours été exactement donné. Le chiffre de 218 doit être considéré comme absolument exact. Il est emprunté au rapport du commissaire, M. Lemoine Tacherat, qui avait pris les mesures nécessaires pour me renseigner avec une entière précision.

compagnies de chasseurs et l'arrivée du général Forey, la foule avait grossi ; quelques gardes nationaux en armes s'étaient rendus à la mairie et tenaient les propos les plus violents. Nos deux commissaires, qui y étaient restés en observation, avaient à soutenir un véritable siège. Leur attitude était énergique ; mais, aux injures qu'on leur prodiguait, ils ne pouvaient répondre que par la fermeté de leur maintien : ils eussent risqué d'échouer en essayant prématurément de sévir ; ils se résignaient prudemment à attendre les renforts.

On savait, au sein du parlement improvisé, que des troupes nouvelles étaient demandées. On pensait bien qu'elles seraient choisies de telle sorte qu'il n'y avait aucun espoir de gagner leur concours et de les voir se ranger sous les ordres du général Oudinot. On annonçait même que c'était le général Magnan qui devait, en personne, commander l'expédition. Il n'y avait plus qu'à se résigner. L'apparition de la tête de colonne des troupes du général Forey fit évanouir en un moment tous les préparatifs de résistance. Le tumulte devint indescriptible, et les deux vice-présidents réunis furent impuissants à rétablir le silence. Il faut répéter, à la décharge de la droite, qu'elle subissait, sans y participer autrement que par un très petit nombre de ses membres, cette vraie débauche de cris, d'injures, d'apostrophes les plus dissonantes. Le groupe des montagnards était dans son rôle, les vociférations, les menaces, la violence, telles étaient leurs coutumes ordinaires ; que devait-ce être en un pareil moment !

J'avais expressément recommandé au général Forey de cerner le groupe de maisons au milieu duquel se trouvait la mairie du Xe arrondissement ; c'est par là qu'il commença. Une fois cette opération faite, il se rendit, à la tête d'un fort détachement, dans la cour de la mairie, et nos deux commissaires purent immédiatement exécuter les ordres nouveaux que je venais de leur transmettre.

Au début, alors qu'il était permis de supposer que la réunion du Xe arrondissement n'aurait, comme celles qui avaient été déjà dissoutes, qu'une allure inoffensive, j'avais prescrit aux deux commissaires de ne mettre en état d'arrestation que ceux des ex-représentants qui se feraient remarquer par leur exaltation et qui refuseraient de se séparer ; mais, après les résolutions prises par la réunion, après la mise en accusation de Louis-Napoléon, après le décret de nomination d'un commandant en chef de l'armée de Paris, après la convocation de la haute cour de justice, les choses devaient se passer autrement. J'avais donné les ordres suivants : « Sommer la réunion de lever immédiatement la séance, et, une fois les ex-représentants désagrégés, sortis de la salle des délibérations, conseiller encore aux plus pacifiques de se retirer, s'emparer de tous les montagnards et ensuite de ceux des membres de la droite qui s'étaient fait remarquer par leur irritation. » Ce triage, nos commissaires avaient les éléments voulus pour y procéder rapidement ; il pouvait, en quelque sorte, s'opérer de lui-même. Ceux qui menaçaient les soldats et nos commissaires étaient à arrêter, ils étaient soixante environ ; ceux qui se tenaient calmes, qui n'approuvaient que pour ne pas être qualifiés de déserteurs, devaient être invités à se retirer. Ils ne pouvaient être dangereux au dehors ; conservés au contraire entre nos mains, ils y devenaient, par leur nombre, un surcroît d'embarras. J'avais donné communication au général Forey d'abord, puis aux généraux de Saint Arnaud et Magnan de mes instructions aux deux commissaires de police, et ils avaient à leur tour, par surcroît de précautions, transmis les mêmes ordres aux officiers qui devaient opérer.

A l'entrée du général Forey dans la cour, nos commissaires, suivis d'un fort détachement de troupes, se présentaient de nouveau dans la salle de séance. Une partie du détachement pénétrait dans l'intérieur de la salle ; le surplus occupait l'escalier. Il faut renoncer à décrire ce que devenait alors le tumulte. Les cris, les menaces, les injures des montagnards accueillaient les agents de l'autorité, et la voix du président restait longtemps impuissante à se faire entendre. Le silence se rétablissait enfin. M. Lemoine Tacherat donnait alors connaissance des ordres qu'il venait exécuter. Procédant méthodiquement, il ne parlait d'abord que de l'évacuation immédiate de la salle où se tenait la séance. Mais à cette première injonction, un *tolle* s'élevait de nouveau dans l'assemblée. Sur la demande du président, les deux commissaires s'avançaient près du bureau et M. Benoist d'Azy leur annonçait qu'il allait leur donner lecture, au nom de l'assemblée, de l'article 68 de la Constitution.

La lecture étant terminée, M. Benoist d'Azy ajoutait que c'était conformément à cet article 68 que l'assemblée, empêchée de pénétrer dans le lieu ordinaire de ses séances, s'était réunie à la mairie du X⁰ arrondissement, et qu'elle avait rendu le décret de déchéance dont il allait également donner lecture. Ce décret était ainsi conçu :

République française.

Décret.

« L'Assemblée nationale, réunie extraordinairement à la mairie du X⁰ arrondissement :
« Vu l'article 68 de la Constitution ;
Attendu que l'Assemblée nationale est empêchée, par acte de violence, dans l'exercice de son mandat,

Décrète :

« Louis-Napoléon Bonaparte est déchu de ses fonctions de Président de la République. Les citoyens sont tenus de lui refuser obéissance.
« Le pouvoir exécutif passe de plein droit à l'Assemblée nationale.
« Les juges de la haute cour sont tenus de se réunir immédiatement à peine de forfaiture. Les jurés sont convoqués pour procéder au jugement du Président et de ses complices.
« En conséquence, il est enjoint à tous fonctionnaires et dépositaires de l'autorité et de la force pu-

blique d'obéir à toutes réquisitions faites au nom de l'Assemblée nationale, sous peine de forfaiture et de haute trahison.

« Délibéré et voté, etc..... »

« C'est en vertu de ce décret, ajoutait M. Benoist d'Azy, que l'Assemblée vous somme d'obtempérer à ses réquisitions. Il n'existe, à cette heure, en France qu'une seule autorité légale ; c'est l'Assemblée nationale en face de laquelle vous vous trouvez ; c'est en son nom que je vous requiers d'obéir. »

J'avais recommandé à M. Lemoine Tacherat d'user, vis-à-vis des ex-représentants, de tous les égards compatibles avec l'exécution de son mandat. En laissant ainsi s'engager une discussion, il outrepassait mes instructions. Il eût été préférable de poser immédiatement la question d'une façon plus nette, et de sommer purement et simplement la réunion de se dissoudre. Tout au plus eût-il été opportun de répondre à MM. Benoist d'Azy et Oudinot, excipant de leurs qualités, l'un de président de l'Assemblée, l'autre de commandant en chef de l'armée de Paris : « Le seul président légal de l'Assemblée est M. Dupin qui s'est expressément refusé à convoquer l'Assemblée. Le seul commandant en chef de l'armée de Paris est M. le général Magnan qui, à ce moment même, envoie ses troupes pour faire évacuer la salle où vous êtes réunis. Une fraction de l'Assemblée, ne réunissant pas, à beaucoup près, la moitié plus un de ses membres, nombre constitutionnellement exigé pour rendre ses résolutions valables, n'a nulle qualité pour délibérer utilement. Ses prétendus décrets sont donc, de plein droit, nuls et non avenus. Ils ne constituent pas seulement la révolte contre le pouvoir existant, ils sont, en tout état de choses, une violation de cette constitution même qu'on invoque. C'est l'usurpation. »

Et, en effet, il restait environ cinq cents ex-représentants en liberté dans Paris. Qui eût pu affirmer que, sur d'autres points, la majorité réelle de la Chambre n'était pas en séance? Ne pouvait-elle pas, cette majorité, avoir pris de son côté des résolutions différentes? Quelle valeur avaient alors les décrets du X° arrondissement? Ils n'étaient plus, même pour cette Assemblée dont ils prétendaient se constituer les défenseurs, que les témoignages d'une manifestation illégale venant d'une minorité qui usurpait les droits de la majorité et violait la Constitution.

Mais, si péremptoires qu'eussent pu être les arguments à opposer aux menaces des ex-représentants, le mieux était de n'engager aucune discussion et de sommer nettement la réunion de se séparer. Le second commissaire, M. Barlet, sentant que cette scène ne devait pas se prolonger, prit la parole et déclara à M. Benoist d'Azy qu'il était forcé de mettre à exécution l'ordre qu'il avait reçu : qu'il sommait la réunion d'avoir, sans plus tarder, à se dissoudre. L'officier commandant le détachement qui avait pénétré dans la salle avec les deux commissaires était muni d'instructions analogues ; il ajoutait ses injonctions à celles des commissaires. Mais on reprenait alors, avec l'autorité militaire, le même procédé que celui qui venait d'être vainement employé avec les commissaires. On donnait encore lecture de l'article 68 et du décret de déchéance. A cela le général Oudinot ajoutait l'énumération de ses grades, de ses titres nouveaux, et invitait le commandant du détachement à lui obéir. Ferme dans l'application des lois militaires, l'officier répondait qu'il ne connaissait que son chef, qu'il avait l'ordre de faire évacuer la salle, de faire arrêter ceux qui refuseraient de se retirer, et qu'il renouvelait à la réunion la sommation de se séparer... « Tous à Mazas! » s'écriaient alors les cinquante turbulents de la Montagne, et ils se drapaient dans l'inviolabilité de l'Assemblée dissoute. « Il faut qu'on nous violente, » disaient les uns, « qu'on nous arrache de nos sièges, » disaient les autres, « nous voulons qu'on emploie la force. »

Enfin les deux commissaires s'approchaient de MM. Benoist d'Azy et Vitet qui siégeaient au bureau, les touchaient légèrement du doigt et les invitaient à les suivre. Au signal donné par les deux ex-vice-présidents, la résistance cessa. Les membres de la réunion quittèrent leurs places, descendirent le grand escalier de la mairie, vinrent se placer au milieu d'une haie de soldats et se mirent en marche. Les chefs de la réunion, les montagnards surtout, entendaient bien se diriger sur Mazas et donner ainsi à tout Paris le spectacle de leur résistance. Quelle ne fut pas leur déception quand ils apprirent qu'ils prenaient le chemin du quai d'Orsay! Et cependant il faut convenir que ce séjour du quai d'Orsay, placé au centre des quartiers habités était de beaucoup préférable à Mazas pour ceux qui nourrissaient la secrète espérance de regagner leurs logis avant la fin du jour.

Pourquoi Mazas, primitivement désigné pour recevoir les ex-représentants qui seraient arrêtés à la mairie du Xe arrondissement, s'était-il transformé en la caserne du quai d'Orsay? Une raison de prudence nous avait guidés dans ce changement de résolution. Nous avions sous la main, à peu de distance de la mairie, un nombre de voitures suffisant pour conduire à Mazas environ cinquante ex-représentants. C'était là nos prévisions; il eût été trop long d'attendre le complément nécessaire de véhicules pour donner place à deux cent dix-huit personnes. Or, comme on ne pouvait convenablement placer les uns dans des voitures et conduire les autres à pied, il fallait se résigner à diriger la colonne entière à pied sur le lieu de sa destination. On comprend aisément que faire traverser Paris à un semblable cortège eût été s'exposer à des complications qu'il importait d'éviter. Du moment que les circonstances nous avaient forcés de renoncer aux arrestations limitées, Mazas devenait impossible, et le quai d'Orsay était, comme séjour provisoire, la meilleure destination.

Vers deux heures, la colonne s'ébranlait et sortait de la mairie du Xe arrondissement. Le général Forey marchait à la tête avec son état-major et avec une compagnie de chasseurs. Venaient ensuite les ex-représentants au milieu d'une double haie de soldats.

Deux compagnies fermaient la marche. Le trajet n'offrit aucune particularité digne de remarque. Les spectateurs montraient la plus complète indifférence. A trois heures, les grandes portes de la caserne du quai d'Orsay s'ouvraient à deux battants et nos captifs prenaient assez gaiement leurs logis provisoires.

Ces derniers échos de l'irritation des partis n'avaient au dehors qu'un retentissement limité. Aux portes mêmes des réunions dont nous venons de parler, le Prince passait la revue des troupes. A la tête d'un nombreux état-major, il traversait la place de la Concorde, le jardin des Tuileries, le pont Royal et le quai d'Orsay. L'accueil était chaleureux de la part de l'armée. Les cris de *Vive Napoléon! vive l'Empereur!* eussent pu s'entendre jusque dans les salles où siégeaient les résistants de l'Assemblée dissoute et leur porter un conseil de résignation. Le prince Jérôme, le frère de Napoléon Ier, avait tenu parole. Si malade qu'il fût encore, il s'était rendu à l'Élysée ; il assistait à la revue aux côtés de son neveu : c'était là comme une apparition du premier Empire venant saluer, à son aurore, l'avènement de l'Empire nouveau. Venaient après le vieux roi de Westphalie, les généraux comte de Flahaut, comte Roguet, de Bourjoly, Excelmans, etc.; puis cette pléiade de jeunes officiers de la maison militaire du Prince, qui, à des titres divers, s'étaient montrés ses utiles et dévoués auxiliaires : les Fleury, Edgard Ney, marquis de Toulongeon, comte de Menneval, baron Lepic, etc.

Un homme entre tous, dans ce brillant cortège, le

colonel Fleury, devait éprouver une joie mêlée d'un pardonnable orgueil. Il pouvait se dire : « Cette armée, c'est mon œuvre. » C'est qu'en effet, depuis plus d'une année, depuis qu'il devenait évident que le conflit entre les grands pouvoirs ne pourrait se dénouer que par un recours à la force, le Prince avait dû s'attacher à avoir autour de lui une armée dévouée à sa cause. Le colonel Fleury avait servi en Afrique; l'éclat de sa bravoure autant que le charme de son esprit lui avaient créé des relations d'affectueuse intimité avec les généraux et officiers supérieurs de l'armée. Doué d'une rare pénétration, il connaissait le fort et le faible de chacun; il savait dans quelle mesure on pouvait compter sur tel officier, sur tel régiment; on peut dire que, grâce à ses souvenirs d'Afrique, il avait choisi, un à un, la presque totalité des généraux de l'armée de Paris. Le plus important de ses choix était à coup sûr celui du général de Saint Arnaud. C'était, en effet, le jeune colonel qui, sur ses propres indications, avait été chargé par le Prince d'aller trouver en Afrique le général de Saint Arnaud, de le pressentir au sujet des grands événements qui pouvaient éventuellement s'accomplir, et de le décider enfin, à promettre son concours. C'était également le colonel Fleury qui avait désigné les régiments qui formaient, au Deux-Décembre, la garnison de Paris, et son choix était bon. Il n'avait pas limité son action à ces désignations successives. Il était en quelque sorte le ministre de la guerre pour les questions de personnes. C'est à lui, dans les hauts grades, qu'on s'adressait quand on voulait avoir la garnison de Paris, ou obtenir de l'avancement. C'était là, pour le colonel Fleury, autant d'occasions de faire des amis à son Prince; il n'en négligeait aucune, et il entretenait habilement le feu sacré au cœur de ces jeunes généraux dont il avait fait la fortune. Les ministres de la guerre passaient, le colonel Fleury restait. On le voit donc, il était le véritable créateur de cette armée de Paris.

Cette modification dans la composition de l'armée avait été d'autant plus nécessaire que, pendant la durée de son commandement, le général Changarnier avait réussi à se créer parmi les officiers de sympathiques dévouements. On sait à quelle épreuve il les voulait mettre, et on ne peut reprocher à Louis-Napoléon d'avoir usé de son droit pour s'entourer, lui aussi, d'hommes disposés à le soutenir plutôt qu'à le trahir. Et cependant les éliminations n'avaient pas été aussi complètes qu'elles eussent dû l'être; la bonté du Prince avait été l'obstacle; il croyait, sans assez de méfiance, aux assurances de dévouement, surtout quand elles venaient d'un soldat, et c'est à sa volonté qu'il fallait attribuer encore la présence, à Paris, de quelques rares régiments à la tête desquels se trouvaient des chefs dévoués au général Changarnier. Après la revue des troupes rangées sur le quai d'Orsay, et à la suite d'un incident que le ministre de la guerre avait été presque seul à remarquer, un colonel avait été mis en non activité; mais c'était une des rares exceptions qu'on pouvait redouter. Prise dans son ensemble, la manifestation qui avait accueilli le Prince, à sa première sortie de l'Élysée, avait une signification favorable. L'armée applaudissait aux faits accomplis, et, dans la population, s'il y avait partage entre les cris de *Vive la République !* et ceux de *Vive Napoléon !* il restait une masse silencieuse dont on n'avait à craindre aucune hostilité.

Pendant que l'Assemblée dissoute tentait de se reconstituer à la mairie du X° arrondissement, une autre menace grave m'était révélée. La haute cour de justice, par application de l'article 68 de la Constitution, siégeait au Palais de Justice (1). Elle n'avait attendu, pour se réunir, ni le décret de déchéance et de mise en accusation, ni l'invitation du simulacre d'assemblée qui avait un instant usurpé, au X° arrondissement, un droit qu'elle n'avait pas. La précipitation qu'elle avait mise à se réunir sans aucune invitation préalable nous donnait la mesure de ses intentions. Il était hors de doute que nous devions craindre d'elle les résolutions les plus hostiles.

Ce danger était à prévoir ; aussi, dès le matin, avais-je pris toutes les mesures nécessaires pour tenter de savoir ce que ferait la haute cour. Chacun de ses membres était, à son insu, l'objet d'une sur-

(1) Nous avons cité plus haut l'article 68 de la Constitution ; nous n'en rappellerons ici que les dispositions relatives à la haute cour de justice qui, en cas de dissolution de l'Assemblée nationale par le Président de la République, étaient celles-ci : « Les juges de la haute cour de justice se réunissent immédiatement à peine de forfaiture : ils convoquent les jurés dans le lieu qu'ils désignent pour procéder au jugement du Président et de ses complices ; ils nomment eux-mêmes les magistrats chargés de remplir les fonctions du ministère public. »

veillance spéciale; mais leur nombre était si limité qu'il y avait peu d'espoir d'arriver à pénétrer leurs desseins. Nous en étions donc réduits à tirer, de l'ensemble des faits révélés, des inductions qui devaient au moins nous mettre sur la trace de leurs projets. C'est ainsi qu'étant informé d'abord de l'arrivée de l'un des membres de la haute cour au Palais de Justice, puis de l'arrivée d'un second, puis successivement, à quelques instants d'intervalle, de la venue de tous les membres, je dus en conclure que la haute cour allait tenir séance au Palais. Il n'y avait pas à hésiter; il ne fallait pas donner à ce haut tribunal constitutionnel le temps de délibérer et de formuler un arrêt qui n'eût pas manqué d'être immédiatement placardé sur les murs de Paris et exploité à notre grand détriment. Nous pouvions, au même moment, nous trouver en face d'une série de provocations à la révolte ayant pour elles les apparences de la légalité : les unes venant de la mairie du Xe arrondissement, nous les avons indiquées, les autres venant de la haute cour.

Décidé que j'étais à briser tous les obstacles qui pouvaient compromettre notre succès, je me résolus à prendre, vis-à-vis de la haute cour, les mesures les plus énergiques. Je mandai un de mes commissaires; je lui adjoignis, pour soutenir son autorité, une compagnie de garde républicaine et je lui donnai l'ordre de se rendre immédiatement au Palais de Justice dans une salle indiquée où siégeait la haute cour, de faire lever la séance, de s'emparer de tous les papiers et d'arrêter au besoin ceux des membres qui refuseraient d'obtempérer à son invitation. Je remettais en même temps au commissaire, en lui en donnant connaissance, une lettre qu'il devait, à son entrée dans la salle, présenter au président de la haute cour. Il devait agir selon que serait la réponse.

Quelques minutes après avoir quitté mon cabinet, le commissaire entrait dans la salle des séances de la haute cour suivi de la compagnie de la garde républicaine qui venait, tambour en tête, se ranger en face des magistrats; il remettait à M. le conseiller président la lettre ci-jointe :

« Paris, 2 décembre, 1 h. 45 m.

« Monsieur le Président,

« Il n'y a plus de haute cour de justice. Permettez-moi d'espérer que vous voudrez bien comprendre le sentiment qui me guide en vous priant de vouloir bien faire lever la séance.

« Agréez, monsieur le Président, l'expression de mes sentiments de haute considération.

« *Le Préfet de police,*
« de Maupas. »

Aucune résistance n'était opposée. M. le conseiller président Hardouin levait immédiatement la séance. Chacun des membres présents se retirait de la salle et quittait le Palais. Quelques instants après, le commissaire, en m'apportant les quelques papiers saisis sur la table des juges, me rendait compte de sa mission. Il n'avait rencontré ni résistance, ni objection de la part des membres de la haute cour ; son impression était que ces magistrats n'éprouvaient aucune peine de voir leur mission interrompue par un cas de force majeure.

En se reportant, en effet, aux termes de l'article 68, on voit que les membres de la haute cour étaient tenus, dans le cas qui venait de se présenter, de se réunir spontanément « sous peine de forfaiture ». Si l'action offrait des périls, l'inaction créait une responsabilité terrible. La haute cour avait donc prudemment agi en se soumettant à la Constitution ; mais il était certain, l'impression du commissaire était exacte, que loin d'en vouloir au préfet de police de la mesure qu'il prenait, les magistrats, dégagés par lui de toute responsabilité, acceptaient avec satisfaction le dénouement pacifique qu'avait eu l'incident.

A peu près au même moment, arrivaient et l'avis de la dissolution de la haute cour et la nouvelle de l'évacuation de la mairie du X⁰ arrondissement. Là avaient été nos deux plus grands périls. On triomphe aisément des soulèvements populaires et des barricades avec des mesures énergiques, avec des forces suffisantes, avec des baïonnettes et du canon ; mais, dans ces moments suprêmes où le trouble est partout, où les esprits sont si impressionnables, on ne peut savoir l'effet que produiront sur eux des manifestations de résistance partant des grands corps de l'État. Tant de gens à ces heures, cherchent, afin de s'y rallier, quel est le côté du plus fort, qu'il faut, pour les avoir avec soi, pour grossir le plus possible le nombre de ses adhérents, briser tout ce qui peut engendrer le doute; il faut faire apparaître sa force par les moyens les plus éclatants. C'est sur cette conviction que je réglais ma conduite.

Pour le spectateur indécis, qui cherchait encore le chemin qu'il voulait suivre, quels enseignements lui donnait la marche des événements? Quelle était notre situation? quelle était celle de nos adversaires? Résumons, en quelques mots, la réponse à cette double question.

Nos principaux adversaires, les chefs possibles d'un soulèvement, d'une diversion par l'armée, étaient à Mazas et solidement gardés. Le palais de l'Assemblée était occupé par nos troupes, les représentants les plus hostiles étaient en notre pouvoir. La haute cour de justice avait été dissoute. Les rassemblements essayés avaient été immédiatement dissipés. L'armée se montrait inébranlable, ses chefs manifestaient un entrain significatif : tel était notre bilan. Tout était avantages.

Pour nos adversaires : dispersion des réunions des ex-représentants chez M. Barrot, chez M. Crémieux, chez M. Yvan, chez M. le comte Daru, à la salle des Pyramides, à la salle Martel, à la mairie du Xe arrondissement; avortement de toutes les tentatives de résistance, telle était la nomenclature de leur première journée. Les parts n'étaient pas égales.

Mais nous n'étions qu'au début, et si tout devait nous donner confiance, il eût été dangereux de se laisser aller à trop de sécurité. En face d'un ennemi toujours debout, se préparant ouvertement au combat, il fallait maintenir et poursuivre nos avantages jusqu'à l'heure où il aurait visiblement abdiqué et désarmé.

CHAPITRE XVIII

LES PREMIERS ATTROUPEMENTS

Efforts de M. de Morny pour constituer un ministère. — Mon envoyé à l'Élysée. — Le ministère qu'il m'en rapporte. — Incident Girardin. — Paris de onze heures du matin à onze heures du soir. — Les premières barricades. — Les insurgés veulent sonner le tocsin. — Germes de dissentiment entre la Préfecture de police et l'autorité militaire.

Si pour le Prince, pour le général de Saint Arnaud et pour moi le succès espéré dès le début était désormais certain, à la condition toutefois de persévérer dans la voie des mesures énergiques, notre confiance n'était pas complètement partagée par les hommes politiques sur lesquels on avait compté pour former un cabinet le matin même du Deux-Décembre.

Pendant que le général de Saint Arnaud, le général Magnan et moi nous nous trouvions aux prises avec les complications dont nous venons de donner un aperçu, M. de Morny cherchait à constituer un ministère. Ce ministère n'apparaissait pas.

Plusieurs rapports me signalaient, depuis le matin, la surprise qu'on avait éprouvée de ne point voir affichée, à côté des décrets et proclamations, la composition du nouveau ministère. On supposait que ce n'était là qu'un retard de quelques heures; on attendait, néanmoins, avec impatience. A midi, mes rapports m'annonçaient que ce retard était l'objet de mauvais commentaires. A deux heures, ne voyant rien venir, j'adressais à M. de Morny la dépêche suivante :

« *Préfet de police à Ministre de l'intérieur.*

« 2 décembre, 2 h. 10 m.

« Comment se fait-il que la composition du cabinet ne soit pas encore affichée ?

« de Maupas. »

« *Ministre de l'intérieur à Préfet de police.*

« 2 h. 20 m.

« Il n'est pas encore fait; dès qu'il le sera, on l'affichera.

« de Morny. »

Mes agents me signalant, avec plus d'insistance, le mauvais effet produit par l'absence d'un ministère, j'adressais à M. de Morny, pour le prier de hâter la solution, une nouvelle dépêche ainsi conçue :

« *Préfet de police à Ministre de l'intérieur.*

« 2 décembre, 3 h. 5 m.

« Il faut à tout prix un ministère, même incomplet, il le faut.

« de Maupas. »

A cette dépêche je recevais la réponse suivante :

« *Ministre de l'intérieur à Préfet de police.*

« 3 h. 10 m.

« Le ministre s'occupe du ministère ; la formation sera probablement complète ce soir.

« DE MORNY. »

Cette dernière dépêche semblait révéler des difficultés encore pendantes, plutôt qu'elle ne faisait prévoir une solution. Je crus devoir porter alors mes insistances directement à l'Élysée. J'avais près de moi un jeune officier plein de mérite et d'intelligence (1). Je lui confiai la mission d'aller, de ma part, trouver le Prince, de lui exposer la nécessité très pressante d'annoncer la constitution d'un ministère, de rassurer ainsi l'opinion, de donner confiance et de couper court à tous les regrettables commentaires qui se répandaient sur les retards apportés dans la formation du cabinet. Je recommandais à mon jeune envoyé d'aller respectueusement jusqu'aux dernières limites de l'insistance et de me rapporter un ministère dont je serais autorisé à faire connaître immédiatement la composition par voie d'affiches. Le ministère pouvait être ainsi connu avant la nuit. Mais, après une longue attente, je voyais mon envoyé revenir sans qu'il ait pu obtenir une réponse défini-

(1) Cet officier occupe aujourd'hui une haute situation dans l'armée.

tive. « Le ministère est en voie de formation, lui avait dit le Prince; avant la nuit, j'en enverrai la composition au préfet de police. » La nuit arrivait, et, n'ayant reçu aucune communication de l'Élysée, j'y envoyais une seconde fois. Rien n'était absolument terminé ; les futurs ministres avaient isolément donné leur acceptation ; mais ils devaient être réunis avant l'insertion de leurs noms au *Moniteur*. Ce n'était plus là qu'une formalité; aussi le Prince ne se refusait-il pas à m'adresser communication du ministère. A neuf heures du soir, mon jeune envoyé me rapportait la liste des nouveaux ministres. Elle avait été écrite en sa présence, par le Prince. Je recevais en même temps l'ordre de faire imprimer et afficher la composition du ministère. L'impression se faisait pendant la nuit, et, dès le lever du jour, l'affiche suivante figurait sur les murs de Paris :

PRÉFECTURE DE POLICE.

Paris, le 3 décembre 1851.

Composition du ministère;

MM.

Comte DE MORNY, intérieur;
FOULD, finances;
ROUHER, justice ;
MAGNE, travaux publics ;
Général DE SAINT ARNAUD, guerre ;
DUCOS, marine ;

MM.

Marquis DE TURGOT, affaires étrangères;
LEFÈVRE DURUFLÉ, commerce ;
FORTOUL, instruction publique.

Certifié conforme :

Le Préfet de police,
de MAUPAS.

Au ministère de l'intérieur, le temps s'était partagé, durant ce jour du 2 Décembre, entre les négociations que paraissait nécessiter la formation d'un ministère et la rédaction d'une circulaire aux préfets. Le ministre leur annonçait les événements qui venaient de s'accomplir et leur demandait un concours énergique.

M. de Morny comptait beaucoup d'amis dans Paris, dans le monde des affaires surtout, parmi les journalistes également. Une partie de sa journée avait été employée à les recevoir, et il recueillait d'eux, de temps à autre, quelques renseignements attardés ou intéressés qui n'étaient pas de nature à lui fournir d'utiles inspirations. C'était probablement quelque rival de M. de Girardin qui l'alarmait sur les agissements de ce dernier et lui faisait écrire la dépêche suivante, que nous citons pour montrer seulement le fond qu'on peut faire sur les prétendues dépêches publiées par un certain personnage de coulisses, **M.** Véron.

« *Ministre de l'intérieur à Préfet de police.*

« 2 décembre, 1 h. 55 m.

« Surveillez de très près M. de Girardin qui a déjà essayé, dit-on, d'embaucher la troupe.

« DE MORNY. »

J'avais bien été informé de l'attitude de M. de Girardin; mais elle ne me semblait pas de nature à motiver une mesure de rigueur. Je n'avais donc pas donné suite à cette dépêche et je n'y avais pas répondu. Toutefois cette question, si peu importante qu'elle fût, paraissait préoccuper le ministre de l'intérieur, et nous échangions, dans la soirée, les dépêches suivantes :

« *Ministre de l'intérieur à Préfet de police.*

« 2 décembre, 6 h. 10 m. soir.

« Le ministre signale au préfet M. Émile de Girardin et le prie de le faire arrêter à la première occasion.

« DE MORNY. »

« *Préfet de police à Ministre de l'intérieur.*

« 2 décembre, 6 h. 15 m. soir.

« Croyez-vous qu'il n'y ait pas d'inconvénient à prendre cette mesure ?

« de MAUPAS. »

« *Ministre de l'intérieur à Préfet de police.*

2 décembre, 6 h. 25 m. soir.

« S'il est hostile, comme on le dit, il ne faut pas hésiter.

« DE MORNY. »

Je n'hésitai pas, en effet ; je laissai M. de Girardin en liberté. Son arrestation, à ce moment, eût été une mesure excessive ; nous en avions bien assez d'indispensables à prendre pour ne pas nous engager dans la voie du caprice. Je me bornai donc à faire continuer la surveillance dont M. de Girardin était l'objet, et j'en restai là.

Disons en passant, au sujet de cet incident Girardin dont parle M. Véron dans ses *Mémoires d'un bourgeois de Paris,* disons que les dépêches qu'on vient de lire y sont ainsi traduites :

« *Ministre de l'intérieur au Préfet de police.*

« Le ministre a de graves raisons pour qu'on n'inquiète pas M. Émile de Girardin.

« DE MORNY. »

On ne pouvait travestir la vérité avec plus de sans-gêne. Mais quand on invente, on se donne toute liberté, et ce « *bourgeois de Paris* » ne s'en est pas fait faute dans le cours de son roman.

Nous avons dit ce qu'était l'état réel de la situation. La vérité, à cet égard, n'était pas encore connue de la population de Paris dans la journée du Deux-Décembre. On y parlait vaguement de tentatives de résistance de la part des ex-représentants, d'arrestations en masse ; mais rien n'était précis dans les nouvelles colportées. Le seul fait de résistance légale sur lequel le doute ne paraissait pas possible, c'était l'arrêt de la haute cour de justice. On en faisait circuler des copies écrites à la main et ainsi conçues :

« *Arrêt de la haute cour de justice.*

« En vertu de l'article 68 de la Constitution, la haute cour de justice déclare Louis-Napoléon prévenu de crime de haute trahison.

« Convoque le haut jury national pour procéder, sans délai, au jugement. Elle charge M. le conseiller Renouard des fonctions du ministère public près la haute cour.

« Fait à Paris, le 2 décembre 1851.

« Hardouin, Président,

« Delaplace, Pataille, Moreau (de la Seine), Gauchy, Quesnault, juges. »

Cet arrêt était écrit en forme de placard ; il devait, dans la nuit du 2 au 3, être affiché sur les murs de Paris.

Dans l'état d'incertitude relative où se trouvait la masse de la population, elle se tenait sur la réserve. Nous avons dit ce qu'avait été, dans la matinée, la physionomie de Paris ; elle était satisfaisante. Des dispositions moins favorables se révélaient à mesure qu'on avançait dans la journée. Il devenait certain qu'il se préparait un orage ; on en voyait les signes précurseurs ordinaires.

Vers onze heures, les groupes devenaient compacts ; leur attitude n'était déjà plus qu'exceptionnellement sympathique ; un certain nombre d'entre eux témoignaient de leur hostilité. Les péroreurs y étaient assez nombreux et excitaient à la révolte. Dans les quartiers où dominait l'élément démagogique, les ouvriers quittaient leur travail.

A deux heures, des rassemblements étaient dissipés par les sergents de ville dans le septième arrondissement.

A deux heures et quart, une bande de cent individus parcourait la rue Saint-Antoine en chantant la *Marseillaise*, elle se heurtait, à son arrivée sur le boulevard Beaumarchais, contre un poste de sergents de ville et se dispersait sans résistance.

A quatre heures et demie, on se portait en masse sur le carré Saint-Martin, sur la rue du Temple et sur les portes Saint-Denis et Saint-Martin.

A sept heures, les cris de : *A bas les traîtres ! à bas Napoléon ! Vive la République !* se faisaient entendre et des arrestations étaient opérées sur les boulevards. Un peu plus tard, douze cents individus à figures sinistres descendaient la rue Saint-Martin en chantant la *Marseillaise* et en proférant des cris menaçants. Pareille manifestation se produisait rue Chapon et rue du Temple ; la *Marseillaise* y était remplacée par le *Chant du Départ*. Partout le refrain de ces hymnes, dits patriotiques, était le même. On hurlait à tue-tête : *A bas le dictateur! à bas les traîtres! Vive la République*

Que signifiaient ces promenades tapageuses, menaçantes sans doute, mais non encore agressives ? Leur but était facile à comprendre. On cherchait ainsi à donner, à Paris, un aspect révolutionnaire ; on espérait, en parcourant les quartiers habités et fréquentés par les ouvriers, secouer leur indifférence et faire naître en eux une ardeur jusque-là absente. Rien ne manquait à la mise en scène pour atteindre ce but, et, derrière ces colonnes bruyantes, qui à défaut d'enthousiasme excitaient la curiosité, venaient des orateurs de carrefour haranguant les groupes que le tumulte avait formés et expliquant au peuple que le moment était venu de prendre les armes. On ne se cachait pas pour fixer au lendemain 3 décembre, à sept heures du matin, le rendez-vous au pied de la colonne de la Bastille.

A neuf heures du soir, les rassemblements hostiles gagnaient les quartiers mieux habités. Au boulevard Bonne-Nouvelle, les sergents de ville avaient dû dissiper des groupes très menaçants ; des arrestations avaient été faites et plusieurs des gens arrêtés étaient armés.

A dix heures, sur le boulevard des Italiens, réservé d'ordinaire à l'élégance plutôt qu'à l'émeute, un groupe d'individus avinés chantait la *Marseillaise* et appelait aux armes. Dans la rue du Sentier, l'agression commençait, et nos sergents de ville n'arrachaient qu'à grand'peine un sous-officier de gendarmerie des mains des insurgés.

Enfin, de dix heures et demie à onze heures du soir, les rassemblements prenaient une attitude des plus mauvaises, principalement entre l'Hôtel de Ville et la Bastille. Près de la porte Saint-Martin, un régiment était sifflé à son passage. L'emploi de la force devenait nécessaire, et on pouvait s'attendre, d'un moment à l'autre, à voir s'élever des barricades. Mais le mot d'ordre n'était pas encore de commencer l'action ; on ne se sentait pas en nombre. On espérait utiliser la nuit pour stimuler les indifférents et constituer une force qui permît de commencer le combat.

De fortes patrouilles parcourant les boulevards avaient facilement raison des derniers groupes qui s'y étaient attardés. Les grandes voies devenaient libres et désertes ; les petites rues obscures et reculées, où on n'envoyait pas la troupe, restaient seules le refuge des émeutiers qui voulaient profiter de la nuit pour préparer le combat du lendemain.

De minuit à deux heures du matin, nous apprenions que des barricades s'ébauchaient dans les quartiers Saint-Denis et Saint-Martin. J'avais également appris qu'on allait se porter sur les églises pour y sonner le tocsin. Le tocsin exerce toujours sur les masses une impression considérable. Cette lugubre révélation d'une grande calamité a conservé son prestige traditionnel, et il importait de ne point laisser naître ce grand émoi dans Paris. Deux intérêts se donnaient ainsi la main : l'intérêt religieux et celui de la paix publique. Il fallait prévenir la profanation de nos sanctuaires Où se seraient arrêtés les bandits une fois maîtres de nos églises! Il fallait éviter que de ces asiles de la prière et de la concorde partît le signal de la guerre civile et de tous ses fléaux. Je ne pouvais douter que l'autorité ecclésiastique ne se prêtât aux mesures que je voulais prendre. A la nouvelle des projets de nos ennemis, j'écrivais à mon excellent et vénéré ami Monseigneur Sibour, archevêque de Paris :

« Paris, 2 décembre 1851

« Monseigneur,

« Un sentiment commun nous anime, le désir de sauver le pays. Les socialistes veulent occuper vos églises et sonner le tocsin. Permettez-moi de placer, dans les clochers, des forces suffisantes pour faire respecter à la fois la religion et l'ordre.

« Agréez, Monseigneur, l'hommage de mes sentiments de respect et d'affectueux dévouement.

« *Le Préfet de police,*
« de Maupas. »

Notre respectable Archevêque acceptait mon offre avec empressement. Les églises menacées étaient ou occupées ou surveillées et les cordes des cloches étaient coupées. Il était temps d'agir, car dans le quartier Saint-Martin les insurgés avaient précédé nos agents à la porte de l'une des églises; la porte avait heureusement résisté à leur premier assaut ; ils s'enfuyaient à l'approche de la force publique et les malheurs qu'on avait à redouter étaient ainsi conjurés.

Quant aux sociétés secrètes, elles continuaient activement leur œuvre. Les ex-représentants restés libres se concertaient également. Les conciliabules étaient en permanence. On recrutait des combattants à domicile; on distribuait des armes, des munitions, de l'argent surtout en très grande abondance. « A demain la prise d'armes, » tel était le mot d'ordre donné sur toute la ligne.

Nous étions prêts à combattre et résolus à vaincre; mais, à la satisfaction de vaincre, je préférais de beaucoup le triomphe moral qui consistait à rendre le combat impossible. C'est à ce résultat que tendaient tous mes efforts; c'est celui que poursuivaient tous mes agents avec la plus louable ardeur. C'est à ce résultat également que je m'efforçais, sans réussir autant que je l'aurais voulu, de faire participer l'armée de Paris, ou plus exactement ses chefs. Un dissentiment existait, entre l'autorité militaire et moi, sur la façon dont nous devions opérer dans la rue. On verra plus tard ce dissentiment s'accentuer; mais, à ce moment déjà, il se faisait jour.

Je disais au général Magnan : « Faites faire partout des patrouilles et laissez sur pied, durant la nuit, des forces assez importantes pour démontrer à nos ennemis leur complète impuissance. Otez-leur ainsi jusqu'à l'envie de commencer la lutte. » Ce à quoi me répondait le commandant en chef de l'armée de Paris : « J'ai fait aujourd'hui d'assez fortes démonstrations pour inspirer une crainte salutaire. Je veux faire reposer mes troupes ; je les fais rentrer dans leurs casernes ; si demain nous trouvons des barricades, nous donnerons une rude leçon à ceux qui les auront faites. »

La dépêche qu'on va lire m'était inspirée par ce même sentiment qui dominait mon esprit. Je voulais prévenir pour n'avoir pas à réprimer.

« *Préfet de police à Général Magnan.*

« 2 décembre, 10 h. 45 m. soir.

« Entre laisser sur pied toute la garnison, et ne pas avoir un soldat dehors, il y a un juste milieu. Je ne crois pas, mon cher général, que les seules patrouilles suffisent. Que n'êtes-vous dans mon fauteuil, vous seriez en cinq minutes de mon avis.

« Montrez, au moins, ne serait-ce que pour un instant, pour une promenade d'un bout du boulevard à l'autre, montrez une force imposante. Notre partie est trop belle pour la compromettre, et ce serait le faire que de laisser grossir des obstacles qu'une mesure facile peut anéantir.

« Permettez-moi de vous dire que personne, dans Paris, autant que le préfet de police, n'est en mesure, de savoir ce qui s'y passe.

« Je vous en conjure, montrez du monde sur le boulevard.

« Tout à vous de cœur.

« de Maupas. »

Nous avions assez de troupes, nos calculs étaient

faits, pour occuper Paris nuit et jour en n'imposant que huit heures de présence sous les armes aux régiments engagés. On pouvait donc, sans fatiguer l'armée, donner satisfaction à mes demandes et je persiste à affirmer qu'en adoptant mon système, en ne laissant, sur aucun point de Paris, l'émeute remuer un pavé et renverser une voiture, nous aurions traversé les journées du 3 et du 4 décembre comme nous venions de passer celle du 2. Des protestations, des cris, des menaces, tout au plus quelques tentatives de barricades, en un mot beaucoup de bruit pour rien, c'est à cela que devait se limiter le rôle de nos ennemis; c'est à cela que je voulais les réduire.

CHAPITRE XIX

LES PREMIÈRES BARRICADES

Départ des ex-représentants pour Vincennes, Mazas et le mont Valérien. — Quel accueil leur est fait au faubourg Saint-Antoine. — Mort de Baudin. — Les rêves de M. Victor Hugo.

La nuit du 2 au 3 décembre fut remplie par une série d'incidents. Le mouvement à la Préfecture de police était presque aussi actif qu'il l'avait été pendant la journée.

Au premier rang de nos préoccupations se plaçait la destination définitive à donner aux ex-représentants retenus à la caserne du quai d'Orsay. Après divers échanges de communications entre le Prince, les ministres de la guerre, de l'intérieur et le préfet de police, il fut décidé que les prisonniers seraient dirigés sur trois points: Vincennes, Mazas et le mont Valérien. Mazas était réservé à ceux que nous entendions conserver jusqu'à nouvel ordre. Le mode de transport n'était pas exempt de difficultés, il était peu commode de trouver un nombre de voitures suffisant pour recevoir près de deux cents personnes, deux cent cinquante même en comptant les agents, ces voitures devant nécessairement offrir des garanties de sécurité. On put se procurer, en toute hâte, à la direction des postes, des voitures de facteurs ; puis quelques omnibus ; mais cela ne suffisait pas, et on fut forcé de recourir, comme complément, à trois voitures cellulaires, ce qui excita l'indignation parmi quelques hôtes du quai d'Orsay, surtout parmi les raffinés de la Montagne.

En de pareils moments, de semblables doléances ne sont pas absolument à leur place. L'heure du combat a ses exigences, ses duretés même ; il faut savoir les subir sans murmures quand on s'y est exposé. Si tous nos adversaires s'étaient bornés, comme chez M. Daru et chez M. Odilon Barrot, à une résistance digne et pacifique, à des protestations, si énergiques qu'elles fussent, nous étions résolus à n'avoir pour eux, et nous le leur avions prouvé, que les plus extrêmes égards. Mais, après ce qui s'était passé à la mairie du dixième arrondissement, après les violences de ce simulacre d'assemblée, après les décrets de déchéance et de mise en accusation placardés sur les murs de Paris, on était bel et bien en guerre et il fallait se résigner à en accepter quelques rigueurs.

A minuit et demi, le premier départ s'effectuait pour le Mont-Valérien. Il contenait environ cinquante ex-représentants. A trois heures, soixante autres prisonniers partaient pour Mazas. A cinq heures et demie, du matin seulement, les dernières voitures prenaient la route de Vincennes, et traversaient le faubourg Saint-Antoine au moment où déjà un certain nombre d'ouvriers, en quête de nouvelles, étaient réunis en groupes sur la voie publique.

Nous aurions eu quelque répugnance à raconter ici le mauvais accueil qui fut fait dans ce quartier aux ex-représentants reconnus à leur passage. C'est M. Odilon Barrot lui-même, l'un des acteurs de cette scène, qui va nous en donner le compte rendu fidèle (1) :

« Lorsque nous traversâmes le faubourg Saint-Antoine, dit M. Odilon Barrot dans ses Mémoires, les ouvriers commençaient à sortir de chez eux pour se rendre à leurs ateliers. Ils s'interrogeaient sur ce que contenaient ces voitures si bien escortées. « Ah ! disaient-ils, après avoir appris qui nous « étions, ce sont les vingt-cinq francs qu'on va cof- « frer !... C'est bien joué !... » C'est là tout l'intérêt que montrait, aux élus du suffrage universel, la population de ce faubourg si fameux et si redouté pour ses passions démocratiques. »

L'oraison funèbre de l'Assemblée était ainsi faite en termes significatifs, et l'on se demande par quel excès de sincérité cet aveu nous arrive de celui-là même qui venait d'exposer, non sa vie sans doute, mais au moins quelques jours de sa liberté pour défendre si bruyamment les prérogatives et les droits de ce pouvoir déchu.

(1) *Mémoires posthumes* de M. Odilon Barrot, tome IV, p. 231.

Alors, comme aujourd'hui, ces malheureux vingt-cinq francs par jour avaient le privilège d'exciter, et avec raison, la mauvaise humeur du peuple.

Le général de Courtigis commandait à Vincennes. A dix heures du soir, je lui écrivais pour l'avertir qu'il allait recevoir cent prisonniers d'État et qu'il eût à préparer leurs logis. Cette première lettre ne lui donnait que des indications sommaires.

Elle était ainsi conçue :

« Mon cher Général,

« Je vous adresse environ cent prisonniers d'État; ce sont des ex-représentants du peuple; *ils doivent être traités avec les plus grands égards* et plutôt gardés à vue qu'écroués. Je vous prie de les caser, par petits groupes, dans les pièces qui seront libres, et au besoin dans une partie de vos appartements. Des factionnaires seront placés aux portes ; la plus grande surveillance sera exercée.

« Tout à vous.

« de MAUPAS. »

A la suite de cette lettre, j'avais échangé, durant la nuit, avec le général de fréquentes communications. Tout avait été disposé par ses soins avec une rapidité merveilleuse, et à l'arrivée des voitures les logis étaient prêts. A six heures et demie, les portes se refermaient sur nos captifs.

A six heures trois quarts, j'adressais au ministre de l'intérieur la dépêche suivante :

« *Préfet de police à Ministre de l'intérieur.*

« 3 décembre, 6 h. 45 m. matin.

« Les deux cent dix-huit ex-représentants sont, à quelques-uns près, au mont Valérien, à Mazas et à Vincennes ; j'en ai mis quelques-uns en liberté. J'ai entre les mains le manuscrit des résolutions prises au dixième arrondissement.

« Avez-vous songé à constituer votre conseil de guerre ?

« Est-ce qu'il y a déjà dislocation dans le ministère ? Il faudrait des actes qui révélassent son existence.

« de MAUPAS. »

Nos commissaires et officiers de paix avaient, de leur côté, employé utilement leur nuit. Il ne se passait pas un quart d'heure sans que je reçusse l'avis de l'arrestation de quelque nouveau socialiste, chef de bande ou promoteur d'émeute ; plusieurs ex-représentants étaient de ce nombre. Mes agents, ceux surtout qui faisaient partie des sociétés secrètes, m'envoyaient une foule de rapports intéressants. Ils signalaient le calme matériel de la nuit ; mais tous s'accordaient à annoncer une prise d'armes pour la matinée du 3, « à moins que de grandes précautions militaires ne vinssent paralyser les intentions des meneurs ».

Je tenais le gouvernement informé de cette situation ; je la résumais dans la dépêche suivante que j'adressais, à l'Élysée, aux ministres de la guerre et de l'intérieur et au général Magnan :

« 3 décembre, 6 h. 10 m. matin.

« La nuit a été relativement calme. Que sera la matinée ? La question se jugera entre sept et huit heures. Il est certain que les chefs des barricades seront à leurs postes. Oseront-ils prendre l'offensive ?

« Plusieurs hommes importants de la Montagne sont partis cette nuit pour les provinces, les uns par peur, les autres pour y faire de la propagande. Il faut nous attendre, dans la matinée, à voir afficher et distribuer les résolutions prises, au Xe arrondissement, par les deux cent dix-huit ex-représentants, et le prétendu arrêt (qui n'a pas été rendu) de la haute cour de justice. Nous veillerons à en empêcher la distribution.

« Toute la nuit j'ai fait opérer d'importantes arrestations, tant d'ex-représentants que de chefs d'associations. J'ai fait enlever des réunions entières où l'on préparait la résistance et où l'on distribuait des munitions de guerre. J'ai fait saisir de petites bombes portatives, non encore chargées, dont je vous enverrai un spécimen.

« de MAUPAS. »

Il était évident que les complications qui nous attendaient dans la journée du 3 étaient d'une nature tout autre que celles dont nous avions eu à triompher la veille. Le 2 décembre, nous n'avions eu, en face de nous, que des résistances morales, l'effort suprême de la légalité qui venait de s'éteindre et qui tentait de survivre à sa chute. Dans cet effort, la Montagne avait encore avec elle une partie de la droite ; c'était son frein ; car elle ne pouvait, momentanément même, maintenir cette alliance qu'au prix du sacrifice de ses volontés belliqueuses. Là était le secret de l'ajournement de la prise d'armes. Mais, le 3 décembre, les montagnards restés libres se trouvaient dégagés de cette contrainte gênante pour leur ardeur, et, par eux, nous allions trouver l'émeute en face de nous. Les invocations à la légalité ne devaient plus être que de simples prétextes. Le but avoué n'était déjà plus le rétablissement de la Constitution : c'était le triomphe de la révolution. La récompense n'était plus un gouvernement régulier, parlementaire, monarchique ou républicain ; la satisfaction espérée et promise, c'était le vol et le pillage ayant pour couronnement quelque gouvernement anarchique dont on se gardait de donner le programme. Nous ne pouvions trouver un meilleur terrain ; c'était la lutte de 1852 avancée de quelques mois. Pour triompher, il nous suffisait de savoir nous servir de nos forces ; mais il importait de ne pas nous endormir dans une fausse sécurité, comme on le fit un instant. Nous étions heureusement assez forts pour nous permettre des fautes, et nous verrons bientôt que ceux qui les commirent surent vaillamment les réparer.

En prévision de ce qui nous menaçait au faubourg Saint-Antoine, plusieurs groupes d'agents venaient, à six heures trois quarts du matin, se placer en observation dans les rues avoisinant la place de la Bastille. Ils l'avaient l'ordre de ne pas agir avant l'arrivée de la troupe. Ils devaient seulement surveiller les meneurs de façon à renseigner l'autorité militaire dès son arrivée, et à lui permettre d'opérer avec promptitude et efficacité.

Le général Magnan m'avait bien dit : « Je ferai occuper demain matin, 3 décembre, la place de la Bastille; » mais l'heure précise de l'arrivée des troupes ne m'avait pas été indiquée. J'avais avisé le général que le rendez-vous des émeutiers y était donné pour sept heures. Je pensais qu'à sept heures, au plus tard, les troupes seraient en position. Pas de troupes à sept heures. Pas de troupes à sept heures et demie. Pas de troupes à huit heures. Tous les rapports qui m'arrivaient du faubourg Saint-Antoine me signalaient une agitation croissante. Mes hommes demandaient à être soutenus. A neuf heures, n'ayant encore aucun avis de l'arrivée de la force militaire, j'adressais la dépêche suivante au général Magnan.

« 3 décembre, 9 h. 10 m. matin.

« Tous mes rapports, datés de sept à huit heures du matin, m'annoncent que les barricades se font dans plusieurs rues du faubourg Saint-Antoine et qu'on n'y voit pas de troupes. Mes agents n'interviennent pas, parce qu'ils ont ordre d'attendre la force armée. Les ouvriers descendent en masse; la partie est nettement engagée. Envoyez-y du monde sans perdre un instant. Envoyez surtout des canons à Mazas, c'est le point de mire. Je désirerais que vous pussiez également m'envoyer ce que je vous ai demandé pour la Préfecture de police (1).

« *Le Préfet de police,*
« de Maupas. »

Cette dépêche était à peine partie que je recevais l'avis de l'arrivée du général Marülaz sur la place de la Bastille. Il y était à l'heure indiquée par son ordre de service, à huit heures et demie. A peine y avait-il pris position qu'un de mes agents venait l'avertir de la formation de diverses barricades dans le faubourg Saint-Antoine ; l'une d'elles était placée à l'angle de la rue Sainte-Marguerite et défendue par un certain nombre de représentants. Une autre s'élevait à peu de distance.

Immédiatement, le général Marülaz lançait dans cette direction trois compagnies du 9ᵉ léger sous le commandement du chef de bataillon Pajol. Il appuyait ce mouvement en s'avançant au pas de course, à la tête d'un bataillon du 4ᵉ, dans la rue de Charonne, de manière à déboucher sur cette barricade par la rue de Cotte.

Arrivé, vers neuf heures et quart, au pied de la barricade, le commandant Pajol s'apprêtait à en or-

---

(1) Ce que j'avais demandé, pour la Préfecture de police, c'était de me rendre deux compagnies du 6ᵉ léger et quatre canons qui m'avaient été enlevés sans que j'en fusse prévenu. C'était un devoir pour moi de protester contre cet état de choses en réclamant, comme le faisait ma dépêche, les forces strictement nécessaires à la garde de la Cité et de la Préfecture de police.

donner l'attaque lorsque commença une scène déplorable, celle qu'on retrouve trop souvent dans ces malheureuses guerres des rues.

Revêtus de leurs insignes et montés sur des voitures renversées qui formaient la barricade, les ex-représentants se mirent à haranguer la troupe. On remarquait parmi eux : Baudin, Esquiros, Malardier, Dulac et Deflotte : « Nous sommes le droit, disaient les ex-représentants aux soldats, ne tirez pas sur nous, nous sommes vos frères, nous sommes les amis, les mandataires du peuple. »

Le commandant ne pouvait laisser se prolonger cette tentative d'embauchage de ses hommes, il donnait l'ordre à sa colonne de marcher sur la barricade à la baïonnette. Au péril de sa vie, ce brave officier n'avait pas commandé le feu ; un sentiment d'humanité l'avait arrêté. Il espérait emporter l'obstacle sans effusion de sang ; mais le signal de la fusillade fut donné par les insurgés, et, à la première décharge, un soldat tomba mort. La troupe fit feu à son tour, et l'ex-représentant Baudin fut mortellement frappé ainsi qu'un de ceux qui semblaient commander aux émeutiers.

Nous nous sommes abstenu de relever au cours de ce livre les erreurs, les calomnies, du pamphlet de M. Victor Hugo : *L'histoire d'un crime*. On se demande comment un esprit de cette valeur a pu oser livrer à la publicité d'aussi invraisemblables travestissements de la vérité. L'espoir de tromper les ignorants et les crédules peut seul expliquer les hardiesses de ses inventions. Mais quel est l'homme sérieux qui ne sourira à la lecture de ces mille épisodes qui ne seraient que ridicules s'ils n'affichaient la prétention d'être la vérité. Citons une de ces mises en scène. Le poète croyait sans doute écrire quelque mélodrame quand il traçait les lignes qu'on va lire et dont il faut peser tous les mots. Disons d'abord quelle partie de ses exploits M. Victor Hugo a voulu décrire.

Au moment où se battaient ses amis sur la barricade de la rue Sainte-Marguerite, M. Victor Hugo se dirigeait de ce côté. Il traversait la place de la Bastille et rencontrait, sur son passage, l'état-major du général Marülaz composé du général lui-même et de nombreux officiers. Deux commissaires de police, deux officiers de paix et vingt sergents de ville se tenaient à côté de ce groupe militaire prêts à agir et à arrêter au besoin ceux qui, par leurs paroles et leurs actes, auraient tenté d'exciter à la révolte.

Laissons dire à M. Victor Hugo lui-même quel discours il prétend avoir adressé au général Marülaz et à ceux qui l'entouraient!

« Nous passâmes, dit M. Victor Hugo, devant le groupe d'hommes à grosses épaulettes. Ces hommes, tactique comprise plus tard, n'avaient pas même l'air de nous voir.

« L'émotion que j'avais eue la veille devant le régiment de cuirassiers me reprit (1). Voir en face de moi à quelques pas, debout, dans l'isolement d'un triomphe tranquille, les assassins de la patrie, cela

(1) M. Victor Hugo fait allusion à un autre épisode dont il

était au-dessus de mes forces; je ne pus me contenir. Je m'arrachai mon écharpe, je la pris à la poignée, et, passant mon bras et ma tête par la vitre du fiacre baissée et agitant l'écharpe je criai :

« Soldats, regardez cette écharpe, c'est le symbole de la loi, c'est l'Assemblée nationale visible. Où est cette écharpe est le droit.

« Soldats ! Louis Bonaparte assassine la République. Défendez-la. Louis Bonaparte est un bandit, tous ses complices le suivront au bagne. Ils y sont déjà. Qui est digne du bagne est au bagne. Mériter la chaine c'est la porter. Regardez cet homme qui est à votre tête et qui ose vous commander. Vous le prenez pour un général ? C'est un forçat.

« Les soldats semblaient pétrifiés. Quelqu'un qui était là (remerciement à cette généreuse âme dévouée) m'étreignit le bras, s'approcha de mon oreille et me dit :

« Vous allez vous faire fusiller. » Mais je n'entendais pas et je n'écoutais rien. Je poursuivis, toujours secouant l'écharpe :

« Vous qui êtes là habillé comme un général, c'est à vous que je parle, Monsieur. Vous savez qui je suis. Je suis un représentant du peuple, et je sais qui vous êtes, et je vous l'ai dit : Vous êtes un malfaiteur. Maintenant, voulez-vous savoir mon nom ?

aurait été le héros, comme dans tout ce qu'il rapporte. Il aurait impunément injurié, un régiment de cuirassiers qui aurait eu la stoïque patience d'endurer, sans murmures, un débordement d'invectives ! Cette vérité de la veille vaut la vérité du lendemain.

« Le voici ! Et je lui criai mon nom.

« Et j'ajoutai :

« A présent, vous, dites-moi le vôtre.

« Il ne répondit pas.

« Je repris :

« Soit, je n'ai pas besoin de savoir votre nom de général, mais je saurai votre numéro de galérien.

« L'homme en habit de général courba la tête.

« Les autres se turent. Je comprenais tous ces regards pourtant, quoiqu'ils ne se levassent pas. Je les voyais baissés et je les sentais furieux. J'eus un mépris énorme et je passai outre. Comment s'appelait ce général ? Je l'ignorais et je l'ignore encore. »

Le nom de ce général, monsieur Victor Hugo, nous allons vous l'apprendre : c'était le général Marülaz.

Mais quelle triste idée M. Victor Hugo se fait-il donc de ses lecteurs pour penser que, à part quelques pauvres d'esprit, il pourra réussir à leur faire croire qu'un général, un général français, aurait un instant supporté, sans les châtier, de si imprudentes insolences !

Et ces commissaires de police, qu'il représente ailleurs comme arrêtant et frappant tout individu suspect de la moindre sympathie pour l'insurrection, quel prodige désarmait donc subitement leur ardeur ? Quel miracle les faisait assister, impassibles, à la place de la Bastille, à ce qui eût ailleurs éveillé leur immédiate sévérité ? Il nous plairait de voir M. Victor Hugo nous donner le mot de cette étrange énigme, de cette contradiction que, sans s'en apercevoir, il nous montre lui-même.

N'attendons point la réponse du poète. Le mot de l'énigme est facile à trouver. Bien des nuits ont passé sur ses souvenirs. Plus d'un rêve a traversé ses sommeils. C'est un de ses rêves qu'il nous donne. Là est la seule excuse que l'indulgence puisse trouver.

Nous pourrions emprunter au pamphlet de M. Victor Hugo cent autres scènes burlesques de la même authenticité. La fée du poète s'est montrée généreuse dans ses inspirations historiques. Nous nous garderons toutefois d'en fatiguer ici plus longtemps nos lecteurs.

Mais, dans ces engagements du faubourg Saint-Antoine, la lutte était inégale. Les ex-représentants le comprirent, et ils s'enfuirent avec leur cortège d'insurgés en appelant aux armes les rares passants qu'ils trouvaient sur leur route. La troupe s'empara de la barricade et continua sa marche dans le faubourg Saint-Antoine. En moins d'une heure, la circulation y était rétablie; on n'y voyait même plus aucun des représentants qui avaient paru à la barricade Sainte-Marguerite. Ils s'étaient mis prudemment à l'abri pour laisser passer le plus gros de l'orage. Les uns étaient tapis dans quelques coins obscurs; les autres, avec un certain nombre d'ouvriers armés, s'étaient enfermés dans une grande cour où ils trompaient les recherches de l'autorité militaire. Ils attendaient que la troupe se fût retirée pour reprendre leurs positions du matin et refaire leurs barricades; mais voyant, au contraire, grossir et stationner les détachements militaires, ils renonçaient à continuer la lutte sur ce point.

J'avais envoyé, dans le faubourg Saint-Antoine, un officier de la garde républicaine qui devait, après une rapide inspection, venir me rendre compte de l'aspect général du quartier, et me signaler les mesures à prendre. C'est par lui que j'apprenais l'incident de la barricade de la rue Sainte-Marguerite et la mort de Baudin. Il me signalait en même temps l'état d'effervescence du quartier de la Bastille et le désir du général Marülaz de recevoir des renforts. La plus grande partie de son monde était engagée en colonnes d'attaque dans les rues du faubourg, et la place de la Bastille n'était plus suffisamment occupée. J'adressais alors au général Magnan la dépêche suivante :

« *Préfet de police à Général Magnan.*

« 3 décembre, 10 heures matin.

« On m'annonce qu'un ex-représentant a été tué sur une barricade. C'est Baudin, de la Montagne. Cette nouvelle m'est donnée par un officier de la garde républicaine que j'avais envoyé au général Marülaz, place de la Bastille. Le général demande instamment des renforts.

« de MAUPAS. »

A onze heures, le général Marülaz recevait un régiment de renfort et il pouvait ainsi occuper solidement le faubourg. Toutes ses dispositions étaient immédiatement prises pour empêcher l'émeute d'y relever les barricades.

Ainsi se terminait cette première escarmouche de l'insurrection ; elle avait confirmé notre confiance dans l'armée. L'armée, en effet, venait de se trouver aux prises avec le plus redoutable des périls dans les guerres civiles, avec les tentatives de séduction venant des chefs des insurgés. Officiers et soldats étaient restés sourds aux exhortations des ex-représentants montagnards, tout revêtus qu'ils fussent de leurs insignes. Nulle épreuve ne pouvait être plus décisive ; il nous était démontré qu'aucun effort ne parviendrait à entamer nos troupes. Quelques complications qui vinssent à surgir, le succès était certain pour nous.

CHAPITRE XX

LES DÉFAILLANCES MINISTÉRIELLES

Nouvelles tentatives insurrectionnelles. — Les défaillances ministérielles. — Deux arrêtés. — Mouvement sur Mazas. — Projet de coup de main sur la Préfecture de police. — Ce qu'est la Préfecture de police. — L'insurrection au centre de Paris. — Le général Herbillon la culbute. — Nouvelle attaque et nouvelle défaite des insurgés. — Leurs cruautés. — Les barricades de la soirée. — Divergence entre l'autorité civile et l'autorité militaire. — Deux lettres inédites du général Magnan.

Après les premières barricades détruites, le faubourg Saint-Antoine était si solidement occupé par le général Marülaz qu'aucune chance ne restait à l'insurrection pour s'y reformer et reprendre l'offensive.

Les ex-représentants l'avaient compris, et, vers midi, suivis des insurgés qu'ils avaient pu rallier, ils se dirigeaient, par petits groupes, sur d'autres points de Paris, le faubourg Saint-Marceau, les quartiers Saint-Denis, Saint-Martin, Belleville et l'École de Médecine. Là, ils cherchaient à exploiter la mort de Baudin et à provoquer une nouvelle prise d'armes. Nous verrons bientôt que s'ils ne pouvaient obtenir tous les résultats qu'ils espéraient, ils réussissaient au moins à organiser une sérieuse insurrection.

Les attroupements devenaient nombreux sur les boulevards, à la place de la Bourse et surtout dans le voisinage des rues Saint-Denis, Rambuteau, Saint-Martin et du Temple. Dans ces derniers quartiers, l'attitude était infiniment plus menaçante que la veille. Les groupes étaient armés ; ils n'attendaient que le signal pour agir.

Dans ces guerres des rues, le personnel des combattants est toujours de deux natures essentiellement différentes : les meneurs et les menés. Les meneurs recrutent, tantôt par la menace, tantôt par l'appât d'un riche butin après la victoire, une foule de besogneux, de désœuvrés qui vont au combat sans entrain et que le moindre incident pourrait en détourner. L'attitude énergique du gouvernement peut diminuer sensiblement le nombre de ces derniers, et c'est dans cette conviction que j'avais demandé, dès le matin, au ministre de l'intérieur, de faire afficher un manifeste, signé de tous les ministres, invitant les citoyens paisibles à ne se mêler à aucun groupe, et annonçant la ferme volonté de faire disperser tout rassemblement par la force, d'user, en face des insurgés pris les armes à la main, de toutes les rigueurs de l'état de siège. Je ne recevais pas de réponse de M. de Morny. Le partage de responsabilité me semblait si naturel que l'hésitation à l'accepter ne me venait même pas à l'esprit. Je supposais que le retard à me répondre tenait uniquement à la rédaction du manifeste, ou peut-être même à son impression. Quelle n'était pas ma surprise quand, ouvrant le *Moniteur*, j'y trouvais, dans une note placée en tête de ses colonnes, la triste et réelle explication du silence de M. de Morny. Cette note était ainsi conçue : « Le ministère n'est pas encore constitué, un supplément au *Moniteur* en fera connaître la composition. (*Communiqué.*) »

Il n'y avait donc pas, ou il n'y avait plus, ou il n'y avait peut-être même jamais eu de ministère. Il n'y en avait eu au moins que dans la volonté et dans la croyance du Prince.

Le ministère de la veille, composé en partie cependant d'hommes qui avaient poussé au Coup d'État, et qui siégeaient en permanence dans le cabinet de M. de Morny, ce ministère *de fait* avait déserté la sanction officielle aux premiers nuages qui avaient mis le succès en doute à leurs yeux. Les décrets du Xe arrondissement, l'arrêt de la haute cour, la mise en accusation de Louis-Napoléon et de ses complices, de ses complices surtout, avaient fait frissonner deux ou trois des ministres qui avaient vu, dès la veille, leurs noms affichés sur les murs de Paris. Aussi avaient-ils énergiquement décliné toute grandeur présente. Les défaillants, en empêchant le cabinet d'être au complet, avaient ainsi imposé, à ceux de leurs collègues qui ne marchandaient pas leur concours, la solidarité du refus.

Ce que le ministère, empêché pour cause de prudence personnelle, ne fît point, nous le fîmes, le général de Saint Arnaud et moi. A la première nouvelle de la désertion du cabinet, j'avais envoyé un de mes secrétaires au ministère de la guerre pour lui proposer de prendre, sans retard, un arrêté avertissant les constructeurs et défenseurs de barricades des dangers auxquels on s'exposait, quand, sous la loi de l'état de siège, on était pris les armes à la main. Je communiquai également au ministre la copie de l'arrêté que je venais d'envoyer à l'impression et que je faisais immédiatement placarder. Il était ainsi conçu :

« Nous, Préfet de police,

« Vu le décret du 2 décembre 1851, qui met en état de siège la première division militaire ;

« Arrêtons ce qui suit :

« Art. 1er.—Tout rassemblement est rigoureusement interdit. Il sera immédiatement dissipé par la force.

« Art. 2. — Tout cri séditieux, toute lecture en public, tout affichage d'écrit politique n'émanant pas d'une autorité régulièrement constituée, sont également interdits.

« Art. 3. — Les agents de la force publique veilleront à l'exécution du présent arrêté.

« Fait à la Préfecture de police, le 3 décembre 1851.

« *Le préfet de police,*
« de Maupas. »

Le général de Saint Arnaud ne tardait pas, à son tour, à m'envoyer son arrêté. J'en faisais afficher quatre mille exemplaires. Il était précédé d'une proclamation aux habitants de Paris. Voici ce document :

« Habitants de Paris,

« Les ennemis de l'ordre et de la société ont engagé la lutte. Ce n'est pas contre le gouvernement, contre l'élu de la nation qu'ils combattent, mais ils veulent le pillage et la destruction.

« Que les bons citoyens s'unissent au nom de la société et des familles menacées.

« Restez calmes, habitants de Paris ! Pas de curieux inutiles dans les rues ; ils gênent les mouvements des braves soldats qui vous protègent de leurs baïonnettes.

« Pour moi, vous me trouverez toujours inébranlable dans la volonté de vous défendre et de maintenir l'ordre.

« Le ministre de la guerre,
« Vu la loi sur l'état de siège ;

« Arrête :

« Tout individu pris, construisant ou défendant une barricade, ou les armes à la main, sera fusillé.

« *Le général de division,*
« *ministre de la guerre,*
« de Saint Arnaud. »

Nous étions ainsi restés chacun dans la spécialité de notre mission. La Préfecture devait dissiper les rassemblements. Une fois qu'on passait des groupes aux barricades, le rôle de l'armée commençait.

Que d'accusations de barbarie ces deux arrêtés ne nous ont-ils pas values! Que faisions-nous cependant, si ce n'était d'user de tous nos efforts pour prévenir la lutte ou en diminuer au moins l'intensité! Cet arrêté menaçant du général de Saint Arnaud, on n'en fit presque point usage. Les fusillades en masse n'ont existé, nous en parlerons plus loin, que dans l'imagination de quelques pamphlétaires en tête desquels se place le poète Victor Hugo. Tout au contraire, et les rapports des agents de la Préfecture l'attestent, bon nombre d'ouvriers indécis, embauchés à moitié seulement par des meneurs, laissèrent là leurs armes et rentrèrent à leur foyer. Sur plusieurs points également où les affiches avaient attiré l'attention, les curieux avaient compris l'avertissement et les groupes s'étaient dispersés. Il est hors de doute que les deux arrêtés si vivement incriminés ont eu pour résultat de diminuer considérablement le nombre des insurgés et par suite le chiffre des victimes.

Mazas était à peu de distance des premières barricades enlevées le matin par le général Marülaz ; il devait être tentant, pour les insurgés, de chercher à s'emparer de ce lieu de détention où on savait trouver des amis et des chefs : des amis parmi les montagnards qui y étaient déjà en grand nombre ; des chefs parmi les généraux courroucés de leur captivité et prêts à user de leur autorité comme de leur courage pour donner au combat les plus redoutables proportions.

En quittant le faubourg Saint-Antoine, que les

canons braqués en tous sens rendaient intenable pour les émeutiers, un groupe d'entre eux s'était porté sur Mazas ; on y voyait arriver incessamment des gens à figures sinistres qui ne demandaient que des armes pour se transformer en assaillants. Les abords de la prison avaient un aspect inquiétant, et les dispositions des prisonniers n'étaient pas rassurantes. Ils étaient incessamment excités par de nombreux visiteurs qui faisaient luire à leurs yeux une prochaine délivrance et les poussaient à une révolte intérieure pour donner la main à l'émeute. Le colonel Thiérion demandait des renforts et me priait d'intervenir près de M. de Morny pour diminuer le nombre des permis d'entrée. On faisait inopportunément de la popularité au ministère de l'intérieur en donnant à peu près à tout venant, qui avait essuyé un refus à la Préfecture de police, une permission pour pénétrer auprès des prisonniers de Mazas. Ces entrées et ces sorties continuelles créaient une gêne et un péril. M. de Morny se rendit, du reste, à mes observations et les autorisations furent suspendues.

Quant aux renforts, le général Marülaz n'en pouvait pas donner, puisqu'il en demandait lui-même. J'adressai donc au général Herbillon, qui était à l'Hôtel de Ville, la lettre suivante :

« Mon cher Général,

« Veuillez détacher un ou deux bataillons de votre brigade pour les porter immédiatement à la prison de Mazas, qui est à l'heure qu'il est le point de mire de l'émeute, et qui n'a qu'une compagnie pour se défendre.

« Tout à vous de cœur.

« de MAUPAS. »

En même temps que j'envoyais copie de cette lettre au colonel Thiérion, je lui adressais les instructions les plus précises en vue des complications qu'il redoutait.

Deux bataillons envoyés par le général Herbillon suivaient de près ma lettre et chargeaient les rassemblements. Grâce à la promptitude du concours de l'autorité militaire, nous étions bientôt en pleine sécurité sur Mazas.

Mais Mazas n'avait été que le but d'une tentative prudente de la part des insurgés. Ils étaient venus plutôt pour guetter et seconder, s'il y avait lieu, une révolte intérieure que pour livrer un assaut considéré, à juste titre, comme périlleux à tenter. L'effort de l'émeute devait se porter sur ces quartiers où les rues étroites et tortueuses forment, pour les assaillants, comme une série de bastions naturels.

Le plan, car il y avait un plan, était d'attirer la troupe sur les boulevards par de forts rassemblements, et de profiter du temps qu'elle passerait à les dissiper pour se fortifier dans le quadrilatère formé par la rue Montmartre, les boulevards, la rue du Temple et les quais. De là, faute de pouvoir prétendre à la prise de l'Hôtel de Ville que le général Herbillon occupait avec de l'artillerie et des forces imposantes, on se porterait sur la Cité qui renfermait, à la fois, la

Préfecture de police, le Palais de Justice, la Conciergerie et le Dépôt.

On savait que pour mettre la Cité en complet état de défense, il fallait plus de monde qu'il n'y en avait. La garde des ponts, donnant accès dans cette île, nécessitait en effet un chiffre élevé de troupes. Le Pont-Neuf est, en particulier, un point stratégique de premier ordre ; il est le passage facile entre les deux rives de la Seine, et, à ce titre, il doit en cas de guerre être mis à l'abri de toute attaque.

Le matin du 2 décembre, un bataillon du 6º léger partageait, avec deux bataillons de la garde républicaine et une demi-batterie d'artillerie, la défense de la Cité et du Pont-Neuf. La position était occupée comme elle devait l'être. Dans la soirée, l'autorité militaire avait imprudemment, ainsi que nous l'avons dit déjà, diminué cet effectif de deux compagnies du 6º léger et de la demi-batterie d'artillerie. Plusieurs points devenaient ainsi vulnérables et il n'était pas impossible qu'un coup de main hardiment conduit permît de pénétrer dans l'île. Une fois entrés dans la Cité, les insurgés pouvaient croire qu'une seconde surprise les rendrait maîtres de la Préfecture de police. Quelle fortune heureuse n'eût-ce pas été là pour l'insurrection.

Il faut qu'on sache ce qu'est la Préfecture de police dans un jour de péril, alors qu'est menacée la paix de la capitale ; quel rôle lui est réservé ; quelle importance considérable elle prend. C'est un gouvernement dans le gouvernement et, momentanément, la forme de son pouvoir est à peu près absolue. La nécessité de résolutions immédiates à prendre, d'ordres instantanés à donner, le caractère confidentiel des documents qui les inspire, la nécessité du secret sur le but qu'on poursuit, tout nécessite l'affranchissement d'une direction supérieure. Par obligation et par logique, la subordination ordinaire fait ainsi place à une indépendance relative. La pratique crée cette situation.

Dans les temps ordinaires, c'est déjà un immense rouage que celui de la Préfecture de police. Tout ce qui touche à la sûreté publique, aux subsistances, à la salubrité, tout ce qui intéresse l'ordre moral et matériel vient aboutir à cette vaste administration. Mais si les temps sont troublés, si la tranquillité publique est menacée, si l'émeute se lève, si la guerre ensanglante les rues, quelles obligations incessantes, quelles formidables responsabilités ne s'imposent pas au préfet de police! Un mouvement séditieux n'est jamais spontané; une cause, un prétexte au moins, en font naître le germe; l'entente, c'est-à-dire le complot, le développe; la conspiration l'organise et le conduit jusqu'au jour de l'action. C'est ce travail souterrain qu'il faut suivre. C'est dans le cabinet même du préfet de police que viennent apparaître les premières lueurs du mouvement qui veut éclore. C'est là que se groupent, un à un, tous les fils de l'intrigue. Les confidences multiples s'entassent les unes à côté des autres, et, par elles, l'avenir s'écrit en quelque sorte d'avance; la veille prévoit le lendemain; c'est tout un arsenal d'informations.

D'un côté, ce sont les noms des conspirateurs

comme celui de leurs surveillants, le lieu de leurs demeures, le siège de leurs réunions, les projets qu'ils nourrissent, les moyens dont ils disposent, les éventualités sur lesquelles leurs espérances reposent. De l'autre, ce sont les moyens de répression dont dispose le pouvoir et les procédés d'action qu'il entend employer. Tout est groupé par ordre, et forme un merveilleux ensemble d'où jaillit, au jour voulu, la lumière qui conduit dans les ténèbres de la conspiration.

On comprend, et de reste, quel intérêt considérable peut avoir l'émeute à mettre la main sur cette immense boîte aux secrets. On peut ainsi, du même coup, éteindre momentanément la résistance en lui prenant sa direction, connaître ses ennemis, découvrir ceux qui vous surveillent et vous trahissent, et anéantir, pour ceux qui ont à les redouter, les preuves de leur compromission.

Le plan des insurgés de tenter un coup de main sur la Préfecture de police était donc si naturel qu'il devait se supposer, en dehors même de toute indication. Les révélations de nos agents ne faisaient en quelque sorte, que nous confirmer dans cette supposition. Le projet d'attaque était tout à fait résolu, à la condition seulement que les premiers résultats de la lutte le rendissent praticable. Nous étions sur nos gardes, et, ce jour-là, malgré le retrait inopportun d'une partie de nos troupes et de nos canons, nous étions prêts à repousser victorieusement une agression.

Nous l'avons dit, c'est par des rassemblements sur

les boulevards que le mouvement devait se continuer dans cet après-midi du 3 décembre.

Vers midi, en effet, un fort rassemblement se formait sur la place de la Bourse. L'ex-représentant Delbetz était à sa tête. Il haranguait la foule, donnait lecture des décrets de la mairie du Xe arrondissement et proclamait l'insurrection « comme le plus saint des devoirs ». Les agents de police, malgré leurs courageux efforts, devenaient impuissants à empêcher les progrès de cet attroupement. A chaque arrestation opérée, c'était une lutte acharnée pour conserver le prisonnier. Mais, si menaçant que fût ce rassemblement, il n'était évidemment que la diversion indiquée. Les manifestants n'avaient pas d'armes apparentes, ils s'en tenaient aux injures, aux provocations, aux cris et aux chants séditieux. Une simple charge de cavalerie en eût eu raison dès le début, et eût avantageusement suppléé à la lutte inégale que soutinrent, durant deux longues heures, les agents de police.

Enfin, vers deux heures et demie, la cavalerie parut sur le boulevard Bonne-Nouvelle où le rassemblement de la place de la Bourse s'était transporté ; mais les insurgés n'attendirent pas la charge; ils prirent la fuite dans toutes les directions. Les habits noirs se portèrent sur d'autres points des boulevards, où n'était pas encore la troupe, pour y provoquer de nouvelles démonstrations; les blousiers se dirigèrent sur le quartier Saint-Martin, où ils savaient rencontrer le gros de leurs amis. Un certain nombre d'arrestations étaient faites, et on réussissait notamment à s'emparer de l'ex-représentant Delbetz.

A l'heure même où les échappés du faubourg Saint-Antoine avaient commencé l'échauffourée de la place de la Bourse, une manifestation d'une nature plus grave s'organisait aux abords de l'École de Médecine. C'étaient également les hommes de la barricade Sainte-Marguerite qui en étaient les chefs. Là encore la police était seule en présence de l'émeute, et elle soutenait le choc pendant plus de deux heures. Deux sergents de ville étaient grièvement blessés.

Mais c'était dans les quartiers Saint-Denis, Saint-Martin et du Temple que devait s'engager la lutte sérieuse. Là, en effet, s'étaient rapidement élevées un grand nombre de barricades. Il y en avait dans les rues Rambuteau, Saint-Martin, Gréneta, Beaubourg, Transnonain, du Temple et dans une foule de petites rues adjacentes. Toutes ces barricades, celles surtout des rues Transnonain et Rambuteau étaient solidement construites ; plusieurs d'entre elles atteignaient la hauteur du premier étage, et elles étaient défendues par des gens bien armés, ayant la triste expérience de l'insurrection.

En face de semblables préparatifs, l'intervention de la police eût été sans efficacité. J'avais donc donné l'ordre à mes agents de se replier sur l'Hôtel de Ville, où ils devaient trouver le général Herbillon, qui se préparait à attaquer les insurgés avec des forces imposantes. Mes agents étaient chargés de guider la troupe dans l'inextricable labyrinthe où elle allait s'engager ; ils devaient également, une fois les barricades prises, s'efforcer de faire des arrestations, et amener leurs captures à la Préfecture de police.

A deux heures environ, le général Herbillon quittait l'Hôtel de Ville à la tête d'une colonne composée du 9ᵉ bataillon de chasseurs à pied et d'une pièce d'artillerie. Pendant qu'il se dirigeait sur les quartiers Saint-Denis et Saint-Martin, foyer principal de l'émeute, il lançait, dans la rue du Temple, un bataillon du 6ᵉ léger. En moins d'une heure, toutes les barricades étaient enlevées et leurs défenseurs mis en fuite. Mais les sociétés secrètes et certaines associations ouvrières avaient employé toute la matinée à faire des convocations. Le rendez-vous était au carré Saint-Martin. On devait y venir en armes et y trouver le mot d'ordre et des chefs.

Vers quatre heures, l'affluence sur ce point devenait énorme, et des groupes d'insurgés étaient incessamment dirigés, par les meneurs, sur les lieux où l'on se proposait d'engager l'action.

A cinq heures, ces mêmes quartiers, d'où l'émeute avait été balayée, étaient de nouveau, et plus solidement que le matin, occupés par elle. Le général Herbillon lançait une seconde fois ses colonnes d'attaque, et, vers sept heures, il était partout maître du terrain. Ce malheureux quartier était rendu à une apparente tranquillité.

Le colonel Chapuis, du 3ᵉ de ligne, avait eu, dans cette nouvelle attaque, la tâche la plus lourde. C'est lui qui avait délogé les insurgés de la rue Beaubourg et des rues adjacentes. Le feu avait été très vif, et, pour montrer que l'arrêté du ministre de la guerre n'était point un vain mot, plusieurs insurgés, pris dans des luttes corps à corps sur les barricades, étaient passés par les armes.

On pouvait croire la journée terminée, et cependant mes agents secrets m'annonçaient que la lutte devait recommencer dans la soirée.

A huit heures et demie, en effet, l'insurrection amenait de nouvelles recrues sur ce même terrain où elle venait de combattre, et elle se fortifiait dans un périmètre limité dont la rue Aumaire était le centre et d'où elle pouvait se relier, par des points stratégiques habilement combinés, avec les quartiers Saint-Denis et du Temple. Cette fois, à mes pressants appels, le général Magnan répondait par un refus motivé de soutenir, avec ses troupes, nos malheureux sergents de ville qui pliaient sous le nombre des émeutiers. Il ne restait, pour les aider à résister, qu'un bataillon de gendarmerie mobile impuissant lui-même à faire tête à cette nouvelle prise d'armes. La rue Aumaire, cependant, avait été vaillamment attaquée par une compagnie de gendarmerie mobile et on pouvait voir, aux morts qu'elle y avait laissés, que l'action avait été chaude.

Les insurgés s'étaient livrés là à des actes révoltants de barbarie. Un de mes agents, explorant à minuit cette même rue Aumaire, où on avait une quatrième fois relevé des barricades, y assistait à un spectacle navrant. Un groupe d'insurgés était occupé à assujettir au sommet de la barricade, la tête détachée d'un malheureux gendarme mobile. Une lumière était placée dans sa bouche, et une inscription, que nous ne pouvons nous condamner à reproduire, complétait ce lugubre spécimen de la férocité des insurgés.

De tous les points nouvellement repris par l'émeute, magistrats municipaux, notables habitants, commissaires et officiers de paix venaient me réitérer les demandes de secours les plus pressantes. Je me faisais d'autant plus volontiers, près de l'autorité militaire, l'interprète de leurs réclamations que ces quartiers étaient sous le coup d'une terreur légitime. Ils étaient menacés de pillage et d'incendie, et le feu une fois allumé dans ces rues étroites, on ne pouvait songer sans effroi aux proportions qu'il prendrait. Les habitants demandaient, à grands cris, des troupes pour enlever les barricades, et pour occuper, durant la nuit entière, les rues qu'on aurait reprises à l'émeute.

Il faut dire ici, et nous aurons à revenir sur cette observation, que déjà, dans la matinée du 3, l'autorité militaire avait mis, dans le déploiement de ses troupes, une réelle parcimonie. Ce n'était, de sa part, ni négligence ni hésitation; c'était à la fois la conséquence d'un système et le résultat d'une appréciation imparfaite de la situation. Il avait fallu arracher un à un les régiments que réclamaient les maires, les commissaires aux prises avec les rassemblements ou avec l'émeute. C'étaient des heures entières perdues, et, dans de pareils moments, une heure bien ou mal employée, peut être le succès ou la défaite.

Pourquoi, en effet, prévenu qu'on était, dès la

veille, du rendez-vous donné à la place de la Bastille et au faubourg Saint-Antoine, n'y avait-on envoyé que des forces insuffisantes, puisque, à peine arrivé, le général Marülaz demandait des renforts?

Pourquoi Mazas, ce séjour provisoire des généraux arrêtés, d'une partie des montagnards, des chefs des sociétés secrètes, pourquoi Mazas n'était-il pas extérieurement gardé, nuit et jour, de façon qu'aucun attroupement n'eût la tentation de s'y former?

Pourquoi les quartiers agités, terre classique de la barricade, n'étaient-ils pas sillonnés par de fortes patrouilles, par des batteries d'artillerie, et occupés par des forces assez nombreuses pour pouvoir fournir, sans aucun retard, des détachements aux autorités civiles qui en feraient la demande?

Pourquoi les boulevards eux-mêmes, ces faciles promenoirs de l'armée et tout le quartier de l'École de Médecine étaient-ils dégarnis à ce point, dans cette même matinée, que nos agents y étaient seuls à soutenir une lutte opiniâtre et qu'on n'obtenait qu'à grand'peine les forces nécessaires à la dispersion des rassemblements?

Pourquoi les troupes du général Herbillon, après leur succès rapide, ne continuaient-elles pas à occuper les quartiers Saint-Denis, Saint-Martin et du Temple, ces foyers de l'insurrection? Pourquoi même les forces du général Herbillon, devenant insuffisantes pour continuer l'action n'étaient-elles pas augmentées, doublées, s'il le fallait? Quelle occasion mieux indiquée pouvait s'offrir de mettre nos réserves en mouvement?

Pourquoi le déploiement de troupes, fait le 2 décembre, à sept heures du matin, ne s'était-il pas incessamment renouvelé comme cela avait été convenu? Pourquoi finalement le général Magnan refusait-il, avec obstination, de satisfaire, dans cette soirée du 3 décembre, à mes pressantes réquisitions?

Dans ses refus, comme dans ses actes, le général appliquait un système arrêté. Il avait des instructions formelles. Ces instructions avaient été concertées entre MM. les ministres de la guerre et de l'intérieur, et lui avaient été transmises dans la soirée du 3.

Dans mon insistance, j'obéissais à mon tour à un système mûrement raisonné; mais absolument différent de celui de l'autorité militaire. Entre elle et la Préfecture de police, il y avait donc dissentiment sur les meilleurs moyens à prendre.

Nous étions à coup sûr animés des mêmes sentiments, la volonté du succès et la conviction que le meilleur procédé pour l'atteindre était celui qui avait nos préférences respectives. Les généraux de Saint Arnaud et Magnan raisonnaient exclusivement au point de vue militaire. Je me plaçais plus spécialement au point de vue politique.

L'autorité militaire jugeait que l'ardeur des insurgés ne pouvait s'éteindre définitivement qu'à la condition de leur infliger une vigoureuse leçon. Pour les châtier avec plus de sûreté, elle ne voulait point d'engagements partiels; elle préférait une action d'ensemble dans laquelle l'émeute eût accumulé toutes ses forces et toutes ses espérances ; elle voulait les anéantir du même coup. Elle avait bien consenti, dans cette journée du 3, à combattre l'émeute à son début et à suivre même les assaillants dans leurs prises d'armes successives. C'était là une satisfaction qui ne pouvait être refusée aux habitants des quartiers envahis. Mais, une fois cette part faite aux exigences de l'opinion, une fois la vigueur et la solidité de l'armée clairement établies, l'autorité militaire se trouvait plus à l'aise pour appliquer son plan.

Ce plan, je le condamnais à ce point de vue d'abord, que, en laissant l'insurrection se développer, on livrait à ses ravages les quartiers qu'il lui plairait d'occuper ; et à cet autre point de vue encore, qu'on ne peut jamais prévoir quelles proportions prendra un soulèvement dans Paris et quelle peut en devenir l'issue. Dans quelle mesure la population s'associera-t-elle au mouvement ? Quel effet moral produira-t-il sur le soldat ? Ce sont là des problèmes qu'il y a témérité à résoudre avec trop de confiance. Il est toujours d'une haute imprudence de laisser grossir l'émeute et de s'exposer à un risque grave quand on peut l'empêcher de naître. Je jugeais, et j'étais en mesure d'être très affirmatif, qu'en présence d'un déploiement permanent de forces imposantes, les agitateurs perdraient courage et ne trouveraient plus de recrues pour les suivre ; qu'en tous cas, leurs premières tentatives, si elles venaient à se produire, étant immédiatement paralysées, le désarroi serait dans leur camp, qu'ils reconnaîtraient alors leur impuissance, et renonceraient à une lutte dont ils mesureraient la disproportion et les périls.

J'avais eu à diverses reprises, dans des conversations intimes avec le général de Saint Arnaud, l'occasion de constater quelle divergence d'appréciation existait entre nous sur la façon dont on devait agir et dont on devait surtout engager les troupes en face d'une émeute ou d'une menace d'insurrection dans Paris.

En prévision de ce Coup d'État que nous préparions ensemble, nous nous étions fréquemment entretenus des révolutions de 1830 et de 1848. Tous deux, nous en avions étudié les phases émouvantes avec la pensée d'y puiser d'utiles enseignements. Notre appréciation était diamétralement opposée, et le souvenir de nos entretiens me donnait la clé de notre dissidence présente.

La chute de la royauté, en 1830 comme en 1848, le général l'attribuait à cette cause unique : qu'on avait mal engagé les troupes. Dans sa conviction, on les avait prématurément et trop longtemps surtout placées en contact avec le peuple ; elles avaient été harcelées, fatiguées par des escarmouches sans pouvoir réellement combattre ; la lassitude avait été la cause principale de la défection.

Cette critique était fondée à certains égards ; mais elle laissait subsister mon opinion qui était celle-ci : je prétendais également que les troupes avaient été mal engagées, en ce sens qu'elles l'avaient été tardivement et incomplètement ; qu'il eût fallu, aux premiers rassemblements, opérer par charges de cavalerie d'abord, par moyens plus énergiques au besoin, et ne laisser sur aucun point de Paris se créer un attroupement sans le dissiper immédiatement par la force. De cette façon, on n'eût point laissé la sédition prendre corps ; on l'eût étouffée en germe. Les troupes, vigoureusement engagées dès le début, n'eussent été ni harcelées ni fatiguées. On avait été vaincu parce qu'on avait laissé paisiblement s'organiser l'émeute avant d'employer contre elle des moyens suffisants de répression ; et quand, épouvanté par ses progrès et son importance, on avait reconnu la nécessité d'une action énergique, il était trop tard.

« Trop tard ! » Tel était le mot fatal qui résumait, à lui seul, toutes les critiques que méritait ce système d'attente et d'atermoiement des deux dynasties renversées par l'émeute.

Pour chacun de nous, ces appréciations étaient devenues notre règle de conduite et la raison naturelle de notre dissidence.

L'opinion du général de Saint Arnaud, l'affirmation du système de l'autorité militaire, l'explication des refus de troupes du général Magnan se trouvent du reste nettement consignées dans le rapport officiel qu'adressait le commandant en chef de l'armée de Paris au ministre de la guerre sur les événements du Deux-Décembre (1).

(1) Le document dont il est ici question n'est pas seulement le rapport ordinaire que le commandant en chef d'une armée adresse au ministre de la guerre à la suite d'une action qu'il a dirigée. Le Prince-Président avait tenu à avoir le récit

Parlant de la journée du 3 décembre, le général Magnan s'exprime ainsi :

« Soupçonnant que l'intention des meneurs était de fatiguer les troupes en portant successivement l'agitation dans tous les quartiers, je résolus de laisser quelque temps l'insurrection livrée à elle-même, de lui donner la facilité de choisir son terrain, de s'y établir, et enfin de former une masse compacte que je pusse atteindre et combattre.

« Dans ce but, je fis retirer tous les petits postes, rentrer toutes les troupes dans leurs casernes et j'attendis. »

Deux autres documents, ceux-là inédits, révèlent plus nettement encore le système auquel obéissait l'autorité militaire. A mes pressantes sollicitations de laisser sur pied, pendant la nuit du 3 au 4 décembre, des forces nécessaires pour empêcher la re-

---

détaillé de tout ce qui s'était fait, pendant les journées de décembre, dans l'ordre civil et dans l'ordre militaire. Il savait qu'il était parti de Paris, pour tous les journaux de l'Europe, les renseignements les plus calomnieux sur les événements qui venaient de s'accomplir. Il voulait rétablir la vérité et la montrer au grand jour. A cet effet, il avait demandé au général en chef de l'armée de Paris un rapport circonstancié et il m'avait adressé la même invitation pour ce qui relevait de la Préfecture de police. Ces deux documents devaient être, et ont été effectivement, adressés, par les soins du ministre des affaires étrangères, à toutes nos chancelleries. Nos agents à l'étranger étaient ainsi en mesure de démentir les assertions mensongères à l'aide desquelles on cherchait à fausser l'opinion. Le rapport du général Magnan est daté du 9 décembre 1851; il figure, *in extenso*, dans le *Moniteur Universel*. Nous parlerons plus tard du rapport adressé par le préfet de police au Chef de l'État.

construction de barricades, le général Magnan me répondait la lettre qu'on va lire :

« Paris, le 3 décembre 1851.

« Monsieur le Préfet de police,

« J'ai l'honneur de vous prévenir que toutes les troupes de l'armée de Paris prendront leurs positions de combat demain 4 décembre, à dix heures du matin.

« Recevez, Monsieur le Préfet de police, l'assurance de ma haute considération.

« *Le Général commandant en chef*,

« Magnan »

P. S. (Écrit tout entier de la main du général.)

« Je fais abandonner tous les petits postes. Toutes mes troupes rentrent dans leurs quartiers pour s'y reposer. J'abandonne Paris aux insurgés : je les laisse faire des barricades. Demain, s'ils sont derrière je leur donnerai une leçon. Il faut en finir et rendre la sécurité à la ville. Demain, tous les rassemblements seront dissipés par la force, les barricades battues par l'artillerie.....

« Magnan. »

Si précis que fussent les termes de la lettre du commandant en chef, je ne devais pas oublier que ma mission était d'assurer par tous les moyens possibles la sécurité dans la ville de Paris. Pénétré de ce devoir, je me croyais autorisé à insister encore près du général Magnan pour qu'il revînt sur sa résolution. Je lui écrivais de nouveau dans les termes les plus pressants ; je lui demandais au moins des patrouilles destinées à protéger les malheureux habitants des quartiers Saint-Denis et Saint-Martin, et à les mettre à l'abri du pillage et de l'incendie. Je lui adressais en même temps copie de leurs pressantes réclamations et des rapports des commissaires. Mais le général n'était pas libre, nous l'avons dit, il avait ses ordres. Sa nouvelle réponse ne faisait que confirmer, et presque dans les mêmes termes, sa première communication, elle était ainsi conçue :

« Paris, 3 décembre 1851.

« Monsieur le Préfet,

« Je reçois votre lettre, elle ne change rien à ma détermination. Les troupes seront à leurs positions de combat à dix heures, pas avant. Je veux donner du repos aux troupes, et je veux surtout donner à l'insurrection le temps de se développer, si elle l'ose ; c'est le seul moyen d'en finir avec elle.

« Je veux pouvoir l'écraser, et mettre un terme à tous ces mouvements insurrectionnels en même temps que rendre la confiance à Paris.

« Recevez, etc.

« *Le général en chef*,
« Magnan. »

Nous verrons bientôt que, le lendemain 4 décembre, à dix heures du matin, heure à laquelle on m'annonçait officiellement et à deux reprises différentes, « que toutes les troupes de l'armée de Paris prendraient leurs positions de combat », les troupes étaient encore retenues dans leurs casernes. Nous verrons qu'elles y demeuraient plusieurs heures encore, et qu'il fallait de nouvelles et pressantes invitations de ma part pour les en faire sortir.

On pourrait se demander pourquoi, dans une question aussi grave, mes demandes de troupes s'arrêtaient au général en chef de l'armée de Paris, pourquoi je ne portais pas plus haut la question, pourquoi je ne m'adressais pas directement au ministre de la guerre et au Chef de l'État lui-même. A cette observation voici la réponse : le 2 décembre, et à l'occasion des retards dans l'envoi des troupes à la mairie du Xe arrondissement, il avait été convenu, entre le général de Saint Arnaud et moi, que toutes mes réquisitions et demandes de troupes seraient adressées au général Magnan qui devait, selon les circonstances, en référer ou non au ministre. Je ne faisais donc que me conformer aux conventions arrêtées. En dehors de cela, il faut ajouter que la plupart de mes dépêches, les plus importantes surtout, étaient expédiées à quatre exemplaires destinés, l'un au Prince, les trois autres à MM. les ministres de la guerre et de l'intérieur et au commandant en chef de l'armée de Paris. Le gouvernement était donc informé du conflit qui se produisait; il avait sous les yeux toutes les pièces du débat.

Les deux lettres du général Magnan résumaient le système militaire que je condamnais et contre lequel je ne cessais de lutter. Qui de nous avait avec lui la vérité? Dans ma conviction, on pouvait prévenir la journée du 3, et par cela on eût peut-être conjuré la journée du 4.

On le voit donc, tout en ayant un but identique, nous différions absolument sur les procédés les plus propices pour l'atteindre. Je reste convaincu que si tous mes avis avaient été suivis en temps utile, nous aurions eu à ajouter à notre triomphe cette consolante satisfaction d'avoir accompli notre œuvre sans effusion de sang.

CHAPITRE XXI.

LES PRÉPARATIFS DE L'INSURRECTION

Les espérances des insurgés. — Les faux bruits et les placards révolutionnaires. — Arrêté sur les rassemblements. — Le mode de votation sur registres. — Protestations que cette décision soulève. — Les questions de M. de Morny; ses instructions; un échange de dépêches inutiles. — Les armes prises à domicile. — Pillage des maisons aux abords des barricades.

La journée du 2 décembre avait jeté un tel effarement dans le camp des révolutionnaires que la nuit qui l'avait suivie leur avait à peine suffi pour ranimer les courages abattus et reformer un faisceau des éléments actifs d'une insurrection. Le fait dominant de cette journée du 2 décembre, avait été la résistance des parlementaires. Nous avons vu que le lendemain, 3 décembre, les excitations de la veille avaient porté leurs fruits. Ce n'était pas encore avec l'espoir d'un succès immédiat que la lutte avait été engagée. On n'avait eu d'abord pour but que d'animer et d'entraîner les indécis par l'exemple. On s'était bercé ensuite d'une bien autre espérance! On avait rêvé le retour des trahisons de 1830 et de 1848. De ce fait que, dans certains régiments, plusieurs officiers étaient restés dévoués aux généraux arrêtés, on tirait cette trompeuse conséquence que quelques bataillons feraient défection et qu'insensiblement le reste de l'armée imiterait cet exemple. Cette illusion était donnée partout comme une certitude et en même temps les faux bruits les plus invraisemblables étaient répandus avec une simultanéité merveilleuse. Ceux surtout relatifs à l'attitude de la province avaient réussi à monter les imaginations. Les déclamations des chefs encore libres de la Montagne, leurs proclamations, leurs appels aux armes, les convocations du ban et de l'arrière-ban des sociétés secrètes avaient également porté leurs fruits, et, le 4 décembre, on était en mesure de livrer bataille. On songeait déjà aux lauriers de la troisième journée, toujours comme en 1830 et en 1848.

Nous ne suivrons pas, dans toutes les réunions nocturnes, ces prudents fauteurs de l'émeute, quoique nous ayons eu, parmi eux, d'invisibles surveillants. Le récit de leurs discours serait sans intérêt. Ce n'étaient que les éternelles redites des péroreurs de carrefours. Il suffira d'en connaître les principaux résumés. Les placards qui les donnaient s'étalaient, à la pointe du jour, sur les murs de Paris.

Le grand citoyen Victor Hugo était pour les émeutiers l'écrivain par excellence, et c'est sans aucun doute pour leur conserver plus sûrement le rédacteur de leurs pompeuses proclamations, pour éviter tout trouble possible dans ses inspirations, qu'il se tenait, avec autant de précaution, éloigné du danger. Tout en appelant les ouvriers aux armes, il se gardait bien lui-même de changer sa plume pour un fusil. On attribuait au grand poète le factum suivant :

« Vive la République !
« Vive la Constitution !
« Vive le suffrage universel !
« Louis-Napoléon est un traître !
« Il a violé la Constitution !
« Il s'est mis hors la loi !

« Les représentants républicains rappellent au peuple et à l'armée l'article 68 et l'article 110, ainsi conçus :

« L'Assemblée constituante confie la défense de la présente Constitution et les droits qu'elle consacre à la garde et au patriotisme de tous les Français.

« Le peuple, désormais, est à jamais en possession du suffrage universel, il n'a besoin d'aucun prince pour le lui rendre, et châtiera le rebelle ; que le peuple fasse son devoir ! Les représentants marcheront à sa tête.

« Michel de Bourges, Schœlcher, le général Laydet, Mathieu de la Drôme, Brives, Brémond, Joigneaux, Chauffour, Cassal, Gillaud, Jules Favre, Victor Hugo, Emmanuel Arago, Madier de Montjau aîné, Mathé, Signart, Rongeat de l'Isère, Viguier, Eugène Sue, Esquiros, Deflotte.

« Esquiros est mort sur la barricade au faubourg Saint-Antoine. »

Esquiros n'était pas mort sur une barricade, pas plus que le général Cavaignac dont un empressé républicain, témoin prétendu oculaire, venait d'annoncer l'assassinat : toujours la même sincérité dans les informations.

Après ce factum venait celui-ci, remarquable également par son éloquence toute révolutionnaire :

« Peuple,

« Le neveu du meurtrier de la première République, l'homme que dans ta simplicité tu avais revêtu de la suprême magistrature, vient de commettre un crime de haute trahison.

« Peuple de Février, qui ne veux plus de maître, à toi d'infliger au nouveau dictateur le châtiment qu'il mérite...

« En vertu d'un décret de l'Assemblée nationale, Louis-Napoléon Bonaparte est mis hors la loi.

« On traque, on emprisonne, on égorge les représentants ; et de farouches soudards, payés avec l'or des cosaques, sont prêts à mitrailler les enfants de Paris.

« Aux armes!! aux barricades!!! Les comités des *Proscrits* et *central de résistance* sont à leur poste, attendant le concours de leurs frères.

« Aux armes! aux armes!! aux armes!!! mort aux ennemis de la République.

« Pour le comité central de résistance, pour la Société des Proscrits.

« L. M. Guérin, J. Clédat. »

Puis on lisait encore cette nouvelle à sensation que ses propagateurs savaient bien être absolument inexacte :

« Habitants de Paris,

« Les gardes nationales et le peuple des départements marchent sur Paris pour vous aider à saisir le traître Louis-Napoléon Bonaparte.
« Pour les représentants du peuple.

« Victor Hugo, président,
« Schœlcher, secrétaire. »

Les variantes ne manquaient pas ; le morceau oratoire suivant était à la fois placardé et distribué :

« Au peuple,

« La Constitution est confiée à la garde et au patriotisme des citoyens français.
« Louis-Napoléon Bonaparte est mis hors la loi.
« L'état de siège est aboli.
« Le suffrage universel est rétabli.
« Vive la République ! aux armes !
« Pour la Montagne réunie,

« *Le Délégué*, Victor Hugo. »

L'armée ne pouvait être oubliée dans ces éloquents appels à la révolte ; on lui adressait la proclamation suivante :

« A l'armée,

« Soldats ! qu'allez-vous faire ? On vous égare et on vous trompe.

« Vos plus illustres chefs sont jetés dans les fers ; la souveraineté nationale est brisée, sa représentation outragée, violée. Et vous allez suivre sur le chemin de l'opprobre et de la trahison un tas d'hommes perdus, un Louis-Napoléon, qui souille son grand nom par le plus odieux des crimes ; un Saint Arnaud, escroc, faussaire, six fois chassé de l'armée pour ses filouteries et pour ses vices. Soldats, tournerez-vous contre la patrie ces armes qu'elle vous a confiées pour sa défense? Soldats, la désobéissance est aujourd'hui le plus sacré des devoirs. Soldats, unissez-vous au peuple pour sauver la Patrie et la République.

« A bas l'usurpateur !

« Vos magistrats, vos représentants, vos concitoyens, vos frères, vos mères et vos sœurs vous demanderont compte du sang versé. »

Enfin, on s'adressait aux travailleurs, comme si ceux-là qui vivent du fruit de leur journée avaient autre chose à gagner dans toutes ces saturnales démagogiques que le contestable honneur de servir, au péril de leur vie, de marchepied aux quelques ambitieux qui les exploitent.

A ces travailleurs qu'on s'efforçait de tromper on disait :

« Aux travailleurs,

« Citoyens et compagnons,

« Le pacte solennel est brisé.

« Une minorité royaliste, de concert avec Louis-Napoléon, a violé la Constitution le 31 mai 1850.

« Malgré la grandeur de cet outrage, nous attendions, pour en obtenir l'éclatante réparation, l'élection générale de 1852.

« Mais, hier celui qui fut le Président de la République a effacé cette date solennelle.

« Sous prétexte de restituer au peuple un droit que nul ne peut lui ravir, il veut en réalité le placer sous une dictature militaire.

« Citoyens et compagnons !

« Louis-Napoléon s'est mis hors la loi ! La majorité de l'Assemblée, cette majorité qui a porté la main sur le suffrage universel, est dissoute.

« Seule la minorité garde une autorité légitime. Rallions-nous autour de cette minorité. Volons à la délivrance des républicains prisonniers ; réunissons au milieu de nous les représentants fidèles au suffrage universel, faisons-leur un rempart de nos poitrines ; que nos délégués viennent grossir leurs rangs et forment avec eux le noyau de la nouvelle Assemblée nationale !

« Alors réunis au nom de la Constitution, sous l'inspiration de notre dogme fondamental, Liberté-Fraternité-Égalité, à l'ombre du drapeau populaire, nous aurons facilement raison du nouveau César et de ses prétoriens !

« Le comité central des corporations.

« *P. S.* — La ville de Reims est au pouvoir du peuple, elle va envoyer à Paris, au milieu de ses patriotiques phalanges, ses délégués à la nouvelle Assemblée.

« Les républicains proscrits reviennent dans nos murs seconder l'effort populaire. »

La ville de Reims n'était pas au pouvoir du peuple. Un mensonge de plus ou de moins, on n'en était pas à cela près.

Finissons-en avec ces tristes évocations par un échantillon de poésie qui se lisait sur tous les murs; il était ainsi conçu :

« Courage, citoyens!
Un peuple ne peut pas sans être en décadence
Perdre ses libertés et son indépendance.
Avec des soldats ivres et des proscriptions
On a pu quelquefois effrayer des nations.
Jamais la tyrannie et d'indignes entraves
Ne parviendront chez nous à faire des esclaves. »

Il faudrait un volume pour reproduire tous les morceaux d'éloquence qu'avaient enfantés ces imaginations en délire, sans compter les mensonges et les impostures.

En face de ces appels à l'émeute, on lisait l'arrêté que j'avais fait afficher le 4 à six heures du matin; il était un dernier avertissement aux gens égarés, et, en tous cas, une invitation nécessaire aux indifférents de ne point venir, au péril de leur vie, grossir les rassemblements par leur présence.

Cet arrêté était ainsi conçu :

« Habitants de Paris,

« Comme nous, vous voulez l'ordre et la paix;

comme nous, vous êtes impatients d'en finir avec cette poignée de factieux qui lèvent depuis hier le drapeau de l'insurrection.

« Partout, notre courageuse et intrépide armée les a culbutés et vaincus.

« Le peuple est resté sourd à leurs provocations.

« Il est des mesures néanmoins que la sûreté publique commande.

« L'état de siège est décrété.

« Le moment est venu d'en appliquer les conséquences rigoureuses.

« Usant des pouvoirs qu'il nous donne,

« Nous, Préfet de police,

Arrêtons :

« Art. 1er. La circulation est interdite à toute voiture publique ou bourgeoise. Il n'y aura d'exception qu'en faveur de celles qui servent à l'alimentation de Paris, au transport des matériaux.

« Les stationnements des piétons sur la voie publique et la formation des groupes seront, *sans sommations,* dispersés par les armes.

« Que les citoyens paisibles restent à leur logis. Il y aurait péril sérieux à contrevenir aux dispositions arrêtées.

« Fait à Paris, le 4 décembre 1851.

« *Le Préfet de police,*
« de Maupas. »

La police, au début de cette matinée, était principalement occupée à arracher les placards séditieux là où elle était en force ; mais, sur certains points, ils étaient protégés par des groupes armés, et il fallait attendre la troupe pour agir. Dans les quartiers où se portait la foule, la lecture de ces placards était faite à haute voix et chaque phrase était suivie des acclamations les plus significatives.

Aucun moyen d'excitation n'était négligé. Le flot de la résistance montait à vue d'œil ; il montait d'autant plus librement que l'autorité militaire ayant résolu de « livrer, jusqu'à dix heures, Paris aux insurgés », ils pouvaient, à leur aise, se préparer, se compter, s'organiser et choisir leurs positions. L'action elle-même de la police perdait de son efficacité ordinaire.

N'ayant pas réussi à faire modifier les résolutions de l'autorité militaire, j'avais dû nécessairement régler ma conduite sur la sienne. Je dis nécessairement, en insistant sur la portée du mot.

Dans des circonstances ordinaires, en effet, quand il surgit, au sein du gouvernement, une dissidence marquée sur de graves sujets, l'accord n'est le plus souvent possible que par la retraite de l'une ou de l'autre des parties. La minorité se retire et l'unité de vues se rétablit par l'adjonction de nouveaux collaborateurs partageant le sentiment de la majorité des membres du gouvernement. Si cette doctrine est la loi des gouvernements parlementaires, elle s'impose également, au nom de la logique, aux pouvoirs qui ne reposent qu'entre les mains d'un petit nombre d'hommes, à moins que des circonstances absolument exceptionnelles créent des situations qui dominent toutes les volontés. La gravité des événements engagés à cette date du 3 décembre était, au premier chef, une de ces circonstances majeures qui devaient faire taire les susceptibilités les plus légitimes. Pouvais-je, en face de la dissidence qui se produisait entre l'autorité militaire et moi, faire disparaître le conflit par ma démission? Je ne le devais pas; honnêtement, je ne le pouvais pas. Depuis plus d'un mois, j'avais accumulé tous les éléments de cette grande entreprise et j'avais, par prudence, confié seulement à ma mémoire la plus notable partie des informations nécessaires à la direction de toutes choses. Qu'eût fait, en prenant ma place, un successeur étranger aux machinations de nos ennemis, à leur organisation, à leurs secrets desseins? En de pareils moments, la transmission de la fonction de préfet de police peut être considérée comme une impossibilité; elle ne pourrait s'effectuer, en cas de force majeure, qu'au plus grave préjudice du gouvernement. Telle était ma conviction. Je n'avais point songé à me retirer ; j'avais cru de mon devoir de m'associer, au contraire, à la responsabilité dont on m'imposait la charge. J'étais soutenu, du reste, dans le sacrifice relatif de mon opinion par cette considération, que si mon système était de beaucoup préférable à celui de l'autorité militaire, celui-ci conduisait également, par d'autres moyens, au succès. Je conservais en outre l'espoir que je réussirais, par mes avertissements et par mon insistance, à éclairer ceux des membres du gouvernement qui péchaient par excès de quiétude, et à les amener à des mesures efficaces. Mon intervention, dans ces conditions, ne pouvait être qu'uncontrepoids salutaire.

Étant donné, comme nous l'avons dit, que les troupes se retireraient jusqu'à dix heures du matin, mes agents ne pouvaient, livrés à eux-mêmes, tenir tête au soulèvement qui envahissait le centre de Paris. Il eût été insensé d'exiger d'eux l'attaque de barricades établies si solidement que l'artillerie seule pourrait en avoir raison. Il eût été inhumain de demander ainsi, en pure perte, à ces courageux serviteurs, le sacrifice de leur vie. Un pareil effort n'eût eu d'autre effet que de donner à nos ennemis le dangereux encouragement d'un premier succès.

Mes ordres étaient ceux-ci : « Se porter sur les points où un attroupement est signalé ; le dissiper si on est en force ; arrêter les meneurs si on est certain de pouvoir les conserver. En cas d'insuffisance de forces en face de rassemblements trop nombreux et armés, se replier sans engager la lutte et signaler simultanément au commandant en chef de l'armée de Paris et au préfet de police les points occupés par l'émeute. Arracher les placards séditieux et arrêter tous les péroreurs de carrefour. »

Mais l'ardeur de nos agents était telle que sur plusieurs points, ne pouvant se résigner à la retraite, ils avaient témérairement engagé la lutte. C'est ainsi que, de la porte Saint-Denis, le commissaire de police Bellanger m'adressait le rapport suivant :

« Porte Saint-Denis, 4 décembre 10 h. 50 m. matin.

« Je viens d'être l'objet d'une attaque personnelle lorsque je voulais dissiper un rassemblement ; j'ai besoin d'un renfort de quarante sergents de ville. Mon écharpe a été déchirée, je n'ai pas été blessé.

« Bellanger. »

Je recevais plus de cinquante rapports analogues ; mais ce n'étaient pas des sergents de ville, c'étaient des régiments qu'il fallait faire avancer, et, en attendant leur arrivée, les pourvoyeurs d'insurrection s'en donnaient à leur aise.

Parmi les procédés d'agitation que mettaient en œuvre les orateurs en plein vent, celui dont ils tiraient le meilleur parti pour leur cause était la critique du décret du 2 décembre relatif à la forme du vote à intervenir sur le plébiscite. Ce décret introduisait en effet une modification considérable dans les coutumes du pays. Le vote secret, par bulletin individuel, avait seul été pratiqué depuis de longues années ; il l'avait été sous la République de 1848, sous le gouvernement de juillet, et sous la Restauration. C'était la tradition des générations vivantes, et il fallait remonter au commencement du siècle pour trouver des précédents du vote, par registres, qu'avait voulu rajeunir le ministre de l'intérieur.

Ce mode nouveau était celui-ci : Dans chaque mairie, dans chaque régiment pour l'armée, devaient être ouverts deux registres, l'un d'acceptation, l'autre de non-acceptation du plébiscite. Ces registres devaient rester ouverts durant huit jours et les électeurs étaient appelés à consigner, ou à faire consigner dans le cas où ils ne sauraient pas écrire, leur vote sur l'un de ces registres, avec mention de leur nom et prénoms.

M. de Morny avait eu là une fatale inspiration. Le sentiment du pays était assez certain pour qu'on se fiât au verdict qu'il rendrait dans sa complète indépendance. Cette pression, maladroitement transparente, heurtait gratuitement le sentiment public, et les gens les plus modérés eux-mêmes s'élevaient avec vivacité contre cette exigence du pouvoir. Dans l'armée, le mécontentement était extrême ; officiers et soldats exprimaient très haut le froissement que leur inspirait cette sorte d'inquisition qu'on voulait faire peser sur leurs suffrages.

Ce décret intempestif créait une difficulté qui prenait de très graves proportions. De tous les points de Paris, commissaires et agents des divers services me signalaient l'effet désastreux produit par cette mesure. Je me faisais, à mon tour, l'écho de ces plaintes près du gouvernement, en demandant instamment que le décret fût rapporté et qu'on en revînt au vote secret par bulletin individuel ; il y avait urgence et nécessité. Les organisateurs d'attroupements et d'émeute avaient donc là, nous le répétons, un thème précieux pour leurs déclamations ; ils réussissaient, en l'exploitant, à créer une vive excitation et à augmenter le nombre de leurs adhérents.

Mais si les agitateurs avaient eu ainsi la fortune

heureuse de recevoir, du gouvernement lui-même, un texte à leurs récriminations, que d'autres moyens moins avouables n'employaient-ils pas pour égarer l'opinion publique ! Ce qui se débitait dans ces discours en plein vent, c'étaient surtout ces mille faux bruits, dont nous parlions plus haut, inventés pour exciter les indifférents et donner confiance aux timides.

Que ne disait-on pas? Un homme essoufflé fendait la foule, arrivait de Rouen, affirmait-il, et annonçait qu'il avait vu la garnison fraternisant avec le peuple et se portant sur Paris pour soutenir l'insurrection. Lyon et Marseille, s'écriait un autre, étaient au pouvoir de l'émeute, et les troupes y avaient proclamé la déchéance de Louis-Napoléon. Les généraux Bedeau, Lamoricière et Changarnier, disait un autre encore, avaient été délivrés, ils étaient au faubourg Saint-Antoine, et déjà acclamés par les quelques postes devant lesquels ils s'étaient présentés; ils allaient se porter au-devant des troupes ; l'effet magique de leur présence allait entraîner l'armée. Le général Neumayer, ajoutait-on, marchait sur Paris à la tête de vingt mille hommes, on l'attendait dans la soirée. Et quels cris, quels hourrahs, quels hurlements frénétiques n'accueillaient pas toutes ces billevesées!

Là où les habits noirs dominaient, on ajoutait à ces heureuses nouvelles quelques mots d'encouragement, tantôt à l'adresse des orléanistes, tantôt à celle des légitimistes, car les deux partis comptaient dans cette multitude quelques-uns de leurs enfants perdus.

Aux orléanistes on disait que les princes d'Orléans venaient de débarquer à Cherbourg et que les troupes s'étaient immédiatement placées sous leur commandement.

Aux légitimistes on contait encore une plus séduisante histoire. M. le comte de Chambord, leur affirmait-on, était aux portes de Paris; il allait y faire son entrée. Pour dérouter toute surveillance et ne pas être reconnu, il arrivait sous l'uniforme de simple soldat dans le 12° régiment de dragons.

Montrons, en passant, à quels jeux d'esprit on se livrait au ministère de l'intérieur dans ces graves moments. Le ministère n'avait, sous ses ordres directs, qu'un très petit nombre d'agents ; encore étaient-ils peu expérimentés et privés de moyens efficaces d'information. Il n'était donc renseigné, sur la marche des événements et sur les bruits mis en circulation, que par ce que lui en apprenait la Préfecture de police. Je lui transmettais très exactement, en substance, les nouvelles importantes ; mais ces révélations sommaires ne paraissaient pas lui suffire. Je ne pouvais cependant prendre, pour répondre à ses continuelles interrogations, un temps absorbé par des obligations plus impérieuses, et notamment par les ordres incessants à donner aux agents qui se succédaient dans mon cabinet. Il eût fallu des heures pour suffire aux demandes faites par le ministre de l'intérieur ou ses sous-ordres, qui se permettaient trop souvent de m'adresser, sans y être autorisés, des dépêches en son nom. De temps en temps, je faisais comprendre, par mes réponses, mon désir de voir moins fréquentes les questions et les recommandations inutiles. Je le fis une fois sous une forme qui n'a pas paru plaire au ministre de l'intérieur. Je le jugeai ainsi par ce fait, qu'il fit livrer à la publicité une de ces dépêches, en essayant de lui donner l'apparence d'une communication sérieuse, quand il est surabondamment visible qu'elle n'avait d'autre but que d'accentuer ma lassitude d'avoir à répondre à des questions par trop multipliées.

On va en juger par cette dépêche, à laquelle il convient d'ajouter le résumé de celles qui la précèdent ; elles forment son encadrement significatif qu'on s'est bien gardé de donner :

Le 4 décembre, de huit heures à dix heures du matin, j'avais reçu, du ministère de l'intérieur, neuf dépêches variant entre ces diverses rédactions :

« Avez-vous des nouvelles ? — Que se passe-t-il ? — On demande des nouvelles. »

A ces dépêches je faisais alternativement l'une des réponses suivantes : « Même situation. — Rien de nouveau. — Je veille. » Aucune modification sensible ne survenait en effet dans la situation. J'en avais résumé tous les aspects dans un rapport détaillé adressé, à six heures du matin, ce même jour 4 décembre, à l'Élysée, aux ministres de la guerre, de l'intérieur et au général Magnan. Étant donné qu'on avait laissé le champ libre à l'émeute, les choses suivaient leur cours naturel et le télégraphe n'eût pas suffi à raconter au ministre les mille épisodes qui se succédaient ; ils n'offraient d'ailleurs qu'un intérêt de détail, et ne devaient peser en rien sur les résolutions à prendre.

A dix heures quinze minutes, je recevais la dépêche suivante :

« *Ministre de l'intérieur à Préfet de police.*

« Le ministre se plaint de ce que l'on ne donne pas de réponses à ce qu'il demande ; il faudrait les donner exactement. Y a-t-il quelque chose de nouveau ? »

C'est à cette dixième dépêche, *non signée*, que, manquant de patience, je répondais par la dépêche dont j'ai parlé plus haut, laquelle reproduisait un des nombreux faux bruits colportés sur les boulevards. En voici le texte : « On prétend que le 12ᵉ dragons, qui va arriver ce soir de Saint-Germain, compte dans ses rangs, comme soldat, le comte de Chambord. *J'y crois peu.* » « Et moi, je n'y crois pas, » disait plus ou moins spirituellement dans une dépêche, *non signée*, le ministre ou plus probablement l'un de ses sous-ordres. Est-il besoin de dire que, pour qui sait comprendre la valeur des mots, les termes : « J'y crois peu » de ma dépêche voulaient absolument dire : « Je n'y crois aucunement. » J'aurais pu, à coup sûr, le faire remarquer au ministre ; mais l'heure était aux paroles sérieuses, et je me bornai à tirer de cet incident le profit qu'il m'importait d'y trouver. Je fus débarrassé, pour quelques heures, des questions oiseuses du ministère de l'intérieur.

Le ministre, s'il était l'auteur de la dernière dépêche, eût été dans son tort en cherchant à plaisanter ainsi au sujet de cette fausse nouvelle. L'une de ses préoccupations les plus constantes, en effet, était de démentir les fausses nouvelles, même les plus invraisemblables, et il me demandait incessamment de lui signaler « *tous les faux bruits* » qui viendraient à ma connaissance. Celui qui était relatif à M. le comte de Chambord pouvait prendre place à côté de celui qui concernait l'arrivée du général Neumayer à la tête d'une armée en révolte, de l'assassinat du général Bedeau et de tant d'autres au sujet desquels je lui avais précédemment écrit, en lui signalant l'invraisemblance de ces inventions comme je l'avais fait à l'occasion de la dépêche relative à M. le comte de Chambord. Pour savoir avec quelle insistance M. de Morny s'attachait à démentir les bruits, même les moins sérieux, mis en circulation, il faut se reporter aux journaux du temps inspirés par le ministre de l'intérieur, notamment au journal *le Constitutionnel* du 4 décembre.

Et à ces questions réitérées s'ajoutaient une série d'instructions portant souvent à faux, se rattachant à des incidents terminés. Puis venait la série des nouvelles, ou inexactes, ou déjà connues de vieille date. Ce désir de se mêler, à tout prix, aux détails d'une administration qu'il ne connaisssait en aucune façon conduisait ainsi le ministre de l'intérieur à d'inopportunes ingérences dans un service qui n'avait qu'à gagner à être laissé à lui-même. N'en citons que quelques exemples, et donnons simplement les dépêches télégraphiques sans commentaires.

« *Ministre de l'intérieur à Préfet de police.*

« 3 décembre, 4 heures soir.

« On me signale l'enterrement de Baudin comme devant être, demain, l'objet d'une manifestation de la 3ᵉ légion. Les obsèques auront lieu à l'église Bonne-Nouvelle.

« de Morny. »

« *Préfet de police à Ministre de l'intérieur.*

« 3 décembre, 4 h. 15 m. soir.

« Baudin est enterré depuis longtemps; nous avions pris les précautions nécessaires pour prévenir tout désordre. Cent dix individus seulement assistaient aux obsèques.

« de Maupas. »

Au sujet des cadavres dont quelques insurgés s'étaient emparés, je recevais la dépêche suivante :

« *Ministre de l'intérieur à Préfet de police.*

« 4 décembre.

« Faites retirer des cadavres qui sont à l'heure qu'il est dans la cité Bergère.

« de Morny. »

« *Préfet de police à Ministre de l'intérieur.*

« 4 décembre.

« Je crois qu'en général les renseignements qui vous parviennent ne sont pas d'une exactitude complète, les cadavres sont depuis longtemps enlevés par mes ordres.

« de Maupas. »

Ces dépêches ne paraissent pas avoir été confiées par M. de Morny à ses historiographes, ou tout au moins ils n'ont pas jugé à propos de les publier ; elles eussent eu cependant, sur les leurs, l'avantage de l'exactitude et de l'authenticité.

Il faut dire que si, parmi ces innombrables faux bruits qu'on livrait à la crédulité de la partie séditieuse de la population, la plupart ne réussissaient point à surprendre sa confiance, il en était quelques-uns qui étaient acceptés comme exacts. La défection de l'armée, le secours de la province et surtout le concours de la garde nationale étaient des espérances généralement caressées.

Et en effet, l'attitude de la garde nationale était, sur divers points, de nature à encourager ces illusions. Plusieurs de ses officiers se prononçaient ouvertement en faveur de la résistance et usaient de leur autorité pour entraîner leurs hommes. Ceux qui répondaient à cet appel étaient en fort petit nombre, il est vrai, mais leur présence faisait prendre patience, et on s'attendait, à chaque instant, à voir se reproduire cette intervention de la milice citoyenne qui, en 1830 et 1848, avait eu les honneurs du renversement de deux monarchies.

Pour activer la prise d'armes du soldat bourgeois, on en arrivait aux visites à domicile, et, dans les quartiers envahis par l'émeute, on obtenait au moins de ceux qui s'excusaient de ne pouvoir descendre dans la rue la remise de leurs armes. Beaucoup de gardes nationaux même n'attendaient pas qu'on vînt les leur demander; ils les apportaient aux insurgés ou les leur envoyaient par leurs femmes et leurs enfants. Comme en d'autres temps, et pour conserver les bonnes traditions, on écrivait, en gros caractères sur la porte, « *armes données*, » et la maison se trouvait ainsi un peu plus à l'abri du pillage que celle du voisin.

Cette investigation n'avait pas été sans résultats, et, dans cette matinée du 4 décembre, les insurgés avaient réussi à augmenter considérablement le nombre des armes dont ils disposaient déjà. Chacun apportait ainsi sa pierre à l'édifice, les uns en quêtant des armes, les autres en travaillant avec ardeur aux barricades. Ces derniers surtout avaient fait preuve d'un zèle et d'une aptitude dignes d'une meilleure cause. En moins de deux heures, tout un quartier était hérissé de retranchements combinés avec une véritable science. Dans les rues principales, là où on devait recevoir le premier choc de la troupe, les barricades étaient formidables et atteignaient la hauteur du deuxième étage. Elles offraient une telle épaisseur qu'on était, derrière elles, à l'abri des feux de l'artillerie pour un certain temps, et que quelques hommes suffisaient pour arrêter des régiments entiers. Les plus considérables étaient celles du boulevard Saint-Denis et du boulevard Saint-Martin, de la rue du Petit-Carreau, de la rue Montorgueil et de la rue de Rambuteau.

Au coin de la rue de Rambuteau notamment, les

ouvrages de l'insurrection avaient été établis avec un art tout militaire. Quatre barricades épaisses se reliaient entre elles et occupaient un large carrefour ; les maisons qui les dominaient étaient remplies d'insurgés, et les fenêtres soigneusement matelassées permettaient de faire feu, sans trop de péril, sur les assaillants. Il en était de même à la rue du Petit-Carreau qui ne comptait pas moins de six barricades. Puis, après ces principaux ouvrages, venaient ceux de second ordre qui occupaient les rues avoisinant les grandes voies de circulation ; il y en avait rue Tiquetonne, rue des Jeûneurs, et dans les aboutissants de la rue Montmartre ; il y en avait surtout dans le centre des quartiers Saint-Martin et Saint-Denis, dans les rues Transnonain, Beaubourg, Volta, Aumaire, Greneta, des Gravilliers, au Cloître-Saint-Merry, puis dans la rue du Temple et dans tout le labyrinthe qui relie la rue du Temple aux rues Saint-Martin et Saint-Denis.

En dehors de ce quartier central, l'émeute avait encore fortifié d'autres positions. De l'aveu des experts en guerre civile, aucune insurrection n'avait encore été si solidement et si scientifiquement préparée. Mais rappelons aussi qu'on n'avait jamais employé le système d'attente et d'observation que l'autorité militaire venait d'adopter.

Quinze heures sans troupes sur la voie publique ! sans troupes même dans les postes quotidiennement occupés ! Quelle marge n'était-ce pas là pour l'émeute ! Elle en avait amplement profité et, nous l'avons dit, faute d'un appui armé, nos agents étaient condamnés à une inaction relative ; ils ne pouvaient être qu'une gêne pour les insurgés ; ils étaient impuissants à devenir un obstacle. L'insurrection avait à peu près le champ libre.

Ce n'est pas impunément qu'on permet à ces bandits des mauvais jours de respirer un instant sans inquiétude. Les moments qu'on leur abandonne sont, pour les honnêtes gens, des moments de douleurs et d'épreuves. Dans les rues occupées par la lie révolutionnaire, tous les excès avaient été commis, les maisons pillées, les meubles jetés par les fenêtres pour aider aux barricades, et les gens paisibles cruellement maltraités. L'un des notables habitants du quartier, qui avait résisté à la spoliation de sa demeure, avait été attaché vivant à une roue d'omnibus sur la partie d'une barricade par laquelle on supposait que devait commencer l'attaque de la troupe. Pour toute la région envahie ces heures avaient été des heures de deuil et d'épouvante.

Je le répète encore, voilà ce que je voulais éviter à tout prix. Le pouvait-on ? On l'eût contesté le 3 au soir, à coup sûr, on l'eût nié avec plus d'apparence de raison dans la matinée du 4 en voyant, à son apogée, le déchaînement de l'émeute ; mais, je n'hésite pas à affirmer qu'en s'y prenant plus énergiquement dès le début de la journée du 3, on pouvait sinon tout empêcher, au moins réduire aux plus minimes et infructueuses tentatives cette insurrection qui allait prendre de si grandes proportions.

CHAPITRE XXII

LA JOURNÉE DU 4 DÉCEMBRE

Les retards. — Dépêches télégraphiques du préfet de police. — L'armée de Paris sort de ses casernes. — Le mouvement convergent des divisions Carrelet et Levasseur. — Marche du général de Courtigis. — Tactique des insurgés sur la rive gauche. — Retraite des troupes de la Cité. — Attaque de la Préfecture de police. — Un incident à l'heure du combat. — Nouvelles dépêches télégraphiques du préfet de police. — Les fausses dépêches de MM. Victor Hugo et Véron. — Les troupes rentrent dans leurs casernes. — Les nouvelles barricades. — Les conciliabules de la nuit et leur mot d'ordre. — Le conseil du colonel Fleury. — La mission du général Rollin. — Apaisement et contre-ordre.

Nous touchons enfin à l'heure où les fautes commises par l'autorité militaire devaient être vaillamment réparées. Chefs et soldats allaient rivaliser de dévouement et de courage. L'armée de l'ordre allait écraser les bandes de l'anarchie.

Nous ne pouvons toutefois nous dispenser de montrer, une fois de plus, l'extrême difficulté que rencontrait l'autorité civile pour obtenir la mise en mouvement des troupes. Aux termes des deux lettres adressées par le général Magnan au préfet de police, lettres que nous avons citées dans l'un de nos précédents chapitres, les troupes devaient être sur pied et occuper leurs positions de combat à dix heures du matin.

A dix heures du matin, pas un régiment, pas un soldat n'avaient paru.

A onze heures, à midi même, nulle apparence de prise d'armes par la troupe.

A midi et demi, j'adressais la dépêche suivante :

« *Préfet de police à Président de la République, Ministre de la guerre, Ministre de l'intérieur et Général Magnan,*

« 4 décembre, midi 30 m.

« Les barricades augmentent à vue d'œil, l'insurrection n'avait point, depuis trois jours, pris autant de développement et d'importance qu'elle en a dans ce moment. Les insurgés sont maîtres de la porte Saint-Denis, de la rue Greneta, du carré Saint-Martin et des points adjacents. Une barricade, sur le boulevard, atteint la hauteur du deuxième étage. L'heure de la répression a sonné. Il n'y a pas de troupes, ou ce qu'il y a est insuffisant.

« Je crois, à n'en pas douter, qu'un plan d'attaque contre la Préfecture de police sera mis cette nuit à exécution. C'est de ce côté que se dirigeront les efforts de l'insurrection. *Nous sommes prêts, solides et résolus* (1).

« Les barricades gagnent du terrain, elles arrivent déjà jusqu'au quartier Montorgueil.

« de MAUPAS. »

(1) Dans son *Histoire d'un Crime*, M. Victor Hugo nous révèle le fonds que faisaient les insurgés sur cette attaque de la

Ce ne fut qu'à une heure et demie que l'armée de Paris quitta ses casernes, et à deux heures seulement qu'elle commença l'attaque. Mais si l'attente avait été longue, quel admirable spectacle ne devait pas nous donner le déploiement de cette vaillante armée ! Quelle tenue ! quelle discipline, quelle solidité ! Quels généraux résolus pour la commander, quels officiers intrépides pour la mener au feu ! Et, nous ne saurions trop le redire encore, car nos dissidences n'altéraient ni l'affection, ni l'estime, quels chefs avait cette armée dans les généraux Saint Arnaud et Magnan ! Leur courage, leur habileté militaire étaient connus de chaque soldat. Chacun savait qu'on ne reculerait pas, qu'on ne transigerait pas ; nul ne redoutait d'être, comme en 1830 et en 1848, désavoué dans son effort, abandonné dans le combat et livré à l'outrage de ceux qu'on venait de mitrailler. L'armée allait au feu avec confiance.

A peine la tête de colonne était-elle en vue de la barricade qui tenait la largeur du boulevard entre le Gymnase et la porte Saint-Denis, qu'une formidable décharge était dirigée sur la troupe et particulièrement sur le général Carrelet qui se trouvait à sa tête. Son ordonnance tombait à ses côtés et deux de

---

Préfecture de police. A propos d'un prétendu décret du comité de permanence de l'émeute, il s'exprime ainsi : « Le représentant Duputz reçut quelques heures plus tard de nos mains ampliation du décret, avec mission de le porter lui-même à la Conciergerie dès que le coup de main que nous préméditions sur la Préfecture de police et l'Hôtel de ville aurait réussi. Malheureusement ce coup de main manqua. »

ses hommes étaient mortellement atteints près de lui. Mais le brave général restait impassible sous le feu des insurgés et continuait du geste et de la voix à soutenir les courages. Après un feu nourri de mousqueterie, nos soldats s'élançaient au pas de course et tentaient d'enlever l'obstacle à la baïonnette ; mais un pareil ouvrage demandait d'autres moyens d'attaque, et l'artillerie était mise en position.

Ce ne fut qu'après avoir été battue longtemps par le canon, que cette première barricade put être de nouveau attaquée par l'infanterie. Elle fut prise, et les insurgés se replièrent, en bon ordre, derrière les autres barricades des boulevards Saint-Denis et Saint-Martin et sur celle de la rue Saint-Denis, préparées à la fois comme lieux de refuge, comme seconde ligne de défense.

Cette barricade de la rue Saint-Denis était plus fortement établie encore que celle qui venait d'être enlevée sur le boulevard. Après les premières décharges échangées, on reconnut que l'attaque à la baïonnette serait extrêmement meurtrière et ne devait point aboutir ; on mit encore l'artillerie en position et quatre canons battirent la barricade. La défense était vigoureuse, mais le moment parut cependant venu de lancer l'infanterie et l'assaut fut confié au 72e de ligne.

Le colonel Quilico n'avait voulu laisser à aucun de ses officiers l'honneur de mener ses soldats au combat. Il marchait en tête de la colonne d'assaut. A la première décharge, et au pied même de la barricade, alors qu'il allait la franchir, il tombait grièvement blessé. Le lieutenant-colonel s'élançait à son tour avec ses hommes pour venger son chef; lui aussi était frappé; il tombait mort près du brave général de Cotte qui avait, au même moment, son cheval tué sous lui. De pareils exemples donnés par les chefs avaient fanatisé les soldats. Sous une grêle de balles, le 72ᵉ se précipitait sur la barricade et réussissait enfin à en déloger les insurgés qui se repliaient encore sur les ouvrages construits à peu de distance dans cette même rue Saint-Denis et dans les rues adjacentes.

Pendant ce temps, le général Canrobert attaquait, à la tête de sa brigade, les barricades formées aux alentours de la porte Saint-Martin; il trouvait là même résistance, même opiniâtreté chez les insurgés; mais il trouvait aussi le même élan dans ses troupes auxquelles, selon sa coutume, il donnait le plus noble exemple. Tous les obstacles étaient enlevés à la baïonnette.

Le général Bourgon avait eu, lui aussi, de rudes combats à livrer, d'abord pour atteindre la rue du Temple, ensuite, dans cette rue elle-même qu'il devait suivre jusqu'à la rencontre de la rue Rambuteau.

Le mouvement de la division Carrelet était appuyé par une masse importante de cavalerie sous les ordres du général Reybell; il était accompagné de plusieurs batteries d'artillerie et longeait les boulevards où il chargeait les rassemblements.

Sur le boulevard Montmartre, à la hauteur des magasins du *Prophète* et de la maison *Sallandrouze*, des coups de feu avaient été tirés des fenêtres sur la troupe, la troupe avait riposté et une véritable fusillade s'était ainsi engagée. Il eût été périlleux de laisser sans une répression sévère cette agression qui n'eût pas tardé à trouver des imitateurs. L'autorité militaire le comprit et deux canons ouvrirent leur feu sur les maisons d'où était partie la fusillade. Quelques-uns des insurgés furent tués et le feu des fenêtres fut éteint.

On a cherché à faire grand bruit de cet incident. Rien n'est plus simple que ce qui s'est produit. La troupe attaquée s'est défendue avec ses moyens naturels de défense, et, au lieu de laisser s'éterniser une lutte qui eût augmenté des deux côtés le nombre des victimes, elle a coupé court à l'attaque, et a sagement agi, agi selon les règles les plus élémentaires de la guerre.

Le plan du général Magnan était d'opérer un mouvement convergent à l'aide des deux divisions Carrelet et Levasseur et d'enfermer ainsi l'émeute dans un cercle de fer. C'est pour compléter ce résultat qu'au moment où les généraux de Cotte, Canrobert et Bourgon, de la division Carrelet, opéraient par les boulevards, les généraux Dulac, Herbillon et Marülaz, de la division Levasseur, prenaient à revers les insurgés en partant de la pointe Saint-Eustache et de la partie basse des rues Saint-Denis et Saint-Martin.

A la pointe Saint-Eustache et à la rue Rambuteau surtout, la lutte était acharnée. Le colonel de Lourmel y opérait avec le 51e de ligne, et avec plusieurs bataillons des 19e et 43e de ligne appuyés par une batterie d'artillerie. Là encore, la résistance était telle, qu'on eût, sans résultat, sacrifié la vie de nos soldats si on eût tenté d'enlever les barricades sans le secours de l'artillerie. On battait donc d'abord ces solides ouvrages par une vigoureuse canonnade ; puis, officiers en tête, la troupe s'emparait à la baïonnette de tous les points attaqués. De part et d'autre, dans ces rencontres, et à la barricade de la rue Rambuteau surtout, les pertes étaient sensibles.

Au moment où s'effectuaient ces divers mouvements, le général Levasseur attaquait le foyer de l'insurrection. Il était, de sa personne, à la tête d'une première colonne ; le général Herbillon commandait la seconde et, s'appuyant l'un sur l'autre, ils pénétraient ainsi dans les rues étroites des quartiers du Temple et Saint-Martin où ils enlevaient de nombreuses barricades. Le général Marülaz, marchant parallèlement à eux, balayait la rue Saint-Martin et les rues adjacentes où l'artillerie lui frayait un passage à travers les nombreux retranchements qu'y avait établis l'insurrection.

Comme complément, un mouvement habile avait été ordonné par le général Magnan. Le général de Courtigis partait de Vincennes, avec sa brigade, à l'heure où s'ébranlaient les divisions Carrelet et Levasseur ; il descendait lentement le faubourg Saint-Antoine et renversait les barricades qu'il trouvait sur sa route ; il réussissait encore à barrer le passage à un groupe considérable de fuyards qui abandonnaient le foyer principal de l'action pour tenter de se reformer dans les quartiers situés entre la place de la Bastille et la barrière du Trône.

Le plan des insurgés ne se bornait pas à la savante organisation de la résistance dans le centre de Paris, il embrassait la ville entière, les faubourgs et la banlieue. C'est ainsi qu'à la Chapelle-Saint-Denis, les barricades étaient en grand nombre et qu'au faubourg Saint-Antoine elles s'élevaient sur les points principaux.

Sur la rive gauche, le mot d'ordre était de s'en tenir à de simples escarmouches, juste assez pour attirer et occuper les troupes du général Renaud. De cette façon on pouvait, à un moment donné, se précipiter sur les ponts, donner la main à l'insurrection de la rive droite, et s'emparer de la Préfecture de police, du Palais de Justice et de la prison de la Conciergerie, si on ne trouvait pas leurs abords bien gardés (1). Pour se conformer à ce mot d'ordre, des rassemblements nombreux parcouraient le faubourg Saint-Marceau. Quelques coups de feu y étaient tirés çà et là; mais on fuyait à l'approche de la troupe. A la place Maubert, les allures étaient plus belliqueuses; elles le devenaient tout à fait à la rue Dauphine et au carrefour Buci où on édifiait une barricade; mais la résistance y était de courte durée et une compagnie lancée au pas de course en avait facilement raison.

C'est à la faveur de ces diversions qu'un rassemblement armé, d'une certaine importance, avait pu

(1) Dans le plan des insurgés, l'attaque de la Préfecture de police devait avoir lieu pendant la nuit. Mais, au cas de circonstances favorables, on devait hâter ce mouvement. On verra bientôt que c'est à ce dernier parti qu'on s'arrêta.

se former sur le quai aux fleurs sans être inquiété ; c'est celui-là qui devait se porter sur la Préfecture de police, le Palais de Justice et la Conciergerie par le Pont-Neuf et la place Dauphine, et en même temps par la cour de la Sainte-Chapelle.

Les forces qui protégeaient, à ce moment, la Préfecture de police étaient absolument insuffisantes. Elles avaient été réduites dans la soirée du 2 ; c'était inopportun ; mais on les avait réduites encore dans la journée du 4, sous prétexte de la grande prise d'armes ; c'était un déplorable contre-sens. A mesure que croissait la menace, on diminuait les forces quand il eût été nécessaire de les augmenter.

La garde républicaine avait la défense de tous les ponts, le Pont-Neuf excepté ; c'étaient huit ponts à occuper. Elle devait en outre fournir les postes de l'île Saint-Louis et de la Cité, parmi lesquels ceux du Palais de Justice, de la Conciergerie, de la rue de Jérusalem et de la cour de la Sainte-Chapelle. Cet émiettement obligé par la nature des lieux, ainsi que nous avons eu déjà l'occasion de le démontrer, ne laissait que peu d'hommes à chaque position. Quant au Pont-Neuf, il était primitivement défendu, nous l'avons dit, par un bataillon du 6ᵉ léger, et par des canons bien placés pour balayer les deux entrées du pont. Le 2 au soir, on retirait les canons et deux compagnies du 6ᵉ léger. Le 4, au moment le plus aigu de la lutte, on enlevait ce qui restait du 6ᵉ léger, et on ouvrait ainsi, à deux battants, la porte d'entrée de la Cité, celle du Pont-Neuf.

Quelle était la cause de cette malencontreuse mesure? Elle s'explique sans s'excuser. Le 6ᵉ léger faisait partie de la brigade du général Herbillon qui avait son état-major à l'Hôtel de ville et dont toutes les forces étaient massées sur la rive droite. C'est au moment des premières menaces de barricades dans le voisinage de l'Hôtel de ville, que, le 2 décembre, le général, croyant avoir besoin d'une grande partie de son monde, avait retiré deux compagnies du 6ᵉ léger de leur poste du Pont-Neuf. C'est au moment de la grande prise d'armes, le 4 décembre, que le même général, ayant reçu l'ordre de se porter, avec tout son effectif, sur les quartiers Saint-Denis et Saint-Martin, avait appelé à lui le reste du 6ᵉ léger ; il devait le faire sans préoccupation, supposant qu'il serait remplacé par d'autres troupes ; mais le 6ᵉ léger n'était pas remplacé, et le Pont-Neuf restait un instant absolument ouvert.

Ce ne fut qu'en diminuant les autres postes de la Cité que la garde du Pont-Neuf put être reconstituée. Toutefois, en exagérant ainsi leur réduction, ils devenaient de plus en plus insuffisants pour résister à une attaque portée sur un seul point. C'est ainsi que le rassemblement du quai aux Fleurs, profitant habilement de ce changement dans les dispositions prises, se ruait sur le pont Saint-Michel, en forçait le passage et se précipitait, au pas de course, dans la rue de la Barillerie, à l'entrée principale de la Préfecture de police.

L'irruption subite de l'émeute aux abords de la Préfecture, et les décharges de mousqueterie qui l'avaient accompagnée, avaient mis les agents et les employés en éveil. Chacun s'était, en toute hâte, armé de son mieux et se tenait prêt à se défendre jusque sur les marches des escaliers où s'étaient massés déjà quelques sergents de ville.

Ici se place un incident qui ne fut pas sans produire une salutaire impression sur ceux qui en étaient les témoins. Un de mes employés avait reçu de nos agents et m'avait transmis à fréquentes reprises l'avis que l'île de la Cité était environnée par les assaillants. Tout à coup, je le vois entrer, effaré, dans mon cabinet : « Il n'y a pas un instant à perdre, me dit-il, nous sommes enveloppés de toutes parts ; dans moins d'un quart d'heure, la Préfecture sera prise d'assaut; les troupes lui ayant été enlevées, elle est hors d'état de se défendre; vous serez massacrés. Je vous apporte le seul moyen de salut qui vous reste, ce sont les clés d'une porte par laquelle, en une pareille circonstance, l'un de vos prédécesseurs échappa à la mort. Faites d'abord partir Mme de Maupas avec son enfant, madame votre mère et votre jeune sœur ; je vous donnerai un homme sûr pour les guider et les protéger. Quant à moi, je vous accompagnerai et vous pourrez atteindre une maison où vous et les vôtres serez en lieu sûr jusqu'à ce que le plus gros de l'orage soit passé. »

C'était un bon mouvement à coup sûr, qui avait dicté cette démarche ; mais dans les grands périls, un seul sentiment doit animer le cœur de l'homme, celui du devoir, et, dans le poste où j'étais placé, le devoir, c'était la résistance à outrance. Je repoussai, comme je devais le faire, l'offre de mon employé. Il me sera permis de dire ici que Mme de Maupas, ma mère et ma sœur, qui se tenaient dans une pièce voisine de mon cabinet, et auxquelles j'avais dû conseiller de se mettre à l'abri du danger, protestèrent énergiquement et ne voulurent, à aucun prix, se séparer de moi dans ces périlleux instants.

Mais je ne voulais pas que l'esprit de défaillance pût gagner le personnel de la Préfecture au moment où il allait avoir besoin de toute son énergie, et cette préoccupation m'imposait un devoir.

Depuis le matin, les nouvelles devenant assez alarmantes, il était visible pour moi que l'employé qui m'avait conseillé la fuite était impressionné d'une façon fort exagérée. Ses offres pour un départ me confirmaient dans mes premières impressions ; je pris immédiatement le parti de le remplacer et je voulus qu'on sût la cause d'une si brusque disgrâce.

Plusieurs commissaires de police, plusieurs officiers de paix étaient en ce moment à la Préfecture : les uns pour y attendre mes ordres, les autres pour me renseigner sur les incidents de leur quartier ; je les fis entrer dans mon cabinet ; quelques chefs de service s'étaient joints à eux. Par une étrange coïncidence, au moment où j'allais prendre la parole, et comme une sorte d'exorde à ce que j'avais à dire, une décharge vigoureuse de feu de peloton faisait trembler les vitres. « Vous voyez, dis-je à mes subordonnés, que le danger approche ; je sais que je n'ai pas à stimuler votre courage ; mais je veux que vous sachiez que, dussions-nous nous ensevelir sous nos murs, nous ne devons, à aucun prix, rendre à l'ennemi le poste confié à notre honneur. Un seul ici a pensé à la fuite. Il m'a fait l'injure de m'en indiquer le chemin ; celui-là n'est plus digne de figurer dans vos rangs, je le destitue de ses fonctions ; » et, m'adressant à celui que je donnais pour successeur à l'employé révoqué, j'ajoutais : « Vous, que je sais ferme et résolu, prenez la place de celui qui la voulait abandonner. A vos postes, Messieurs, pas un instant à perdre. Que chacun fasse son devoir. Je saurai, plus tard, récompenser le dévouement et le courage. »

J'aurais peine à rendre l'émotion causée par cet incident, imprévu pour tous ceux qui en étaient les témoins ; chacun, en me quittant, alla prendre son poste de combat.

A peine les derniers de mes commissaires avaient-ils quitté mon cabinet, qu'un mouvement inaccoutumé se faisait entendre dans la direction de l'escalier qui donne sur la cour de la Sainte-Chapelle. En m'y portant, je rencontrais, dans l'un des salons, le brigadier de service ; il m'apprenait que la rue de la Barillerie était envahie par l'émeute, que les insurgés étaient maîtres de la rue de Constantine, qu'ils étaient embusqués dans les maisons d'où ils tiraient sur les gendarmes mobiles qui s'étaient repliés devant eux, et qu'ils seraient, dans quelques instants, devant ma grille. Il n'avait pas achevé que ses prévisions se réalisaient. En ouvrant les fenêtres de l'un des salons donnant sur la cour de la Sainte-Chapelle, je pus y voir entrer les premiers insurgés.

La surprise avait été si rapide que le poste placé au bas de mon escalier, et qui était en ce moment à son repas, avait à peine eu le temps de prendre les armes; au moment où il se formait il était accueilli par une décharge des insurgés. Les gardes municipaux ripostaient, et, chargeant à la baïonnette, ils refoulaient ces hardis assaillants. Le premier entré dans la cour de la Sainte-Chapelle avait payé de sa vie son audacieuse agression. Je l'avais vu tomber au moment où volait en éclats la fenêtre à laquelle je me tenais pour me rendre compte de ce qui se passait. Une heure après, la Cité était libre, la Préfecture dégagée, et chacun recevait l'éloge de sa conduite et de son courage.

En écrivant ces lignes, mon souvenir se porte involontairement sur certaines publications où le mensonge le dispute au ridicule. Je les ai d'abord méprisées, me trouvant au-dessus de pareils outrages; mais les circonstances me forcèrent un jour à livrer à la justice de mon pays ceux des journaux qui avaient reproduit ces pamphlets. La justice les a condamnés. L'un de ces pamphlétaires s'appelait M. Véron, l'autre est, hélas! le poète égaré dans la politique, M. Victor Hugo.

Ce qu'était M. Véron, on se le rappelle encore. Il avait amassé une grosse fortune dont il faisait jouir largement un groupe d'habitués, gens de plaisirs et gens d'affaires. Là étaient ses préférences comme relations; mais il n'en faisait pas moins ses efforts pour attirer à lui quelques hommes politiques. Je devais naturellement me tenir éloigné d'un semblable milieu, aussi M. Véron me voyait-il d'un mauvais œil occuper, à la Préfecture de police, la place de son ami M. Carlier. A cela était venu s'ajouter plus tard une circonstance qui m'avait plus particulièrement aliéné ses bonnes grâces. J'avais dû, alors que j'étais au ministère, lui retirer la direction du journal le Constitutionnel, pour la confier à un éminent publiciste, M. le vicomte de La Guéronnière. En agissant ainsi j'avais fait mon devoir; mais M. Véron jura de se venger, et il jugea ne pouvoir trouver une occasion plus favorable qu'en parlant, à sa façon, du Deux-Décembre dans un assez pauvre livre qu'il intitula : les Mémoires d'un bourgeois de Paris. Les inventions calomnieuses ne lui coûtaient pas et c'est autant pour satisfaire ses rancunes que pour donner à sa publication l'attrait de prétendues révélations inédites qu'il fabriqua les dépêches, fausses, absolument fausses, dont il agrémenta son pamphlet. Il faut ajouter encore qu'il ne fut pas seul à faire cette honorable besogne et qu'il eut pour auxiliaires certaines individualités qui avaient eu à se plaindre de mon attitude et de ma fermeté. Il eut, par elles, quelques-unes des dépêches télégraphiques vraies ; il ne s'agissait plus que de les travestir, et la tâche était facile pour une conscience aussi élastique que l'était celle de M. Véron.

Donnons ici, en regard les unes des autres, les dépêches authentiques, et les dépêches apocryphes.

Au moment où on m'enlevait les troupes préposées à la défense de l'île de la Cité, et où commençait l'attaque de la Préfecture de police, mon devoir me commandait de réclamer avec insistance les troupes indispensables à la défense de cette position importante placée sous ma responsabilité. J'échangeais à ce sujet les dépêches suivantes avec M. de Morny et le général Magnan.

« *Préfet de police à Ministre de l'intérieur et à Général Magnan.*

« 4 décembre, 1 h. 50 m.

« Un symptôme fâcheux se produit sur toute la ligne ; les habits noirs se mettent aux barricades. Les gardes nationaux portent leurs fusils ; les honnêtes gens se plaignent amèrement de l'abandon dans lequel le gouvernement les laisse ; il faut agir, et avec le canon.

« Nous sommes entourés d'émeutiers, on tire à ma porte.

« La mairie du 6ᵉ arrondissement est prise. Pas un instant à perdre ; envoyez des troupes. Envoyez à la Préfecture un régiment et quatre canons.

« de MAUPAS. »

Cette dépêche était suivie de près par la suivante.

« *Préfet de police à Général Magnan.*

« 4 décembre, 2 h. 15 m.

« Je crains que les ordres ne soient mal donnés ou mal compris ; les canons rentraient, à midi, à Vincennes, croyant tout terminé à Paris ; c'est à cette heure même que tout commençait.

« Voici le plan : occuper la troupe par les barricades

du quartier Saint-Martin, puis l'abandonner subitement, venir prendre la Préfecture de police et se fortifier dans l'île.

« Nous sommes cernés, on se bat à nos quatre angles. On m'enlève mes forces et mon canon quand j'en réclame et quand j'en ai si grand besoin. Y a-t-il donc malentendu ? Envoyez-moi ce que je vous demande.

« Les faubourgs Saint-Jacques et Saint-Marceau sont sous les armes.

« de MAUPAS. »

« *Ministre de l'intérieur à Préfet de police.*

« 4 décembre, 2 h. 50 m.

« Vous a-t-on attaqué ?

« DE MORNY. »

« *Préfet de police à Ministre de l'intérieur.*

« 4 décembre, 3 h.

« Oui, mais les insurgés ont pris la fuite à notre première décharge ; plusieurs ont été tués.

« de MAUPAS. »

Ce sont ces dépêches, celles que je donne ici et celles que j'ai précédemment données que MM. Véron et Victor Hugo se sont plu à travestir, chacun à sa manière. Quand un document authentique est cité, il est évident qu'il doit être le même dans toutes les citations faites. Or les dépêches de M. Véron et celles de M. Victor Hugo sont, sur le même fait, absolument différentes. Là est déjà la preuve que l'une ou l'autre de ces versions est apocryphe; il suffira d'en lire la reproduction pour se convaincre qu'elles le sont toutes deux.

Laissons d'abord parler M. Véron ; voici ses prétendues dépêches : « Préfet de police à Ministre de l'intérieur. Jeudi 4 décembre. Rassemblements au Pont-Neuf, coups de fusil au quai aux Fleurs, masses compactes aux environs de la Préfecture de police ; on tire par ma grille, que faire ? » — Réponse fabriquée par M. Véron et attribuée à M. de Morny : « Répondez en tirant par votre grille. »

M. Victor Hugo a donné plus libre carrière à son génie inventif. Voici sa variante : « Préfet de police à Ministre de l'intérieur. Jeudi 4 décembre. Barricades rue Dauphine ; je suis cerné, prévenez le général Sauboul. Je suis sans forces, c'est à n'y rien comprendre. MAUPAS. »

Autres dépêches, toujours de l'invention de M. Victor Hugo : « Préfet de police à Ministre de l'intérieur. « Je suis cerné : que faire ? MAUPAS. » — Réponse. « Couchez-vous, si vous êtes malade. MORNY. »

« Je vais être pris entre deux feux. MAUPAS. » — Réponse : « Couchez-vous. MORNY. »

« Je suis abandonné. MAUPAS. » — Réponse : « Couchez-vous, j... f..... MORNY. »

On se demande, après ces diverses citations, comment les inventeurs de ces fausses dépêches ne se sont pas aperçus qu'ils s'écartaient par trop impudemment de toute vraisemblance en mettant un pareil langage dans la bouche de M. de Morny. On le calomnie plus que l'on ne m'atteint en lui prêtant de semblables grossièretés.

Il faut le répéter, les seules dépêches vraies et authentiques, sur ce moment de l'action, sont celles que j'ai données. Copie en a été prise par mes ordres et sous mes yeux (1). En fabriquant les leurs au gré de leurs rancunes, MM. Véron et Victor Hugo ont commis une mauvaise action. M. Véron a fait acte de vengeance, sans s'occuper de l'outrage qu'il infligeait à la vérité. M. Victor Hugo a mis, là comme ailleurs, son imagination à la place des documents officiels dont aucun, est-il besoin de le dire, n'avait jamais souillé son regard.

Quel spectacle douloureux que celui d'une semblable décadence! Voir cette belle intelligence, cette plume féconde en riches créations, voir cet ancien dignitaire de la royauté, cet ancien pair de France, réduit, pour exhaler sa haine de vaincu d'alors, à descendre au rang de pamphlétaire et à travestir ainsi la vérité! Quelle tristesse! Et dans ce pamphlet où tout est imposture et désordre, le poète, à force de mal parler de tout et de tous, ne s'est pas même aperçu qu'il finissait par mal parler de lui-même. En publiant son *Histoire d'un Crime* le but

---

(1) Le service télégraphique était fait, à la Préfecture de police, avec un soin particulier. Il était placé dans une pièce voisine du cabinet du préfet. Quand j'avais à expédier une dépêche, deux de mes secrétaires venaient l'écrire sous ma dictée. Quand il en arrivait une, ils venaient également en prendre double copie. Deux minutes étaient ainsi faites : l'une était envoyée aux archives de la Préfecture ; l'autre restait dans les bureaux du cabinet du préfet. Il était expédié ensuite autant de copies qu'il y avait de destinataires ; une en plus était faite pour moi personnellement.

de M. Victor Hugo était de prouver que, dans les journées de décembre, il avait été l'organisateur de la résistance, le héros de l'insurrection. Or, par une étrange contradiction, il nous montre, sans le vouloir, qu'en ces jours de combat son courage s'arrêtait à demander aux autres le sacrifice de leur vie quand il mettait précieusement la sienne à l'abri de tout danger. Mais, à notre tour de le mettre en scène, et de l'interroger !

Le 4 décembre, quand ces bandes d'émeutiers, qu'il avait appelées aux armes, venaient attaquer notre demeure, l'un des sièges essentiels de la force du gouvernement, pourquoi M. Victor Hugo n'était-il pas à leur tête ? Pourquoi n'était-il pas au poste de péril qu'il devait, dans sa langue nouvelle, appeler le poste d'honneur ? Quelque autre point de l'émeute avait-il pour lui plus d'importance et offrait-il un danger plus pressant ? Non, il nous révèle lui-même ses prudentes pérégrinations ; il cherchait la gloire à tâtons dans les obscurités de quelque arrière-boutique des faubourgs. Au lieu d'aller au feu, nous le répétons, M. Victor Hugo se cachait. C'est lui qui nous l'apprend. « Depuis la surveille », dit-il, « nous avions changé dix-sept fois d'asile, allant parfois d'une extrémité de Paris à l'autre. » De pareilles agitations ne révèlent pas précisément, chez le poète pamphlétaire, cette humeur belliqueuse dont il cherche à faire parade à chaque page de son livre.

Écoutons cependant avec quelle allure résolue il promet, à ses compagnons, son concours personnel. S'adressant, dans cette même arrière-boutique, à un ouvrier, armé jusqu'aux dents, qui venait y chercher le mot d'ordre :

« Êtes-vous sûr de votre mouvement pour cette nuit ? » dit M. Victor Hugo.

« Nous l'avons préparé et nous y comptons », dit l'ouvrier.

« En ce cas », dit encore l'illustre poète, « sitôt la première barricade faite, je veux être derrière, venez me chercher. »

« Où ?

« Partout où je serai (1). »

La réponse était vague, aussi ne trouva-t-on jamais M. Victor Hugo pour lui offrir les honneurs du combat (2). Nous aurions voulu croire que son persistant éloignement des barricades tenait à ce qu'il en ignorait le lieu ; mais tout au moins cette attaque de la Préfecture de police, il en était parfaitement averti et averti à l'avance : il va nous l'apprendre lui-même.

« Vers neuf heures, dit M. Victor Hugo, un ancien capitaine de la 8ᵉ légion de la garde nationale de 1848, nommé Jourdan, vint s'offrir à nous.

« C'était un homme hardi, un de ceux qui avaient exécuté, le 24 février au matin, le téméraire coup de main sur l'Hôtel de ville. Nous le chargeâmes de recommencer ce coup de main et de l'étendre jusqu'à la Préfecture de police. Il savait comment s'y prendre.

---

(1) Victor Hugo, *Histoire d'un Crime*, tome Iᵉʳ, page 168.
(2) L'arrière-boutique dont parle M. Victor Hugo, et dont nous avons parlé nous-même, celle du nommé Auguste, marchand de vin, située rue de la Roquette, paraît avoir joué

Il nous annonça qu'il avait peu d'hommes, mais qu'il ferait occuper silencieusement, dans la journée, certaines maisons stratégiques du quai de Gèvres, du quai Lepelletier et de la rue de la Cité, et que, s'il arrivait que les gens du Coup d'État, le combat du centre de Paris grandissant, fussent forcés de dégarnir de troupes l'Hôtel de ville et la Préfecture, l'attaque commencerait immédiatement sur ces deux points. Le capitaine Jourdan, disons-le tout de suite, fit ce qu'il nous avait promis ; malheureusement, comme nous l'apprimes le soir, il commença peut-être un peu trop tôt. Ainsi qu'il l'avait prévu, il arriva un moment où la place de l'Hôtel de ville fut presque vide de troupes, le général Herbillon ayant été obligé de la quitter avec la cavalerie pour aller prendre à revers les barricades du centre. L'attaque des répu-

---

un rôle important dans les démarches faites par l'illustre poète pour organiser l'insurrection. M. Victor Hugo raconte, en ces termes, son expédition chez ce nommé Auguste. « J'eus quelque peine », dit-il, « à retrouver, rue de la Roquette, la porte d'Auguste. Presque toutes les boutiques étaient fermées, ce qui faisait la rue très sombre. Enfin, à travers une devanture en vitres, j'aperçus une lumière qui éclairait un comptoir d'étain. Au delà du comptoir, à travers une cloison également vitrée et garnie de rideaux blancs, on distinguait vaguement une autre lumière et deux ou trois ombres d'hommes attablés. C'était là, j'entrai. La porte en s'ouvrant ébranla une sonnette. Au bruit, la porte de la cloison vitrée qui séparait la boutique de l'arrière-boutique s'ouvrit, et Auguste parut. Il me reconnut sur-le-champ et vint à moi..., etc. » C'est à quelques expéditions de ce genre, et à une participation sans péril à des réunions qui avaient pour but de provoquer la résistance, que s'est limitée la part prise par M. Victor Hugo aux évènements de décembre.

blicains éclata à l'instant même, les coups de feu partirent des croisées du quai Lepelletier ; mais la gauche de la colonne était encore au pont d'Arcole, une ligne de tirailleurs avait été placée par un chef de bataillon, nommé Larochette, en avant de l'Hôtel de ville, le 44e revint sur ses pas, et la tentative échoua. »

Grâce, en effet, à l'énergique résistance que rencontrèrent les insurgés, dans la cour même de la Préfecture de police, leur tentative échoua.

Un mot encore pour en finir ici avec M. Victor Hugo. Dans son *Histoire d'un Crime*, tome II, page 162, le poète prétend que sa tête était mise à prix; il commet, pour grossir son importance révolutionnaire, une complète erreur. Nous connaissions la demeure de M. Victor Hugo; nous eussions pu le faire arrêter dix fois pendant les trois journées de décembre; nous n'avions nul intérêt à le faire, et c'est de notre consentement qu'il a pu, comme M. de Girardin et quelques autres idéologues, se livrer librement à ses agitations.

Pendant que l'insurrection tentait de s'emparer de la Cité et de la Préfecture de police, le mouvement savamment combiné du général Magnan se continuait. A cinq heures, il était complètement exécuté; il l'avait été avec autant de précision que d'habileté.

Les deux divisions Carrelet et Levasseur avaient opéré leur jonction, renversé tous les obstacles, poursuivi les insurgés en fuite et rétabli la circulation. Le général Renaud avait maintenu la rive gauche et le général de Courtigis avait mis le faubourg Saint-Antoine à l'abri d'un nouvel envahissement.

Durant près de trois heures, Paris avait pu entendre un roulement non interrompu de canonnade et de feux de mousqueterie. La lutte avait été acharnée, mais elle était inégale. Nulle force ne pouvait résister à l'armée du général Magnan, à son courage, à son intrépidité, et il fallait même que l'insurrection eût une bien puissante organisation, qu'elle eût, à son service, de vigoureux combattants pour avoir, aussi longtemps, prolongé la résistance. Ce qui prouve de quelle ardeur ces combattants étaient animés, c'est qu'à peine la troupe avait-elle quitté ses positions pour rentrer dans ses casernes qu'ils se réunissaient de nouveau, s'emparaient, en toute hâte, des matériaux épars de leurs ouvrages détruits, et relevaient encore leurs barricades.

Cette fois, les quartiers Saint-Denis, Saint-Martin et du Temple n'avaient plus le triste privilège d'être le foyer de l'émeute ; son centre d'action tendait sensiblement à se rapprocher du siège du gouvernement. On se conformait en cela à la tradition révolutionnaire. En 1830 et en 1848, les quartiers Saint-Antoine et Saint-Martin avaient eu les honneurs des premiers engagements ; on s'était ensuite porté sur la Banque, sur le Louvre, sur le Palais-Royal et enfin sur les Tuileries.

Le 4 décembre, il fallait faire un pas de plus. Des Tuileries, il fallait arriver à l'Élysée. C'est dans ce but que l'insurrection laissait derrière elle le théâtre de ses derniers combats pour se porter sur la rue

Saint-Honoré, la place Notre-Dame des Victoires, le quartier de la Bourse et la Banque. Elle conservait toutefois sa base d'opérations à la rue du Petit-Carreau et à la rue Montorgueil. Mais un régiment, le 19ᵉ de ligne, était en position au Palais-Royal et, par une marche hardie, il balayait la place Notre-Dame des Victoires, couvrait à la fois la Banque et la Bourse et enlevait au pas de course les retranchements des rues Pagevin et Bourbon-Villeneuve.

Ainsi délogés de leurs avant-postes, les insurgés regagnaient la pointe Saint-Eustache, les rues Montorgueil et du Petit-Carreau où le fanatique Dussoubs haranguait le peuple et dirigeait le combat. Dans ces deux rues, se trouvait une série de solides ouvrages et une attaque de nuit offrait des périls d'autant plus redoutables que les maisons étaient occupées par l'émeute. On tirait sur la troupe des fenêtres et des larmiers de caves. La position n'était pas tenable; le colonel de Lourmel le comprit; il s'élança à la tête de ses hommes et parvint à enlever les derniers abris des insurgés.

Un résultat si complet et si rapide n'avait pu s'obtenir sans de sérieux sacrifices. Les morts et les blessés étaient nombreux de part et d'autre. Dussoubs s'était fait tuer, comme Baudin, à la tête des émeutiers. Les autres engagements ne furent plus que les pâles reflets de la résistance énergique de cette soirée. Quelques barricades étaient encore enlevées çà et là; mais les chefs avaient cessé de combattre; ils avaient remis au lendemain, 5 décembre, la reprise de la lutte. Quelques enfants perdus entretenaient seuls l'agitation et tiraient, de quelques réduits obscurs, sur nos soldats ou nos sergents de ville en patrouille.

Nous avions prévu le sort de cette dernière prise d'armes des insurgés; elle était condamnée à un échec inévitable, et il était certain que le moment viendrait, à la fin de la soirée, où, la débandade se mettant dans leur camp, ils s'enfuiraient pour regagner leurs logis ou les lieux ordinaires de leurs réunions. Ces lieux de réunions nous étaient connus. Nous avions posté, à leurs abords, des piquets de nos agents. Ils devaient observer les allées et venues et surtout arrêter les gens à allures suspectes qui porteraient sur eux la trace d'une participation au combat. Grâce à ces mesures, de nombreuses arrestations purent être faites dans cette soirée, et l'insurrection fut ainsi privée de plusieurs de ses chefs. Ces arrestations ne s'opéraient pas sans danger pour ceux qui en étaient chargés. La plupart des individus dont on se saisissait étaient encore armés et luttaient avec la dernière énergie pour échapper à nos agents; trois de ces courageux serviteurs étaient grièvement blessés.

Une grande partie des meneurs, ceux qui ne s'étaient pas associés à la seconde prise d'armes, étaient réunis en conciliabules pour décider de ce qui serait fait le lendemain. Si nous n'avions pas dans chacune de ces réunions un homme à notre solde, nous en comptions au moins dans les plus importantes d'entre elles. C'est par eux que nous étions informés des divisions qui existaient dans le camp des révolutionnaires.

Les uns, ceux qui ne se battaient pas et qui, durant ces deux journées, n'avaient donné à la cause qu'un concours moral et littéraire, continuaient à demander la lutte à outrance. La raison de leur insistance était celle-ci : « Nous ne combattrons plus pour vaincre, disaient-ils, mais pour tenir la province en haleine. Si nous résistons, le soulèvement se propagera dans les départements, et nous pourrons, par eux, reprendre ici nos avantages. Si, au contraire, nous mettons bas les armes, nous jetons le découragement dans les provinces; tout espoir est perdu; nous n'avons plus qu'à nous courber sous le joug du vainqueur et à subir sa loi (1). »

Les autres, ceux qui avaient assisté au combat, qui avaient pu mesurer la puissance et la solidité des forces dont disposait le gouvernement, déclaraient la lutte impossible et insistaient pour ajourner une action nouvelle à des temps plus propices. A leurs yeux, on n'avait plus aucune chance de succès.

(1) Dans des papiers saisis lors des arrestations faites, nous avions pu voir par quels procédés rapides les révolutionnaires de Paris et ceux des départements étaient en communication. Dès le matin du 2 décembre, Paris avait dit à la province de préparer le soulèvement, et, d'un grand nombre de points, du centre et du midi surtout, la province avait dit à Paris : « Nous sommes prêts, nous nous soulèverons au premier signal. » Ce sont ces assurances qui encourageaient certains meneurs à prolonger la lutte. Nous ne tarderons pas à voir combien ceux qui les donnaient étaient résolus à tenir parole, à prendre les armes et à engager vigoureusement l'action.

Bon nombre des chefs étaient ou tués ou arrêtés. Les ouvriers de la banlieue avaient déclaré, en quittant les barricades, qu'on ne les reverrait plus le lendemain ; on se ferait écharper sans profit pour la cause. Quant à la province, on ne faisait aucun fonds sur elle. A la façon dont le gouvernement avait pris ses mesures à Paris, on devait penser qu'il était également prêt dans les départements ; il ne restait aucun espoir de succès.

L'opinion qui prévalut fut une sorte de transaction. Il fut convenu que, de sept heures du matin à midi, on se porterait, par petits groupes, sur tous les points où on pourrait de nouveau tenter de refaire des barricades ; là on observerait l'attitude que comptait prendre le gouvernement, et s'il laissait, comme dans la journée du 4, Paris sans troupes pendant la matinée, on se mettrait, à midi, à reconstruire les ouvrages et on se fortifierait de nouveau dans les quartiers où on rencontrerait le plus de sympathie. Des émissaires accrédités devaient tenir en rapport les groupes stationnant sur la voie publique et les comités dirigeants ; ces derniers devaient donner, à midi, le signal de la prise d'armes ou de la retraite définitive.

Tous les mouvements de l'armée, tous les incidents de la journée avaient été suivis attentivement à l'Élysée. Les dépêches du commandant en chef de l'armée de Paris et du préfet de police s'y succédaient à courts intervalles. En dehors de ces moyens d'information, les généraux engagés avaient, à diverses reprises, envoyé leurs aides de camp pour rendre compte directement au Prince de la physionomie de la lutte. L'une de ces communications avait causé, à l'Élysée, une vive et explicable impression. Au moment où il était aux prises avec les barricades de la rue Saint-Denis, le général de Cotte, jugeant la résistance beaucoup plus forte qu'il ne l'avait supposé, avait signalé directement au Prince la force de l'insurrection. Le général demandait qu'on se souvînt de 1830 et de 1848 ; il voyait l'attaque aussi sérieuse qu'elle l'avait été à ces deux époques ; il faisait appel aux moyens les plus énergiques et demandait, en même temps, qu'on se tînt sur ses gardes à l'Élysée où pouvaient arriver les insurgés, qu'on y prît des mesures solides de défense.

Le général de Cotte était l'un des officiers les plus solides de l'armée. Brave entre les braves, son sang-froid dans l'action était assez connu pour qu'on n'eût pas à craindre que ses paroles fussent inspirées par l'émotion du moment. Ce qu'il disait devait être la vérité et il convenait d'en tenir compte. A peine l'aide de camp avait-il quitté l'Élysée que le colonel Fleury, le conseiller le plus intime du Prince, entrait dans son cabinet et lui soumettait tout un plan de conduite qui se résumait ainsi : si l'insurrection arrivait jusqu'aux portes de l'Élysée, la défense du palais offrait de nombreuses difficultés ; la sécurité n'y était pas suffisante. Il ne fallait pas hésiter à quitter ce séjour, exposé par tous ses côtés, pour se retrancher dans un lieu où l'organisation de la résistance fût possible et où on pût non seulement se mettre à l'abri d'un coup de main, mais soutenir un véritable siège. Le colonel Fleury proposait d'aller occuper les Tuileries et d'en fortifier solidement les abords. De cette façon, loin de sembler fuir, on se rapprochait au contraire du centre de l'action et on pouvait s'établir dans des conditions qui offraient toute sécurité. Ce plan convenait au Prince et, sans plus tarder, il chargeait le colonel Fleury, son auteur, de se concerter avec le ministre de la guerre pour en assurer l'exécution.

Une heure après, le général Rollin était chargé de mettre les Tuileries en état de défense, et les pouvoirs les plus étendus lui étaient donnés pour accomplir sa mission. Il devait se rendre au fort du Mont-Valérien et y prendre les canons et les engins de guerre nécessaires. La nuit était utilisée à mettre tout ce matériel en mouvement. A la pointe du jour, le 5 décembre, le général Rollin devait avoir installé ses moyens de défense, et le Prince-Président devait entrer aux Tuileries. Mais les nouvelles de la soirée, la défaite des insurgés, l'impossibilité, pour eux, de reprendre l'offensive avaient changé la face des choses. Le général de Cotte lui-même venait dire : « Nous sommes maîtres de la position. » De semblables assurances partaient à la fois du quartier général et de la Préfecture de police. Vers deux heures du matin, et sur le conseil encore du colonel Fleury, contre-ordre était donné au général Rollin, et le Prince-Président restait à l'Élysée. Tout, à partir de cette heure, faisait présager que les jours difficiles étaient passés.

CHAPITRE XXIII

LES FUSILLADES IMAGINAIRES

La matinée du 5 décembre. — Sortie des troupes. — Les dernières barricades. — Aspect de Paris pacifié. — L'ordre du jour du général de Saint Arnaud. — Chiffre des morts et des blessés. — Les impostures de nos détracteurs. — Le nombre des arrestations. — Le décret sur le mode de votation rapporté. — Transfèrement des généraux députés de Mazas à Ham. — Les mises en liberté à Vincennes et au Mont-Valérien. — Le général de Courtigis et M. Odilon Barrot. — Les ex-représentants reconduits malgré eux.

Dans la nuit du 5, j'avais pu communiquer au gouvernement, et au général Magnan en particulier, le programme des insurgés. La journée du 4 avait porté conseil au sein du pouvoir. Cette fois, mes avis étaient écoutés.

Il fallait, empêcher le retour de la lutte et rendre la paix à Paris. Je demandais un déploiement de forces important, de fortes patrouilles dans tous les mauvais quartiers et l'occupation des points stratégiques indiqués dans le plan primitif du ministre de la guerre.

Dès le matin du 5 décembre, en effet, les troupes quittaient leurs casernes, et Paris ainsi que sa banlieue étaient sillonnés en tous sens. De légères barricades seulement avaient été élevées çà et là par quelques fanatiques, principalement à la barrière Rochechouart, au boulevard Poissonnière, à la Croix-Rouge et à la Chapelle Saint-Denis. Elles étaient enlevées au pas de course et leurs défenseurs prenaient la fuite après la première décharge. Quelques-uns d'entre eux payaient encore de leur vie cette tardive résistance. Ce qu'eut à faire principalement la troupe dans cette matinée, ce fut de disperser les rassemblements que, sur un grand nombre de points, les meneurs s'appliquaient à provoquer. Quelques charges en eurent facilement raison, et, sous la protection de l'armée, nos agents purent encore se saisir de quelques-uns des émeutiers les plus redoutables.

A midi, les sections et les comités envoyaient, sur tous les points de Paris, l'ordre de renoncer à la lutte, de cacher sans retard les armes et les munitions, de cesser tout rassemblement et de ne provoquer, par aucune manifestation, les sévérités de l'armée ou celles de la police. Comme par enchantement, de midi à deux heures, les rues reprenaient leur aspect ordinaire.

Mais l'expérience du passé profitait à l'autorité militaire, et ce qu'on n'avait point fait le 3 décembre, à un moment où l'on eût dû le faire, on le mettait à exécution le 5, à l'heure où le danger était cent fois moins à redouter. Après l'enlèvement des dernières barricades, après la dispersion de tous les rassemblements, les troupes bivouaquaient dans les voies principales, et elles occupaient des maisons entières aux angles des rues où le réveil de l'insurrection semblait possible. Toutes les mesures étaient ostensiblement prises pour arriver à décourager définitivement l'émeute et à rassurer enfin les honnêtes gens.

Vers quatre heures du soir, la circulation était rétablie; les boutiques étaient partout ouvertes et Paris reprenait sa physionomie accoutumée. Seuls, quelques groupes de curieux parcouraient les quartiers qui avaient été le théâtre du combat; mais leur aspect était inoffensif et les agents se bornaient à faire circuler. Les réunions des chefs de sections, celles des quelques ex-représentants qui avaient persisté à faire battre leurs malheureuses victimes, levaient également leurs séances. On ne conspirait plus que par petits groupes et ce dernier soupir de l'émeute ne s'exhalait qu'en malédictions, à huis clos, contre le vainqueur.

L'ordre du jour du général de Saint Arnaud apprenait à l'armée que sa mission était à son terme, à la population parisienne qu'elle pouvait reprendre paisiblement le cours de ses affaires, à la France que l'émeute était vaincue et le gouvernement nouveau solidement établi.

Cet ordre du jour était ainsi conçu :

« Soldats,

« Vous avez accompli aujourd'hui un grand acte de

votre vie militaire. Vous avez préservé le pays de l'anarchie, du pillage, et sauvé la République. Vous vous êtes montrés ce que vous serez toujours, braves, dévoués, infatigables. La France vous admire et vous remercie. Le Président de la République n'oubliera jamais votre dévouement.

« La victoire ne pouvait être douteuse ; le vrai peuple, les honnêtes gens sont avec vous.

« Dans toutes les garnisons de la France, vos compagnons d'armes sont fiers de vous et suivraient au besoin votre exemple.

« A. DE SAINT ARNAUD. »

Le combat terminé, un pénible devoir restait à remplir : celui de rechercher les pertes qu'avait subies notre brave armée. En même temps se faisait le compte des morts et des blessés des insurgés.

On a singulièrement dénaturé la vérité sur ce point. Nous nous bornerons, pour la rétablir, à reproduire ici l'extrait du rapport officiel adressé, le 15 décembre 1851, par le préfet de police au Président de la République. Les chiffres qu'il donne étaient puisés aux sources les plus sûres et hors de toute contestation possible. Voici en quels termes s'exprime le rapport (1) :

« Si l'on veut se rendre compte de ce qu'ont été les pertes de part et d'autre, des statistiques, résul-

---

(1) *Rapport du préfet de police sur les événements du 2 décembre* 1851. (Imprimerie de Charles Lahure, rue de Vaugirard, 9.)

tats d'enquêtes minutieuses, nous permettent de donner le chiffre officiel et incontestable des morts et des blessés :

Morts		
	26 militaires (officiers, sous-officiers et soldats)	
	8 individus appartenant plutôt à la classe des curieux qu'à celle des insurgés.	
	175 insurgés, dont...	116 tués sur place.
		59 morts à domicile des suites de leurs blessures.

Total des morts. 209

Blessés	184 militaires.
	115 insurgés.

Total des blessés. 299 »

Postérieurement à ce rapport, quelques nouveaux décès, attribués à des blessures reçues pendant les combats des 3 et 4 décembre, ont eu lieu à domicile et dans les hôpitaux civils et militaires. Il fut encore constaté que, parmi les révolutionnaires de profession qui avaient disparu et qu'on supposait partis pour l'étranger, quelques-uns étaient morts, vingt ou vingt-cinq environ. Quelques autres, blessés, avaient été recueillis par des amis dévoués et soustraits aux recherches de la police. Mais le nombre des tués ou blessés ne s'écarte, malgré cela, que de peu du relevé contenu dans le rapport du 15 décembre, et il est loin des chiffres fantastiques donnés par les pamphlétaires du temps.

Environ 600 tués ou blessés, telle est la rigoureuse vérité (1).

On peut se demander comment un combat aussi rude que le fut celui du 4 décembre n'a pas fait un plus grand nombre de victimes. Nous en avons déjà indiqué les causes au cours de notre récit. Du côté des insurgés, le fait s'explique facilement. Ils combattaient à l'abri de solides ouvrages ; les boulets et les balles venaient se heurter contre les barricades. C'était ainsi au seul moment de l'assaut qu'ils couraient un risque sérieux, et ils savaient habilement s'y soustraire. Dès qu'ils jugeaient que l'ouvrage confié à leur défense n'offrait plus une sécurité suffisante, ils se réfugiaient, en toute hâte, derrière une autre barricade. Leur retraite était partout assurée avec une rare prévoyance. Ceux-là seuls, et en petit nombre, que fanatisait la passion de la lutte attendaient le choc de la troupe et payaient de leur vie leur résistance. Nulle part les insurgés ne se montrèrent par masses, à découvert, et c'est dans ces conditions seulement que le feu eût pu faire d'importants ravages.

Du côté de la troupe, la sagesse des officiers pro-

---

(1) A ceux qui voudraient contester l'exactitude de nos chiffres, nous indiquons un moyen de contrôle à la portée de tous. On ne meurt pas, à Paris plus qu'ailleurs, sans que le décès soit constaté aux registres de l'état civil. Or, qu'on relève le nombre des décès, aux jours du combat, et l'on constatera que le chiffre normal quotidien des décès, dans la ville de Paris, ne s'augmente approximativement que du chiffre que nous venons de donner.

tégeait les soldats contre les dangers de leur ardeur. La troupe n'était engagée qu'avec circonspection et l'élan était tel, au moment périlleux de l'assaut, que la plupart des insurgés, nous venons de le dire, songeaient à fuir plutôt qu'à se défendre. Ils étaient d'ailleurs mal armés et ils avaient plus d'aptitude pour la guerre au couteau, à laquelle ils ne pouvaient se risquer, que pour celle qui exigeait des qualités rares à rencontrer chez un combattant improvisé. Le nombre, relativement restreint, des morts et des blessés s'explique donc rationnellement ainsi par les conditions exceptionnelles dans lesquelles étaient placés les combattants.

Mais le point sur lequel les écrivains de l'époque, sans parler de ceux d'aujourd'hui, se sont le plus donné libre carrière, c'est celui des fusillades nocturnes accomplies au milieu du plus profond mystère.

Eh bien, sur ces prétendues fusillades nocturnes, sur ces exécutions en masse, sur ces boucheries inhumaines, il faut qu'une bonne fois la lumière se fasse et que la vérité soit dite. Il n'y a là qu'un tissu d'impostures, une coupable et odieuse calomnie contre un gouvernement qui n'a usé de sa force que dans la stricte mesure des nécessités du combat.

Oui sans doute, quelques insurgés, pris les armes à la main, ont été fusillés ; mais ils l'ont été les uns sur les barricades, luttant et ne se rendant pas, menaçant et frappant quand on les sommait d'abandonner la résistance ; les autres, au passage du Saumon, surpris au moment où ils assassinaient nos soldats ;

un enfin, dans la rue de Jérusalem, alors qu'il tentait de se frayer, à l'aide de ses armes, un passage pour pénétrer dans la Préfecture de police.

Et il faut ici préciser. Le nombre de ces morts eux-mêmes figure dans le chiffre des insurgés tués sur place. Ce chiffre est, nous l'avons dit, de 115. En évaluant, d'après nos rapports et ceux du général Magnan, à 40 le nombre des insurgés passés par les armes, nous sommes plutôt au-dessus qu'au-dessous de la vérité.

Là, et là seulement, est la vérité. Nul ne l'a connue et ne la sait encore aussi bien que celui qui écrit ces lignes. Il ne recule devant aucun aveu ; il ne redoute aucune des responsabilités que sa conscience lui a conseillé de prendre; il sait ce qu'on doit à l'histoire et il le lui donne en engageant, sans hésiter, son honneur pour garantir l'exactitude de son récit.

C'est du reste au moment même de la lutte que ces abominables calomnies ont été inventées et mises en circulation. La haine des vaincus explique l'énormité de leurs mensonges. Tout fut alors mis en œuvre pour donner créance à ces fables monstrueuses; et déjà, à la date du 15 décembre 1851, on trouve dans le rapport officiel du préfet de police la protestation qu'elles avaient inspirée (1).

« Dois-je, dit-il, relever ici une infâme calomnie que quelques gens n'ont pas craint de répandre, sans y croire à coup sûr? On a parlé de fusillades noc-

---

(1) *Rapport du préfet de police sur les événements du 2 décembre* 1851, page 21.

turnes au champ de Mars et aux environs de Paris. Ce n'est là qu'un détestable mensonge. Les insurgés ont été traités avec toute la modération, toute l'humanité possibles, traités comme des vaincus par de généreux vainqueurs.

« Sobres de leur victoire et de leur force, l'armée, l'autorité ont dédaigné les représailles. »

Et maintenant que la vérité est dite, il faut mettre en face d'elle les inventions de M. Victor Hugo. Quel abominable roman! et quelle audace ne faut-il pas avoir pour oser, ainsi qu'il le fait, créer une telle mise en scène où, du premier au dernier mot, tout est faux et chimérique! Laissons parler l'inventeur de la scène tragique; il la fait commencer aux Tuileries :

« A une heure après minuit, dit M. Victor Hugo, un grand bruit se fit au dehors; des soldats portant des torches parurent dans les caves, les prisonniers qui dormaient se réveillèrent en sursaut, un officier leur cria de se lever.

« On les fit sortir pêle-mêle comme ils étaient entrés. A mesure qu'ils sortaient, on les accouplait deux par deux au hasard, et un sergent les comptait à haute voix. On ne leur demandait ni leurs noms, ni leurs professions, ni leurs familles, ni qui ils étaient, ni d'où ils venaient; on se contentait du chiffre. Le chiffre suffisait pour ce qu'on allait faire.

« On en compta ainsi trois cent trente-sept (1). »

Trois cent trente-sept! Rien ne manque à l'inven-

---

(1) Victor Hugo, *Histoire d'un Crime*, tome II, page 166. Calmann Lévy, éditeur.

tion. On précise, avec une merveilleuse assurance, jusqu'au nombre de ces victimes imaginaires !

Rien ne coûte au poète ; il va continuer la fable en nous donnant, sur la mise en marche de la colonne et sur son itinéraire, les détails les plus précis. Laissons encore parler M. Victor Hugo ; il a créé ses personnages, voyons quel sort il leur réserve :

« Une fois comptés, on les fit ranger en colonne serrée, toujours deux par deux et se tenant par le bras. Ils n'étaient pas liés, mais des deux côtés de la colonne, à droite et à gauche, ils avaient trois files de soldats emboîtant le pas et fusils chargés, un bataillon en tête, un bataillon en queue. Ils se mirent en marche serrés et enveloppés par cet encadrement mouvant de baïonnettes.....

« Sortis des Tuileries, ils tournèrent à droite et suivirent le quai jusqu'au pont de la Concorde. Ils traversèrent le pont de la Concorde et prirent encore à droite. Ils passèrent ainsi devant l'esplanade des Invalides et atteignirent le quai désert du Gros-Caillou.....

« Arrivés au pont d'Iéna, on tourna à gauche, et l'on entra dans le champ de Mars.

« Là on les fusilla tous. »

A toute cette fable, nous prenons encore la peine de répondre. Aucune colonne d'insurgés, pas même celle de trois cent trente-sept de M. Victor Hugo ne sortit des caves des Tuileries pour aller au champ de Mars, pas plus par le pont d'Iéna que par quelque autre itinéraire que ce soit. PAS UN INSURGÉ, PAS UN SEUL, NE FUT FUSILLÉ AU CHAMP DE MARS. Nous mettons M. Victor Hugo au défi d'appuyer une seule de ses affirmations sur un document quelconque, sur un témoignage quel qu'il soit. Il nous parle de deux bataillons, qu'il fait marcher, comme il en a l'habitude au théâtre, devant et derrière ses victimes. Et d'abord, à quel régiment appartenaient ces deux bataillons? M. Victor Hugo qui se montre si minutieusement renseigné doit incontestablement le savoir. Qu'il nous le dise. L'illustre poète ignore peut-être que deux bataillons, sur le pied de guerre, ne comptent pas ensemble moins de deux mille hommes. Quelques-uns de ces deux mille hommes sont certainement morts aujourd'hui; mais le plus grand nombre ne vit-il pas encore? Or, peut-on penser que tous ces officiers et soldats, témoins de cet abominable drame, auraient attendu jusqu'à ce jour pour manifester publiquement leur indignation? Si, sous l'Empire, la crainte eût pu leur imposer silence, n'auraient-ils pas retrouvé, sous la République, leur entière liberté de langage? N'est-il pas incontestable que, parmi ces officiers et soldats survivants, il s'en trouve un certain nombre qui professent aujourd'hui des opinions républicaines? Ceux-là, au moins, ne se seraient-ils pas empressés, en ces temps d'invectives contre le Deux-Décembre, de se donner le bénéfice d'une semblable révélation et de fournir à nos insulteurs une terrible vérité à substituer à leurs déclamations et à leurs impostures? Et en admettant encore cette invraisemblable abnégation républicaine, cette discrétion excessive, cette sorte de conspiration du silence, ne doit-on pas penser que c'est parmi ces officiers et ces soldats assistant au massacre du champ de Mars que M. Victor Hugo a trouvé les témoins qui l'ont si exactement renseigné? Les dépositions de ces témoins oculaires, M. Victor Hugo ne les a-t-il pas entre les mains? Qu'il les livre donc à la publicité! Et s'il nous trouve trop exigeant, nous lui ferons encore la tâche plus commode pour son impossible justification. Nous nous contenterons de peu, qu'il trouve *un officier, un sous-officier, un soldat*, qui nous dise avoir fait partie de ce ténébreux cortège, avoir assisté à cette fusillade de trois cent trente-sept hommes, et nous faisons à M. Victor Hugo la plus entière réparation.

Ce n'est pas assez encore de cette invention. Une fois l'histoire d'une fusillade écrite, il n'en coûte pas plus de dire que cette scène terrible se renouvela chaque nuit. Le poète ajoute en effet :

« Au reste, disons-le tout de suite, les exécutions en masse, à partir du 3, se renouvelèrent presque toutes les nuits. C'était parfois au champ de Mars, parfois à la Préfecture de police, quelquefois dans les deux endroits à la fois.

« Quand les prisons étaient pleines, M. de Maupas disait : « Fusillez ! »

Nous sommes à bout de négations. Disons cependant encore que, comme la fusillade des trois cent trente-sept, ces autres exécutions en masse du champ de Mars et de la Préfecture de police n'ont jamais existé que dans l'imagination toujours dramatique de M. Victor Hugo.

Le comble de l'audace, et de la maladresse comme

invention, ce sont encore ces quelques lignes par lesquelles le poète historien termine son chapitre :

« Le 13, dit-il, les massacres n'étaient pas encore finis. Le matin de ce jour-là, au crépuscule, *un passant solitaire* qui longeait la rue Saint-Honoré vit cheminer entre deux haies de cavaliers trois fourgons pesamment chargés. On pouvait suivre ces fourgons à la trace du sang qui en tombait. Ils venaient du champ de Mars et allaient au cimetière Montmartre. Ils étaient pleins de cadavres. »

Que M. Victor Hugo ait inventé ces histoires de fusillades dans les jours de combat, le canon grondait dans les rues de Paris, les décharges de mousqueterie s'y succédaient nuit et jour, il aurait eu là un prétexte. Il aurait confondu le bruit des décharges faites aux barricades, près desquelles il était prudemment caché, avec le retentissement imaginaire des prétendues fusillades du champ de Mars. Mais le 13 ! huit jours après que Paris était rentré dans un calme absolu ! nous parler d'exécutions en masse ! de fourgons de cadavres ! c'est se jouer de ses lecteurs. Paris entier n'eût-il pas entendu ces lugubres détonations ? Nous demandons encore un seul témoin à M. Victor Hugo, ne serait-ce que son « passant solitaire ! » (1).

Disons, en terminant ces écœurantes citations,

(1) Ici encore, nous répéterons ce que nous avons dit. A la suite des chimériques fusillades dont parle M. Victor Hugo, le nombre des morts eût nécessairement été considérable chaque jour ; il eût sensiblement augmenté le chiffre quotidien normal des décès, dans Paris, du 4 au 13 décembre.

qu'on est coupable, gravement coupable envers sa conscience, envers son pays, quand, pour l'amour de nuire, on invente d'aussi odieuses calomnies que celles auxquelles nous avons fait, en les reproduisant pour les flétrir, plus d'honneur qu'elles ne méritent.

Sur le chiffre des arrestations opérées pendant ces journées de décembre, on s'est également livré aux commentaires les plus erronés. Le même rapport officiel du préfet de police donne encore le nombre indiscutable des individus arrêtés à la date du 4 décembre. Voici en quels termes ce rapport s'exprime (1) :

« Le chiffre des arrestations a été également l'objet d'une statistique dont je dois ici consigner au moins la substance : deux mille cent trente-trois arrestations politiques ont été opérées. Dans ce nombre figurent deux cent seize représentants. Vingt-neuf seulement sont encore détenus à Sainte-Pélagie où ils sont placés dans les conditions les plus favorables; les autres détenus ont été dirigés successivement sur les forts de Bicêtre et d'Ivry, où ils sont à la disposition de l'autorité militaire, qui statue sur leur sort. »

Si la cessation du combat avait ramené le calme matériel, une décision importante du gouvernement avait causé un apaisement considérable dans les

---

Or, qu'on ouvre les registres de l'état civil du 5 au 13 décembre 1851, et l'on constatera que le nombre des décès dans la ville de Paris est, à quelques unités près en plus ou en moins, le même qu'il était, à pareille date, dans les années précédentes.

(1) *Rapport du préfet de police sur les événements du Deux-Décembre*, page 22.

esprits. Le décret relatif au mode de votation était rapporté. Tenant compte des avertissements dont il avait été assailli, des nombreux rapports que je lui avais communiqués, le ministre de l'intérieur avait remplacé le décret du 2 décembre par un nouveau décret qui supprimait le mode de votation sur registres (1) :

« Le suffrage aura lieu, disait le nouveau décret, au scrutin secret, par oui ou par non, au moyen d'un bulletin manuscrit ou imprimé. » C'est ce que demandait énergiquement l'opinion publique, et cette satisfaction qui lui était donnée produisait une détente salutaire.

Le décret ajoutait dans son article 4 :

« Le scrutin sera ouvert pendant les journées des 20 et 21 décembre, dans le chef-lieu de chaque commune, depuis huit heures du matin jusqu'à quatre heures du soir. »

On ne pouvait accuser Louis-Napoléon d'abuser de son pouvoir désormais incontesté, pour prolonger la dictature en ses mains. La convocation des comices électoraux avait été le premier acte de son autorité nouvelle, et il n'avait apporté aucun délai à leur réunion, que celui rigoureusement nécessaire à la préparation matérielle du scrutin.

Le 21 décembre était la dernière étape de cette lutte acharnée que les partis avaient engagée, depuis plus de deux ans, contre le Prince et contre l'opinion de l'immense majorité du pays. Le 21 dé-

---

(1) Voir le *Moniteur universel* du 5 décembre 1851.

cembre était le jour du dénouement si longtemps attendu. Ce jour-là, la France dirait si elle approuvait ou condamnait l'acte qui venait de s'accomplir. Si elle lui donnait sa sanction, elle sortait enfin des obscurités périlleuses de la révolution pour fonder un gouvernement où se trouvaient réunis de sérieuses garanties d'ordre et de stabilité.

Dans ces jours troublés que venait de traverser le nouveau gouvernement de Louis-Napoléon, nous avons dit déjà avec quel soin il avait évité non seulement les rigueurs inutiles, mais encore celles que ne justifiait pas une absolue nécessité d'État. Les journées des 3 et 4 décembre ont surabondamment prouvé à quel point avaient été nécessaires les arrestations préventives des généraux députés. Quel dangereux fardeau n'eût pas été pour eux leur liberté au moment du combat!

Combattre! se placer à la tête de ces bandes d'insurgés, les mener contre ces vaillantes légions dont ils avaient été les chefs aimés et respectés, tirer sur leurs frères d'armes, et, si la fortune venait à leur sourire, imposer à cette valeureuse armée l'humiliation de la défaite, quelle série de cruelles et poignantes épreuves à traverser!

Et ne pas combattre! rester libres spectateurs d'un soulèvement qu'ils avaient provoqué par leur attitude, par leur langage, par leurs votes à la Chambre. Voir ces malheureux, égarés par leurs excitations, verser leur sang, et ne pas leur donner au moins la consolation et l'encouragement de leur complicité active, quel inacceptable illogisme! A quelles amères récriminations ne les eût-il pas exposés! De quelles injures, de quelles accusations n'eussent-ils pas été abreuvés! Les mots qu'un soldat ne peut entendre, trahison ou lâcheté, n'eussent-ils pas incessamment retenti à leurs oreilles!

Entre ces deux fatales situations, à l'une desquelles les condamnait un terrible dilemme, quelle alternative! Et si jamais la captivité pouvait être désirable, ne l'était-elle pas ce jour-là pour ces illustres généraux! Elle couvrait leur responsabilité si témérairement engagée par eux, et, sans parler de leur vie, elle sauvait leur honneur au prix de quelques jours de liberté perdue.

Mazas n'avait été, dans notre pensée, qu'un séjour provisoire pour ces prisonniers d'État. Ham était la destination qui leur était réservée. Leur translation devait s'effectuer dans la nuit du 2 au 3 décembre. Mais les attributions du préfet de police se limitaient au département de la Seine; c'était donc au ministre de l'intérieur qu'incombait la mission du transfèrement des ex-représentants (1). J'avais donné au directeur de Mazas l'ordre de se dessaisir de ses prisonniers dans des conditions déterminées, et j'avais assuré en même temps la sécurité du départ. Là s'arrêtait mon mandat.

Quel ne fut point mon étonnement quand je m'aperçus, à l'heure fixée pour le départ, que les mesures les plus indispensables avaient été omises. On

(1) Le préfet de police n'a aucune autorité sur les prisons placées hors de Paris et du département de la Seine, elles sont dans les attributions exclusives du ministre de l'intérieur.

n'avait songé, au ministère de l'intérieur, ni aux moyens de transport, ni au service de surveillance durant le trajet de Paris à Ham, ni à la préparation même des logis, ni à l'organisation d'un service de garde spécial à l'intérieur de la prison. L'escorte qui devait accompagner les voitures de Mazas à la gare du Nord, un escadron du 7° lanciers, ainsi que les agents que j'avais postés sur tout le parcours, durent attendre, pendant plusieurs heures, jusqu'à ce que le ministre de l'intérieur eût reconnu la nécessité d'ajourner le départ au lendemain. Le lendemain, j'avais cru prudent d'offrir au ministre de détacher de la Préfecture de police, malgré l'extrême besoin qu'elle avait de tout son monde, le personnel nécessaire à ce transfèrement. Le ministre acceptait avec empressement cet empiètement sur ses attributions, et, finalement, dans la nuit du 3 au 4 décembre, les ex-représentants désignés pour quitter Mazas étaient dirigés sur Ham.

A Ham encore se révélait le manque de prévoyance de l'autorité ministérielle; car, à leur retour, les commissaires me signalaient l'absence d'organisation des services les plus essentiels. J'en faisais part au ministre de l'intérieur par la dépêche suivante :

« *Préfet de police à Ministre de l'intérieur.*

« 6 décembre.

« Les commissaires de police qui reviennent de Ham n'ont trouvé aucun service organisé à la prison. Il serait très important qu'un service de sûreté d'abord, et un service personnel aux détenus ensuite, fussent organisés sans retard. On a laissé provisoirement quatre agents de police.

de Maupas. »

Parmi les prisonniers tranférés à Ham, se trouvaient les généraux Cavaignac, Bedeau, Changarnier, Le Flô, de Lamoricière et le colonel Charras. M. Thiers avait été provisoirement laissé à Paris, sur sa demande.

En dehors de ces ex-représentants, il en restait un nombre considérable, placés à Mazas, à Vincennes et au Mont-Valérien. A Mazas étaient principalement les Montagnards et les hommes exaltés qu'il eût été dangereux de rendre à la liberté ; à Vincennes et au Mont-Valérien étaient plus spécialement les membres de la droite et les républicains modérés de la gauche, dont on n'avait plus rien à redouter après les événements accomplis, et surtout après la satisfaction qu'ils s'étaient donnée de manifester leur réprobation par les démonstrations du 2 décembre.

Que fallait-il faire de cette fraction de l'ancienne Chambre? Notre sentiment fut unanime sur ce point. La mise en liberté fut résolue. Déjà un certain nombre de ces prisonniers à court terme avaient regagné leurs logis, les uns sur leur demande ou sur celle de leur famille, les autres sur l'initiative du Prince, du ministre de l'intérieur, ou sur la mienne (1). Je fus naturellement chargé de rendre

---

(1) Plusieurs ex-représentants auxquels l'ordre de mise en liberté fut communiqué, refusèrent d'en profiter, ne voulant pas séparer leur sort de celui de leurs collègues.

à la liberté ceux qui restaient encore enfermés ; mais mes premiers ordres rencontrèrent d'assez singulières difficultés. A Vincennes, comme au Mont-Valérien, la masse tranquille des ex-représentants, ceux qui ne s'étaient engagés dans la bagarre du dixième arrondissement que par respect humain ou par déférence pour leurs électeurs, laissèrent à peine aux portes le temps de s'ouvrir ; ils se précipitèrent avec joie vers leurs domiciles, heureux de n'avoir pas payé plus chèrement leur tentative de résistance. Un certain nombre protesta au contraire contre une mise en liberté qu'ils n'avaient pas sollicitée. Il fallut en venir aux sommations d'évacuer les lieux de détention et les sommations restèrent vaines.

A Vincennes notamment, les choses avaient pris un caractère véritablement étrange. Le général de Courtigis, en venant me rendre compte des résistances qu'il rencontrait, me faisait, avec son esprit tout militaire, un curieux tableau de l'accueil qui lui avait été fait par ceux des ex-représentants qui refusaient leur liberté : « Le plus acharné dans ses protestations, me disait-il, c'est Odilon Barrot. A peine avais-je annoncé à ces messieurs que j'avais l'ordre de leur ouvrir les portes de Vincennes, qu'il se précipitait sur une chaise, et que, du haut de cette tribune improvisée, il les exhortait, dans les termes les plus violents, à protester contre la décision arbitraire qu'on voulait leur appliquer. » Le général ajoutait : « Je l'ai bien laissé parler pendant quelques instants ; mais, à la façon dont il commençait, nous pouvions en avoir pour une heure ; je pris la parole à mon tour. M'adressant à M. Odilon Barrot, je lui dis : Monsieur Barrot, le temps des discours et des protestations est passé; vous en avez fait pendant vingt ans; vous voyez où cela vous a mené. Je n'ai ni à vous répondre ni à discuter; voulez-vous sortir oui ou non, sans réflexions et sans protestations? Si oui, les portes vous sont ouvertes, si non, je referme les portes et je vais en référer à qui de droit. »

Un silence de quelques minutes accueillait cette mise en demeure si catégorique. Les yeux se tournaient vers M. Odilon Barrot qui s'était arrogé la présidence et la direction de conduite de ses collègues. Il tenait ses dix-huit ans d'erreurs, sous le gouvernement de Juillet, pour des titres à l'infaillibilité et prononçait en maître sur les résolutions à prendre. Aux quelques paroles du général de Courtigis, l'orateur prisonnier répondit solennellement : « Les représentants arrêtés protestent contre le nouvel attentat qu'on veut accomplir sur leurs personnes ; ils ne céderont qu'à la force pour quitter la prison et reprendre leur liberté. »

Ce qui s'était passé à Vincennes s'était produit à peu près également au Mont-Valérien. Comme l'avait justement dit le général de Courtigis, le temps des discours et des protestations était passé; j'avisai à un moyen fort simple qui coupa court à toute discussion. Je me procurai le nombre de voitures nécessaire pour y placer tous ceux des ex-représentants qui avaient persisté à demeurer à Vincennes et au Mont-Valérien. Une fois les voitures arrivées, à Vincennes et au Mont-Valérien, les ex-représentants y prirent place et furent reconduits à leurs domiciles, ou priés de descendre là où la voiture s'arrêtait.

Ce qui restait alors dans les prisons de Paris, comme prisonniers soi-disant politiques, c'étaient les ex-représentants Montagnards arrêtés, quelques-uns préventivement, et la plupart pour participation à l'insurrection; puis les membres des sociétés secrètes, et enfin les individus pris aux barricades ou dans les attroupements séditieux.

Mais il restait encore en liberté un nombre considérable d'hommes dangereux guettant le moment propice pour donner de nouveau le signal de la lutte. L'activité de la Préfecture de police ne dut donc point se ralentir, et les arrestations se continuèrent. Elles amenèrent d'importantes découvertes, des saisies d'armes de toutes sortes, fusils, pistolets, petites bombes, poignards, et de nombreuses munitions. Elles mirent entre nos mains également des papiers précieux pour la justice, car ils établissaient la culpabilité des insurgés arrêtés et mettaient sur la trace de leurs complices.

A partir du 5 décembre, Paris retrouvait son aspect ordinaire. Les affaires reprenaient leur cours. La Bourse, ce thermomètre de la confiance publique, saluait le succès du Coup d'État par une hausse de cinq francs en deux jours. On respirait enfin, on se réjouissait, et beaucoup de ceux qui avaient, par nécessité de situation, protesté contre les événements, bénissaient, au fond de leur âme, cette solution bienfaisante qui assurait à la France une stabilité durable..... durable! autant que pourraient l'être la sagesse et la raison dans un pays si profondément troublé par la Révolution!

CHAPITRE XXIV

LA ACQUERIE EN PROVINCE

L'insurrection dans es départements. — Troubles dans l'Allier. — Prise de La Palisse. — Assassinat des gendarmes. — Le pillage et les orgies de Poligny. — L'occupation et les assassinats de Clamecy. — L'insurrection dans le Gers et l'Hérault. — Massacre des gendarmes. — Le Var et les Basses-Alpes. — Vols et rapines des insurgés, leur défaite. — Ce qu'était, au Deux-Décembre, la force de la démagogie, ce qu'elle eût été en 1852. — Le véritable but des anarchistes. — Leurs appétits et leurs passions. — Quel était le devoir de Louis-Napoléon et comment il l'a compris.

Si forte qu'eût été, à Paris, la résistance des révolutionnaires dans les journées des 3 et 4 décembre, ce n'était là qu'un spécimen très amoindri de la lutte qu'ils se préparaient à engager, en 1852, pour le triomphe de leurs abominables doctrines. Le Deux-Décembre les avait surpris en voie de préparation; leurs provisions d'armes et de munitions étaient loin d'être terminées; leurs cadres étaient incomplets; l'émigration qui devait venir combler les vides n'avait pu être avertie en temps utile; l'embouchage surtout, qui ne pouvait être que l'œuvre de la dernière heure, n'avait pas été pratiqué sur une assez grande échelle, et, au milieu de l'effarement général, les chefs des sociétés secrètes n'étaient arrivés à réunir qu'une faible partie de leurs adhérents. On en avait vu assez cependant pour juger des périls qu'eût pu faire courir à la cause de l'ordre l'armée démagogique préparée, disciplinée, complétée comme elle n'eût pas manqué de l'être pour un rendez-vous donné plusieurs mois à l'avance, pour l'échéance fixe de 1852.

En province, comme à Paris, le Deux-Décembre surprenait les démagogues en voie de formation. On avait, depuis un an, tant parlé d'un coup d'État sans le voir venir qu'ils avaient cessé d'y croire, et qu'ils jugeaient partout la lutte ajournée à sa date constitutionnelle, au mois de mai 1852. Néanmoins, quelle ne fut pas la révélation de leurs forces, de leurs passions anarchiques, et surtout de leurs abominables desseins! Si une terrible jacquerie n'a pas envahi la France entière au Deux-Décembre, c'est encore à notre brave armée, c'est à nos courageux administrateurs et magistrats qu'il faut en avoir la gratitude. Quelles douleurs cependant, quelles cruelles et sanglantes épreuves plusieurs de nos départements n'eurent-ils pas à traverser! Quels actes de barbarie et de férocité n'a-t-on pas eu à déplorer! Quels deuils sont encore vivants au cœur de respectables familles! Quels souvenirs poignants pour l'honneur d'un pays!

Partout, en province, à la première nouvelle des

événements, les démagogues avaient compris que le soulèvement de 1852 se trouvait fatalement avancé, que Paris prendrait les armes, et que leur devoir était de seconder ses efforts par une insurrection générale. Là où l'élément révolutionnaire était le plus vivace, la prise d'armes fut immédiate. Quelques jours furent nécessaires à d'autres départements, où l'organisation était moins avancée, pour commencer leur mouvement; mais, sur beaucoup de points, heureusement, les retards dans la préparation de la lutte conduisirent jusqu'à l'heure de la défaite absolue de l'insurrection de Paris, et le découragement suffit à faire déposer les armes. Ces contrées privilégiées échappèrent ainsi aux dures épreuves de la guerre civile.

Les grandes villes étaient solidement occupées par l'armée; l'agitation y fut grande; l'émeute toutefois n'osa s'y produire que sous forme de menace. Lyon, Marseille, Bordeaux, Nantes, Toulouse eurent leurs rassemblements séditieux. Quelques coups de feu isolés y furent tirés sur les officiers et les troupes, mais ce ne fut pas la bataille, et c'est à cette attitude, relativement pacifique, des grands centres qu'il faut attribuer la résistance de certaines populations à écouter la voix des agitateurs et des recruteurs de l'insurrection.

Dans quelques départements, le terrain était si soigneusement préparé que le soulèvement fut immédiat. Les révolutionnaires purent surprendre les autorités, s'emparer de plusieurs villes, s'y établir en maîtres et y faire régner, durant plusieurs jours, la plus exécrable terreur. Le vol, le pillage, l'assassinat, le viol, l'incendie, rien ne manqua à cette lugubre exhibition du programme de 1852. Il en fut ainsi dans l'Allier, la Nièvre, le Cher, l'Yonne, le Jura, le Gers, le Lot-et-Garonne, l'Hérault, le Var, la Drôme, les Hautes-Alpes et les Basses-Alpes, sans parler d'autres départements où, pour avoir été moins profonde, l'action révolutionnaire n'en laissa pas moins ses traces sanglantes.

C'est aux sources les plus authentiques que nous avons puisé les éléments du récit sommaire que nous allons donner. Nous avons eu, sous les yeux, pour chaque département, les rapports des procureurs généraux, ceux des préfets et ceux de la gendarmerie. Il y a entre eux une complète et triste concordance. Il faudrait plus d'un volume pour retracer les atrocités commises. Le cadre que nous nous sommes tracé ne comporte pas d'aussi longs développements. C'est seulement une analyse que nous faisons ici; mais elle suffira pour donner une juste idée de la haine et des passions féroces qui animaient les ennemis de la société, et pour faire, une fois de plus, tucher du doigt les immenses périls auxquels le Deux-Décembre arrachait la France.

L'Allier était l'un des départements les plus travaillés par la propagande socialiste. A la première nouvelle des événements de Paris, dans la matinée du 3, des bandes d'insurgés armés de fusils, de pistolets, de faux, de fourches, de piques, de poignards, s'étaient formées dans la plupart des cantons; elles se dirigeaient sur Moulins, Gannat, La Palisse et Montluçon. Des femmes et des enfants, munis de paniers et de sacs, destinés à recueillir le fruit du pillage, marchaient à leur suite.

La Palisse eut le triste privilège d'être le premier point occupé par l'insurrection. Une colonne de véritables bandits s'était formée au Donjon. Comme prélude de ses exploits, ils avaient arrêté le maire, M. de La Boutresse, homme respectable entre tous, le juge de paix et quelques notables ; ils les avaient arrachés de leurs demeures au milieu de leur sommeil et les avaient jetés, à demi vêtus, sur une charrette qui, par un froid glacial, devait les conduire à la prison de La Palisse.

A son arrivée à La Palisse, la bande trouvait, pour en défendre l'entrée, le sous-préfet M. de Rochefort et quelques gendarmes ; mais elle dirigeait sur eux une fusillade meurtrière, et ces courageux soldats de l'ordre étaient forcés de se replier sur la sous-préfecture après avoir laissé plusieurs d'entre eux sur le terrain. A peine y étaient-ils arrivés, qu'ils y étaient rejoints par les insurgés qui s'emparaient du sous-préfet et lui faisaient subir les plus durs traitements. Là encore, un nouveau combat s'engageait, et plusieurs gendarmes, dont le lieutenant et le maréchal des logis, tombaient mortellement atteints.

Le malheureux maréchal des logis gisait, criblé de balles. Mais il respirait encore ; un notaire, chef de bande, donne aux scélérats qu'il commande le signal de la profanation ; il lui décharge, dans la poitrine d'abord, dans la tête ensuite, plusieurs coups de pistolet, et c'est à coups de pieds, de pierres, de crosses de fusils qu'on l'achève. On en fait autant pour un gendarme tombé blessé à ses côtés ; on traîne les cadavres; les femmes les percent en tous sens avec des fourches et des poignards, et on fait, autour d'eux, une ronde joyeuse accompagnée des chants de nos mauvais jours et des cris de : *Vive la guillotine! vive la République! à bas les curés! à bas le tyran! mort à tous les traîtres!* Les traîtres c'étaient les honnêtes gens. Puis on se répand dans la ville, on vole, on pille, on se gorge de toutes choses, et le sac de la ville allait s'accomplir, quand un escadron de cavalerie, dirigé sur La Palisse à la première nouvelle des dangers qui menaçaient la ville, se présente à ses portes. C'est alors un sauve-qui-peut dans le camp des insurgés; ils se dispersent dans la campagne, abandonnant leur butin et leurs prisonniers, et laissant, comme trace de leur passage, leurs malheureuses victimes sur le lieu du combat.

Sur les autres points du département, des colonnes mobiles réussissaient à disperser les bandes et, à cela près de quelques escarmouches, l'ordre était rétabli complètement dans la journée du 7. Quatre grandes journées aux prises avec la jacquerie, tel était le bilan du département de l'Allier.

Dans le Jura, les choses avaient eu encore un caractère plus atroce. Poligny devait acquérir, dans l'histoire de cette triste époque, une terrible célébrité. Dans la nuit du 3 au 4, le tocsin sonnait dans toutes les communes environnant Poligny. Le plan, arrêté dès longtemps en prévision d'une occasion favorable, était de s'emparer de cette petite ville, d'en faire un centre d'action et de se porter ensuite sur le chef-lieu du département.

Le programme était rigoureusement suivi. Les insurgés réussissaient à occuper Poligny. Le sous-préfet, le maire, d'autres fonctionnaires encore étaient arrêtés, injuriés, frappés et conduits en prison ; puis on constituait une façon de gouvernement provisoire et on élevait des barricades pour se protéger contre une attaque possible.

C'est alors que la malheureuse ville appartenant à ces sauvages, toutes les atrocités s'y commettent! Moins de sang peut-être qu'à La Palisse, mais en revanche, quelle débauche d'infamies! On pille en bonne règle ; on vide les caisses publiques et celles des habitants; on vole ; on se gorge de tout ce qui donne l'ivresse ; puis on torture, on assassine ; on outrage les femmes et on jette ainsi dans les plus respectables familles un deuil plus poignant que le deuil de la mort. Il faudrait pour la honte de ces scélérats, s'ils pouvaient en avoir, et pour l'édification de ces républicains aveugles qui, sous prétexte de servir la liberté, ne sont que les inconscients auxiliaires de la révolution, il faudrait pouvoir donner ici cet abominable tableau des monstruosités commises durant deux longues journées à Poligny. Mais ces monstruosités, on ne peut ni les donner à lire, ni réveiller, en les rappelant, les douleurs des familles qui en ont été les victimes. Les auteurs de ces attentats sont malheureusement ainsi protégés par l'énormité de leurs crimes contre l'indignation que soulèverait un pareil récit.

Après deux mortelles journées, la troupe peut enfin pénétrer dans Poligny ; mais les insurgés tenaient plus à leur butin qu'à leur pouvoir ; ce pouvoir, ils ne le défendent pas, et leur butin, ils l'emportent en toute hâte, les uns dans leurs demeures, les autres en Suisse pour être ainsi plus sûrs de le dérober aux investigations de la justice.

Dans le Cher, dans l'Ain, dans l'Yonne, même soulèvement des hordes révolutionnaires, mêmes atrocités. Là, c'est un respectable octogénaire qui tombe criblé de balles pour avoir tenté de protéger sa commune. Ailleurs, c'est un prêtre frappé, mutilé, criblé de blessures pour avoir osé parler de paix à de semblables sauvages. Partout c'est le vol, le pillage, et toujours les mêmes crimes provoqués par les mêmes appétits.

Dans ce centre de la France dont nous venons de parler, une malheureuse ville devait se distinguer encore parmi les plus affligées : c'était Clamecy. Il suffit souvent de quelques hommes pour jeter la perturbation et la dépravation dans une contrée entière. Clamecy avait eu le triste privilège de renfermer quelques-uns de ces hardis coquins. Ils avaient embauché de crédules habitants des campagnes en faisant luire à leurs yeux les perspectives traditionnelles de l'insurrection, le partage des biens des riches, et, comme premier acompte, le pillage des caisses publiques et celui de toutes les maisons où on savait trouver un abondant butin. Grâce à ces coupables promesses, les démagogues organisateurs avaient recruté dans la ville, et surtout dans les communes de l'arrondissement, une véritable légion prête à obéir à leurs ordres et à prendre les armes pour le triomphe de leurs espérances. Aux premières nouvelles de l'insurrection de Paris, le signal partait de Clamecy ; le tocsin sonnait dans presque toutes les communes des environs ; les enrôlés prenaient les armes et forçaient les ouvriers, le fusil sur la poitrine, à entrer dans leurs rangs. Les femmes stimulaient l'ardeur ; elles distribuaient les armes et les munitions ; elles préparaient surtout les sacs, les paniers, les véhicules de toutes sortes destinés à rapporter au logis le produit de leurs larcins.

Dans la seule nuit du 5 au 6 décembre, quatre mille insurgés étaient en marche sur Clamecy, et, peu d'heures après, la ville était en leur pouvoir. En toute hâte, ils construisaient, aux entrées de la ville, de solides barricades pour se protéger contre une attaque prévue de la troupe; puis, cette première précaution prise, ils se portaient sur la mairie et sur la caserne de gendarmerie dont ils faisaient le siège.

La résistance n'était pas possible, pour les hommes d'ordre, en face d'un pareil nombre d'assaillants. La mairie était occupée et la caserne prise d'assaut. Un malheureux gendarme, le nommé Bidant, était assassiné avec des raffinements de barbarie. On voulait jouir des douleurs de son agonie ; on traînait son corps mutilé ; on le poussait à coups de crosses de fusils ; on le laissait râler plusieurs heures espérant qu'il pourrait encore entendre tous les blasphèmes qu'on lui criait aux oreilles. Mais on avait à faire ailleurs ; on en finit avec ce martyr en lui écrasant la tête à coups de pierres.

Un autre gendarme était encore assassiné. L'instituteur Mugnier subissait le même sort. M. Mulon, avocat, traversait une rue où se trouvait un groupe d'insurgés; il n'était connu d'aucun d'eux; ses vêtements suffisaient à révéler à quelle classe il appartenait; c'était un bourgeois, comme disaient ces bandits; on avait juré mort aux bourgeois et on tuait M. Mulon.

Si, dans ces lugubres débauches, ce qui représente l'autorité, ce qui, noblesse ou bourgeoisie, s'appelle la richesse, est frappé sans merci, c'est plus spécialement encore ce qui symbolise l'idée religieuse qui a le privilège d'attirer les fureurs des révolutionnaires. Ce n'est pas assez pour eux de renverser les Empereurs et les Rois; ils osent s'en prendre à Dieu; ils brisent son image; ils profanent ses temples; ils outragent ses ministres; ils abreuvent des plus cruelles persécutions ces hommes respectables, ces saintes femmes qui vouent leur existence à l'éducation de la jeunesse et au soin des malades.

Et il n'est que logique ce déchaînement des révolutionnaires contre ce qui, de près ou de loin, tient à la religion. Les principes qu'elle propage, les seuls à l'aide desquels une nation puisse se régénérer, ne sont-ils pas le plus redoutable ennemi qu'ils aient en face d'eux! Si loin qu'ils se tiennent d'elle, l'idée religieuse réussit à atteindre le reste de conscience qu'ils peuvent avoir; elle y fait pénétrer, à leur insu, comme un secret avertissement de leur impuissance, et leur rage redouble à mesure qu'ils sentent l'inanité de leurs efforts. Ils pourront bien, ces impies, égarer un instant, par leurs coupables paroles, par leurs trompeuses promesses, de crédules populations; mais on ne touche point impunément à l'autel; l'Église n'en est pas à ses premières épreuves, comme elle n'en est pas, Dieu merci, à ses premiers triomphes, et nous verrons encore, ils le savent et s'en irritent, la vérité reprendre son empire, et conduire, à travers les siècles, à des jours de calme et de réparation les sociétés éprouvées par de passagères convulsions. Qu'ils le veuillent ou non, qu'ils protestent et déclament, qu'ils outragent et blasphèment, Dieu marquera le terme du châtiment qu'il croit devoir infliger aux nations sous la forme de la domination de ces barbares. Ce jour-là, vaincus et conspués, ils rentreront dans le néant de leur passé, laissant à l'humanité le souvenir de leurs méfaits et de leurs crimes comme un enseignement terrible pour en prévenir de longtemps le retour.

Dans tout pays occupé par l'émeute les prêtres couraient danger de mort. Non loin de Clamecy, le digne curé de Neuvy, M. l'abbé Vilain, était, au sortir de la messe, entouré par une bande d'hommes armés. On l'insulte et on le pousse violemment jusque dans le presbytère. « Tu as des armes cachées; nous voulons tes armes », lui crie-t-on. « Mes seules armes, les voici, et je n'en ai pas d'autres », leur dit le respectable prêtre en montrant un crucifix! Une telle réponse exaspère ces forcenés, on s'empare de lui; on le conduit brutalement en prison; on lui décharge un pistolet dans le côté, la balle lui traverse le corps et on le laisse pour mort sur la place. Mais Dieu voulut que le vénérable ecclésiastique survécut à son martyre. Quelques semaines après cette scène abominable, il était rendu à ses paroissiens au milieu desquels, depuis 26 ans, il vivait entouré d'estime et d'affection. La croix de la Légion d'honneur lui était donnée en récompense du courage dont il avait fait preuve.

A Bonny, le curé, arraché de son presbytère, était injurié, frappé et traîné en prison par une bande d'insurgés. En tête de ce sinistre cortège, marchait une jeune femme portant un sabre et un drapeau et criant : « Mort au curé ! »

A Clamecy un prêtre subissait les plus cruels outrages, il échappait miraculeusement à la mort.

Si dans cette malheureuse ville de Clamecy, les uns tuaient d'inoffensifs habitants et torturaient les prêtres, les autres volaient. On avait été à la recette particulière ; on y avait pris l'argent qu'on avait pu trouver. On allait procéder au pillage des maisons notées à l'encre rouge et, après cela, fusiller les honnêtes gens figurant sur la liste du comité directeur. Mais l'alarme se répand ; les troupes arrivent, elles sont campées en vue de Clamecy ; force est d'abandonner la proie pour courir aux barricades ; on y va juste assez pour apercevoir l'ennemi et se sauver à toutes jambes. Grâce à cette fuite prudente, les insurgés échappent au sort qu'ils méritent ; cinq d'entre eux seulement tombent frappés mortellement, le dos percé de balles. Quelques instants après, Clamecy, occupé par nos soldats, retrouvait la paix ;

les insurgés fuyaient dans toutes les directions, laissant derrière eux leur butin, leurs papiers, leurs listes des maisons à piller et des honnêtes gens à assassiner, toutes les sinistres révélations des forfaits qu'ils n'avaient pas eu le temps de mettre à entière exécution.

Le 9 décembre, les jours de deuil de Clamecy se terminaient par une touchante cérémonie. La ville presque entière, accompagnait, à leur dernière demeure, les deux gendarmes massacrés. M. le procureur général Corbin, ancien ministre de la justice, avait tenu à honorer, par sa présence, ces victimes du devoir et du dévouement au pays. Il prononçait sur leurs tombes ces mémorables paroles qui sont comme le résumé de l'horrible épisode de la Nièvre :

« Officiers, soldats de toutes armes, et tous, Messieurs, en présence de ces deux cercueils, qui ne céderait à sa vive émotion?

« Là reposent deux braves, tous deux morts pour la sainte cause de l'ordre et de la société. Morts pour vous, habitants de Clamecy, tous deux lâchement assassinés par les hordes de la démagogie.

« Deux jours et deux nuits durant, la démagogie a été maîtresse en cette ville..... La populace ameutée, les maisons forcées, envahies et pillées, la terreur dans toutes les âmes honnêtes, huit assassinats, et près de vingt victimes, les plus hideuses saturnales, le sac et le meurtre. Voilà les œuvres, les voilà telles qu'on nous les promettait pour 1852.

« Et sans le Deux-Décembre, sans le patriotique

dévouement de Napoléon Bonaparte, qui doute que la démagogie n'eût tenu parole?

« Mais, elle comptait sans vous, ô notre héroïque armée! qui, il y a quelques jours à peine, versiez votre sang à Paris, et arriviez encore à temps au fond de nos provinces. Elle comptait sans vous, brave gendarmerie, arme d'élite, type de dévouement et du plus vrai courage!..... Et maintenant, Messieurs, recueillez-vous dans un suprême hommage pour ces glorieux martyrs. Honneur à vous, Cléret! honneur à vous, Bidant! Au nom de la magistrature, au nom de vos camarades de toutes armes, au nom de tous les bons citoyens, honneur à vous!

« La patrie n'oubliera pas sa dette envers vos familles et la justice aura bientôt son cours. »

Le midi comme le centre de la France avait à traverser de cruelles épreuves. Dans le Gers, l'insurrection prenait de considérables proportions. Ce n'étaient plus seulement des bandes confuses de pillards et d'assassins, c'était une véritable armée, passablement disciplinée, et commandée par des hommes énergiques. Plus de quatre mille insurgés marchaient sur Auch; six mille au moins s'emparaient de Mirande, et plusieurs milliers se dirigeaient sur Fleurance et autres localités. Mais les forces militaires s'étaient trouvées, dans le Gers, plus à portée de l'insurrection, et le châtiment avait été plus prompt et les excès moins durables.

Là, comme dans le Jura, dans l'Allier, dans la Nièvre, les autorités avaient fait preuve d'autant de dévouement que de courage. Le préfet du Gers,

M. de Magnitot, essuyait le feu des insurgés à côté du colonel de Cognord dont le sang-froid et l'habileté sauvaient la ville d'Auch et préservaient le département.

Le sous-préfet de Lectoure, M. Lacoste, tenait tête aux insurgés, et, malgré toutes leurs menaces, il refusait de se soumettre à leurs volontés. Après plusieurs jours de lutte et de combats, le département était pacifié. La troupe comptait de nombreuses victimes; les insurgés avaient, eux aussi, perdu bon nombre des leurs, sans compter ceux qui, pris les armes à la main, avaient été remis à la justice.

Dans l'Hérault, même soulèvement. Béziers en était le principal théâtre. Le 3, aux premières nouvelles de Paris, le mot d'ordre partait pour les communes voisines, et, le 4 avant le jour, plus de quatre mille insurgés envahissaient la ville. Les sommations de l'autorité soutenue par la troupe étaient accueillies par une violente fusillade. Les morts étaient nombreux des deux côtés. Les plus pressés s'étaient mis au pillage pendant que les autres combattaient. Sans la fermeté de la troupe, Béziers eût été mis à feu et à sang. Et combien d'innocentes victimes périrent dans cette triste journée! On tuait pour tuer; on massacrait des passants inoffensifs; leur seul crime était leur air respectable.

A Bédarieux, les scènes de férocité sont plus abominables encore. On égorge les gendarmes; on brûle leur caserne; on tue les enfants; il en est un qu'on veut brûler vivant; il réussit à s'échapper des flammes, on l'y précipite de nouveau et les chants dits patriotiques, les cris de « *Vive la République!* » ne cessent d'accompagner ces horribles exécutions !

La petite ville de Capestang partage le même sort ; elle est au pouvoir des insurgés et les malheureux gendarmes qui veulent empêcher le pillage tombent sous les balles des assassins. D'un bout à l'autre du département, les bandits promènent la terreur, et il ne faut pas moins que l'énergie du général de Rostolan, qui le parcourt en tous sens à la tête de ses colonnes mobiles, pour décourager l'insurrection et rétablir enfin l'ordre et la sécurité.

Nous ne donnerions ici qu'un aperçu incomplet de cette abominable jacquerie, si nous ne disions un mot des ravages qu'elle a exercés dans les Basses-Alpes et le Var.

Le département des Basses-Alpes forme comme une sorte de banlieue de Marseille. C'est à Marseille que les chefs de la démagogie venaient prendre le mot d'ordre, et ce mot d'ordre, depuis longtemps donné, était celui-ci : « A la première nouvelle d'une émeute à Paris, se soulever, réunir les bandes, s'emparer des principales villes et marcher sur Marseille. » Marseille devait être comme Lyon, Toulouse, Limoges et quelques autres grandes villes, le centre d'un gouvernement provisoire. Au jour du triomphe de Paris, tous ces gouvernements se seraient réunis en un seul.

Au premier avis reçu des événements de Paris, tout le département des Basses-Alpes était en mouvement. Le tocsin sonnait dans les villages, et, en peu d'heures les colonnes d'insurgés se réunissaient en armes aux points déterminés à l'avance. Les armes étaient, comme ailleurs, des fusils, des pistolets, des haches, des sabres, des faux, des fourches, des piques et tous les instruments dont se servent, pour leurs travaux, les ouvriers des campagnes. Les paniers et les sacs n'étaient point oubliés ; ce sont toujours ces engins de rapine qui donnent à l'héroïsme démagogique son véritable caractère.

A Forcalquier, l'horloger Escoffier prend le commandement de l'insurrection. A Manosque, le membre du conseil général du canton, le citoyen Buisson, se met à la tête des bandes.

C'est par Forcalquier qu'on commence. La ville est sans troupes et hors d'état de se défendre ; deux mille insurgés s'en emparent et se rangent en bataille devant la sous-préfecture. On somme le sous-préfet, M. Paillard, de se constituer prisonnier ; il résiste énergiquement et proteste contre les violences qu'on veut exercer sur le représentant du gouvernement. Il donne courageusement, et à haute voix, aux quelques gendarmes qui l'entourent, l'ordre de résister ; mais il est immédiatement saisi ; cent fusils sont braqués sur lui et on le somme encore de se rendre.

« Tuez-moi » répond-il, « mais je ne trahirai jamais mon devoir, je ne me rendrai pas. » Un affreux tumulte se produit ; un immense cri de mort se fait entendre ; mais le chef, Escoffier, est ému d'un si grand courage ; il relève les armes d'où la mort allait sortir et parvient un instant à arrêter ces forcenés.

On ne veut pas cependant abandonner une semblable proie ; on se rue sur M. Paillard ; par respect pour l'ordre du chef, on ne tue pas ce vaillant magistrat ; mais on le frappe, on l'outrage ; des coups de crosse de fusil lui font d'affreuses meurtrissures, des coups de baïonnette déchirent ses vêtements, l'un d'eux lui traverse la jambe et le sang jaillit à flots. On pensait à tout ; le laisser à Forcalquier, c'était s'exposer à voir la réaction l'y délivrer ; on va le conduire dans un village distant de plusieurs kilomètres. Si brisé qu'il soit, il faut qu'il marche, et on le traîne, les menottes aux mains, la corde au cou, au milieu d'une haie de bandits devisant, près de lui, sur le genre de supplice qu'on lui réserve. Le soir, en arrivant au village des Encontres, dans une tanière dont on faisait sa prison, M. Paillard tombait évanoui en proie aux plus vives souffrances. Il fallait que chez lui le corps fût trempé comme le cœur pour n'avoir pas succombé aux tortures qu'il venait d'endurer. Loin de se laisser abattre, il ne songeait qu'à venir en aide à ses malheureux administrés. Après quelques moments de repos, il faisait un suprême effort et réussissait à s'enfuir pour aller chercher des secours.

Presqu'au même moment, Manosque, Sisteron et d'autres localités importantes étaient également occupées par les bandes, et, de tous les points du département, on marchait sur Digne qui, n'étant défendue que par quelques recrues, tombait au pouvoir de l'insurrection. A Digne comme à Sisteron, comme à Forcalquier, comme partout, le premier soin des bandits était de piller. Les caisses publiques étaient naturellement les mieux garnies et les premières ouvertes.

Une note communiquée par le ministère de l'intérieur aux journaux officieux nous apprend comment le courageux receveur général de Digne, le vicomte de Matharel, parvint à sauver une partie des deniers de l'État.

« Dès l'approche des bandes insurgées qui marchaient sur Digne », est-il dit dans cette note, « M. de Matharel fit déposer à la caserne, par mesure de prudence, une partie de son encaisse (15,000 francs), et il se chargea d'une somme égale en billets de banque. La caserne, qui n'était gardée que par quelques conscrits du 25e léger, dut, pour éviter le désarmement dont ils étaient menacés, faire des concessions aux chefs de l'insurrection, et particulièrement celle de remettre l'argent du Trésor, qu'ils réclamaient au nom de sept mille paysans armés jusqu'aux dents. Un refus eût nécessairement amené des contributions forcées, et probablement le pillage et l'incendie de la ville.

« Le lendemain, non satisfaits des ressources trouvées à la caserne, les chefs de la révolte revinrent auprès du receveur général pour lui demander une somme de 14,000 francs qu'il fallait encore, disaient-ils, pour la solde des hommes.

« Heureusement le sang-froid de M. de Matharel ne

lui fit pas défaut, il résista et put non seulement soustraire à l'insurrection la moitié de son encaisse, mais encore sauvegarder les bureaux et les archives de la recette générale, en restant à son poste jusqu'à la fin. »

Pendant plusieurs jours, le département entier des Basses-Alpes fut au pouvoir de l'insurrection, et il ne fallut pas moins qu'une campagne en règle pour en reprendre possession. Les insurgés, cernés de toutes parts, n'abandonnèrent pas leur proie sans livrer bataille ; ils laissèrent un certain nombre de morts sur le terrain. Plus de huit cents prisonniers, parmi lesquels beaucoup de leurs chefs, tombèrent aux mains de nos soldats.

Le 11, Forcalquier était repris. Le 12, Digne était délivrée. Le 16 seulement, les colonnes mobiles avaient délogé les bandits de toutes leurs positions. L'insurrection avait, durant douze jours, occupé et terrorisé ce malheureux département.

Dans le Var, même ensemble dans le soulèvement, mêmes succès des insurgés aux premiers jours, mêmes vols, mêmes pillages, mêmes assassinats. A Cuers, où les gendarmes sont massacrés avec des raffinements de cruauté, le cadavre de l'un d'eux est mis en lambeaux, et, aux applaudissements de ses complices, l'un des chefs de la bande se lave les mains dans le sang tout fumant de la victime. Là encore l'armée vient rétablir l'ordre et châtier les coupables; dans une seule rencontre, quarante insurgés sont tués; un plus grand nombre sont blessés; des arrestations sont faites et on parvient à saisir des armes, des munitions en abondance et quelques bribes des larcins commis par ces grands citoyens.

Dans les départements de Vaucluse, du Gard, de la Drôme, de l'Ardèche, et dans d'autres encore les mêmes atrocités se retrouvent.

Mais nous en avons dit assez sur ces temps de terreur. Nous n'avons évoqué de si honteux souvenirs que pour en tirer deux enseignements dont aucun homme de bonne foi ne méconnaîtra la valeur. Les scènes terribles que nous avons retracées nous montrent à la fois quel était le but réel de l'insurrection, quelle était sa force au Deux-Décembre et ce qu'elle eût été en 1852.

La force! nous en voyons la révélation par les départements où l'organisation révolutionnaire était le plus avancée. Quand les départements les moins peuplés de France, les Basses-Alpes, le Var, le Gers ont pu mettre chacun, au premier signal, plus de quinze mille combattants sur pied, qu'on juge par là de ce qu'eût été l'armée de la jacquerie, si, à cette date du 2 Décembre, la lutte se prolongeant quelques jours de plus, un contingent proportionnel eût pris les armes dans chacune des provinces.

Et si, au lieu de quelques jours seulement, les révolutionnaires eussent eu devant eux les six mois qui les séparaient de l'échéance fatale de Mai 1852, quelles proportions effrayantes n'eût pas pris leur organisation! Quel immense réseau de fer et de feu n'eût pas enlacé la France entière!

Au Deux-Décembre, on n'avait même pas encore, nous l'avons dit, complété l'enrôlement. On n'avait que des armes imparfaites, des munitions en faible quantité, et peu d'argent pour encourager le soulèvement et solder les combattants.

Et en effet, l'enrôlement : il était gêné par la surveillance constante de l'autorité ; il ne pouvait se faire que lentement ; ce n'était pas trop des six mois que donnait 1852 pour achever cette tâche compromettante.

Les armes et les munitions : on ne pouvait, sans courir le danger de perquisitions, les placer en dépôt par quantités importantes, et, d'autre part, les distribuer aussi longtemps à l'avance, c'était donner l'éveil et exposer à la fois celui qui les offrait et celui qui les acceptait.

L'argent : on pouvait moins que le reste encore le répandre à l'avance. La nature des dépositaires permettait de penser qu'il eût servi à tout autre usage qu'à celui qu'on lui destinait ; il n'en fût plus resté à l'heure où son action fût devenue nécessaire. L'argent était donc encore dans les bourses ; les armes et les munitions étaient à l'étranger chez ceux qui devaient les fournir.

Mais en 1852! l'enrôlement eût été complet, les cadres à leur poste, les armes et les munitions aux mains des insurgés, l'argent répandu en province comme il put l'être à Paris, et ces effroyables bandes de la démagogie, organisées, disciplinées eussent été prêtes à livrer bataille à la société et à accomplir sur elle ses exécrables attentats. Au lieu d'engagements isolés, ne pouvant aboutir qu'à des résultats partiels, on était menacé d'un soulèvement général ayant pour objectif raisonné l'occupation et la domination du pays tout entier. L'armée, au lieu de pouvoir se concentrer sur des points déterminés, comme elle l'avait fait au Deux-Décembre, eût été contrainte à se disséminer. Au lieu du succès qu'elle avait obtenu, un échec était possible. Si donc la force de l'insurrection avait été puissante sur quelques points au Deux-Décembre, on ne saurait méconnaître qu'en 1852 elle devait être cent fois plus redoutable.

Et le but de l'insurrection, quel était-il? Le but n'eût point changé. Il eût été, en 1852, le même qu'au Deux-Décembre. Nous l'avons vu dans toute sa vérité, dans tout son cynisme.

Ce serait poétiser à faux la jacquerie de 1851, que de lui attribuer un but politique. Elle ne songeait point à changer la forme du gouvernement, puisque, dans tous les cas, on s'accordait à rester en République; elle ne se préoccupait pas même de substituer une doctrine à une autre, car ce n'était pas à l'aide de semblables subtilités qu'on eût réussi à exciter les masses. On ne pouvait les soulever qu'en faisant appel à leurs passions et à leurs appétits; et c'est ce qu'on s'appliquait exclusivement à faire.

Leurs passions! c'était la haine du riche, du prêtre, du gendarme et de l'autorité; parce que le riche possédait ce qu'on voulait avoir; parce que le prêtre enseignait la religion et la morale, les seuls freins propres à combattre la perversion sociale; parce que le gendarme représentait la protection des honnêtes gens et celle de la propriété; parce que l'autorité était la sentinelle vigilante d'un pouvoir tutélaire.

C'est pour ces causes qu'on arrêtait et qu'on tuait les riches, qu'on outrageait et qu'on assassinait les prêtres, qu'on égorgeait et qu'on massacrait les gendarmes, et que, partout, on se ruait sur les magistrats dépositaires de l'autorité, les injuriant, les emprisonnant, les punissant, par des tortures, de leur courage et de leur fidélité.

Leurs appétits! c'était la possession de la chose d'autrui, et toute chose était bonne à prendre ; l'argent d'abord, et on pillait les caisses, on forçait les tiroirs. On emportait ce qui était transportable, les vins et les liqueurs surtout, après s'en être gorgé. Leurs appétits, c'était donc le vol et le pillage ; voilà pourquoi les enfants et les femmes suivaient, avec leurs paniers et leurs sacs, les colonnes de combattants.

Dans ces actes de pillage soigneusement prémédités se trouve la plus exacte de toutes les définitions du but de la jacquerie de 1851, comme de celle qui se préparait pour 1852.

Et maintenant, disons quelles sont, de tous ces faits, les conséquences qui s'imposent.

Louis-Napoléon, comme chef de l'État, avait en ses mains tous les moyens d'informations pour connaître la situation vraie du pays. Les préfets, les procureurs généraux, les chefs de la gendarmerie centralisaient une série de rapports dans lesquels les projets, les agissements de la démagogie étaient minutieusement dévoilés. La substance de ces rapports était incessamment placée sous les yeux du Prince. Louis-Napoléon savait donc, jusque dans leurs détails, quels étaient les plans de la démagogie, ses forces présentes, ses forces futures possibles, son but et les exécrables moyens qu'elle emploierait pour l'atteindre.

Quels devoirs imposait au chef de l'État la révélation certaine d'aussi redoutables périls? Devait-il se borner à l'action répressive de la justice? Mais la jacquerie était l'hydre à mille têtes! Ce n'est point par des moyens ordinaires que d'aussi considérables entreprises s'arrêtent. S'en tenir à cette insuffisante poursuite d'un ennemi acharné, c'était s'acheminer, sans prévoyance, vers le bord de l'abîme, où se fussent à la fois engloutis, en 1852, le chef de l'État, le gouvernement et la société. Était-ce ainsi, était-ce par une semblable incurie que Louis-Napoléon devait répondre à la confiance du pays qui, au 10 décembre, s'était jeté dans ses bras pour y trouver un sauveur! Existait-il une considération assez puissante pour le détourner de l'accomplissement du mandat qu'il tenait de la France entière! Les intrigues des partis, leurs savantes machinations pour paralyser l'action du Chef de l'État et gagner ainsi le cataclysme de 1852 dans l'espoir d'en profiter, les entraves ingénieuses qu'on avait accumulées pour écarter toute solution pacifique et constitutionnelle, étaient-ce donc là des contraintes auxquelles il convenait de se soumettre et qui pussent entrer en balance avec les immenses intérêts que Louis-Napoléon avait charge de défendre!

Louis-Napoléon porta plus haut son regard; il vit

devant lui la France éplorée, menacée d'un abominable vandalisme, et, écoutant à la fois son cœur et sa raison, il sentit en lui la force et la puissance de sauver le pays : **il fit le Deux-Décembre, et le pays fut sauvé!**

CHAPITRE XXV

QUATRE MOIS DE DICTATURE

Le scrutin du 21 décembre. — Comment Louis-Napoléon fait usage de sa toute-puissance. — La Constitution de 1852. — Attitude de M. de Morny vis-à-vis du Prince et de ses collègues ; son hostilité contre le préfet de police. — Retraite du ministre de l'intérieur. — Dislocation du cabinet. — Le nouveau ministère de la police générale.—Lettre du Prince-Président à ce sujet. — Sénat et Conseil d'État. — Les décrets relatifs aux biens de la famille d'Orléans. — Décret organique sur la presse. — Où peut se trouver la vérité en matière de presse. — Décrets organiques sur le Conseil d'État et le Corps législatif. — Quel rôle était réservé au Sénat. — Convocation des collèges électoraux. — La candidature officielle. — Difficultés que soulève le choix du président du Corps législatif. — Ce qu'avait été, pour la France, la dictature de Louis-Napoléon.

Pour assurer à cette grande œuvre du Deux-Décembre sa complète efficacité, pour rendre ses effets durables, deux forces étaient nécessaires : celle du Prince et celle du pays. Nous avons vu comment le Prince avait compris le devoir que lui imposaient les circonstances; nous allons voir comment le pays, à son tour, sut comprendre le sien.

Le peuple était convoqué dans ses comices pour les 20 et 21 décembre. Il devait dire s'il approuvait ou s'il condamnait l'initiative prise par Louis-Napoléon, s'il acceptait ou repoussait le programme de gouvernement qui lui était soumis par la proclamation du Deux-Décembre.

Le vote du 21 décembre 1851 était une véritable fête nationale; chaque électeur y apportait sa part d'allégresse et courait aux urnes déposer le bulletin qui devait concourir à assurer son salut. Les maisons étaient pavoisées; la joie et la confiance se lisaient sur tous les visages. Le dépouillement du scrutin n'était plus qu'une formalité, tant on savait à l'avance quel en serait le splendide résultat. Ce résultat dépassait encore toutes les prévisions, toutes les espérances.

Voici quels en étaient les chiffres :

Votants.	8,116,773
Oui	7,439,216
Non	640,733

Dans ce nombre de 640,000 opposants, figuraient les intransigeants légitimistes, respectables dans l'inflexibilité de leurs convictions, les orléanistes militants et quelques républicains de bonne foi; mais ce qui y dominait, c'était le personnel de l'insurrection dont il fallait toutefois déduire ceux qui étaient sous les verrous, ceux qui avaient jugé prudent de passer la frontière, ceux enfin qui, ayant eu maille à partir avec la justice pour vol, banqueroute, incendie, assassinat ou autres peccadilles démagogiques, étaient privés de leurs droits civils et politiques.

Le 31 décembre, la commission consultative portait à l'Élysée le résultat du plébiscite, le procès-verbal des votes émis. Dans sa réponse au discours de M. Baroche, le Prince prononçait ces mémorables paroles :

« La France a répondu à l'appel loyal que je lui avais fait. Elle a compris que je n'étais sorti de la légalité que pour rentrer dans le droit..... »

Tel était le mot du grand événement qui venait de tenir la France et l'Europe attentives. Tel était le dénouement de la lutte opiniâtre de la majorité de l'Assemblée contre le Prince, de la résistance aveugle de cette majorité aux vœux itérativement émis par le pays.

Nous pourrions nous arrêter ici; car ici prennent fin les événements dont le titre de ce livre annonçait l'histoire. La présidence que Louis-Napoléon tenait de l'élection du 10 décembre va subir de fondamentales transformations. Nous aurons successivement la présidence dictatoriale, puis la présidence décennale que nous pourrions appeler la première forme de l'Empire. Sans vouloir faire, à présent, l'histoire complète de ces deux formes nouvelles du pouvoir de Louis-Napoléon, qui le menèrent à l'Empire, nous ne pouvons nous dispenser de jeter un regard sur elles et de relever les principaux événements qui les dominent. Après avoir rappelé quel enchaînement de circonstances avait commandé le Deux-Décembre, après en avoir écrit les émouvantes péripéties, nous aurons ainsi montré quelles furent ses conséquences, et quelles solides assises il offrait pour l'établissement d'un régime nouveau.

Si le Deux-Décembre avait donné à Louis-Napoléon une aussi grande autorité que celle des souverains les plus puissants, il n'en avait pas fait un empereur, et c'était là, pour une partie de la nation, une cause de vifs regrets. Le 21 décembre, les sept millions de suffrages qui acclamaient Louis-Napoléon eussent, à de rares exceptions près, restauré l'Empire (1); mais le Prince-Président se jugeait engagé à ne pas faire tourner au détriment de la forme républicaine l'acte qu'il venait d'accomplir; il voulait lui laisser son caractère de désintéressement; il voulait sauver le pays de la barbarie qui menaçait de l'envahir et lui rendre la libre disposition de ses destinées. C'en était assez pour sa récompense et pour sa gloire. Louis-Napoléon n'avait demandé de pouvoirs que les pouvoirs nécessaires pour substituer à des institutions bâtardes, illogiques et périlleuses, des institutions qui assurassent la stabilité et permissent le retour de la prospérité; il s'était obstinément refusé à profiter de sa toute-puissance pour changer, en une couronne souveraine, le titre de président, de premier magistrat de la République.

(1) Notre supposition se justifie amplement par le vote du 22 novembre 1852. A cette date, en effet, on verra l'Empire rétabli par 7,824,189 suffrages, c'est-à-dire par 384,913 voix de plus que n'en avait obtenu, au 21 décembre, Louis-Napoléon pour la présidence décennale

Soucieux d'accomplir sa tâche, le Prince s'était mis immédiatement à l'œuvre pour faire sortir du Deux-Décembre tout ce qu'il promettait et tout ce qu'on en attendait. La rédaction de la Constitution, la préparation des lois organiques, l'examen des questions de personnes, la composition des grands corps de l'État, tout était mené de front et l'attente du pays ne devait être que d'une courte durée.

Le 14 janvier, en effet, apparaissait la manifestation la plus essentielle des pouvoirs donnés à Louis-Napoléon. Il promulguait la Constitution.

Dans cette constitution du 14 janvier 1852, se retrouvait tout le programme que Louis-Napoléon nous avait exposé à Saint-Cloud quelques semaines avant le Deux-Décembre. La Constitution de l'an VIII servait de base à celle de 1852. Le pouvoir législatif s'exerçait collectivement par le Président de la République, le Sénat et le Corps législatif. Un Conseil d'État rédigeait les projets de loi et en soutenait la discussion devant les Chambres. Le Chef de l'État était responsable ; les ministres l'étaient, politiquement, envers lui seulement. La Constitution était revisable, et la large part d'attributions qui était faite au pouvoir exécutif pouvait ainsi, dans l'avenir, se diminuer sans secousse, par le jeu naturel des institutions, au profit des Assemblées dont le rôle était étroitement limité.

Le pays n'était point oublié dans la répartition des attributions constitutionnelles ; il nommait les députés au Corps législatif, et le suffrage universel rétabli permettait à chaque citoyen, jouissant de ses droits civils et politiques, de participer à l'action gouvernementale.

Il serait inexact de dire que cette Constitution était l'œuvre personnelle de Louis-Napoléon, mais il en était l'inspirateur. D'éminents jurisconsultes, et principalement MM. Troplong, de Meynard et Rouher, avaient été ses utiles collaborateurs.

La Constitution de 1852 répondait incontestablement aux exigences de son époque, et si elle était discutable à quelques égards, si notamment le contrôle des actes du pouvoir exécutif était entouré de précautions qui en rendaient la pratique difficile, la critique était en partie désarmée par cette clause essentielle et prévoyante de « la revision ». La revision permettait en effet, et par un mécanisme facile à mettre en mouvement, d'apporter au pacte fondamental les perfectionnements dont le temps et l'usage auraient démontré l'utilité.

L'accueil fait à la Constitution fut généralement favorable. La partie intelligente de la nation y vit, étant donné les circonstances, un sage équilibre entre le principe d'autorité et la liberté. Le pays entier trouva dans l'empressement que mettait Louis-Napoléon à se dépouiller de la dictature, un témoignage de sa modération et de sa réserve à user du pouvoir que les événements avaient fait si considérable en ses mains.

Ces graves questions constitutionnelles n'avaient pas été seules, nous l'avons dit, à s'imposer au Prince dans les premiers instants de son pouvoir nouveau. Les questions de personnes prenaient une large part dans ses préoccupations. Il avait à penser à la formation du Sénat et du Conseil d'État, et au remaniement du ministère, mesure nécessaire à ses yeux.

Le remaniement du cabinet était effectivement, et pour diverses causes, devenu inévitable. M. de Morny affectait, vis-à-vis du Prince, des allures qui heurtaient sa susceptibilité, et il prenait, avec quelques-uns de ses collègues, des airs de supériorité qui ne réussissaient qu'à les blesser. Il voulait tout régenter, sans avoir, à beaucoup près, les qualités nécessaires pour un rôle aussi prépondérant. L'expérience des affaires d'État lui manquait, et il faisait trop souvent passer son intérêt personnel avant l'intérêt public (1).

Le Prince voulait toujours que M. de Persigny prît place dans ses conseils; M. de Morny persistait à s'y opposer énergiquement, et il tentait, en même temps, de faire écarter du cabinet plusieurs de ses membres dont il n'avait ni la sympathie ni la confiance. Il voulait surtout faire remplacer le préfet de

---

(1) M. Fould, qui était doué d'une rare pénétration, avait jugé que la présence de M. de Morny au sein du conseil ne pouvait se prolonger. Il reconnaissait, tout en ayant de l'affection pour lui, que la nature de ses relations avec le Prince, et avec quelques-uns de ses collègues devait fatalement aboutir à une rupture. Il s'était fait le pivot d'un remaniement du cabinet, et s'était ouvert à moi de ses intentions; il m'avait demandé d'entrer dans cette combinaison nouvelle, et m'avait prié de me faire, à l'Élysée, l'auxiliaire de ses projets. Il offrait au Prince de donner à M. de Persigny les affaires étrangères; et de créer un ministère nouveau, celui de la police générale, auquel serait appelé le marquis de Turgot

police, dont la vigilance l'inquiétait et le gênait. C'était trop entreprendre à la fois, pour quelqu'un surtout dont le crédit déclinait. Il ne sera pas sans intérêt d'entrer dans quelques explications sur ce dernier point.

M. de Morny, qui était engagé dans de nombreuses affaires, attachait le plus grand prix à être renseigné sur toutes choses. Un préfet de police était donc pour lui une très précieuse relation. Il avait facilement attiré dans son intimité mon prédécesseur M. Carlier et il souhaitait que les mêmes rapports pussent s'établir entre nous. A mon arrivée à la préfecture, j'avais été de sa part l'objet de nombreuses avances. Les invitations s'étaient multipliées. Pour diverses causes, j'avais jugé prudent de n'y pas répondre. Une froideur naturelle avait succédé à cet empressement intéressé et elle s'était augmentée de certaines dissidences qui s'étaient produites entre nous pendant les journées du Deux-Décembre. Peu de temps après les événements, répondant à une demande très pressante du Prince, j'avais dû lui signaler les gros bénéfices réalisés à la Bourse, pendant les événements, par quelques grands spéculateurs *désignés par lui-même*. M. de Morny eut connaissance de mon travail, et, de ce moment, sa froideur s'accentua sensiblement. Il eut recours à tous les moyens pour m'aliéner la confiance du Chef de l'État; mais l'entreprise était périlleuse, et M. de Morny ne tarda pas à s'en apercevoir. M. Carlier était son complice et son agent dans cette ténébreuse machination. L'ancien préfet de police était chargé, par lui, de me faire surveiller. Mes actes, mes paroles, mes démarches étaient exploités, commentés et travestis; divers rapports avaient été remis au Prince; ils étaient donnés comme l'expression toute spontanée des plaintes et des critiques de l'un de mes employés de la Préfecture de police. Cette surveillance, ou plutôt ce service de surveillance, m'avait été révélé par un agent très dévoué. J'avais informé le Prince de ces agissements, et j'avais pu voir qu'ils l'avaient indisposé contre leurs auteurs; il ne me sembla pas hors de propos de lui fournir, un jour, la preuve matérielle de ces intrigues. Je pus me procurer les minutes elles-mêmes des rapports adressés au Prince; elles étaient écrites de la main de M. Carlier, et, pour comble d'évidence, l'une d'elles était corrigée de la main de M. de Morny. Muni de ces pièces, j'avais été trouver le ministre de l'intérieur et je lui avais reproché son manque de confiance en son préfet de police. Que de protestations contre une pareille supposition n'accueillirent pas mes paroles! J'en attendis la fin pour sortir de mon portefeuille et montrer au ministre les minutes des rapports, et celle notamment corrigée de sa propre main. Ce devait être là le dernier mot de notre entretien, et, prenant congé du ministre, je me rendais à l'Élysée. Je remettais à la fois au Prince les minutes des rapports Carlier et ma démission. Je tenais à rendre au Chef de l'État toute sa liberté pour choisir entre deux hommes dont la présence simultanée au sein du gouvernement devenait impossible celui qui conservait ses sympathies et sa confiance. Le parti du Prince, à l'endroit de M. de Morny, était arrêté depuis quelques jours. Il n'attendit pas les explications complémentaires que je me proposais de lui soumettre pour me faire part de ses résolutions. « J'étais décidé, me dit-il, à me séparer de Morny ; je devais prochainement le lui annoncer ; mais voici un incident qui hâte nécessairement la solution. Reprenez votre démission et demeurez ici. »

Et, en effet, en sortant du cabinet du Prince, j'étais resté dans la pièce qui le précédait, causant avec M. Mocquart. Une demi-heure après, je voyais M. de Morny entrer à son tour près du Prince ; il en sortait bientôt, et il n'était plus ministre de l'intérieur. M. de Morny annonçait à M. Mocquart et à moi que, fatigué et désireux de reprendre sa liberté pour la conduite de ses affaires, il venait de prier le Prince de le remplacer.

Cet incident se passait le 14 janvier à dix heures du matin ; c'est, pièces en main, que nous en avons fait le récit sommaire.

Pour que tout soit dit sur les origines de la disgrâce de M. de Morny, il faut encore pénétrer plus avant dans ses rapports intimes avec Louis-Napoléon. M. de Morny jugeait qu'après les services rendus par lui au Deux-Décembre, il avait droit à une récompense d'un ordre tout exceptionnel. Il s'attendait à la recevoir aussitôt l'événement accompli ; il se berçait des rêves les plus irréalisables. Cependant les jours s'écoulaient et rien ne venait. Son attente se traduisait par un mécontentement visible. Il prit enfin le parti de s'ouvrir au Chef de l'État de ses prétentions; elles furent trouvées, les unes excessives, les autres déplacées; ces dernières étaient d'une telle nature qu'il ne nous convient pas de nous expliquer sur elles (1). Celles qui avaient été jugées excessives par le Prince, finirent, à la longue et à force d'insistance, par être arrachées à sa bonté. M. de Morny fut d'abord élevé à la dignité de grand-croix de la Légion d'honneur et reçut plus tard le titre de duc. Mais le début de ses négociations pour obtenir ces faveurs, aussitôt après le Deux-Décembre, avait irrité le Prince et avait contribué à faire naître dans son esprit un vif désir de se séparer de son ministre.

Si on eût été encore au temps du gouvernement parlementaire, on eût pu dire que la retraite du ministre de l'intérieur ouvrait définitivement la crise ministérielle qui existait depuis quelques jours à l'état latent. Le régime nouveau ne comportait pas de crise ministérielle proprement dite. La solidarité, cet élément généralisateur du grief de l'un ou de l'autre des ministres, n'existait plus. Là était un des caractères du régime nouveau. Un ministre pouvait disparaître sans que ses collègues eussent le devoir de s'associer à sa destinée; s'ils l'eussent fait, ils se fussent mis à l'état de contradiction et de protestation

---

(1) M. Granier de Cassagnac dans ses *Souvenirs du second Empire* donne, sur les prétentions de M. de Morny, des indications aussi exactes qu'intéressantes ; il révèle la cause vraie de l'éloignement fort naturel que le Prince eut toujours pour M. de Morny, et dont il ne se départit le plus souvent que pour échapper à des obsessions pénibles.

contre les institutions dont ils étaient les premiers auxiliaires. La retraite de M. de Morny, sa démission comme il l'appelait, eût donc laissé le ministère en entier à son poste, si d'autres causes n'avaient jeté dans son sein des germes plus profonds de dislocation.

Peu de jours, en effet, après la démission de M. de Morny, que le Prince n'avait pas immédiatement remplacé parce qu'il jugeait imminent le remaniement du cabinet, le bruit se répandit que le Président se proposait de faire rentrer à l'État, par un simple décret, ceux des biens de la famille d'Orléans qu'ils avaient recueillis comme héritage du roi Louis-Philippe Ier. Plusieurs des ministres blâmaient vivement cette résolution. Ils y voyaient un acte injuste et impolitique. Ils avaient eu, pour la maison d'Orléans, des sentiments de sympathie qui ne leur semblaient pas permettre une complicité, même indirecte, dans cette mesure.

Et, en disant indirecte, nous consacrons la doctrine de non-solidarité des ministres. Au ministre signataire du décret, seul, devait appartenir la responsabilité de la mesure. Les autres membres du cabinet pouvaient blâmer la résolution du Prince, la combattre, s'y opposer jusqu'à la dernière heure, chercher même, après son accomplissement, à en amoindrir les effets; mais protester par une démission collective, c'eût été, nous le répétons, une réminiscence inopportune du passé parlementaire; c'eût été substituer l'ancienne doctrine de la responsabilité des ministres aux dispositions du paragraphe 2 des bases constitutionnelles consacrées par le plébiscite du 21 décembre 1851.

Les hommes qui avaient été bercés avec les institutions parlementaires ne pouvaient aisément se plier à cette doctrine nouvelle. L'annonce que fit le Prince à ses ministres de sa résolution relative aux biens de la famille d'Orléans créa, cette fois, une véritable crise. Ceux qui blâmaient la mesure et ne croyaient point, en raison de leurs antécédents, pouvoir s'y associer, même indirectement et passivement, annoncèrent au Président leur volonté de se retirer. Ceux qui, sans approuver le décret, ne se croyaient pas solidarisés avec le ministre qui devait le contresigner et en assumer la responsabilité directe, ne donnèrent pas leur démission. Le cabinet se trouva ainsi partagé en deux camps. Trois ministres se retirèrent, MM. Fould, Rouher et Magne; cinq, MM. le marquis de Turgot, Ducos, le général de Saint-Arnaud, Fortoul et Lefèbvre-Duruflé consentirent, sur les vives instances du Prince, à demeurer à leur poste, tout en condamnant la résolution.

Pour M. de Morny, cette crise ministérielle avait été une coïncidence favorable à son amour-propre. Au lieu de sortir seul du ministère, il noyait sa retraite dans celle de ses collègues, et le Prince n'ayant pas divulgué son entretien du 14 janvier avec M. de Morny, ce dernier ne manquait pas de dire qu'il se retirait, comme ses collègues, sur la question des biens d'Orléans. Cette erreur, sans importance d'ailleurs, est devenue la version la plus généralement acceptée (1). Disons, toutefois, que M. de Morny blâmait les décrets relatifs à la famille d'Orléans, et qu'il s'en était expliqué avec le Prince.

Le 16 janvier, le Prince, sans s'en ouvrir encore à d'autres qu'à MM. de Saint Arnaud, de Persigny et à moi, s'était arrêté à la combinaison suivante : MM. de Casabianca au ministère d'État, de Saint Arnaud à la guerre, de Persigny aux affaires étrangères, de Maupas à l'intérieur, marquis de Turgot à la police générale, marquis d'Audiffret aux finances, Ducos à la marine, Fortoul à l'instruction publique, Lefèvre-Duruflé à l'agriculture, au commerce et aux travaux publics.

Cette combinaison était en partie connue du monde politique, et on s'étonnait chaque jour de ne pas la voir paraître au *Moniteur*. Diverses causes motivaient cet ajournement. M. Ducos persistait à se retirer. Le Prince ne voulait pas être privé des précieuses lumières de cet homme éminent. Le marquis de Turgot ne consentait à rester dans le conseil qu'à la condition de conserver son portefeuille des affaires étran-

---

(1) MM. Granier de Cassagnac et Paul de Cassagnac, dans leur *Histoire populaire de l'Empereur Napoléon III* (tome I, page 369), parlent de la crise ministérielle causée par ce qui s'est appelé : Les décrets des biens d'Orléans. Ils indiquent ceux des ministres qui se retiraient sur cette question et, en ce qui touche M. de Morny, ils ajoutent : « M. de Morny, ministre de l'intérieur, se retira également ; mais pour d'autres causes, quoiqu'on ait dit et cru le contraire. Son remplacement était résolu plusieurs jours avant les décrets. » En cette circonstance, comme en toute autre, MM. de Cassagnac étaient très exactement informés.

gères, et le marquis d'Audiffret posait au Prince des conditions qu'il ne voulait point accepter. Pour aplanir ces difficultés, quelques jours avaient été nécessaires. L'accord se fit enfin. M. de Persigny se résigna, quoiqu'avec humeur, à renoncer au portefeuille des affaires étrangères et il parvint à obtenir celui de l'intérieur comme consolation. Le ministère de la police générale me fut alors offert, et je ne crus pas devoir refuser au Prince ce sacrifice de mes préférences pour le portefeuille de l'intérieur. Quant à M. d'Audiffret, il fut impossible de vaincre sa résistance et M. Bineau fut désigné pour les finances. Le *Moniteur* du 22 janvier donnait les décrets de nomination des nouveaux ministres. Le cabinet était ainsi composé :

> Comte de Casabianca, ministre d'État ;
> Abbatucci, ministre de la justice et des cultes ;
> Marquis de Turgot, ministre des affaires étrangères ;
> de Saint-Arnaud, ministre de la guerre ;
> Ducos, ministre de la marine et des colonies ;
> de Persigny, ministre de l'intérieur ;
> de Maupas, ministre de la police générale ;
> Lefèvre-Duruflé, ministre des travaux publics, de l'agriculture et du commerce ;
> Fortoul, ministre de l'instruction publique ;
> Bineau, ministre des finances.

Deux ministères nouveaux étaient ainsi créés : le ministère d'État et celui de la police générale.

Étaient-ce là deux rouages nécessaires ? L'avenir ne

l'a pas complètement prouvé. Nous avions, MM. Abbatucci, Fould et moi, combattu cette double innovation ; mais le Prince avait, pour toutes les institutions du premier Empire, une très explicable vénération. Ces deux ministères existaient sous Napoléon Ier. Ce fut la cause la plus réelle de leur rétablissement.

Les attributions du ministère d'État étaient déterminées de la manière suivante par le décret du 22 janvier :

Les rapports du gouvernement avec le Sénat, le Corps législatif et le Conseil d'État. La correspondance du Président avec les divers ministres. Le contre-seing des décrets portant nomination des ministres, nomination des présidents du Sénat et du Corps législatif, nomination des sénateurs et concession des dotations, nomination des membres du Conseil d'État. Le contre-seing des décrets rendus par le Président conformément aux articles 24, 28, 31, 46 et 54 de la Constitution et de ceux concernant les matières non attribuées spécialement à un autre département ministériel. La rédaction et la conservation des procès-verbaux du conseil des ministres. L'administration des palais nationaux et des manufactures nationales.

Quant au ministère de la police générale, le Prince y attachait une importance toute spéciale ; il y voyait l'un des rouages les plus essentiels de son gouvernement et il avait voulu, pour le faire comprendre, en préciser lui-même le mécanisme ; il le faisait dans une lettre qu'il m'adressait à la date du 30 janvier. Cette lettre était tout un programme. A ce titre, il ne sera pas sans intérêt d'en rappeler les termes. Elle était ainsi conçue (1):

« Monsieur le Ministre,

« Au moment où vous allez organiser le ministère de la police générale, je désire que l'idée dominante qui me fait juger cette organisation nécessaire vous soit toujours présente et que vous demeuriez bien pénétré de l'esprit suivant lequel elle doit être mise en pratique.

« Aujourd'hui, quoique responsable, le Président de la République ne peut à l'aide des moyens officiels connaître que très imparfaitement l'état général du pays. Il ignore comment fonctionnent les divers rouages de l'administration, si les mesures arrêtées avec ses ministres s'exécutent conformément à l'intention qui les a dictées, si l'opinion publique applaudit aux actes de son gouvernement ou les désapprouve, il ignore enfin quels sont dans les diverses localités les écarts à réprimer, les négligences à stimuler, les améliorations indispensables à introduire. En effet, il n'a pour s'éclairer que les renseignements souvent contradictoires, toujours insuffisants de divers ministères.

« L'administration de la guerre, celle des finances ont un contrôle, le ministère de l'intérieur, qui est le seul politique, n'en a pas. Lorsqu'un ordre est transmis à un préfet, il faut s'en rapporter à ce préfet lui-même pour savoir si l'exécution a été ce qu'elle

(1) *Moniteur universel* du 31 janvier 1852.

devait être. Supposez des conflits entre les diverses autorités, comment sur des informations incomplètes et nécessairement partiales juger qui a raison, qui réprimander ou récompenser avec justice ?

« D'un autre côté, la surveillance se trouvant trop localisée, renfermée dans une sphère trop étroite, exercée par des agents indépendants les uns des autres et sans lien direct avec le pouvoir central, les crimes, les complots ne sauraient être ni prévus ni réprimés d'une manière efficace.

« Dans l'état actuel des choses, il n'existe aucune organisation qui constate avec rapidité et certitude l'état de l'opinion publique, car il n'en est aucune qui en ait la mission exclusive, qui dispose des moyens pour le bien faire, qui, désintéressée dans toutes les questions politiques, ait le pouvoir d'être impartiale, de dire la vérité et de la transmettre. Pour suppléer à cette lacune, il faut reprendre le décret du 21 messidor an XII, c'est-à-dire distraire du ministère de l'intérieur, absorbé par trop de soins divers, la direction de la police générale et lui donner une organisation simple, uniforme, obéissant à une seule impulsion.

« A cet effet, il suffira de créer sept à huit inspecteurs généraux, embrassant dans leurs attributions plusieurs divisions militaires et correspondant directement avec le ministre. Ils auront sous leurs ordres des inspecteurs spéciaux qui eux-mêmes seront en rapport suivi avec les commissaires des villes, qui aujourd'hui éparpillés sur tous les points de la France ne sont que les agents des municipalités. De cette manière le ministre de la police sera à la tête de fonctionnaires hiérarchiquement subordonnés les uns aux autres, mais qui n'en obéiront pas moins aux autorités civiles, depuis le maire jusqu'au préfet. Il surveillera tout, sans rien administrer, il ne diminuera pas le pouvoir des préfets, il ne le partagera pas ; ses agents seconderont les diverses autorités, les éclairant d'abord, et le gouvernement ensuite, sur tout ce qui concerne les services publics.

« Sans doute, sous un ordre de choses ne représentant que des intérêts privilégiés, un semblable ministère pourrait inspirer des appréhensions; mais sous un gouvernement dont la mission est de satisfaire les intérêts généraux, il ne doit rien avoir que de rassurant pour tous.

« Ce ne sera donc pas un ministère de provocation et de persécution, cherchant à dévoiler les secrets des familles, voyant partout le mal pour le plaisir de le signaler, interrompant les relations des citoyens entre eux, et faisant planer partout le soupçon et la crainte ; ce sera au contraire une institution essentiellement protectrice, principalement animée de cet esprit de bienveillance et de modération qui n'exclut pas la fermeté : elle n'intimidera que les ennemis de la société. En résumé, son rôle est de surveiller, au point de vue de l'humanité, de la sécurité publique, de l'utilité générale, des améliorations à introduire, des abus à supprimer, toutes les parties du service public. Alors elle fournira au gouvernement le moyen le plus puissant de faire le bien.

« C'est à vous, monsieur le ministre, qui m'avez

donné tant de preuves de votre discernement, de votre courage dans les moments difficiles et de votre dévouement, que je confie cette noble et importante mission de faire parvenir sans cesse jusqu'à moi la vérité, qu'on s'efforce trop souvent de tenir éloignée du pouvoir.

« Recevez, etc.

« Louis-Napoléon. »

Si cette dernière phrase, qui faisait intentionnellement allusion aux services que j'avais pu rendre pendant les jours difficiles du Deux-Décembre, était pour moi un témoignage flatteur, elle avait encore un autre but; elle voulait être, et elle était, une réponse péremptoire aux attaques dont j'avais été l'objet près du Prince de la part de M. de Morny. En me lisant cette lettre, lui-même, avant de l'envoyer au *Moniteur*, le Prince y ajoutait encore des paroles de vive gratitude, et de précieuses félicitations.

Mais la vérité est-elle longtemps en faveur près des trônes! Cette mission qui m'était si expressément confiée, « de faire parvenir sans cesse jusqu'au Chef de l'État la vérité qu'on s'efforce trop souvent de tenir éloignée du pouvoir », cette mission, je l'ai fidèlement remplie jusqu'à la dernière heure de mon difficile ministère, tout en mesurant bien à quels périls personnels expose la complète sincérité. Je ne regrette pas plus la défaveur qui est venue m'atteindre, que je n'ai murmuré contre l'éloignement que me valait ma franchise. Le cœur humain si haut qu'on soit placé, et là plus qu'ailleurs encore, subit les étreintes des lois éternelles qui régissent l'humanité. Je le savais en acceptant le portefeuille de la police générale. Ce que fut le Prince à mon égard me l'a confirmé.

Une parole entre toutes, dans cette lettre, devait soulever des orages; c'était celle-ci : « L'administration de la guerre, celle des finances ont un contrôle; le ministère de l'intérieur qui est le seul politique n'en a pas. » Donner à M. de Persigny, esprit inquiet et entier, un surveillant aussi péremptoirement indiqué, c'était provoquer ses susceptibilités. Elles ne se firent pas attendre, et, d'ami qu'il était pour moi, je trouvai rapidement en lui un collègue soupçonneux et disposé à provoquer des conflits là où l'entente était commandée par l'intérêt de l'État.

La première question qui était soumise au nouveau conseil était celle de la composition des deux grands corps de l'État: le Sénat et le Conseil d'État. Le Prince avait senti, durant trois années, les graves inconvénients d'avoir pour auxiliaires des hommes trop étroitement unis aux familles royales déchues et qui ne donnaient au pouvoir nouveau qu'un concours limité. Il ne voulait appeler à lui que des adhérents convaincus de sa force, ayant foi dans sa durée et résolus à brûler leurs vaisseaux. Il faut attribuer à ce sentiment, plus encore qu'à tout autre, la mesure rigoureuse relative aux biens de la famille d'Orléans.

Et en effet, les grands corps de l'État étant composés au lendemain même de ces décrets, il devenaît difficile à des orléanistes, sans rompre absolument avec leur parti, d'accepter une haute faveur du régime qui venait de frapper leurs princes. Aussi vit-on un certain nombre d'entre ceux qui avaient brigué l'honneur de faire partie du Sénat et du Conseil d'État, annoncer leur intention de rester à l'écart. Le but du Prince était atteint. L'élément orléaniste était celui qu'il tenait, avant tout, à éloigner, et il y avait à peu près complétement réussi.

Le 26 janvier, le *Moniteur* donnait la liste des sénateurs ; il donnait également la composition du Conseil d'État, et, à peu de jours de distance, le 2 février 1852, il publiait le décret organique pour l'élection des députés au Corps législatif. Un décret portant la même date convoquait les colléges électoraux pour le 29 du même mois.

Le *Moniteur* avait également publié ces regrettables décrets relatifs aux biens de la famille d'Orléans ; ils étaient de deux natures.

Le premier disposait ainsi : « Les membres de la famille d'Orléans, leurs époux, épouses et leurs descendants ne pourront posséder aucuns meubles et immeubles en France ; ils seront tenus de vendre d'une manière définitive tous les biens qui leur appartiennent dans l'étendue du territoire de la République. »

Les considérants étaient ainsi conçus : « Considérant que tous les gouvernements qui se sont succédé ont jugé indispensable d'obliger la famille qui cessait de régner à vendre les biens meubles et immeubles qu'elle possédait en France,

« Qu'ainsi, le 12 janvier 1816, Louis XVIII contraignit les membres de la famille de l'empereur Napoléon de vendre leurs biens personnels dans le délai de six mois, et que le 10 avril 1832, Louis-Philippe en agit de même à l'égard des princes de la famille aînée des Bourbons ;

« Considérant que de pareilles mesures sont toujours d'ordre et d'intérêt publics ; qu'aujourd'hui plus que jamais de hautes considérations politiques commandent impérieusement de diminuer l'influence que donne à la famille d'Orléans la possession de près de trois cents millions d'immeubles en France . . . . . »

Le second de ces décrets disposait ainsi :

« ARTICLE PREMIER. Les biens meubles et immeubles qui sont l'objet de la donation faite le 7 août 1830 par le roi Louis-Philippe sont restitués au domaine de l'État. L'État demeure chargé du payement des dettes de la liste civile du dernier régime. »

Les principaux considérants étaient les suivants :

« Considérant que sans vouloir porter atteinte au droit de la propriété dans la personne des princes de la famille d'Orléans, le Président de la République ne justifierait pas la confiance du peuple français s'il permettait que des biens qui doivent appartenir à la nation soient soustraits au domaine de l'État ;

« Considérant que d'après l'ancien droit public de la France maintenu par le décret du 21 septembre 1790 et par la loi du 8 novembre 1814, tous les biens qui appartenaient aux princes lors de leur avènement au trône étaient de plein droit, à l'instant même, réunis au domaine de la couronne ;

« Qu'ainsi le décret du 21 septembre 1790, de même que la loi du 20 novembre 1814 portent : Les biens particuliers des princes qui parviennent au trône et ceux qu'ils avaient pendant leur règne, à quelque titre que ce soit, sont de plein droit et à l'instant même, unis au domaine de la nation et l'effet de cette union est perpétuel et irrévocable ;

« Que la consécration de ce principe remonte à des époques fort reculées de la monarchie ; qu'on peut entre autres citer l'exemple de Henri IV. Ce prince ayant voulu empêcher par des lettres patentes du 15 avril 1590 la réunion de ses biens au domaine de la couronne, le parlement de Paris refusa d'enregistrer ces lettres patentes, aux termes d'un arrêt du 15 juillet 1590, et Henri IV, applaudissant plus tard à cette fermeté, rendit au mois de juillet 1601 un édit qui révoquait ses premières lettres patentes ;

« Considérant que cette règle fondamentale de la monarchie a été appliquée sous les règnes de Louis XVIII et de Charles X et reproduite dans la loi du 15 janvier 1825 ; qu'aucun acte législatif ne l'avait révoquée le 9 août 1830 lorsque Louis-Philippe a accepté la couronne ; qu'ainsi, par le fait seul de cette acceptation, tous les biens qu'il possédait à cette époque sont devenus la propriété incommutable de l'État ;

« Considérant que la donation universelle sous réserve d'usufruit consentie par Louis-Philippe au profit de ses enfants, à l'exclusion de l'aîné de ses fils, le 7 août 1830, le jour même où la royauté lui avait été déférée et avant son acceptation qui eut lieu le 9 du même mois, a eu uniquement pour but d'empêcher la réunion au domaine de l'État des biens considérables possédés par le prince appelé au trône, etc., etc... »

Nulle question ne fut, à cette époque, l'objet de plus vives discussions que celle soulevée par ces décrets. L'impartialité nous fait un devoir de dire qu'ils produisirent une impression des plus fâcheuses. L'opinion publique ne s'arrêta pas à la légalité de la mesure ; elle y vit plutôt l'expression de craintes exagérées et elle n'y aperçut point le but politique dont nous parlions plus haut. Cet effet regrettable avait été prévu autour du Prince. Les avertissements ne lui avaient pas manqué. Plusieurs membres de sa famille lui avaient adressé les supplications les plus vives pour le détourner de ce projet. Plusieurs de ses ministres y avaient ajouté leur insistance ; nous avions tout fait pour arrêter le Président dans la voie où l'engageaient quelques dangereux conseillers. M. de Persigny était, de ces derniers, le plus important et le plus convaincu. Il ne nierait pas, s'il pouvait parler aujourd'hui, qu'il fut le promoteur de l'idée et le surveillant le plus tenace de son exécution.

L'émotion causée par cette fâcheuse mesure fut longue à s'amoindrir. L'apparition du décret organique sur la presse y apporta la première diversion. Il était impatiemment attendu. Les quelques notions qu'on avait pu recueillir, par anticipation, sur son texte étaient l'objet de commentaires ardents.

C'est qu'en effet la législation qui régit la presse

est appelée à exercer dans un État une influence considérable. L'ordre, la paix, la stabilité veulent, pour être durables, une loi sur la presse appropriée aux circonstances et au tempérament du pays au sein duquel elle doit fonctionner. En nulle matière la vérité n'est, pour le législateur, plus difficile à découvrir.

Ce serait commettre une erreur que de prétendre qu'en matière de presse il peut y avoir une vérité absolue, une doctrine abstraite, pouvant indistinctement, en tous temps et en tous pays, prendre place dans les institutions d'un État, sous la seule réserve de quelques légères modifications. Les esprits qu'aveugle une préférence exclusive peuvent seuls contester la justesse de cette assertion. L'expérience est là pour réfuter leur erreur. C'est ainsi que se trompent, à un titre égal, les partisans systématiques de la liberté entière et ceux du pouvoir discrétionnaire. Ils se trompent également, les défenseurs de cet expédient bâtard qui n'est ni la liberté, ni le frein, quand ils placent, dans une répression à formes variables, les garanties imaginaires qu'ils ont la naïveté de croire assez puissantes pour renfermer la liberté dans les limites que leur illusion lui a tracées.

Mais, à défaut de la vérité absolue, on peut au moins trouver la vérité relative. Elle consiste dans le respect de certaines corrélations qui sont comme des axiomes dont le législateur ne peut s'écarter sans périls. Ces corrélations, c'est à la fois le tempérament originel d'un peuple, ses mœurs politiques, les circonstances graves et récentes qu'il a traversées, l'état de ses institutions enfin, qui doivent en être les éléments essentiels et doivent en déterminer les bases.

Pour que l'absence d'une législation spéciale, pour que le droit commun, pour que la complète liberté de la presse puissent être bienfaisants et ne jamais devenir un péril, il faut que l'application en soit faite dans une nation où la forme même du gouvernement ne soit l'objet ni de compétitions, ni d'attaques, où la recherche du progrès dans l'ordre politique, moral et matériel soit le seul but auquel tendent les efforts de l'esprit, où la paix intérieure soit un patrimoine que chaque citoyen ait intérêt à défendre. Renfermée dans de pareilles limites, la controverse de la presse est un stimulant fécond pour l'initiative individuelle ou collective, un flambeau qui porte sur le bien un éclat qui le propage, sur le mal une lumière qui le paralyse et le condamne. La presse est ainsi le plus puissant moteur de la civilisation : elle est l'aliment quotidien qui entretient le mouvement et la vie de la nation. Dans cette nation, les lois doivent affranchir la presse de toute entrave et favoriser la libre expansion de son action bienfaisante.

S'agit-il, au contraire, d'un État où la forme même du gouvernement soit l'objet de la compétition militante des partis, où l'idée du renversement ne soit jamais abandonnée que par celui qui triomphe, où la défaite ne se supporte que par l'espoir d'une revanche prochaine ; dans un pareil État, la lutte étant la règle, le combat et la révolution étant l'issue périodique de ces rivalités implacables, tout ce qui peut attiser ce feu de la discorde est un péril, un contre-sens constitutionnel. La presse n'est, alors, qu'un instrument de démolition et de ruines, l'arme la plus redoutable aux mains des assaillants ; elle est, aux jours de danger, la torche qui allume l'incendie. Le bien que peuvent faire quelques-uns de ses organes est étouffé par l'immense émanation du mal qu'on doit attendre de ceux qui les combattent.

Conjurer un semblable péril n'est pas seulement un droit, c'est un devoir pour le gouvernement qui a dans ses mains la garde et la responsabilité de la paix et de la prospérité du pays. Les circonstances seules déterminent la corrélation qui doit exister dans un tel État. Aux jours de crise et de danger, la presse doit se résigner à une sorte de silence politique, à une suspension momentanée de ses franchises ; le retour du calme doit être, pour elle, le signal du retour d'une liberté proportionnelle qui peut s'augmenter périodiquement selon les garanties d'apaisement qu'elle donne ; mais elle ne saurait exiger du pouvoir, dont elle menace sans cesse l'existence, qu'il désarme en la laissant, en face de lui, armée et prête à reprendre la lutte. Il y aurait là un défaut d'équilibre qu'aucun gouvernement ne saurait braver impunément. Dans un pareil État donc, il n'est que juste de prétendre que le pouvoir discrétionnaire doit être le principe, et que les dérogations qui y sont faites doivent rester soumises à des règles tutélaires. L'émancipation de la presse, si elle est jugée possible, ne doit se produire, au début, que sous forme d'expérience et de tolérance, sans abdication du droit de retour au principe en cas d'abus et de périls.

C'est dans le mode de réglementation de cette liberté restreinte, que certains esprits, rebelles avant tout aux dangers de l'arbitraire, ont cru pouvoir trouver les bases d'un système mixte : celui du droit tempéré par la seule répression judiciaire. Pour eux, le sacrifice de la liberté ne peut se faire qu'à la condition de la voir remplacée par une garantie reposant tantôt sur l'indépendance de la magistrature, tantôt sur celle du jury, à l'exclusion expresse de toute ingérence administrative.

Mais se peut-il encore que des hommes politiques fondent un espoir durable sur les effets de la répression exclusivement confiée, pour la presse, aux tribunaux ou au jury! Si la réflexion et l'étude approfondie de ces graves problèmes ne suffisaient point à démontrer l'inanité des condamnations prononcées par l'une ou l'autre de ces deux juridictions, l'expérience ne serait-elle pas le plus inexorable des enseignements pour convaincre de leur impuissance et de leurs dangers! Parmi les gouvernements qui se sont succédé depuis plus d'un demi-siècle sur notre sol agité, ceux qui ont voulu donner à la presse les apparences de la liberté n'ont osé le faire encore qu'en entourant leur générosité de nombreuses réserves, de stipulations aboutissant à la répression judiciaire. Cette sorte de répression est restée, pour tous, un frein sans efficacité, une arme qui ne tardait point à se retourner contre celui qui prétendait s'en servir.

C'est ainsi que la Restauration a successivement fait appel aux tribunaux ordinaires, et plus tard au jury, sans trouver, dans aucune de ces deux législations, la protection qu'elle croyait pouvoir en attendre.

C'est ainsi que le gouvernement de Juillet, qui avait institué le jury comme garantie de la liberté de la presse, reconnaissant bientôt son impuissance, cherchait vainement à se débattre contre cette exigence qu'il avait eu la témérité d'écrire dans sa charte elle-même. Le débordement de la presse trompait ses prévisions et déjouait ses mesures les plus sévères.

C'est ainsi que la République de 1848 qui donnait comme récompense au journalisme révolutionnaire la liberté de la presse, ne tardait pas à se préserver de ses débordements par l'usage de lois restrictives, par le recours à la répression confiée au jury.

A aucune de ces époques la répression n'a été ni une garantie ni un frein. Les poursuites n'ont jamais eu d'autres résultats que de discréditer le pouvoir, de compromettre la juridiction à laquelle on avait recours, de divulguer les doctrines qu'on prétendait combattre, de grandir et de fortifier les individualités ou les partis qu'on cherchait à réduire (1).

Les lois des 17 et 26 mai, 9 juin 1819, 17 et 25 mars 1822, 18 juillet 1828, la charte de 1830, la loi du

---

(1) Si nous n'avions craint de donner trop de développement à cette question de la presse, sur laquelle on nous reprochera peut-être déjà de nous être trop étendu, nous aurions pu placer ici, à l'appui de notre opinion, des cita-

9 septembre 1835, la constitution de 1848, les lois des 27 juillet 1849 et 16 juillet 1850 sont autant de révélations de l'impuissance du législateur. La force qu'il prétend comprimer le dépasse et le domine.

Devions-nous donc, au moment où nous avions à réglementer la presse, devions-nous, en 1852, conclure, des efforts impuissants des lois antérieures pour maintenir la liberté de la presse dans de sages limites, que cette liberté était condamnée à disparaître dans tous les États qui subissent les périlleuses épreuves du déchirement des partis, ou qu'elle devait, tout au moins, n'y vivre qu'au gré de l'arbitraire et n'être jamais assurée de son lendemain ? Devions-nous penser que cette dernière et dure condition était devenue pour longtemps en France le seul régime praticable ? Ne nous était-il pas permis au contraire de chercher, dans des procédés nouveaux, des garanties nouvelles, et pour le gouvernement et pour la presse elle-même ? L'insuffisance de la répression judiciaire ne pouvait-elle pas être utilement suppléée, dans de certains cas, par la répression administra-

---

tions concluantes. Nous les aurions empruntées à un remarquable ouvrage de M. Fernand Giraudeau dans lequel il examine, avec une indiscutable autorité, les divers systèmes de juridiction expérimentés en matière de presse. Ce livre offre un vif intérêt, et ceux de nos lecteurs qui attachent à la question de la presse l'importance qu'elle comporte nous sauront gré d'avoir appelé leur attention sur « La Presse périodique de 1789 à 1867 », par M. Fernand Giraudeau. (Dentu, éditeur.)

tive, et l'action préventive même du pouvoir ne pouvait-elle pas s'exercer utilement pour diminuer les occasions de sévir?

Le décret-loi du 17 février 1852, auquel s'était arrêté le Prince, et qu'on doit appeler, à juste titre, l'arbitraire, s'il est aux mains d'un gouvernement sans contrôle effectif, ne devient-il pas, avec une monarchie à forme représentative, une base dont la presse ne serait point admise à se plaindre, puisque son application reste, comme celle de toutes les lois, soumise à la surveillance tutélaire des Assemblées, et puisque, en même temps qu'il arme le pouvoir des droits de répression nécessaires pour protéger la société contre les abus de la liberté, il comporte également, par le non-usage toujours possible de ses dispositions répressives, la liberté la plus entière pour l'heure où le calme des esprits et la sagesse de la presse la rendent sans danger.

Sans doute, dans l'acception rigoureuse du mot, un pareil système, celui du décret-loi de 1852, ne constitue pas un droit pour la presse. Mais si une latitude garantie par la surveillance des pouvoirs constitués peut, à certaines heures, en devenir le synonyme, serait-elle vraiment autorisée à se plaindre du sacrifice qu'elle ferait ainsi à l'intérêt public? N'y a-t-il pas, dans une société, des droits qui priment ceux que la presse peut invoquer pour elle? Le premier de ces droits, celui devant lequel doivent s'incliner les autres, n'est-il pas le droit qu'a la société de se protéger contre toute entreprise qui peut menacer son existence ou sa sécurité? La presse ne doit-elle pas, la première, donner l'exemple du respect dû à ce droit primordial entre tous?

Et d'ailleurs, dans l'application de ce système, la presse ne peut-elle pas se considérer comme l'arbitre de ses destinées? Qu'elle reste ce qu'elle doit être, le conseil, le stimulant éclairé du pouvoir, la sentinelle vigilante des intérêts du pays, l'ennemie des entreprises pernicieuses, le soutien des idées justes et fécondes, sa liberté croîtra graduellement avec les services qu'on lui verra rendre et avec la faveur qu'elle rencontrera dans l'opinion. Qu'elle devienne, au contraire, agressive et injustement dénigrante, qu'elle se fasse l'instrument des passions ennemies du repos public, que les principes fondamentaux de la société trouvent en elle un adversaire, qu'elle soit ainsi un foyer de discorde et de dissolution, n'est-ce pas à elle seule alors qu'elle devra s'en prendre des mesures répressives qu'elle aura encourues?

Résumant donc ces aperçus rapides, n'est-il pas permis d'affirmer qu'à défaut de la vérité absolue, si dificile à trouver en matière de presse, on peut établir que la vérité relative doit, sans trop d'efforts, se déterminer, selon les États où elle doit se mouvoir, d'après leur condition politique et morale, et la nature de leurs institutions?

Si l'on écarte, comme ne comportant aucun droit durable et fixe de liberté, la forme du gouvernement absolu, sous lequel la presse ne peut espérer plus que l'équité dans un arbitraire sans contrôle, on arrive à déterminer ainsi la formule de la vérité relative en matière de presse :

Liberté absolue, absence totale de répression autre que celle du droit commun, telle est la faveur dont doit jouir logiquement la presse dans un État où la forme du pouvoir n'est en butte à aucune agression, à aucune volonté de renversement, où la paix intérieure est à l'abri de toute menace.

Liberté variable, soumise, comme point de départ, à une législation semblable à celle de 1852, s'exerçant sous le contrôle des Assemblées par une autorité amovible et responsable, telle est la seule condition qui puisse être faite à la presse dans un pays où les partis, restant à l'état de lutte, sont, pour la paix publique et la sécurité du gouvernement établi, un danger sans cesse menaçant.

Une telle condition qui permet, sans secousses, de conduire insensiblement et avec sécurité la presse jusqu'aux limites de la liberté, n'est-elle pas cent fois préférable pour elle à ces législations éphémères, à ces trompeuses satisfactions arrachées à un pouvoir qui peut reprendre, par l'exercice de la répression légale, ce qu'il a été forcé d'abandonner de ses privilèges?

Cherchant maintenant à déduire, de ces doctrines, la condition qui doit, de nos jours, en France, être faite à la presse, et le procédé politique qui peut lui assurer la plus grande somme possible de liberté non dommageable, n'est-on pas en droit d'affirmer que c'est cette dernière formule qui doit être, pour nous la vérité relative, c'est-à-dire « la liberté variable », la législation de 1852 s'appliquant sous la garantie d'institutions représentatives solidement assises?

Peut-être!... peut-être se peut-il trouver des jours d'apaisement, et que Dieu nous les donne, où l'essai de la liberté complète puisse se tenter encore! Mais si ceux qui pourront se croire assez forts pour s'exposer à cette redoutable épreuve veulent rester dans les conditions de la sagesse et de la prévoyance, qu'ils se ménagent prudemment le droit de rentrer, à la première menace de danger, dans cette forme « de liberté variable » que nous définissions plus haut.

Ajoutons que nous ne parlons ici que d'une législation à trouver pour un régime monarchique. Nous n'avons point à nous occuper des aventureuses tentatives des gouvernements républicains. Avec la république, la presse a connu tous les extrêmes : l'arbitraire et la licence, et si elle jouit un instant de la liberté, restreinte encore par la répression judiciaire, elle doit savoir que, pour elle comme pour tous, un pareil gouvernement n'a pas de lendemain.

A cette date de 1852, tout émue qu'était encore la France des agitations et des luttes des partis, nous ne pouvions songer à cette généreuse expérience de la liberté en matière de presse. La situation comportait des mesures prévoyantes et restrictives. Le plus qu'on dût accorder à la presse, était une législation qui pût se prêter, un jour, à cette formule que nous venons de donner : « La liberté variable, sous la garantie d'institutions représentatives. » C'est cette mesure de liberté que contenait le décret du 17 février 1852.

Que d'épreuves, que de calamités se fût épargné

l'Empire, si, au lieu de subir les pernicieux conseils de quelques ambitieux et de quelques adorateurs inconscients de la liberté, il se fût sagement renfermé dans ce décret de 1852! Il pouvait, à son gré, en modérer les rigueurs, en élargir les tolérances. Il le fit d'abord ; mais là auraient dû se limiter ses abandons. Il eût réussi, alors, à atteindre, sans dommage, ce jour où les assemblées, prenant dans l'État une place plus importante, eussent fait de la doctrine que nous exposions plus haut, une application qui donnât à la presse la vraie somme de liberté qu'elle pouvait sagement ambitionner.

L'économie de la loi se résumait en quelques dispositions essentielles.

L'autorisation préalable du gouvernement était nécessaire pour tout journal ou écrit périodique traitant de matières politiques ou d'économie sociale. Il était soumis au timbre. Un cautionnement devait être fourni. Le gouvernement avait le droit de rectifier, par des *communiqués*, qui devaient être insérés en tête du journal, les fausses nouvelles et les appréciations qu'il jugeait inexactes. La juridiction, devant laquelle devaient être poursuivis les délits et contraventions, était celle des tribunaux de police correctionnelle.

Un journal pouvait être suspendu par décision ministérielle, alors même qu'il n'aurait été l'objet d'aucune condamnation, mais après deux avertissements motivés et pendant un temps qui ne pouvait excéder deux mois.

Un journal pouvait être supprimé, soit après une suspension judiciaire ou administrative, soit par mesure de sûreté générale, mais par un décret spécial du Président de la République publié au *Bulletin des lois*.

Là était la part faite à l'arbitraire. Dans l'usage de ces deux dernières dispositions, pouvait se placer, selon les temps et les nécessités sociales, les sévérités ou la tolérance du pouvoir.

Si nous nous sommes longuement étendu sur cette question de la liberté de la presse, nous n'avons fait en cela que lui donner une place proportionnée à son importance. Ceux qui ont attentivement suivi la marche des événements dans les dernières années de l'Empire, ont pu reconnaître que c'est pour avoir méconnu les principes que nous venons d'exposer sommairement que le pouvoir s'est engagé dans d'inextricables complications. Nous venons de dire ce que demandaient la sagesse, la logique et l'intérêt du pays. On sait, hélas! avec quelle imprudence on s'est, en matière de presse, engagé dans les aventures, avec quelle témérité on s'est exposé aux plus redoutables périls.

En même temps que paraissait au *Moniteur* le décret-loi sur la presse, le gouvernement promulguait les décrets organiques sur le Conseil d'État et sur l'élection des députés.

Le Conseil d'État devenait l'un des rouages les plus essentiels du gouvernement. L'article 1er du décret organique résumait ainsi ses attributions :

« Le Conseil d'État, sous la direction du Président de la République, rédige les projets de loi et en soutient la discussion devant le Corps législatif.

« Il propose les décrets qui statuent : 1° sur les affaires administratives dont l'examen lui est déféré par des dispositions législatives ou réglementaires; 2° sur le contentieux administratif; 3° sur les conflits d'attributions entre l'autorité administrative et l'autorité judiciaire. Il est nécessairement appelé à donner son avis sur tous les décrets portant règlement d'administration publique ou qui doivent être rendus dans la forme de ces règlements.

« Il connaît des affaires de haute police administrative à l'égard des fonctionnaires dont les actes sont déférés à sa connaissance par le Président de la République.

« Enfin il donne son avis sur toutes les questions qui lui sont soumises par le Président de la République ou par les ministres. »

Relativement au passé, la part faite au Corps législatif était plus restreinte.

L'élection avait pour base la population.

Il y avait un député à raison de 35,000 électeurs. Les députés étaient élus par le suffrage universel sans scrutin de liste; ils étaient nommés pour six ans. Au Président de la République, il appartenait de convoquer, ajourner, proroger et dissoudre le Corps législatif, de nommer son président et ses vice-présidents. Le Corps législatif discutait et votait les projets de loi et l'impôt; mais le droit d'amendement était entouré d'entraves. Tout amendement, adopté par la commission chargée d'examiner un projet de loi, devait être renvoyé, sans discussion, au Conseil d'État.

Si l'amendement n'était pas adopté par le Conseil

d'État, il ne pouvait être soumis à la délibération du Corps législatif.

Et cependant, malgré ces restrictions, si la Chambre ne pouvait faire prévaloir sa volonté que dans des cas prévus et rares, elle pouvait au moins avertir, et il est des avertissements dont il est difficile de ne pas tenir compte. Si le Corps législatif l'eût voulu, il eût pu, même avec les attributions restreintes qui lui étaient faites au début, exercer, sur certains actes du pouvoir, sur la marche générale des affaires, un contrôle efficace et prendre, dans l'État, une place importante. S'il n'en fut point ainsi, si son rôle fut effacé, si son intervention fut sans autorité, la faute en doit être attribuée plus encore aux hommes qu'aux institutions. Une condescendance excessive pour les désirs du Chef de l'État remplaça trop souvent l'esprit d'indépendance et la fermeté.

Si le Corps législatif n'était appelé à exercer qu'un contrôle insuffisant, ce n'était pas du Sénat que pouvaient partir les avertissements. Ses attributions étaient considérables en certaines matières, et par trop limitées dans d'autres. Celles qui lui étaient généreusement dévolues étaient d'une telle importance que l'occasion d'en faire usage ne devait se présenter que très exceptionnellement. Celles, au contraire, où son intervention eût pu produire les plus salutaires effets lui étaient mesurées avec une extrême parcimonie. C'est ainsi que sans pouvoir discuter, article par article, les lois qui lui étaient soumises, son droit, en matière législative, se bornait à s'opposer à la promulgation :

1° Des lois qui seraient contraires ou qui porteraient atteinte à la Constitution, à la religion, à la liberté des cultes, à la liberté individuelle, à l'égalité des citoyens devant la loi, à l'inviolabilité de la propriété et au principe de l'inamovibilité de la magistrature ;

2° De celles qui pourraient compromettre la défense du territoire.

Le Sénat, pouvait, à certaines conditions, provoquer des modifications à la Constitution ; il était appelé à régler tout ce qui n'avait pas été prévu par la Constitution, et qui était nécessaire à sa marche. Il avait, enfin, à connaître des pétitions adressées par les citoyens. Ce fut cette dernière attribution qu'il exerça avec le plus d'autorité ; mais il n'y avait pas de sanction à l'exercice de ce droit d'examen, et, plus d'une fois, les sages conseils que fit entendre la haute Assemblée, en ces matières, furent condamnés à aller sommeiller dans les cartons d'un ministère.

Pour que le nouveau mécanisme gouvernemental, créé par la Constitution du 14 janvier, pût être mis en œuvre, il fallait que les députés fussent élus et que le Corps législatif fût constitué. Un décret, en date du 2 février, convoquait les collèges électoraux pour le 29 du même mois.

On s'apprêtait, partout, à envoyer à la Chambre des hommes résolus à faciliter la marche du gouvernement. On eût pu s'en rapporter au bon esprit qui dominait dans le corps électoral ; mais le Prince-Président tenait à affirmer le droit du pouvoir d'intervenir dans les débats électoraux. Il fut décidé qu'il y aurait, dans chaque circonscription, un candidat officiellement désigné et appuyé par l'administration. Le principe de la candidature officielle était ainsi posé et disons ici que, pour tout gouvernement légitime qui appelle, à un titre quelconque, le pays à participer au mécanisme gouvernemental, la candidature officielle est un droit et un devoir. Elle le devient surtout si le suffrage universel figure dans les institutions constitutionnelles de l'État; car, sous un tel régime, les entraînements peuvent, trop facilement, prendre la place de la sagesse et, contre ces périls éventuels, on ne saurait refuser au pouvoir les moyens de se défendre.

Qu'est-ce, en effet, qu'une élection législative? C'est la mise en demeure, adressée au pays, de se prononcer sur la politique du gouvernement.

Sous quelles formes se produisent ces solennelles épreuves? Quel est leur caractère? Quel enseignement peut-on attendre d'elles? Quelles conséquences est-il permis d'en tirer?

Deux camps sont alors en présence.

D'un côté, sont ceux qui approuvent complètement tous les actes du gouvernement. Pour peu que la lutte s'anime, leurs rangs se grossissent des conservateurs de toutes nuances qui font, dans un intérêt dynastique, le sacrifice des quelques réserves éveillées en eux par la marche des affaires.

De l'autre côté, sont ceux qui blâment ouvertement la politique du gouvernement, et qui ont invariablement pour auxiliaires, les révolutionnaires ennemis nés de tout pouvoir légitime. En de pareilles alliances, la direction du mouvement appartient toujours aux plus ardents ; à ce titre les révolutionnaires s'en emparent et ils épuisent, pour dénigrer le pouvoir et les hommes qui le soutiennent, tous les moyens que les lois leur accordent; ils dépassent même les limites qu'elles tracent, et rien ne leur coûte pour assurer le triomphe de leurs candidats. Ils sont les assaillants, et la violence de l'attaque est toujours, en matière électorale, supérieure à l'ardeur de la défense. L'entente et la discipline sont des conditions de succès, ordinaires chez les opposants, et rares chez ceux qui soutiennent le pouvoir quand il n'est pas le pouvoir révolutionnaire.

Livrés à eux-mêmes, ces deux partis ne combattraient pas à armes égales. Le gouvernement a donc le droit d'apporter son intervention dans la lutte, à la condition de l'exercer avec mesure et dignité. Le gouvernement n'est-il pas, le plus souvent, dans ces luttes électorales, traité comme un coupable, et un accusé n'a-t-il pas le droit de se défendre? Quand tant d'injustes attaques, de calomnies, d'outrages, sont dirigés contre le pouvoir, contre ceux qui le soutiennent, devrait-il assister, spectateur indifférent, à ce grand débat où se discutent ses actes et quelquefois son honneur et son existence? Le devoir du gouvernement est d'éclairer l'opinion publique et de se servir de ses auxiliaires naturels, de ses fonctionnaires, de ses agents, pour combattre l'erreur et propager la vérité. Ses agents et ses fonctionnaires sont, de droit, supposés les partisans de sa politique puisqu'ils demeurent à son service ; il n'est que logique d'attendre d'eux un concours sans réserve. L'esprit français n'est-il pas d'ailleurs plus enclin à la critique, à l'opposition, qu'à la saine appréciation des actes du pouvoir ; et quand un gouvernement donne au peuple cet immense droit qu'on appelle « le suffrage universel », n'est-il pas juste qu'il se réserve, comme contre-poids, la désignation des candidats qui ont ses préférences et qu'il use de ses moyens d'action naturels pour en favoriser l'élection ?

Vainement un pouvoir, issu de la révolution, et ne relevant que d'elle, tenterait-il d'invoquer le bénéfice de cette doctrine de la candidature officielle ; son origine lui en interdirait la revendication logique ; et les principes professés par les hommes de révolution leur commanderaient de s'abstenir d'une pratique qu'ils n'ont cessé de condamner.

La candidature officielle ne peut être un droit que pour un gouvernement qui existe en vertu d'une institution régulière. A ne parler que de la France, la Royauté et l'Empire peuvent seuls invoquer une semblable origine. L'une et l'autre tiennent leur pouvoir d'une délégation régulière de la nation.

La Royauté ne s'appuie pas seulement sur le droit divin. Le chef de la Dynastie doit encore son élévation au trône à une élection qui, pour n'avoir pas eu la large base de nos coutumes modernes, n'en constitue pas moins un droit régulier auquel est venue s'ajouter la consécration des siècles. Sa légitimité ne saurait être discutable.

La légitimité de l'Empire ne serait pas plus contestable. Les Sénatus-consultes de 1800 et de 1804, qui ont donné le pouvoir d'abord, la couronne ensuite à Napoléon Ier, et fondé la quatrième dynastie française, sont deux immenses et libres manifestations de la volonté de la nation.

Empire et Royauté ont donc eu, à la fois, durant leur existence, un droit à protéger et la volonté de la nation à défendre. En recevant leur institution, ils acceptaient expressément l'obligation de mettre tous leurs efforts à soutenir l'édifice monarchique, et d'user des procédés de gouvernement aptes à paralyser les menées de la Révolution. Le jour où la monarchie prenait la forme représentative, où elle soumettait ses actes, par voie d'élection, au jugement du pays, ce jour-là la candidature officielle devenait une obligation impérieuse, une condition essentielle d'existence.

Quelle est, au contraire, l'origine des gouvernements révolutionnaires qui se sont, dans ce siècle, imposés au pays? Quel est leur droit? Où est leur délégation? Leur origine, ce sont les barricades; leur droit, c'est leur usurpation violente; quant à la délégation du pays, ils se sont gardés d'y faire appel. Ils n'ont donc, ces gouvernements révolutionnaires, ni droit, ni délégation à défendre, et la candidature officielle en leurs mains ne serait qu'une usurpation nouvelle à ajouter à leur usurpation première. C'est en raison de cela sans doute, que, pour chercher à être logiques, au moins en paroles, les révolutionnaires s'acharnent à condamner la candidature officielle, tout en se réservant, quand ils sont au pouvoir, d'en faire, à leur profit, le plus violent usage.

Disons donc, pour ramener au sujet qui nous occupe la doctrine dont nous venons de donner les bases, que, pour l'Empire, la candidature officielle était, comme nous l'avons prétendu, un droit et un devoir. Sans doute l'intervention du gouvernement de Louis-Napoléon n'était nullement nécessaire dans les élections législatives du 25 février pour lui assurer la majorité au sein de l'Assemblée; mais il faisait acte de prévoyance en affirmant ses principes et il se mettait, pour des jours moins prospères, à l'abri de l'accusation de forger des armes nouvelles pour se défendre.

Dans ces élections de 1852, les candidats du gouvernement n'eurent besoin, en quelque sorte, d'aucun appui de la part de l'administration, tant était universel le désir de seconder le Prince-Président. Une simple désignation était une élection, et, à part quatre ou cinq collèges où des influences locales prévalurent contre la candidature officielle, les candidats du gouvernement obtinrent d'immenses majorités.

Avant la réunion du Corps législatif, une question délicate était à résoudre : c'était la désignation de son Président. Pour le Sénat, aucune hésitation n'avait existé. L'ex-roi Jérôme-Napoléon, oncle du Prince-Président, avait accepté cette haute mission; nulle compétition ne s'était produite.

La présidence du Corps législatif devait soulever un véritable orage. M. de Morny, tout en annonçant, au sortir de son ministère, sa lassitude des affaires et sa résolution d'en rester éloigné, avait conservé un ardent désir de rentrer au pouvoir. Il savait, à certains moments, s'imposer au Président; il y avait réussi pour le Deux-Décembre en lui arrachant sa nomination au ministère de l'intérieur; il y était parvenu une seconde fois en surprenant au Prince la promesse de la présidence de la Chambre. Mais l'attitude d'hostilité qu'avait prise M. de Morny vis-à-vis du ministère entier eût fait de sa nomination un échec pour le cabinet; il fut donc convenu que chacun de nous insisterait près du Prince pour qu'il revînt sur ses premières intentions. Il fut décidé, en outre, que le prince Jérôme serait prié de joindre ses instances à celles des ministres. Le prince Jérôme usa de toute son influence sur son neveu; c'est lui qui obtint que M. de Morny ne serait pas président de la Chambre et que cette situation serait réservée à M. Billault.

Le 29 mars était le jour fixé pour la réunion des Chambres; mais avant cette date et durant les quatre mois de la Dictature de Louis-Napoléon, que de choses faites, que de résultats obtenus, quelle transformation profonde dans l'état du pays, dans sa situation morale, politique et financière! Quelles grandes et fécondes entreprises avait engagées l'État! Combien de réformes utiles étaient décrétées! Quel élan était donné aux affaires! Quel essor prenaient le commerce et l'industrie! Quel souffle vivifiant de prospérité se répandait d'un bout à l'autre de la France! Pour un pays qui eût eu la sagesse de préférer les bienfaits de la stabilité, le bien-être qu'elle donne, la richesse qu'elle répand, aux expériences aventureuses, au trouble qu'elles éveillent, aux ruines qu'elles amènent, quels splendides horizons la France n'avait-elle pas devant elle !

Et nous ne fuirons point ici une objection que nous avons entendu faire : « Si le Deux-Décembre, pourrait-on nous dire, a arraché le pays à l'anarchie, il n'a pu réussir à fonder un régime durable. La révolution a relevé la tête, elle a repris sa marche, elle règne en souveraine aujourd'hui ; le Deux-Décembre n'a été, ainsi, qu'une nouvelle halte dans la révolution. »

N'eût-ce été d'abord, que cette halte de vingt ans, dans la coûteuse et néfaste occupation du pays par la révolution, que nous aurions bien le droit de dire que le Deux-Décembre n'a point été un bienfait à dédaigner, quand on songe surtout aux formes terribles qu'avait affectées le soulèvement démagogique. Mais il eût été plus qu'une halte, il eût été le salut final, si le sentiment du patriotisme, qui s'était un instant réveillé pour aider à la marche du gouvernement nouveau, n'avait rapidement fait place à l'esprit de parti. Au lieu d'un concours sympathique, comme celui des premières heures, le nouveau pouvoir n'a pas tardé à trouver en face de lui la croisade reconstituée des meneurs ardents des anciens partis : la coalition. La coalition n'a cessé, par tous les moyens possibles, de poursuivre son œuvre de destruction, et, sur les ruines de la patrie, elle a pu contempler à l'aise le fruit de ses efforts.

Nous ne nous sommes point donné pour tâche de justifier ce que l'histoire appellera « les fautes du second Empire »; mais eussions-nous voulu entreprendre cette justification que ce n'est pas dans ce volume qu'elle eût dû prendre place. La critique, en effet, aurait peine à s'exercer dans la période du gouvernement de Louis-Napoléon dont nous avons eu à parler. Dans une nouvelle et prochaine publication, nous nous trouverons en face de circonstances pénibles. Tous les partis ont leurs entraînements comme tous les gouvernements ont leurs erreurs; nous saurons, sans faiblesse, faire la part de la vérité. Disons, dès aujourd'hui, que les hommes qui conseillèrent et réussirent à dominer le souverain, dans les dernières années de son règne, auront à rendre compte du pernicieux usage qu'ils firent de leur domination. On pouvait, on devait le faire vivre, le faire grandir, le faire prospérer cet Empire dont le Deux-Décembre avait posé les bases; on pouvait en faire le terme de la Révolution. Aux jours difficiles, les hommes ont manqué à l'importance de l'œuvre. Le fardeau est devenu trop lourd pour un seul, et c'est pour ne l'avoir pas compris assez tôt, c'est pour n'avoir point écouté les avertissements qui lui étaient donnés, c'est pour avoir jeté, sur le pays, des libertés malsaines au lieu de lui donner de sérieuses garanties constitutionnelles; c'est pour avoir ainsi méconnu les aspirations vraies de la nation, qu'on a laissé s'écrouler ce splendide édifice de 1852. Si nous avons été condamné à assister, spectateur affligé, à la destruction de cette grande œuvre du Deux-Décembre, à l'effondrement de nos espérances, il ne nous sera pas interdit de déterminer, à son heure, la part des responsabilités.

CHAPITRE XXVI

L'EMPIRE

Ouverture des Chambres. — Remaniement du ministère. — Origine de l'hostilité de M. de Persigny. — Les dangers de la sincérité. — Voyage du Prince-Président. — Le sénatus-consulte du 7 novembre 1852. — Le plébiscite du 22 novembre. — Le scrutin. — L'Empire est rétabli.

Le 29 mars, le Prince-Président ouvrait la première session des Chambres et mettait ainsi en vigueur cette Constitution qui était son œuvre. Dans un magnifique langage, il rappelait au pays quelle tâche il venait d'accomplir et à quels mobiles il avait obéi. « La dictature que le peuple m'avait confiée cesse aujourd'hui, » disait Louis-Napoléon. « Les choses vont reprendre leur cours régulier. C'est avec un sentiment de satisfaction réelle que je viens proclamer ici la mise en vigueur de la Constitution ; car ma préoccupation constante a été non seulement de rétablir l'ordre, mais de le rendre durable, en dotant la France d'institutions appropriées à ses besoins..... » « Aussi, lorsque, grâce au concours de quelques hommes courageux, grâce surtout à l'énergique attitude de l'armée, tous les périls furent conjurés en quelques heures, mon premier soin fut de demander au peuple des institutions. Depuis trop longtemps, la société ressemblait à une pyramide qu'on aurait retournée et voulu faire reposer sur son sommet ; je l'ai replacée sur sa base. »

Nulle image plus heureuse ne pouvait définir, en quelques mots, la transformation qui venait de s'accomplir ; aussi des applaudissements frénétiques montraient-ils au Prince que sa pensée était celle de tous ceux qui l'écoutaient.

Après les nombreuses créations qui avaient marqué la période de la Dictature, il restait peu de mesures législatives urgentes à proposer aux Chambres. Leur session fut de courte durée ; elle permit cependant de conduire à bonne fin quelques travaux utiles. Un fait considérable résultait de ces premiers rapports entre les grands pouvoirs de l'État ; c'était la confiance réciproque. Si plus tard on eut à regretter, de la part des Chambres, trop de condescendance pour la Couronne, ce n'était encore, à cette heure, qu'un concours sympathique et spontané traduisant une complète conformité de vues et de sentiments.

Dans une situation politique redevenue si paisible, le pouvoir, s'il avait ses labeurs, était exempt de ces préoccupations incessantes au milieu desquelles on avait vécu durant les dernières années ; il avait, à certains points de vue, un incontestable attrait, aussi les portefeuilles étaient-ils l'objet de nombreuses convoitises.

Les gouvernements absolus, ou ceux qui s'en rapprochent dans leur fonctionnement, n'échappent pas plus que les gouvernements parlementaires aux compétitions personnelles. Si la forme de ces luttes diffère, leur but est le même. Pour les uns, la satisfaction de posséder le pouvoir est le principal mobile qui pousse à le conquérir; pour les autres, le but est de se fortifier, en tant que parti ou groupe politique, par des adjonctions sympathiques. L'intrigue est trop souvent, dans ces entreprises, le moyen auquel on demande le succès.

Quelle était celle de ces causes qui déterminait, dès le 28 juillet 1852, un remaniement du cabinet du 22 janvier? Nous ne jugeons pas qu'il soit nécessaire de nous expliquer sur ce point. Le *Moniteur* annonçait le 28 juillet les nominations suivantes :

M. Drouyn de Lhuys était nommé ministre des affaires étrangères, en remplacement de M. le marquis de Turgot.

M. Fould succédait, au ministère d'État, à M. le comte de Casabianca.

M. Magne remplaçait M. Lefebvre-Duruflé aux travaux publics et au commerce. Les trois ministres sortants étaient appelés au Sénat.

J'avais pu pressentir, au moment où s'agitaient ces questions de modifications du cabinet, quelle était la cause principale de l'hostilité, chaque jour plus vive, que je constatais chez mon collègue M. de Persigny. Il avait usé de tout son pouvoir pour me faire passer au ministère d'État et avait employé, près de moi, toute son insistance pour me déterminer à accepter ce poste. Il faisait luire à mes yeux l'honneur d'être placé, hiérarchiquement, le premier parmi les ministres. Tel était, en effet, le rang qui était donné au ministère d'État, comme pour relever, par un honneur illusoire, l'absence d'une importance effective. Si épineuse que fût la mission que je remplissais au ministère de la police générale, si dangereux pour moi que fussent les efforts que je tentais pour rendre cette mission profitable au gouvernement et au Prince, je préférai l'importance politique, avec ses périls, à une haute sinécure où j'eusse pu jouir à l'aise des douceurs du repos et de la sécurité. Je restai donc à mon poste, et c'est de ce jour que mon collègue de l'intérieur, qui comptait bien, si j'eusse accepté le ministère d'État, faire entrer dans ses attributions le ministère de la police générale, c'est de ce jour que M. de Persigny, désespérant de m'amener à une permutation qui facilitât l'accomplissement de ses projets, entreprit contre moi une guerre à outrance. Il s'allia, pour me renverser, à mes ennemis dont mes fonctions augmentaient chaque jour le nombre. Les sentiments du Prince à mon égard rendaient difficile mon éviction pure et simple. Il fut convenu que la campagne serait conduite sur le terrain de la nécessité de supprimer le ministère de la police générale, comme garantie à donner au pays du retour absolu de la tranquillité. On se mit à l'œuvre, et mon souvenir ne se reporte pas sans une certaine fierté à cette croisade acharnée dirigée contre moi. Elle avait à sa tête tous les hauts spéculateurs du monde politique. J'avais plus d'une fois dévoilé leurs agissements, et j'avais fréquemment déjà ressenti les effets de leur courroux. Il est heureusement pour les âmes honnêtes, dans l'accomplissement d'un semblable devoir, une consolante satisfaction, c'est de voir sévèrement flagellés par l'opinion les gens dont on s'est ainsi fait des adversaires et des détracteurs. Cette satisfaction me fut amplement réservée.

Mais ces légères agitations politiques ne s'étendaient qu'à un cercle restreint ; le pays en ignorait les causes ; il ne leur accordait aucune importance ; il jouissait, avec délices, de la somptueuse prospérité qui prenait chaque jour un nouvel essor. Il lui restait cependant une vague préoccupation : le pouvoir n'avait encore qu'une durée limitée, et ce mot de République, quoique le mot seul en restât, gênait sa quiétude et arrêtait sa complète expansion. En toute circonstance, le peuple manifestait sa volonté tenace de revenir à l'Empire. Une occasion fut offerte au Prince-Président de constater, par lui-même, à quel point étaient ardents les vœux de la nation de consolider, sur sa tête, le pouvoir qu'elle lui avait déjà deux fois donné. De tous les points de la France, les adresses arrivaient au Chef de l'État pour solliciter sa visite. Les villes principales envoyaient des députations à l'Élysée pour appuyer leurs demandes. Le Prince résolut d'accéder à ce désir et d'entreprendre, cette fois, un long voyage qui lui permettrait de visiter plusieurs contrées où il n'avait pu encore se rendre. Bourges, Moulins, Lyon, Marseille, Nîmes, Toulouse, Bordeaux, telles devaient être ses principales étapes.

Le 14 septembre 1852, le Prince quittait Paris; il avait voulu avoir constamment deux de ses ministres avec lui. Le général de Saint-Arnaud et moi l'accompagnions au début du voyage. Bourges était la première ville où le Prince devait trouver en sa présence, à la fois, des forces militaires importantes et un grand concours de populations. Si convaincu qu'on fût partout en France de l'accueil sympathique qui attendait le Chef de l'État, on n'en avait pas moins une réelle impatience de voir sous quelle forme se produiraient les manifestations du sentiment public. A ce point de vue, et comme signal surtout pour les départements qu'allait traverser le Prince, ce qui se passerait à Bourges devait avoir une importance décisive.

Dans leur *Histoire Populaire de l'Empereur Napoléon III*, MM. de Cassagnac donnent, à ce sujet, un intéressant récit de ce qui se serait passé entre M. de Persigny, ministre de l'intérieur, et M. Pastoureau, préfet du Cher. Ce dernier, mandé par son chef, aurait reçu de lui, à l'insu du Prince, les instructions nécessaires pour que le Chef de l'État fût salué, par les populations, des cris de *Vive l'Empereur !* L'élan étant ainsi donné par les maires et les municipalités, il n'était pas douteux que les masses ne s'associassent à la manifestation. Cette anecdote est empruntée par MM. de Cassagnac aux mémoires inédits de M. le duc de Persigny. Il faut dire que la sollicitude du ministre de l'intérieur était exagérée, car il ne faisait doute pour personne que le Prince ne fût accueilli partout par une immense explosion de sympathies pour le rétablissement de l'Empire.

L'élément civil avait, à coup sûr, le rôle important dans la réception à faire à Louis-Napoléon ; mais l'accueil de l'armée avait également son intérêt. Sans doute, ses sentiments étaient connus ; l'armée voulait l'Empire, elle le voulait plus encore que le peuple, si c'était possible ; mais elle n'avait pas, comme les populations, son entière liberté pour manifester ses sentiments. La discipline avait ses rigueurs, et il s'agissait de trouver la juste mesure pour concilier les exigences du devoir avec l'avidité de prendre part au mouvement général. Que ferait donc la troupe ? Quelle serait son attitude au moment du défilé ? On se le demandait, et les chefs les plus ardents eux-mêmes pour la restauration de l'Empire s'interrogeaient de leur côté, non par hésitation, mais par préoccupation de ce qui pouvait leur être permis sous les armes. Ils étaient d'autant plus perplexes, que l'exemple devait partir d'eux. Le cri qui sortirait de leur bouche serait certainement répété par leurs soldats. Favoriserait-on l'éclosion du vœu général en criant : *Vive l'Empereur !* ou essaierait-on de calmer les ardeurs en criant seulement : *Vive le Président !* ou *Vive Napoléon ?* Telle était la question que se posaient les officiers supérieurs de la petite armée dont le Chef de l'État allait passer la revue. Le général de division qui devait en avoir le commandement, le duc de Mortemart, était, par ses souvenirs et peut-être par ses préférences, attaché à la cause des Bourbons ; il ne lui paraissait pas possible de prendre une attitude qui fût en désaccord avec son passé. Son parti était pris. Il garderait le silence au moment où, passant, à la tête de ses troupes, devant le Prince, il lui ferait le salut d'usage. Un incident donna le moyen de suppléer à la réserve que croyait devoir s'imposer le général de Mortemart.

Le général commandant la subdivision de Bourges, le vicomte de Noue, était l'un de mes amis. Cette question de la forme sous laquelle serait acclamé Louis-Napoléon le préoccupait gravement. Le général de Mortemart devait défiler le premier devant le Prince et se placer en face de lui. Le général de Noue devait venir immédiatement après le duc de Mortemart, à la tête de toutes les troupes. Il supposait que son chef garderait le silence. Sa liberté se trouvait-elle ainsi enchaînée, ou pouvait-il donner un libre cours à ses inspirations personnelles? Dans une causerie intime, le général de Noue était venu me consulter à cet égard. Je ne voyais, pour ma part, aucun obstacle à ce qu'il fît selon ses sentiments, et puisqu'il jugeait devoir crier : *Vive l'Empereur!* je croyais qu'il ne s'écartait, en le faisant, ni de son droit dans un pareil moment, ni des égards dus à un chef qui ne se prononçait pas. Je ne vis aucun inconvénient à lui dire ma pensée (1).

(1) Comme son chef, le général de Noue appartenait au parti légitimiste. Il y était toutefois attaché plutôt par sa naissance et ses relations que par des convictions réfléchies. Le jeune général avait fait sa carrière en Afrique, il était resté ainsi étranger aux événements qui avaient agité son pays. Dans son entretien avec moi il résumait ses opinions en deux mots. « Je n'entends rien à la politique, me disait-il, je ne vois qu'une chose dans ce qui se passe, c'est que la répu-

A la revue, le général de Mortemart, en passant devant le Prince, le salua silencieusement et prit place en face de lui. A cinquante mètres derrière le duc, venait le général de Noue. Retournant élégamment, du côté de ses troupes, le superbe cheval arabe qu'il montait : *Vive l'Empereur !* s'écriait-il ; mais déjà les cris des soldats couvraient sa voix, et de cent mille poitrines à la fois sortait ce même cri de *Vive l'Empereur !* Chaque escadron, chaque bataillon le répétait à son tour, et chaque fois également les masses profondes de population, placées autour de la troupe, répétaient cette acclamation qui traduisait fidèlement leurs aspirations, leur volonté d'en finir avec le provisoire.

Après la troupe, la population voulut défiler devant Louis-Napoléon. Ce n'était plus de l'enthousiasme, c'était du délire. Dans cette manifestation, les grands et les petits se confondaient; c'était toute la France qui, par cette délégation ardente, adressait au Chef de l'État la sommation de lui rendre, sans retard, des institutions définitives, la monarchie impériale.

Si M. de Persigny eût assisté à l'ovation triomphale de Bourges, il se fût dispensé de ses conseils au préfet. Le peuple n'avait point attendu le signal des municipalités. Du plus loin qu'il avait aperçu le

---

blique conduit la France à sa ruine. La monarchie légitime a mes sympathies et mes préférences ; mais elle est incompatible avec l'état actuel des esprits. L'Empire est seul possible ; il peut seul nous sauver de l'anarchie, c'est pour cela que je n'hésite pas à désirer l'Empire

Prince, il l'avait salué des cris frénétiques de *Vive l'Empereur!* Nulle manifestation ne fut jamais plus spontanée, plus ardente dans son expression que ne le fut celle de Bourges, et, disons-le à l'avance, celle de la France entière dans les contrées traversées par le Prince au cours de ce voyage de 1852.

S'il était, dans la nature de Louis-Napoléon, une qualité qui dominât les autres, c'était le don de pénétrer avec sûreté les aspirations du peuple. Il sentait comme vibrer en lui la fibre nationale ; il l'avait montré une fois entre autres en cette circonstance.

A diverses reprises, dans nos conseils des ministres, la question du voyage du Prince avait été posée. Il était nécessaire de songer à certaines dispositions en vue de ce grand événement, et le Prince se prêtait volontiers aux discussions qu'elles provoquaient. Mais si quelqu'un de nous faisait allusion à des précautions à prendre pour favoriser l'expression du sentiment public, la physionomie du Prince devenait sombre (c'était sa forme ordinaire de désapprobation), et il coupait court à la délibération. Un jour, il alla plus loin et, à une proposition de M. de Persigny, qui avait pour but de faire précisément ce qu'il fit avec le préfet du Cher, le Prince avait dit avec quelque humeur :

« Je ne veux pas que le pays soit guidé. Je veux qu'on le laisse absolument libre d'exprimer, comme il l'entend, les sentiments qu'il éprouve. Je tiens à savoir, par mes yeux et par mes oreilles, la vérité vraie, et à contrôler ainsi l'exactitude de ce qui m'est écrit chaque jour de tous les points de la France. Mon voyage est une interrogation. Je ne veux pas qu'on prépare la réponse, je désire l'avoir dans toute sa spontanéité ; je réglerai sur elle ma conduite pour l'avenir. »

Bourges avait donné la réponse ; elle était éclatante et péremptoire.

Nevers fut ce qu'avait été Bourges, et Moulins fut ce qu'avait été Nevers. Les départements s'étaient portés à la rencontre du Chef de l'État. Des communes entières campaient autour de la ville ; on supportait gaiement les fatigues qu'on s'était imposées. On voulait voir le sauveur du pays, lui exprimer sa gratitude par ses acclamations et lui faire entendre surtout la volonté du pays de voir restaurer l'Empire.

A Roanne, à Saint-Etienne, à Lyon, même concours de populations, même enthousiasme, mêmes cris frénétiques de *Vive l'Empereur !*

A Lyon, le Prince-Président inaugurait la statue équestre de Napoléon Ier. Dans le discours qu'il prononçait à cette occasion, il laissait voir qu'il comprenait le sens et la portée des manifestations qu'il trouvait sur son passage. Il disait :

« Nous sortons à peine de ces moments de crise où les notions du bien et du mal étant confondues, les meilleurs esprits se sont pervertis. La prudence et le patriotisme exigent que dans de semblables moments, la nation se recueille avant de fixer ses destinées, et il est encore pour moi difficile de savoir sous quel nom je puis rendre les plus grands services. Si le titre modeste de Président pouvait faciliter la mission qui m'était confiée, et devant laquelle je n'ai pas reculé, ce n'est pas moi qui, par intérêt personnel, désirerais changer ce titre contre celui d'Empereur. »

Plus le Prince semblait ainsi manifester d'hésitation à accepter la couronne, plus le peuple redoublait d'ardeur pour le convier à en finir avec la République. A Grenoble, Valence, Avignon, Aix et Marseille, c'était un redoublement de cris de *Vive l'Empereur!*

A Marseille, en posant la première pierre de la cathédrale, Louis-Napoléon parlait pour le clergé de France et pour les catholiques. Il ouvrait son cœur avec un entier abandon quand il disait : « Partout où je le puis, je m'efforce de soutenir et de propager les idées religieuses, les plus sublimes de toutes, puisqu'elles guident dans la fortune et consolent dans l'adversité. Mon gouvernement, je le dis avec orgueil, est peut-être le seul qui ait soutenu la religion pour elle-même; il la soutient, non comme instrument politique, non pour plaire à un parti, mais uniquement par conviction et par amour du bien qu'elle inspire comme des vérités qu'elle enseigne. »

Toulon, Nîmes, Montpellier, Carcassonne, Toulouse, Agen recevaient, à leur tour, la visite du Prince et rivalisaient pour lui exprimer leur gratitude et affirmer leurs espérances. L'hésitation n'était plus permise et le peuple avait en quelque sorte le droit de savoir quel accueil serait fait à ses aspirations. Les rôles étaient changés; ce n'était plus Louis-Napoléon qui cherchait à savoir, c'était le peuple qui posait la question. Les cris de *Vive l'Empereur!* étaient, au début du voyage, une excitation à l'Empire; ils devenaient une interrogation à la fin. Le Prince le comprit, et à Bordeaux, au banquet de la Chambre de commerce, il laissa, plus clairement qu'à Lyon, pénétrer les impressions qu'il emportait de son voyage. Ce jour-là, l'Empire était fait. On pouvait aisément le comprendre dans les paroles du Prince, quand il disait :

« Le but de mon voyage, vous le savez, était de connaître par moi-même nos belles provinces du Midi, d'approfondir leurs besoins. Il a, toutefois, donné lieu à un résultat beaucoup plus important.

« En effet, je le dis avec une franchise aussi éloignée de l'orgueil que d'une fausse modestie, jamais peuple n'a témoigné d'une manière plus directe, plus spontanée, plus unanime, la volonté de s'affranchir des préoccupations de l'avenir, en consolidant dans la même main un pouvoir qui lui est sympathique. C'est qu'il connaît, à cette heure, et les trompeuses espérances dont on le berçait, et les dangers dont il était menacé. Il sait qu'en 1852, la société courait à sa perte, parce que chaque parti se consolait d'avance du naufrage général par l'espoir de planter son drapeau sur les débris qui pourraient surnager. Il me sait gré d'avoir sauvé le vaisseau en arborant seulement le drapeau de la France.

« Désabusé d'absurdes théories, le peuple a acquis la conviction que les réformateurs prétendus n'étaient que des rêveurs, car il y avait toujours inconséquence, disproportion entre leurs moyens et les résultats promis.

« Aujourd'hui, la France m'entoure de ses sympathies, parce que je ne suis pas de la famille des idéologues. Pour faire le bien du pays, il n'est pas besoin d'appliquer de nouveaux systèmes, mais de donner, avant tout, confiance dans le présent, sécurité dans l'avenir. Voilà pourquoi la France semble vouloir revenir à l'Empire. »

De Bordeaux à Paris, ce fut une immense ratification du discours de Bordeaux. Angoulême, Rochefort, la Rochelle, Niort, Poitiers, Tours saluaient l'Empire comme un fait accompli, et les événements, en effet, ne devaient pas tarder à transformer en une réalité ces unanimes espérances.

La volonté de rétablir l'Empire s'était si universellement manifestée pendant le voyage du Prince-Président, qu'on ne pouvait prolonger la résistance aux aspirations du pays. Ce n'était point Louis-Napoléon qui renversait la République, elle succombait sous une réprobation générale. En cessant d'imposer à la nation cette forme de gouvernement, qui laissait place encore à quelques inquiétudes, le Prince accomplissait un devoir auquel il devenait, pour lui, impossible de se soustraire.

Le 19 octobre, le Sénat était convoqué pour examiner cette grave question du rétablissement de la monarchie impériale, et, le 7 novembre, il votait un sénatus-consulte dont les dispositions essentielles étaient celles-ci :

« La dignité impériale est rétablie.

« Louis-Napoléon Bonaparte est empereur des Français sous le nom de Napoléon III.

« La dignité impériale est héréditaire dans la descendance directe et légitime de Louis-Napoléon Bonaparte, de mâle en mâle, par ordre de primogéniture et à l'exclusion perpétuelle des femmes et de leur descendance...

« La proposition suivante sera présentée à l'acceptation du peuple français dans les formes déterminées par les décrets des 2 et 4 décembre 1851 :

« Le peuple français veut le rétablissement de la dignité impériale dans la personne de Louis-Napoléon Bonaparte avec hérédité dans sa descendance directe, légitime ou adoptive, et lui donne le droit de régler l'ordre de succession au trône dans la famille Bonaparte, ainsi qu'il est prévu dans le sénatus-consulte du 7 novembre 1852. »

Le peuple était convoqué dans ses comices les 21 et 22 novembre pour accepter ou refuser le projet de plébiscite arrêté par le Sénat, et le Corps législatif était appelé à se réunir, le 25 novembre, à l'effet de constater la régularité des votes, d'en faire le recensement et d'en déclarer le résultat.

Comme au 10 décembre 1848, comme au 21 décembre 1851, un immense enthousiasme entraînait aux urnes la presque unanimité de la nation. Le scrutin donnait le résultat suivant :

Pour le rétablissement de l'Empire. 7,824,189
Contre 253,145

La République avait ainsi légalement cessé d'être. L'Empire s'élevait radieux sur ses ruines abandonnées. Cette même génération, ce même peuple qui, entraîné par des excitations malsaines, avait renversé un trône en 1848, au nom de la liberté, reconnaissait ses erreurs. Après avoir durement expié ses entraînements et ses fautes, il se levait plus unanime encore pour édifier qu'il ne l'avait été pour détruire, et, comme pour donner un éclatant témoignage de l'illogisme de ces aventures révolutionnaires qui, depuis bientôt un siècle, désolent périodiquement la France, ce même peuple, cette fois, immolait son idole de la veille : pour quelque temps, au moins, il enchaînait joyeusement la liberté.

CHAPITRE XXVII

CONCLUSION

COUP D'ŒIL SUR LE DEUX-DÉCEMBRE.

Quels sentiments a éveillé le Deux-Décembre dans la nation? — Qui l'a approuvé, qui l'a condamné? — Qui l'approuve, qui le condamne aujourd'hui? — Quel sera le jugement d l'histoire? — Ce que font les révolutionnaires en juillet 1830, en février 1848, en septembre 1870 et le 18 mars 1871. — — Quels sont leurs mobiles? — Quelles origines ont leurs pouvoirs? — Contraste avec le Deux-Décembre. — Résumé.

Nous avons pris soin, dans notre préface, d'avertir nos lecteurs que tout en écrivant, dans ce livre, l'histoire de la présidence de Louis-Napoléon, nous avions eu pour principal objectif le grand acte du Deux-Décembre. Il domine, en effet, toute cette période de notre histoire contemporaine, et, à ce titre, il n'est pas sans intérêt de résumer en quelques mots les impressions qu'il doit faire naître.

Nous avons montré quel enchaînement de circonstances avait fatalement engendré le Deux-Décembre; nous avons dit quelles avaient été ses conséquences, quelles transformations il avait apportées dans le régime constitutionnel de la France ; examinons maintenant, avec impartialité, par quels sentiments il fut accueilli dans la nation. Nous chercherons, en même temps, quelles sont, aujourd'hui, les appréciations sur ce grand épisode. Nous essayerons, enfin, de prévoir ce que sera, sur lui, le jugement de l'histoire, quelle part lui sera faite dans cette série d'événements qui, depuis le commencement du siècle, changèrent si fréquemment la forme du gouvernement.

Et d'abord, quel a été l'accueil?

Pour en juger sainement, il convient de se placer à quelques jours de la lutte, c'est-à-dire après les faits accomplis, alors que le pays, dégagé des inquiétudes qu'avait fait naître l'émeute, pouvait se prononcer dans la plénitude de sa liberté. A ce moment, l'accueil fait au Deux-Décembre se résume en un mot : ce fut une immense ovation.

En France, depuis que les troubles et les révolutions ont mis périodiquement tous les intérêts en péril, il s'est créé, en dehors de toute préférence politique ardente, un groupe considérable qui réunit, du plus opulent au plus humble, tous ceux qui possèdent, tous ceux qui sont en voie d'acquérir. Ce groupe a pour première aspiration la tranquillité ; il veut, avant tout, l'ordre et la paix ; il s'est donné, lui-même, le nom qui traduit le mieux ses instincts, il s'appelle le parti conservateur. Par suite du morcellement du sol, il réunit numériquement, à lui seul, plus de la moitié du pays.

On peut dire que le parti conservateur applaudissait unanimement au succès de Louis-Napoléon.

La légende napoléonienne existait encore dans toute sa force ; elle avait ses fanatiques, et leur joie bruyante se mêlait aux applaudissements du parti conservateur. Les uns voyaient enfin reparaître la sécurité perdue ; les autres saluaient le retour d'une dynastie restée populaire malgré ses malheurs. C'était de cet ensemble imposant que venait l'ovation, et elle était d'autant plus éclatante que le parti vaincu subissait silencieusement sa défaite.

Quelle appréciation domine aujourd'hui sur le Deux-Décembre?

Si le ressentiment reste au cœur de plusieurs de ceux qui en ont souffert, nous n'avons point à nous en étonner, c'est la loi de la nature ; et si l'élévation de l'esprit permet quelquefois de se soustraire aux rancunes vulgaires, ce n'est pas dans les rangs de la démagogie qu'il faut s'attendre à trouver ces louables exceptions. Mais, tous les gens sensés, tous les hommes modérés, un grand nombre même des vaincus de cette époque, la masse du pays en un mot, ne jugent-ils pas aujourd'hui que le Deux-Décembre fut une patriotique entreprise, que ce fut un jour de délivrance et que les dix-huit ans de prospérité qui en furent la conséquence formeront, dans l'histoire du siècle, l'une de ses plus mémorables pages?

En vain nous dirait-on que la majorité donnée de nos jours aux républicains est la condamnation du Deux-Décembre. Ce serait commettre une grave erreur que de tenir un pareil langage, et montrer qu'on connait mal le sentiment intime du pays. Il importe, pour l'avenir surtout, de faire justice d'une telle interprétation.

Ce qui constitue, aujourd'hui, la majorité républicaine, ce ne sont pas les républicains proprement dits. Cette opinion, au point de vue doctrinal, n'a que de rares partisans. La majorité républicaine se compose des éléments les plus dissemblables. Elle compte, de droit d'abord, les révolutionnaires de profession, les besogneux avides de places lucratives, les déclassés et les envieux : c'est là son noyau militant. Elle renferme, ensuite, le groupe pacifique et peu nombreux des croyants à la forme républicaine, des doctrinaires de la démocratie; tous ceux-là, à coup sûr, protestent énergiquement contre ce qu'ils appellent avec horreur le crime du Deux-Décembre. Mais, ce qui fait le nombre dans la majorité républicaine, et ce qui par conséquent fait sa force, c'est une fraction malheureusement importante du parti conservateur, qui, par un sentiment mal compris de sa tranquillité, préfère vivre dans un malaise qui n'est pas encore la ruine, plutôt que de chercher le salut dans une revendication énergique qu'il ne sépare pas de quelques risques passagers. Le fait existant, tel est, pour ces conservateurs égarés, le gouvernement qu'il faut soutenir. Ils ne l'aiment pas, mais ils le subissent; ils se résignent, et traduisent cette résignation par un concours électoral d'où sortent les majorités républicaines et révolutionnaires de nos assemblées.

Qu'on ne nous dise pas que ces adhérents, par

crainte, ces républicains d'occasion, professent pour le Deux-Décembre un sentiment de répulsion ou de haine. Non, ils regrettent silencieusement, les uns la Monarchie, les autres l'Empire, et ils applaudiraient au retour d'un passé qui avait leur préférence, s'ils se réveillaient un jour sous la Monarchie restaurée ou sous l'Empire rétabli. Quand, devant ceux-là, on parle du Deux-Décembre, ils répondent par un soupir d'envie; ils gémissent de n'avoir pas à saluer un pareil fait accompli.

Nous sommes incontestablement en droit de dire qu'aujourd'hui, à plus de trente ans de distance du Deux-Décembre, la partie saine de la nation applaudit encore à ce grand acte et aux bienfaits qu'il a engendrés. Elle ne fait ainsi que devancer le jugement de l'histoire.

L'histoire en effet rendra à ce grand événement, son caractère véritable; elle tiendra compte de la situation faite au pays, des dangers qui l'attendaient, des conspirations qui menaçaient le pouvoir et la vie du Prince; elle appréciera le but qu'il voulait atteindre; elle saluera le succès qui a couronné son œuvre; elle enregistrera solennellement, pour les livrer aux générations futures, ces immenses et successives acclamations d'un peuple entier qui, dans sa pleine liberté, dans sa toute-puissance constituante, disposait de ses destinées, et rendait le pouvoir à la dynastie fondée, par ses suffrages, au commencement du siècle. Ce n'est pas l'histoire qui prendra, dans ses pages, ce mot que nos ennemis voudraient rendre injurieux et qui ne fait que traduire leur haine et leur rancune : « le crime de Décembre ; » telle est l'appellation d'usage pour tout bon républicain.

Consentons, pour un instant, à comparer nos actes aux leurs et demandons aux coryphées de la Révolution, pourquoi on ne dirait pas plutôt, le crime de 1830, le crime de 1848, le crime de 1870 ! Cette comparaison, faisons-la complète ; voyons leurs mobiles, voyons leurs actes, voyons leurs origines, voyons enfin, quelles sont, après le fait accompli, les garanties qu'ils donnent au pays, et nous dirons ensuite ce que, à tous ces points de vue, nous avons été nous-mêmes.

Eh quoi ! le 29 juillet 1830, les héros de juillet, comme ils se sont qualifiés eux-mêmes, brisent un trône, jettent en exil une dynastie qui, pendant des siècles, avait fait la grandeur de la France, qui, depuis quinze ans, donnait l'ordre, la sécurité et une liberté que tous les honnêtes gens jugeaient amplement suffisante au tempérament du pays ; ils chassent un roi, qui, la veille encore, venait de glorifier nos armes en nous donnant, par la prise d'Alger, comme un royaume nouveau ; ils jettent dans Paris la désolation de la guerre civile ; ils ensanglantent nos rues ; ils assassinent de braves soldats pour les châtier de leur fidélité, et quand ils sont au bout de leur orgie, ils décrètent du nom de « glorieuses » ces funestes journées qui ne sont qu'une détestable étape dans nos douleurs révolutionnaires.

Et quand, en 1848, les révolutionnaires encore, les mêmes hommes qui, en 1830, pour la plupart, se faisaient les chefs ou les promoteurs de l'émeute, culbutaient la royauté qu'ils avaient édifiée; quand ils haranguaient cette vaillante armée pour la conduire à l'oubli de son devoir; quand, comme en 1830, ils bouleversaient Paris, le hérissant de barricades, le livrant à la mitraille, faisaient-ils donc là un grand acte de civisme? La France avait-elle à trouver gloire, fortune, prospérité, liberté, dans leur usurpation du pouvoir? Non, ils détruisaient pour détruire, et pour se partager les dépouilles. Ils brisaient un édifice constitutionnel qui, depuis dix-huit ans, avait permis le développement régulier d'institutions libérales. Ils anéantissaient l'ordre et la sécurité; ils mettaient à leur place, le désordre et l'anarchie. Est-elle encore « glorieuse » cette journée de 1848?

Et plus nous avançons, plus la révolution amoncelle les ruines!

Si, pour l'Empire, le 4 Septembre est un deuil cruel, pour les révolutionnaires, il est une ineffaçable honte! Cette liberté, dont ils usurpent sans cesse la bannière, l'Empire ne venait-il pas de lui faire une large place dans ses institutions nouvelles? Et cependant, en face de l'ennemi, on n'hésitait pas à ajouter aux douleurs de nos défaites les angoisses d'une révolution. On paralysait ainsi les derniers efforts de résistance de notre malheureuse patrie; on refusait la paix, et, en prolongeant une défense insensée, on arrivait à tripler notre rançon.

Les révolutionnaires de 1870 devaient encore infliger à la France épuisée une dernière et lugubre épreuve! Impuissants à tenir ce pouvoir qu'ils avaient arraché, ils laissaient grandir, à l'ombre de leur faiblesse, cette effroyable débauche qui s'est appelée la Commune, et, par leur coupable imprévoyance, Paris était livré au plus affreux vandalisme. Nos monuments étaient brûlés, nos remparts détruits, nos trésors pillés, nos prélats, nos magistrats, nos généraux assassinés! Le sang coulait à flots. Sont-elles « glorieuses » encore ces journées du 4 Septembre et du 18 Mars 1870-71 ?

Mais poursuivons. Nous avons dit quels mobiles ont engendré le Deux-Décembre, à quelles exigences, à quel mandat obéissait Louis-Napoléon. Cette même question, si nous l'adressions aux révolutionnaires, comment pourraient-ils y répondre?

En 1830, en 1848, en 1870, qui poussait à la révolte? Au nom de quelles fractions du pays brisait-on ses lois et ses constitutions?

En 1830, quelques députés, quelques journalistes ambitieux, quelques philosophes plagiaires de leurs devanciers provoquaient le mouvement; ils déchaînaient la haine contre la noblesse et le clergé ; c'était encore une réminiscence de 1793. Et cependant, le peuple restait sourd à ces menées; il vivait heureux, à l'abri d'institutions dont l'application se poursuivait sans plus de secousses que n'en impose l'expérience d'un régime nouveau. Quand les révolutionnaires réveillaient Paris au bruit de la fusillade, ils n'étaient l'écho ni d'un désir populaire, ni d'une volonté générale; ils s'imposaient à la fois mandants et mandataires.

En 1848, quelle origine, quelle cause sérieuse, quelle

raison d'être avait donc encore la révolution? Avait-on au moins, pour prétexte, un mouvement sérieux d'opinion? Non, quelques agitateurs de profession créaient une effervescence superficielle. Quelques députés parcouraient la province, et, dans de tumultueuses agapes révolutionnaires, ils haranguaient les fidèles et leur donnaient le mot d'ordre. C'est au cri de : « Vive la réforme! » qu'on prenait les armes et qu'on bouleversait le pays. Mais le pays n'était pas avec les agitateurs, il les subissait et guettait, dès la première heure de leur domination, le moyen de secouer leur étreinte.

En 1870, qui donc demandait le renversement de l'Empire? Quels sentiments, autres que ceux de l'ambition et de la haine, guidaient encore les révolutionnaires en cette néfaste journée?

Tout au contraire, au Deux-Décembre, quel imposant spectacle! C'était un immense mouvement de la nation qui poussait le Prince à en finir avec ces institutions bâtardes qu'on avait affublées du nom de Constitution républicaine, et qui n'assuraient ni sécurité dans le présent, ni stabilité dans l'avenir. C'était plus de deux millions de Français qui, par la forme légale du pétitionnement, révélaient leurs aspirations; c'étaient les conseils municipaux en nombre considérable, c'étaient enfin les conseils généraux : pour dire vrai, c'était le pays entier, qui, dans la mesure permise, adressait au Prince la sommation d'agir.

Qu'on ne cherche donc pas à comparer les situations : 1830, 1848, 1870, ce sont là des révolutions dans un but de spoliation ; 1851, c'est la délivrance avec le concours ardent de la nation.

Mais montrons encore quel contraste existe entre la prise du pouvoir quand c'est la révolution qui s'en empare, et l'usage que le Prince fait de la victoire et de sa force au lendemain de Décembre.

En 1830, 1848, 1870, qu'ont-ils fait les révolutionnaires de tous rangs pour tenter, au moins, de faire consacrer leur usurpation ? Ont-ils interrogé le pays ? lui ont-ils demandé s'il ratifiait leur victoire, s'il voulait leur donner sa confiance ? Ah ! ils se sont bien gardés de s'exposer à une semblable épreuve, quelque force qu'ils pussent en attendre. Non, ils se sont empressés de se déclarer souverains maîtres pour placer plus sûrement le pouvoir à l'abri de toute revendication légale.

En 1830, les républicains, les vrais vainqueurs des journées de Juillet, frappés du discrédit qu'ils rencontrent au lendemain même de leur triomphe, renoncent à proclamer la République et improvisent une royauté à laquelle ils imposent, à ses débuts, leur tutelle. Mais pourquoi donc cette confiscation de la puissance constituante ? Pourquoi délibérer et statuer à quelques-uns au lieu d'agir au grand jour, au lieu de consulter le peuple dont on ne cessait de proclamer la souveraineté ? Pourquoi le traiter en suspect, ce peuple au nom duquel on prétendait agir. Nous l'avons dit : on redoutait sa réponse.

Et en 1848 ! Quand ces mêmes républicains de 1830, évincés des grandeurs qu'ils avaient rêvées, renversaient le trône élevé de leurs mains et proclamaient, cette fois, la République comme la forme de gouvernement désirée par la nation, pourquoi se barricader, à l'Hôtel-de-Ville, pour s'arroger, à dix ou douze révolutionnaires, la puissance constituante? Pourquoi cette usurpation nouvelle des prérogatives de la nation? C'est qu'on sentait encore que la révolution de 1848 était conspuée par le pays et que le peuple, s'il eût été consulté, eût, à une immense majorité, condamné cet audacieux escamotage du pouvoir. Au lieu de demander au pays la nomination d'une Assemblée, formule indirecte et sans précision pour consulter le pays, pourquoi ne posait-on pas nettement la question sur la forme du gouvernement?

Peut-être, aujourd'hui, essaierait-on de dire qu'à ces dates de 1830 et de 1848 le procédé de consultation de la souveraineté nationale n'était point encore dans les coutumes de la France. Le premier Empire n'en avait-il donc pas donné l'exemple? En 1800 et en 1804, Napoléon ne s'était-il pas adressé directement à la nation et n'était-ce pas à elle qu'il devait le Consulat d'abord, et la dignité Impériale ensuite?

Mais en 1870, pouvait-on invoquer une pareille excuse? Le plébiscite n'était-il pas devenu la tradition du pays? En 1851, en 1852, en 1870, le Chef de l'État n'avait-il pas fait appel directement au pays pour le charger de se prononcer sur ses destinées? Pourquoi n'avait-on pas suivi cet exemple? Pourquoi, quand on prenait pour trompeuse enseigne cette souveraineté nationale, lui refuser toute ingérence dans la création d'un régime nouveau? Pourquoi, comme en 1830, et en 1848 s'enfermer, dans ce même Hôtel-de-Ville, pour déclarer, quoique minorité d'une Assemblée sans pouvoir constituant, la déchéance de cette dynastie issue de huit millions de suffrages? Qui donnait à cette minorité sans pouvoirs le droit de proclamer la République? Et pourquoi donc, au moins, si elle pouvait penser que telle était la préférence du pays, ne l'appelait-elle pas à l'affirmer par ses suffrages? Toujours même réponse à faire : on savait que le pays redoutait la République comme une immense calamité; on savait que, malgré les malheurs de la guerre, le peuple eût encore protesté de sa volonté de conserver l'Empire, et, une fois encore, se déroulait sous nos yeux cet affligeant spectacle : quelques révolutionnaires, quelques parvenus sans mandat imposaient à la France le gouvernement de leur caprice, et le caprice de leur autocratie?

Qu'il reste donc établi que, ni en 1830 ni en 1848, ni en 1870, les révolutionnaires, ayant en mains le pouvoir, n'ont osé consulter expressément et directement la nation et lui demander la ratification de leurs usurpations.

Qu'avons-nous fait au contraire au lendemain du Deux-Décembre?

C'est au nom du pays qu'avait agi le Prince. C'est le pays qu'il se donne pour juge, et, le 21 décembre, la France entière, réunie en ses comices, salue son libérateur par sept millions et demi de suffrages. Qu'on le veuille ou non, la France s'est activement et pleinement ainsi associée au Coup d'État, elle lui a donné sa légitimité.

Résumons-nous sur les origines du Deux-Décembre, et affirmons encore cette série d'irréfutables vérités.

En 1851, l'alarme est partout, le pays est en détresse. L'émeute menace Paris, la jacquerie menace la province; une conjuration met en péril et le pouvoir du Chef de l'État et sa liberté. Sur le refus de l'Assemblée d'ouvrir une issue légale aux complications de l'avenir, la France, prenant la revision pour drapeau, adresse au Prince la sommation d'en finir. Le Prince obéit, et, le 2 Décembre, il remet au pays le soin de fixer ses destinées. Le pays, dans un unanime élan, acclame son sauveur, et, sur les débris d'une légalité qui le conduisait à sa perte, il fonde une légalité nouvelle : la Constitution de 1852.

Voilà ce que dira l'Histoire.

FIN.

TABLE DES MATIÈRES

CHAPITRE PREMIER

LES ORIGINES DE NOS RÉVOLUTIONS

Les phases diverses de la révolution en France. — 1830 et 1848. — Louis-Napoléon élu représentant du peuple. — Démission et réélection. — Les premières lueurs de l'Empire. 11

CHAPITRE II

L'ÉLECTION DU 10 DÉCEMBRE

Vote de la Constitution de 1848. — Les candidats à la présidence de la République. — Le général Cavaignac, MM. de Lamartine, Raspail et Ledru-Rollin candidats républicains. — Le général Changarnier, M. Thiers, le maréchal Bugeaud, le Prince Louis-Napoléon candidats contre-révolutionnaires. — Attitude et caractère du Prince.—Les chefs des anciens partis se rallient à sa candidature.— Son manifeste au peuple français. — Efforts stériles du gouvernement pour faire élire le général Cavaignac.— La France au 10 décembre. — Résultat de l'élection. — Quelles conséquences il faut en tirer. 23

CHAPITRE III

LES PREMIERS TEMPS DE LA PRÉSIDENCE

Formation du ministère du 20 décembre. — M. Odilon Barrot et les nouveaux ministres. — Coup d'œil sur la Chambre. — Journée du 29 janvier; ses causes, les avertissements qu'elle donne. — Proposition Rateau. — Attitude de l'armée et de la population vis-à-vis du Prince. — Aspect de l'Élysée. — Assiduités du général Changarnier. — Lettre au général Oudinot. — Dépêche de M. Léon Faucher aux préfets. — Chute du ministre de l'intérieur. — L'Assemblée constituante se sépare. 44

CHAPITRE IV

LE 13 JUIN 1849

Forces des partis au sein de l'Assemblée législative. — Ce que signifiait l'élection de cette Chambre. — Journée du 13 juin 1849. — Les montagnards au Conservatoire des arts et métiers. — L'insurrection réprimée. — Son retentissement dans les départements. — Conséquences que pouvait avoir le 13 juin. — Ce que faisaient alors les futurs ennemis de l'Empire. . . . 58

CHAPITRE V

CHUTE DU MINISTÈRE ODILON BARROT

Les méfiances réciproques. — Ce que voulaient les partis. — Ce que rêvait le général Changarnier. — La politique de MM. Dufaure et Odilon Barrot. — La politique de Louis-Napoléon. — Ses discours à Chartres, Ham, Saumur et Tours. — Voulait-il un coup d'État en 1849? — Les lettres du Prince-Président. — Son message du 31 octobre 1849. — Chute du ministère Odilon Barrot. 69

CHAPITRE VI

LE MINISTÈRE DU 31 OCTOBRE ET LA LOI DU 31 MAI

Le ministère du 31 octobre. — Quel accueil lui est fait. — Mission du nouveau cabinet. — Les fonctionnaires publics. — Leur rôle dans les départements. — Élections partielles du 10 mars 1850. — De Flotte, Vidal et Carnot. — Effarement des chefs des anciens partis. — Les Burgraves à l'Élysée. — Les hésitations. — La loi du 31 mai.................... 91

CHAPITRE VII

LA REVUE DE SATORY

Prorogation de l'Assemblée. — Les légitimistes à Wiesbaden. — Les orléanistes à Claremont. — Divers projets des partis. — Nouveau voyage du Prince-Président. Ses discours à Lyon, à Reims et à Caen. — Les conditions de paix avec l'Assemblée. — La commission de permanence. — La revue de Satory. — L'attitude du général Changarnier, ses ordres du jour, ses secrets desseins. — M. Odilon Barrot et le général Changarnier. — Ce que le général attendait de M. Dupin. — Nouvelles erreurs de la Chambre et leurs origines................... 106

CHAPITRE VIII

RÉVOCATION DU GÉNÉRAL CHANGARNIER

Message du 12 novembre, l'effet qu'il produit. — L'interpellation du 3 janvier 1851. — Réunion à l'Élysée des chefs de la majorité. — La rupture. — Révocation du général Changarnier. — Émotion qu'elle produit dans l'Assemblée. — Mot célèbre de M. Thiers.

— Démission des ministres. — Difficulté de constituer un nouveau cabinet. — Ce qu'eût produit l'accord. — Ministère transitoire du 24 janvier. — Interpellation de M. Hovyn-Tranchère. — Présentation d'un projet de loi demandant un supplément de dotation. — Rejet par la Chambre. — Nouvelles tentatives de constituer un ministère parlementaire. — Ni un jour ni un écu. — Opinion de M. Odilon Barrot sur les chefs de la majorité 125

CHAPITRE IX

LA DISCUSSION SUR LA REVISION DE LA CONSTITUTION

Tactique du Prince-Président avec l'Assemblée. — Ministère du 10 avril. — L'article III de la Constitution. — Le discours de Dijon. — Discussion sur la demande de revision de la Constitution. — La République jugée par M. de Falloux. — Le général Cavaignac affirme la doctrine républicaine. — Prophétie sur M. Thiers. — MM. Berryer et Pascal Duprat. — Les diatribes de M. Victor Hugo. — MM. Baroche, Dufaure et Odilon Barrot. — Rejet de la proposition. — Reprise indirecte de la discussion. — Ordre du jour blâmant le ministère Faucher. — Deux partis à prendre pour Louis-Napoléon. — Celui auquel il s'arrête. 146

CHAPITRE X

LES PREMIÈRES CONFIDENCES DE LOUIS-NAPOLÉON

Démission du ministère Léon Faucher. — Origine et nature de mes rapports avec le Prince. — Lettres de Louis-Napoléon, mes entretiens avec lui; ses ouvertures au sujet du Coup d'État; les conseils et les résolutions qu'elles m'inspirent. — Dans quelles conditions devait être formé le nouveau ministère. — Le cabinet du 26 octobre. 176

CHAPITRE XI

LES PLANS DE COUP D'ÉTAT

Premiers entretiens à Saint-Cloud entre le Prince, le ministre de la guerre et moi. — Le Coup d'État éventuellement résolu. — Quelles parts faites au ministère de la guerre et à la préfecture de police. — Les plans de M. Carlier. — Quel jugement ils méritent. — La garde nationale. — Comment on doit apprécier cette institution. — Le plan que je propose. — Les mesures préventives. — Quelles nécessités les imposent. — Plan définitivement arrêté en vue d'un Coup d'État possible.................................. 199

CHAPITRE XII

QUEL SERAIT LE MINISTÈRE DE SOLUTION

Quelles bases seraient données à la future Constitution? — Les principes de Louis-Napoléon. — Les préférences du général de Saint Arnaud et les miennes. — Nécessité d'une dictature temporaire. — La question du ministère de solution. — Les résistances du Prince. — Le rôle qu'il voulait donner à M. de Persigny. — Les efforts de M. de Morny pour obtenir le ministère de l'intérieur. — Notre entretien au ministère des affaires étrangères. — Les pressentiments de l'ex-roi de Westphalie. — La mission qu'il me confie près du Chef de l'État................................ 223

CHAPITRE XIII

LA PROPOSITION DES QUESTEURS

Le gouvernement propose l'abrogation de la loi du 31 mai. — Discussion et rejet du projet de loi. — La proposition dite « des questeurs », son but et sa portée. — Les origines de la question. — La police du général Changarnier. — Un mot sur la police secrète. — Nos plans pour le cas où la proposition des questeurs serait votée. — Le rapport de M. Vitet. — La séance du 17 novembre. — La question posée par le général Bedeau. — Notre réunion aux Tuileries. — Rejet de la proposition des questeurs. — Quelle contradiction s'imposent les généraux Cavaignac et Changarnier. — Quelle attitude les circonstances commandaient-elles aux partis monarchiques?........ 239

CHAPITRE XIV

NOS DERNIÈRES CONFÉRENCES

Le projet de loi sur la responsabilité du Président de la République. — Nouveaux agissements des partis. — Les résolutions qu'ils nous commandent. — Les coulisses parlementaires. — La presse. — Les sociétés secrètes. — Deux discours de Louis-Napoléon. — MM. de Saint Arnaud, Magnan, de Persigny et de Morny. — M. de Morny désigné pour le ministère de l'intérieur. — Notre conférence du 1er décembre à l'Élysée............. 271

CHAPITRE XV

LA NUIT DU 1er AU 2 DÉCEMBRE

La soirée du 1er décembre à l'Élysée. — Notre dernière réunion dans le cabinet du Prince. — Les mémoires de M. Claude, ses impostures et ses calomnies. — La part de chacun dans la nuit du 1er au 2 décembre. — Le colonel de Béville à l'Imprimerie nationale. — Ce qui se passait dans mon cabinet de trois heures à sept heures du matin. — Mes instructions aux commissaires de police. — Précautions prises pour détourner les soupçons. — La garde républicaine. — La direction de Mazas. — Le rôle de la police se-

rête. Ce que sont les bas-fonds de la démagogie.
— Nos derniers renseignements sur les généraux et
représentants à arrêter. — Les rapports de la nuit
sur l'état de Paris. — Avions-nous avec nous le droit
et la loi?. 298

CHAPITRE XVI

LES ARRESTATIONS

L'occupation militaire du palais de l'Assemblée. — Le
colonel de Béville et M. de Saint-Georges à la préfecture de police. — Décrets et proclamations. —
Les retards de M. de Morny. — La dépêche de
M. de Thorigny. — L'armée dans ses positions
de combat. — Arrestations de MM. le général Changarnier, le général Leflô et Baze. — Décrets saisis
chez M. Baze. — Arrestations de M. Thiers, des généraux Cavaignac, Bedeau, Lamoricière et autres
représentants. — Les sollicitudes conjugales qu'inspire un illustre montagnard. — Les représentants à
Mazas 327

CHAPITRE XVII

LES RÉSISTANCES PACIFIQUES

L'aspect de Paris dans la matinée du 2 décembre. —
Copies de rapports adressés au préfet de police. —
Les réunions des représentants. — Protestation de
M. Odilon Barrot. — Tentative de séance au Palais-
Bourbon.—M. Dupin et les représentants.—La réunion Daru. — La mairie du Xe arrondissement. —
Un premier envoi de troupes. — Les renforts du
général Forey. — Les sommations et leurs suites.—
Les 218 ex-représentants à la caserne du quai d'Orsay.
— La première sortie de Louis-Napoléon. — L'armée de Paris et le colonel Fleury. — La haute cour
de justice. — Sa dissolution 359

CHAPITRE XVIII

LES PREMIERS ATTROUPEMENTS

Efforts de M. de Morny pour constituer un ministère. — Mon envoyé à l'Élysée. — Le ministère qu'il m'en rapporte. — Incident Girardin. — Paris de 11 heures du matin à 11 heures du soir. — Les premières barricades. — Les insurgés veulent sonner le tocsin. — Germes de dissentiment entre la Préfecture de police et l'autorité militaire 394

CHAPITRE XIX

LES PREMIÈRES BARRICADES

Départ des ex-représentants pour Vincennes, Mazas et le Mont-Valérien. — Quel accueil leur est fait au faubourg Saint-Antoine. — Mort de Baudin. — Les rêves de M. Victor Hugo 409

CHAPITRE XX

LES DÉFAILLANCES MINISTÉRIELLES

Nouvelles tentatives insurrectionnelles. — Les défaillances ministérielles. — Deux arrêtés. — Mouvement sur Mazas. — Projet de coup de main sur la Préfecture de police. — Ce qu'est la Préfecture de police. — L'insurrection au centre de Paris. — Le général Herbillon la culbute. — Nouvelle attaque et nouvelle défaite des insurgés. — Leurs cruautés. — Les barricades de la soirée. — Divergence entre l'autorité civile et l'autorité militaire. — Deux lettres inédites du général Magnan 425

CHAPITRE XXI

LES PRÉPARATIFS DE L'INSURRECTION

Les espérances des insurgés. — Les faux bruits et les placards révolutionnaires. — Arrêté sur les rassemblements. — Le mode de votation sur registres. — Protestations que cette décision soulève. — Les questions de M. de Morny; ses instructions; un échange de dépêches inutiles. — Les armes prises à domicile. — Pillage des maisons aux abords des barricades. . 451

CHAPITRE XXII

LA JOURNÉE DU 4 DÉCEMBRE

Les retards. — Dépêches télégraphiques du préfet de police. — L'armée de Paris sort de ses casernes. — Le mouvement convergent des divisions Carrelet et Levasseur. — Marche du général de Courtigis. — Tactique des insurgés sur la rive gauche. — Retraite des troupes de la Cité. — Attaque de la Préfecture de police. — Un incident à l'heure du combat. — Nouvelles dépêches télégraphiques du préfet de police. — Les fausses dépêches de MM. Victor Hugo et Véron. — Les troupes rentrent dans leurs casernes. — Les nouvelles barricades. — Les conciliabules de la nuit et leur mot d'ordre. — Le conseil du colonel Fleury. — La mission du général Rollin. — Apaisement et contre-ordre 475

CHAPITRE XXIII

LES FUSILLADES IMAGINAIRES

La matinée du 5 décembre. — Sortie des troupes. — Les dernières barricades. — Aspect de Paris pacifié.

— L'ordre du jour du général de Saint Arnaud. — Chiffre des morts et des blessés. — Les impostures de nos détracteurs. — Le nombre des arrestations. — Le décret sur le mode de votation rapporté. — Transfèrement des généraux députés de Mazas à Ham. — Les mises en liberté à Vincennes et au Mont-Valérien. — Le général de Courtigis et M. Odilon Barrot. — Les ex-représentants reconduits malgré eux 505

CHAPITRE XXIV

LA JACQUERIE EN PROVINCE

L'insurrection dans les départements. — Troubles dans l'Allier. — Prise de La Palisse. — Assassinat des gendarmes. — Le pillage et les orgies de Poligny. — L'occupation et les assassinats de Clamecy. — L'insurrection dans le Gers et l'Hérault. — Massacre des gendarmes. — Le Var et les Basses-Alpes. — Vols et rapines des insurgés, leur défaite. — Ce qu'était au Deux-Décembre la force de la démagogie. — Ce qu'elle eût été en 1852. — Le véritable but des anarchistes. — Leurs appétits et leurs passions. — Quel était le devoir de Louis-Napoléon et comment il l'a compris 528

CHAPITRE XXV

QUATRE MOIS DE DICTATURE

Le scrutin du 21 décembre. — Comment Louis-Napoléon fait usage de sa toute-puissance. — La Constitution de 1852. — Attitude de M. de Morny vis-à-vis du Prince et de ses collègues, son hostilité contre le préfet de police. — Retraite du ministre de l'intérieur. — Dislocation du cabinet. — Le nouveau ministère de la police générale. — Lettre du Prince-Président. — Sénat et Conseil d'État. — Les décrets relatifs aux biens de la famille d'Orléans. — Décret organique sur la presse. — Où peut se trouver la vérité en matière de presse. — Décrets organiques sur le Conseil d'État et le Corps Législatif. — Quel rôle était réservé au Sénat. — Convocation des collèges électoraux. — La candidature officielle. — Difficultés que soulève le choix du président du Corps Législatif. — Ce qu'avait été, pour la France, la dictature de Louis-Napoléon. 554

CHAPITRE XXVI

L'EMPIRE

Ouverture des Chambres. — Remaniement du ministère. — Origines de l'hostilité de M. de Persigny. — Les dangers de la sincérité. — Voyage du Prince-Président. — Le sénatus-consulte du 7 novembre 1852. — Le plébiscite du 22 novembre. — Le scrutin. — L'Empire est rétabli 603

CHAPITRE XXVII

CONCLUSION

COUP D'OEIL SUR LE DEUX-DÉCEMBRE

Quels sentiments a éveillé le Deux-Décembre dans la nation? — Qui l'a approuvé, qui l'a condamné? — Qui l'approuve, qui le condamne aujourd'hui? — Quel sera le jugement de l'histoire? — Ce que font les révolutionnaires en juillet 1830, en février 1848, en septembre 1870, et le 18 mars 1871. — Quels sont leurs mobiles? — Quelles origines ont leurs pouvoirs. — Contraste avec le Deux-Décembre. — Résumé . . 619

Paris. — Imp. PAUL DUPONT, rue Jean-Jacques Rousseau, 41. (Cl.) 10.1.84.

A LA MÊME LIBRAIRIE

HONORÉ BONHOMME.
Louis XV et sa famille d'après des lettres et des documents inédits. 1 vol. gr. in-18 jésus.............. 3 50

CHAMPFLEURY.
Histoire de la caricature antique, 2ᵉ édition. 1 vol. gr. in-18 orné de 100 gravures............... 5 »
Histoire de la caricature moderne, 2ᵉ édition. 1 vol. gr. in-18 orné de 90 gravures............... 5 »
Histoire de la caricature au moyen âge. 1 vol. gr. in-18 orné de 90 grav. 5 »
Histoire de la caricature sous la Réforme et la Ligue. 1 vol. gr. in-18 orné de 90 gravures............... 5 »
Histoire de la caricature sous la Révolution, l'Empire et la Restauration. 1 vol. grand in-18 jésus orné de 95 gravures............... 5 »
Histoire des faïences patriotiques sous la Révolution. 1 vol. gr. in-18, orné de grav............... 5 »
Histoire de l'imagerie populaire. 1 v. gr. in-18 a 50 grav............... 5 »
L'Hôtel des commissaires-priseurs. 1 v. gr. in-18............... 3 »
Souvenirs et portraits de jeunesse. 1 vol............... 3 50

C. DESNOIRESTERRES
Les Cours galantes, histoire anecdotique de la société polie au XVIIIᵉ siècle. 4 vol. in-18............... 12 »

VICTOR FOURNEL
Ce qu'on voit dans les rues de Paris. 1 fort vol. gr. in-18............... 3 50
Les spectacles populaires et les artistes des rues, tableau du vieux Paris. 1 vol. gr. in-18............... 3 50

ÉDOUARD FOURNIER
L'Esprit des autres recueilli et raconté. 6ᵉ édition. 1 vol. in-18............... 5 »
L'Esprit dans l'histoire, recherches sur les mots historiques, 4ᵉ édition. 1 vol. in-18............... 5 »
Le Vieux-Neuf, histoire ancienne des découvertes modernes, nouvelle édition. 3 vol. gr. in-18 jésus............... 15 »
Histoire du Pont-Neuf. 2 vol. in-18, avec photographie............... 6 »
La Comédie de J. de La Bruyère. 2 vol. in-18............... 6 »
Paris-Capitale. 1 vol. gr. in-18 jés. 3 50

AUGUSTE LEPAGE.
Les Cafés politiques et littéraires. 1 v. in-16............... 2 »

PAUL FOUCHER
Les Coulisses du passé, histoire anecdotique du théâtre depuis Corneille. 1 fort. vol. gr. in-18............... 3 50

H. HOSTEIN
Historiettes et Souvenirs d'un homme de théâtre. 1 vol. in-18............... 3 »

BOUFFÉ
Mes souvenirs, 1800-1880. 1 vol. gr. in-18 orné de gravures............... 3 50

LAFERRIÈRE
Mémoires d'un Comédien. 2 vol. in-18 6 »

LE COMTE BEUGNOT.
Mémoires, 1783-1815, publiés par son petit fils. 2 vol. in-8............... 12 »

GEORGES D'HEILLY
Dictionnaire des pseudonymes, révélations sur le monde des lettres, du théâtre et des arts. 2ᵉ édition. 1 fort vol. gr. in-18 jésus............... 6 »
Journal intime de la Comédie-Française, 1852-1871. 1 fort vol. gr. in-18... 6 »

GRANIER DE CASSAGNAC
Souvenirs du Second Empire. 3 vol. gr. in-18............... 9 »

ED. ET JULES DE GONCOURT
Sophie Arnould d'après sa correspondance et ses mémoires inédits. 1 vol. petit in-4ᵒ avec eaux-fortes... 10 »
L'Amour au XVIIIᵉ siècle. 1 vol. in-16 avec eaux-fortes............... 5 »
La Saint-Huberty, d'après sa correspondance et ses papiers de famille. 1 vol. in-16 avec eaux-fortes............... 8 »

JULES JANIN
La Fin d'un monde et du Neveu de Rameau, nouv. édit. revue et augm. 1 v. gr. in-18 jésus............... 3 50

CH. PAUL DE KOCK
Mémoires écrits par lui-même. 1 vol. gr. in-18............... 3 50

M. DE LESCURE
Les Maîtresses du Régent. 1 fort vol. in-18............... 4 »
Les femmes philosophes du XVIIIᵉ siècle. 1 vol. in-18............... 3 50

AMÉDÉE PICHOT
Souvenirs intimes de M. de Talleyrand. 1 vol. gr. in-18............... 3 50

CH. POISOT
Histoire de la musique en France, depuis les temps les plus reculés jusqu'à nos jours. 1 v. in-18............... 4 »

CH. NISARD
Des Chansons populaires chez les anciens et chez les Français, essai historique suivi d'une étude sur les chansons des rues contemporaines. — 2 vol. gr. in-18 avec gravure............... 10 »

LOUIS XVI
Journal particulier, publié sur des documents inédits par Louis Nicolardot. 1 vol. gr. in-18. p. vergé............... 5 »

M. DE LOMÉNIE
Les Mirabeau, nouvelles études sur la Société française du XVIIIᵉ siècle. 2 v. in-8............... 15 »

ED WERDET
Souvenirs de la vie littéraire. 1 vol. gr. in-18 jésus............... 3 50

IMBERT DE SAINT-AMAND
Les femmes de Versailles. 5 vol. gr. in-18............... 17 50
Les Femmes des Tuileries, 4 vol. in-18 14 »

www.ingramcontent.com/pod-product-compliance
Lightning Source LLC
Chambersburg PA
CBHW050128240426
43673CB00043B/1599